COMMERCIAL ARBITRATION

Guidelines for the Trial of
Judicial Review Cases in Commercial Arbitration

商事仲裁司法审查

案件审理规范指南

马　军　杨晋东　邢富顺◎编著

法律出版社 LAW PRESS · CHINA

编著委员会

马　军　杨晋东　邢富顺　崔智瑜
冀　东　高　晶　王　翔　李冬梅
梅　宇　赵　佳　郝文婷

缩略语表

为方便阅读，本书除“典型案例”部分外，以下法律法规均使用简称。

全　　称	简　　称
《中华人民共和国仲裁法》	《仲裁法》
《中华人民共和国民事诉讼法》	《民事诉讼法》
《中华人民共和国香港特别行政区基本法》	《香港特别行政区基本法》
《中华人民共和国涉外民事关系法律适用法》	《涉外民事关系法律适用法》
《最高人民法院关于适用〈中华人民共和国仲裁法〉若干问题的解释》	《仲裁法司法解释》
《最高人民法院关于适用〈中华人民共和国民事诉讼法〉的解释》	《民诉法司法解释》
《最高人民法院关于适用〈中华人民共和国涉外民事关系法律适用法〉若干问题的解释(一)》	《涉外民事关系法律适用法解释(一)》
《最高人民法院关于人民法院处理与涉外仲裁及外国仲裁事项有关问题的通知》	《处理涉外仲裁通知》
《最高人民法院关于人民法院撤销涉外仲裁裁决有关事项的通知》	《撤销涉外仲裁通知》

目　录

引　言

仲裁是现代社会中涉及民商事争议的，与民事诉讼并行的重要的纠纷解决机制。这种纠纷解决机制属于民间性裁判制度安排，其是以当事人的意思自治为原则，以有效的仲裁协议为表现形式，以国家的司法支持、执行和监督为保障，建立在规范性、公正性、专业性、独立性、保密性等一系列仲裁规则基础上的机制。发挥仲裁本身具有的优势，既有利于仲裁公信力的提升，又保障仲裁能够公正、规范、独立与效率地解决纠纷。仲裁自身的特点决定了其健康有序发展必须依赖于司法的支持与监督。仲裁的司法支持与监督，主要是基于司法审判权，进行仲裁司法审查，对合法仲裁予以保障和支持，使仲裁程序获得正当性和公信力、执行力，同时对仲裁进行监督、规范，以保证当事人选择仲裁的意思自治，并纠正具有违法可撤销事由的仲裁裁决，仲裁司法审查机制是对仲裁有序发展的监督与支持。

营造公平公正的优质司法环境，探索司法支持贸易、投资等国际争端解决机制充分发挥作用的方法与途径，完善仲裁制度，提高仲裁公信力是服务和保障“一带一路”建设的重要目标，而上述目标的实现有赖于统一法律适用、明晰裁判规则。近年来，最高人民法院相继出台了一系列司法解释和通知文件，确立仲裁司法审查案件的归口、报核制度，并进一步规范了仲裁司法审查相关法律问题，适应了仲裁制度发展的需要。上述司法解释与此前出台的法律、司法解释等共同构成了仲裁司法审查案件的法律适用基础，为我国仲裁事业的不断发展提供了法律和制度保障。上述法律和司法解释在制定时间上跨越达二十余年,随仲裁司法审查理论与实践的发展不断变化,因此在法律适用中亟须体系化梳理和系统地运用文义、历史、目的等多种方法进行解释。在仲裁司法审查的审判实践中主要有两方面的需求:一方面是在法律适用中遇到的“找法”问题。为避免每次仲裁司法审查案件在适用法律规范、系统对比选择适用法律时耗费大量精力,需要体系化整合、梳理规范和对应审查依据的法条、司法解释,这有助于准确度与效率的提升。另一方面是在法律适用中遇到的“释法”问题。即法律、司法解释虽已经有规定,但在适用中存在不同理解,或者规定过于原则或没有明确规定。上述问题需要通过进一步明确解释以规范仲裁司法审查的裁判尺度。本书立足于仲裁司法审查的审判实践,围绕仲裁司法审查中涉及确认仲裁协议效力和申请撤销仲裁裁决案件的主要问题,体系性整理现有法律、司法解释条文,提炼法律适用规则,进行全面梳理和指引,对于仲裁司法审查现有规则进行全面系统解释,并选择实践中的典型案例以供参考,为积极贯彻司法支持仲裁理念、公正规范仲裁司法审查提供指引。

第一章 仲裁司法审查案件的受理

001. 审理范围

1.1 仲裁司法审查案件的审理范围

（一）申请确认仲裁协议效力案件；

（二）申请执行我国内地仲裁机构的仲裁裁决案件；

（三）申请撤销我国内地仲裁机构的仲裁裁决案件；

（四）申请认可和执行香港特别行政区、澳门特别行政区、台湾地区仲裁裁决案件；

（五）申请承认和执行外国仲裁裁决案件；

（六）其他仲裁司法审查案件。

审查依据：《最高人民法院关于审理仲裁司法审查案件若干问题的规定》第1条

规范解读：

商事仲裁的司法审查，又称为仲裁司法监督。世界各国对仲裁的司法监督，主要以事后监督为主，即主要是对仲裁裁决的司法审查。在我国，狭义的仲裁司法审查系法院在审理申请撤销仲裁裁决案件中，按诉讼法规定程序进行审查，作出驳回申请、撤销仲裁裁决（包括部分撤销仲裁裁决）或者通知仲裁庭重新仲裁的法律制度。依据现有法律规定和实践，司法对仲裁的支持与监督并不限于撤销仲裁裁决，从仲裁解决纠纷的整体机制设计上分析，司法对仲裁的审查有更广阔的范围，这也是现代意义上仲裁制度的需求。我国法律制度设计中,法院对仲裁的司法审查主要包括以下内容:一是对仲裁协议效力和仲裁管辖权的司法审查;二是仲裁程序中的司法审查,包括仲裁程序中的财产保全、证据保全审查;三是仲裁裁决的司法审查,包括在承认和执行外国仲裁裁决、申请撤销仲裁裁决、执行仲裁裁决程序中对仲裁裁决的审查。社会经济发展过程中基于仲裁制度的需要,仅围绕申请撤销仲裁裁决案件审理不足以涵盖法院司法审查的全部工作,确认仲裁协议效力、承认执行外国仲裁裁决等案件均被纳入审查范围,这就是广义上的仲裁司法审查。正是基于上述原因,最高人民法院在2017年发布的司法解释中将仲裁司法审查的范围予以明确规定。

根据2017年12月26日颁布,2018年1月1日起实施的《最高人民法院关于审理仲裁司法审查案件若干问题的规定》第1条规定,人民法院目前受理的仲裁司法审查案件的具体类型加以明确,主要包括以下五类:(1)申请确认仲裁协议效力案件;(2)申请执行我国内地仲裁机构的仲裁裁决案件;(3)申请撤销我国内地仲裁机构的仲裁裁决案件;(4)申请认可和执行香港特别行政区、澳门特别行政区、台湾地区仲裁裁决案件;(5)申请承认和执行外国仲裁裁决案件。同时规定了"其他仲裁司法审查案件"作为兜底条款,主要是为将来可能出现的一些新类型案件留有余地。例如,2016年12月30日发布的《最高人民法院关于为自由贸易试验区建设提供司法保障的意见》,该意见规定,"在自贸试验区内注册的企业相互之间约定在内地特定地点、按照特定仲裁规则、由特定人员对有关争议进行仲裁的,可以认定该仲裁协议有效"。2019年12月27日发布的《最高人民法院关于人民法院为中国(上海)自由贸易试验区临港新片区建设提供司法服务和保障的意见》规定,支持上海建设成为亚太仲裁中心。支持新片区仲裁制度改革创新,支持经登记备案的境外仲裁机构在新片区就国际商事、海事、投资等领域发生的民商事纠纷开展仲裁业务。依法支持和保障中外当事人在仲裁前和仲裁中的财产保全、证据保全、行为保全等临时措施的申请和执行,依法对仲裁裁决进行司法审查,支持上海打造成为亚太仲裁中心。支持新片区内注册的企业之间约定在特定地点、按照特定仲裁规则、由特定人员对有关争议进行仲裁。探索司法支持国际投资领域争端解决机制的方法与途径。上述两个意见中所指“三类特定”的特定地点、按照特定仲裁规则、由特定人员对有关争议进行仲裁的仲裁案件,即仲裁地为内地的临时仲裁案件。兜底条款的规定正是为此类案件留有余地。

1.2 确认仲裁协议效力案件的审理范围

申请确认仲裁协议效力案件,是指当事人对仲裁协议效力有异议,向人民法院申请确认其效力的案件。仲裁协议包括合同中订立的仲裁条款和以其他书面方式在纠纷发生前或者纠纷发生后达成的请求仲裁的协议。

审查依据:《仲裁法》第 16 条

规范解读:

仲裁协议是当事人之间达成的,旨在将其间业已发生或将来产生于特定法律关系的商事争议提交仲裁解决的书面协议[①]。《民事案件案由规定》中规定,仲裁程序案件项下设申请确认仲裁协议效力和申请撤销仲裁裁决两个第三级案由。申请确认仲裁协议效力是指当事人向人民法院提出确认之诉,请求人民法院确认仲裁协议是否有效。[②] 该案由属于确认之诉,当事人的诉讼请求是要求人民法院确认争议仲裁协议的效力,即确认仲裁协议无效或是有效。《仲裁法》第三章专章规定仲裁协议,其中第 20 条第 1 款系对仲裁协议效力异议的程序规定:“当事人对仲裁协议的效力有异议的,可以请求仲裁委员会作出决定或者请求人民法院作出裁定。一方请求仲裁委

① 江伟、肖建国主编,谢文哲副主编:《仲裁法》第 3 版,中国人民大学出版社 2016 年版,第 55 页。

② 最高人民法院民事案件案由规定课题组编著:《最高人民法院民事案件案由规定理解与适用》,人民法院出版社 2011 年版,第 560 页。

员会作出决定，另一方请求人民法院作出裁定的，由人民法院裁定。”根据上述条文规定，当事人对仲裁协议效力有异议而请求确认协议效力时，仲裁机构和法院均有权受理，在双方分别向仲裁委员会和人民法院提出请求时，由人民法院作出裁定。

任何案由均有其解决争议的特定范围以及相应的请求权规范，确认仲裁协议效力案件的审理范围通常围绕着仲裁协议是否有效，涉及仲裁协议的形式要件审查和实质要件审查。确认仲裁协议效力案件的具体请求权规范涉及《仲裁法》第16～20条，以及仲裁法相关司法解释等内容。

从形式要件上，根据《仲裁法》第16条第1款的规定，仲裁协议包括合同中订立的仲裁条款和以其他书面方式在纠纷发生前或者纠纷发生后达成的请求仲裁的协议。因此，仲裁协议应当采用书面形式，从订立形式上分为在合同中订立的仲裁条款和以其他书面方式达成的请求仲裁协议，从时间上分为纠纷发生前和纠纷发生后两个阶段达成的协议。从实质要件上，《仲裁法》第16条第2款和第17条规定了仲裁协议必须明确的内容，包括请求仲裁意思表示、仲裁事项、选定仲裁委员会，以及是否属于仲裁协议无效的条件。

在审查确认仲裁协议效力案件中，需要注意以下三个问题：第一，目前我国仲裁相关法律和司法解释中均未对申请人是否可申请有效、无效作出明确规定。《仲裁法》第20条第1款规定，“当事人对仲裁协议的效力有异议的”有权请求仲裁委员会决定或人民法院裁定，一般情况下对仲裁协议“有异议”是指主张仲裁协议无效。实践中大部分案件当事人均提出无效主张，也有当事人向法院请求确认仲裁协议有效，当然还有提出其他类型效力或约束力请求的，对此存在不同的意见，本书将在确认仲裁协议效力中专门进行论述。第二，因为《仲裁法》第20条第2款规定，“当事人对仲裁协议的效力有异议，应当在仲裁庭首次开庭前提出”，其条文语境系指仲裁委员会受理仲裁案件后至仲裁庭首次开庭这段时间，当事人有权提出异议，但除此之外其他法律条文和司法解释均未作出时间的限定。因此，对于当事人在仲裁未经受理时申请人民法院确认仲裁协议效力的案件，仲裁委员会往往也会让当事人先到法院确认效力再受理。第三，当事人除申请确认仲裁协议有效、无效之外，是否有权提出其他认定的申请。比如，多方当事人仲裁中，一方认为自己并非协议签订一方或适格主体，仲裁协议虽然有效，但对于自己没有效力或者没有约束力。再如，仲裁协议未成立、未生效等主张是否可以在确认仲裁协议效力案件中提出。如果在上述程序中无法提出，司法救济途径是什么；如果可以在确认仲裁协议效力案件中审理，具体裁判如何表述，是在裁定书本院认为中认定，还是可以在裁定结论中作出未成立、未生效的判项。目前法律和司法解释尚未作出规定，这些问题都需要进一步研究。

1.3　申请撤销国内仲裁裁决案件的审理范围

申请撤销国内仲裁裁决案件，是指当事人对仲裁裁决有异议，依据《仲裁法》第58条规定的事由申请撤销仲裁裁决的案件。申请撤销国内仲裁裁决的事由为：(1)没有仲裁协议的；(2)裁决的事项不属于仲裁协议的范围或者仲裁委员会无权仲裁的；(3)仲裁庭的组成或者仲裁的程序违反法定程序的；(4)裁决所根据的证据是伪造的；(5)对方当事人隐瞒了足以影响公正裁决的证据的；(6)仲裁员在仲裁该案时有索贿受贿，徇私舞弊，枉法裁决行为的。人民法院认定该裁决违背社会公共利益的，应当裁定撤销。

审查依据：《仲裁法》第58条

规范解读：

申请撤销仲裁裁决，是指对符合法定应予撤销情形的仲裁裁决，经由当事人提出申请，人民法院组成合议庭审查核实，裁定将已作出的仲裁裁决予以撤销的行为。① 申请撤销仲裁裁决是《民事案件案由规定》中仲裁程序案件项下所设的两个第三级案由之一。我国仲裁实行一裁终局制，仲裁裁决一经作出，即发生法律效力，当事人对该纠纷不可再次向仲裁机构申请仲裁，也不能以同一纠纷向人民法院提起诉讼。仲裁一裁终局制度体现了仲裁快捷性的优势，但同时也可能因程序等问题使当事人正当权益受损，从而损害仲裁的公正与权威，因此需要相关的监督机制。我国仲裁设置了申请撤销仲裁裁决的程序，在符合撤销仲裁的法定事由时，由法院审查并裁定是否予以撤销。申请撤销国内仲裁裁决与申请撤销涉外仲裁裁决，均属于同一案由，但因为我国仲裁制度实行"双轨制"，分为国内仲裁与涉外仲裁，因此两者撤销的法定事由有所不同。区分属于国内仲裁还是涉外仲裁，主要审查其是否具有涉外因素，没有涉外因素的由国内仲裁机构仲裁的案件均属于国内仲裁案件。实践中，仲裁机构在受理仲裁后会将国内仲裁与涉外仲裁加以区分，当事人向法院申请撤销仲裁裁决时，法院也会根据是否属于仲裁机构裁决的具有涉外因素的案件进行区分，并据此"找法"，再适用不同的法律规范进行司法审查。

《民事诉讼法》第 237 条规定的仲裁不予执行的情形包括：(1)当事人在合同中没有订有仲裁条款或者事后没有达成书面仲裁协议的；(2)裁决的事项不属于仲裁协议的范围或者仲裁机构无权仲裁的；(3)仲裁庭的组成或者仲裁的程序违反法定程序的；(4)裁决所根据的证据是伪造的；(5)对方当事人向仲裁机构隐瞒了足以影响公正裁决的证据的；(6)仲裁员在仲裁该案时有贪污受贿，徇私舞弊，枉法裁决行为的。人民法院认定执行该裁决违背社会公共利益的，裁定不予执行。上述内容系在 2012 年修改《民事诉讼法》时对原有条文进行的修改。原《民事诉讼法》第 213 条第 2 款第 4 项规定的是"认定事实的主要证据不足的"，第 5 项规定的是"适用法律确有错误的"。对此，理论界和实务界普遍认为，人民法院对不予执行仲裁裁决的审查比撤

① 参见乔欣：《仲裁法学》第 2 版，清华大学出版社 2015 年版，第 140 页。

销仲裁裁决的审查范围更为宽泛,此项规定不尽合理,应当根据我国仲裁的实际情况,统一撤销仲裁裁决和不予执行仲裁裁决的审查标准。[①] 因此,我国《仲裁法》规定的撤销国内仲裁裁决与人民法院对不予执行国内仲裁裁决的审查范围已经统一尺度。

此外,在申请撤销仲裁裁决与申请不予执行仲裁裁决的司法审查中,应注意根据《最高人民法院关于人民法院办理仲裁裁决执行案件若干问题的规定》处理好两者的衔接关系。该规定第 20 条规定:"当事人向人民法院申请撤销仲裁裁决被驳回后,又在执行程序中以相同事由提出不予执行申请的,人民法院不予支持;当事人向人民法院申请不予执行被驳回后,又以相同事由申请撤销仲裁裁决的,人民法院不予支持。"因此,在受理申请撤销仲裁裁决时,需要审查当事人是否向人民法院就相同事由申请过不予执行,如有该情况则不予支持。如何理解"不予支持",实践中有两种可选择的处理方式:一种方式系基于一事不再理原则,不予受理或者受理后驳回,但这样处理当事人会获得上诉权;另一种方式系直接受理后通过仲裁司法审查以相同事由不予支持裁定驳回申请,当事人没有上诉权。两种处理方式各有利弊,有待于进一步明确。

1.4　申请撤销涉外仲裁裁决案件的审理范围

对中华人民共和国涉外仲裁机构作出的裁决,申请人提出证据证明仲裁裁决有下列情形之一的,经人民法院组成合议庭审查核实,裁定撤销:(1)当事人在合同中没有订有仲裁条款或者事后没有达成书面仲裁协议的;(2)被申请人没有得到指定仲裁员或者进行仲裁程序的通知,或者由于其他不属于被申请人负责的原因未能陈述意见的;(3)仲裁庭的组成或者仲裁的程序与仲裁规则不符的;(4)裁决的事项不属于仲裁协议的范围或者仲裁机构无权仲裁的;(5)人民法院认定该裁决违背社会公共利益的。

---

① 参见江必新主编:《〈中华人民共和国民事诉讼法〉修改条文解读与应用》,法律出版社 2012 年版,第 444 页。

审查依据:《仲裁法》第70条;《民事诉讼法》第274条

规范解读:

涉外仲裁是指含有涉外因素或国际因素的仲裁。[①] 涉外仲裁相对于国内仲裁而言,主要解决国际经济贸易、运输、海事活动中发生的争议,因司法解释对“涉外因素”不断做扩大解释,在理解涉外仲裁的范围时需要结合诸多因素综合考虑。

首先,从仲裁机构的角度分析。《民事诉讼法》第四编“涉外民事诉讼程序的特别规定”第二十六章“仲裁”中第273条规定,经中华人民共和国涉外仲裁机构裁决的,当事人不得向人民法院起诉;第274条规定,对中华人民共和国涉外仲裁机构作出的裁决,被申请人提出证据证明仲裁裁决有下列情形之一的,经人民法院组成合议庭审查核实,裁定不予执行。1994年《仲裁法》对涉外仲裁机构作了专门规定,1996年《国务院办公厅关于贯彻实施〈中华人民共和国仲裁法〉需要明确的几个问题的通知》第3条中规定,“新组建的仲裁委员会的主要职责是受理国内仲裁案件;涉外案件的当事人自愿选择新组建的仲裁委员会仲裁的,新组建的仲裁委员会可以受理”。因此在我国依法成立的民商事仲裁机构,均可以成为涉外仲裁机构。

其次,从主体、标的物、法律事实分析。“涉外因素”是指涉及的主体、标的物、法律事实因素中具备同我国领域外的联系,或者根据法律、司法解释参照涉外程序的规定处理。《涉外民事关系法律适用法解释(一)》规定:“民事关系具有下列情形之一的,人民法院可以认定为涉外民事关系:(一)当事人一方或双方是外国公民、外国法人或者其他组织、无国籍人;(二)当事人一方或双方的经常居所地在中华人民共和国领域外;(三)标的物在中华人民共和国领域外;(四)产生、变更或者消灭民事关系的法律事实发生在中华人民共和国领域外;(五)可以认定为涉外民事关系的其他情形。”其中第1、2

---

① 参见江伟、肖建国主编,谢文哲副主编:《仲裁法》第3版,中国人民大学出版社2016年版,第315页。

项就是主体及主体居所地因素,第3项是标的物因素,第4项是法律事实因素。《最高人民法院关于审理仲裁司法审查案件若干问题的规定》第12条规定,仲裁协议或者仲裁裁决具有《涉外民事关系法律适用法解释(一)》第1条规定情形的,为涉外仲裁协议或者涉外仲裁裁决。同时,《民诉法司法解释》第551条规定,人民法院审理涉及香港、澳门特别行政区和台湾地区的民事诉讼案件,可以参照适用涉外民事诉讼程序的特别规定。

1.5　申请承认和执行外国仲裁裁决案件的审理范围

申请我国法院承认及执行的仲裁裁决,仅限于《承认及执行外国仲裁裁决公约》(1987年4月22日对我国生效)对我国生效后在另一缔约国领土内作出的仲裁裁决。

国外仲裁机构的裁决,需要我国人民法院承认和执行的,当事人向有管辖权的人民法院申请,人民法院应当依照我国缔结或者参加的国际条约,或按照互惠原则办理。对于临时仲裁庭在我国领域外作出的仲裁裁决,一方当事人向人民法院申请承认和执行的,人民法院应当依照《民事诉讼法》第283条的规定处理。

根据我国加入《承认及执行外国仲裁裁决公约》时所作的商事保留声明,我国仅对按照我国法律规定属于契约性和非契约性商事法律关系所引起的争议适用该公约。所谓"契约性和非契约性商事法律关系",具体是指由于合同、侵权或者根据有关法律规定而产生的经济上的权利义务关系,例如,货物买卖、财产租赁、工程承包、加工承揽、技术转让、合资经营、合作经营、勘探开发自然资源、保险、信贷、劳务、代理、咨询服务和海上、民用航空、铁路、公路的客货运输以及产品责任、环境污染、海上事故和所有权争议等,但不包括外国投资者与东道国政府之间的争端。

审查依据:《民事诉讼法》第283条;《民诉法司法解释》第545条;《最高人民法院关于执行我国加入的〈承认及执行外国仲裁裁决公约〉的通知》第

2条、第5条

规范解读：

申请承认和执行外国仲裁裁决，是指仲裁案件中的当事人通过特定途径向我国法院申请承认和执行外国仲裁机构在我国境外作出的仲裁裁决。[①]根据《民事案件案由规定》，申请承认和执行外国仲裁裁决为民事案件案由之一。当事人申请承认和执行外国仲裁裁决的案件，人民法院根据《民事诉讼法》第283条和《民诉法司法解释》第545条的规定进行审理，对于属于《承认及执行外国仲裁裁决公约》缔约国的仲裁裁决，根据该公约规定进行司法审查。如果有关裁决不是《承认及执行外国仲裁裁决公约》缔约国作出的，则审查有关国家与我国是否具有互惠关系。有互惠关系的，只要承认和执行该裁决不违反我国的国家主权、尊严，不违反我国法律的基本原则和社会公共利益，人民法院可以裁定予以承认与执行；没有互惠关系的，人民法院应当拒绝承认与执行。

根据《承认及执行外国仲裁裁决公约》第1条规定，仲裁裁决，因自然人或法人间之争议而产生且在声请承认及执行地所在国以外之国家领土内作成者，其承认及执行适用本公约。本公约对于仲裁裁决经声请承认及执行地所在国认为非内国裁决者，亦适用之。因此，当事人申请承认和执行国外仲裁裁决，前提是我国不认为该仲裁裁决是本国常设仲裁机构或是临时仲裁庭作出的仲裁裁决。根据我国法律和公约的规定，对于外国仲裁机构在我国境内所作出的仲裁裁决没有被包含在外国仲裁裁决范围内。

我国在加入《承认及执行外国仲裁裁决公约》时，作了互惠保留和商事保留声明：(1)中华人民共和国只在互惠的基础上对在另一缔约国领土内作出的仲裁裁决的承认和执行适用该公约；(2)中华人民共和国只对根据中华人民共和国法律认定为属于契约性和非契约性商事法律关系所引起的争议

---

① 最高人民法院民事案件案由规定课题组编著：《最高人民法院民事案件案由规定理解与适用》，人民法院出版社2011年版，第560页。

适用该公约。对此,1987 年的《最高人民法院关于执行我国加入的〈承认及执行外国仲裁裁决公约〉的通知》进一步明确规定:“一、根据我国加入该公约时所作的互惠保留声明,我国对在另一缔约国领土内作出的仲裁裁决的承认和执行适用该公约。该公约与我国民事诉讼法(试行)有不同规定的,按该公约的规定办理。对于在非缔约国领土内作出的仲裁裁决,需要我国法院承认和执行的,应按民事诉讼法(试行)第二百零四条的规定办理。二、根据我国加入该公约时所作的商事保留声明,我国仅对按照我国法律属于契约性和非契约性商事法律关系所引起的争议适用该公约。所谓‘契约性和非契约性商事法律关系’,具体的是指由于合同、侵权或者根据有关法律规定而产生的经济上的权利义务关系,如货物买卖、财产租赁、工程承包、加工承揽、技术转让、合资经营、合作经营、勘探开发自然资源、保险、信贷、劳务、代理、咨询服务和海上、民用航空、铁路、公路的客货运输以及产品责任、环境污染、海上事故和所有权争议等,但不包括外国投资者与东道国政府之间的争端。”

在司法实践中,主要有以下几个法律问题:第一,对于临时仲裁庭作出的仲裁裁决承认与执行问题。我国仲裁法不承认临时仲裁制度,但是根据《民诉法司法解释》第 545 条规定,对临时仲裁庭在中华人民共和国领域外作出的仲裁裁决,一方当事人向人民法院申请承认和执行的,人民法院应当依照《民事诉讼法》第 283 条规定处理。第二,外国仲裁裁决承认与执行之间的关系问题。根据 2011 年全国涉外商事审判工作庭长座谈会上刘贵祥法官针对关于涉外商事审判机制与法律适用的几个问题进行了解答,外国仲裁裁决的承认与执行是国际商事仲裁制度的核心问题。外国仲裁裁决的承认,是指一国法院对外国仲裁机构(或临时仲裁庭)作出的具有约束力的裁决予以认可,使其具有强制执行力的司法行为。承认是外国仲裁裁决在法院地国取得执行力的必经程序。外国仲裁裁决的执行,是指在承认的基础上通过国家的强制力使已经发生法律效力并取得执行力的仲裁裁决得以实施的司法行为。当事人可以只申请法院地国承认外国仲裁裁决的效力,而不申请执行。因此，需要我国法院执行的外国仲裁裁决，当事人应当先向人民法院申请承认。申请承认是前提，人民法院经审查，裁定承认后，再根据《民事诉讼法》第三编的规定予以执行。实践中，一般当事人会申请承认并执行外国仲裁裁决，如果当事人仅申请承认而未同时申请执行，人民法院仅对应否承认进行审查并作出裁定。第三，当事人申请承认和执行外国仲裁裁决的期间，适用《民事诉讼法》第 239 条第 1 款的规定，即"申请执行的期间为二年。申请执行时效的中止、中断，适用法律有关诉讼时效中止、中断的规定"。当事人仅申请承认而未同时申请执行的，申请执行的期间自人民法院对承认申请作出的裁定生效之日起重新计算。第四，承认和执行外国仲裁裁决的案件的审查程序。人民法院应当组成合议庭进行审查，应当将申请书送达被申请人，被申请人可以陈述意见。人民法院经审查作出的裁定，一经送达即发生法律效力。第五，人民法院对外国仲裁裁决作出不予承认与执行的裁定后，当事人就其争议可以根据重新达成的仲裁协议申请仲裁，也可以向人民法院起诉。

1.6　申请认可和执行香港特别行政区仲裁裁决案件的审理范围

香港特别行政区（以下简称香港特区）法院同意执行内地仲裁机构依据我国《仲裁法》所作出的裁决，内地人民法院同意执行在香港特区按香港特区《仲裁条例》所作出的裁决。

审查依据：《最高人民法院关于内地与香港特别行政区相互执行仲裁裁决的安排》

规范解读：

《最高人民法院关于内地与香港特别行政区相互执行仲裁裁决的安排》规定，根据《香港特别行政区基本法》第 95 条的规定，经最高人民法院与香港特区政府协商，香港特区法院同意执行内地仲裁机构依据《仲裁法》所作出的裁决，内地人民法院同意执行在香港特区按香港特区《仲裁条例》所作出的裁决。

主要法律问题:第一,《最高人民法院关于内地与香港特别行政区相互执行仲裁裁决的安排》中所指的香港特区作出的仲裁裁决,范围不仅仅局限于香港仲裁机构作出的仲裁裁决,还包括以香港特区为仲裁地而作出的仲裁裁决,香港国际仲裁中心以及外国仲裁机构、临时仲裁庭等根据香港特区《仲裁条例》作出的仲裁裁决,均属于可向内地法院申请认可和执行的范围。第二,申请人向有关法院申请执行在内地或者香港特区作出的仲裁裁决的,应当提交以下文书:(1)执行申请书;(2)仲裁裁决书;(3)仲裁协议。特别注意,申请人在申请书中应当有申请认可和执行仲裁裁决的请求,即当事人应当先向提出人民法院认可申请,人民法院经审查,裁定认可后,再根据《民事诉讼法》第三编的规定予以执行。第三,申请书应当以中文文本提出,裁决书或者仲裁协议没有中文文本的,申请人应当提交正式证明的中文译本。第四,申请人向法院申请执行香港特区仲裁裁决的期限依据执行地法律有关时限的规定。在内地的申请认可与执行的期间为二年。申请执行时效的中止、中断,适用法律有关诉讼时效中止、中断的规定。第五,在内地申请认可和执行的仲裁裁决,有证据证明有下列情形之一的,经审查核实,有关法院可裁定不予执行:(1)仲裁协议当事人依对其适用的法律属于某种无行为能力的情形;或者该项仲裁协议依约定的准据法无效;或者未指明以何种法律为准时,依仲裁裁决地的法律是无效的;(2)被申请人未接到指派仲裁员的适当通知,或者因他故未能陈述意见的;(3)裁决所处理的争议不是交付仲裁的标的或者不在仲裁协议条款之内,或者裁决载有关于交付仲裁范围以外事项的决定的;但交付仲裁事项的决定可与未交付仲裁的事项划分时,裁决中关于交付仲裁事项的决定部分应当予以执行;(4)仲裁庭的组成或者仲裁庭程序与当事人之间的协议不符,或者在有关当事人没有这种协议时与仲裁地的法律不符的;(5)裁决对当事人尚无约束力,或者业经仲裁地的法院或者按仲裁地的法律撤销或者停止执行的。有关法院认定依执行地法律,争议事项不能以仲裁解决的,则可不予执行该裁决。内地法院认定在内地执行该仲裁裁决违反内地社会公共利益,或者香港特区法院决定在香港特区执行该仲裁裁决违反香港特区的公共政策,则可不予执行该裁决。

1.7 申请认可和执行澳门特别行政区仲裁裁决案件的审理范围

内地人民法院认可和执行澳门特别行政区仲裁机构及仲裁员按照澳门特别行政区仲裁法规在澳门作出的民商事仲裁裁决。

审查依据:《最高人民法院关于内地与澳门特别行政区相互认可和执行仲裁裁决的安排》第1条

规范解读:

《最高人民法院关于内地与澳门特别行政区相互认可和执行仲裁裁决的安排》规定,内地人民法院认可和执行澳门特别行政区仲裁机构及仲裁员按照澳门特别行政区仲裁法规在澳门作出的民商事仲裁裁决,澳门特别行政区法院认可和执行内地仲裁机构依据《仲裁法》在内地作出的民商事仲裁裁决,适用本安排。本安排没有规定的,适用认可和执行地的程序法律规定。《民事案件案由规定》规定的案由为申请认可和执行澳门特别行政区仲裁裁决。

主要法律问题:第一,内地人民法院认可和执行澳门特别行政区仲裁机构及仲裁员按照澳门特别行政区仲裁法规在澳门作出的民商事仲裁裁决,限于澳门特别行政区仲裁机构和仲裁员,仲裁地为澳门,裁决依据是澳门特别行政区仲裁法规。第二,申请人向法院申请执行澳门特别行政区仲裁裁决的期限依据执行地法律有关时限的规定。在内地的申请认可与执行的期间为二年。申请执行时效的中止、中断,适用法律有关诉讼时效中止、中断的规定。第三,申请人向有关法院申请认可和执行仲裁裁决的,应当提交以下文件或者经公证的副本:(1)申请书;(2)申请人身份证明;(3)仲裁协议;(4)仲裁裁决书或者仲裁调解书。上述文件没有中文文本的,申请人应当提交经正式证明的中文译本。第四,对申请认可和执行的仲裁裁决,被申请人提出证据证明有下列情形之一的，经审查核实，有关法院可以裁定不予认可：(1)仲裁协议一方当事人依对其适用的法律在订立仲裁协议时属于无行为能力的；或者依当事人约定的准据法，或当事人没有约定适用的准据法而依仲裁地法律，该仲裁协议无效的；(2)被申请人未接到选任仲裁员或者进行仲裁程序的适当通知，或者因他故未能陈述意见的；(3)裁决所处理的争议不是提交仲裁的争议，或者不在仲裁协议范围之内；或者裁决载有超出当事人提交仲裁范围的事项的决定，但裁决中超出提交仲裁范围的事项的决定与提交仲裁事项的决定可以分开的，裁决中关于提交仲裁事项的决定部分可以予以认可；(4)仲裁庭的组成或者仲裁程序违反了当事人的约定，或者在当事人没有约定时与仲裁地的法律不符的；(5)裁决对当事人尚无约束力，或者业经仲裁地的法院撤销或者拒绝执行的。有关法院认定，依执行地法律，争议事项不能以仲裁解决的，不予认可和执行该裁决。内地法院认定在内地认可和执行该仲裁裁决违反内地法律的基本原则或者社会公共利益，不予认可和执行该裁决。

1.8　申请认可和执行台湾地区仲裁裁决案件的审理范围

台湾地区仲裁裁决，是指有关常设仲裁机构及临时仲裁庭在我国台湾地区按照台湾地区仲裁规定就有关民商事争议作出的仲裁裁决，包括仲裁判断、仲裁和解和仲裁调解。

审查依据：《最高人民法院关于认可和执行台湾地区仲裁裁决的规定》第1条、第2条

规范解读：

2015年6月2日，最高人民法院审判委员会第1653次会议通过《最高人民法院关于认可和执行台湾地区仲裁裁决的规定》，明确为保障海峡两岸当事人的合法权益，更好地适应海峡两岸关系和平发展的新形势，根据《民事诉讼法》《仲裁法》等有关法律，总结人民法院涉台审判工作经验，就认可

和执行台湾地区仲裁裁决,制定本规定。我国台湾地区仲裁机构作出的仲裁裁决在大陆人民法院认可和执行是我国区际民商事司法协助的重要内容,但目前仍处于单方制定规范状态,没有双方的统一安排。

主要法律问题:第一,认可和执行台湾地区仲裁裁决包括常设仲裁机构和临时仲裁庭作出的仲裁。第二,仲裁裁决系在我国台湾地区按照台湾地区仲裁规定就有关民商事争议作出的仲裁裁决,包括仲裁判断、仲裁和解和仲裁调解。第三,申请人申请认可台湾地区仲裁裁决,应当提交以下文件或者经证明无误的副本:(1)申请书;(2)仲裁协议;(3)仲裁判断书、仲裁和解书或者仲裁调解书。第四,人民法院经审查能够确认我国台湾地区仲裁裁决真实,而且不具有《最高人民法院关于认可和执行台湾地区仲裁裁决的规定》第14条规定的不予认可情形的,裁定认可其效力;不能确认该仲裁裁决真实性的,裁定驳回申请。裁定驳回申请的案件,申请人再次申请并符合受理条件的,人民法院应予受理。第五,申请人申请认可和执行台湾地区仲裁裁决的期间,适用《民事诉讼法》第239条的规定,即"申请执行的期间为二年。申请执行时效的中止、中断,适用法律有关诉讼时效中止、中断的规定"。申请人仅申请认可而未同时申请执行的,申请执行的期间自人民法院对认可申请作出的裁定生效之日起重新计算。第六,对申请认可和执行的仲裁裁决,被申请人提出证据证明有下列情形之一的,经审查核实,人民法院裁定不予认可:(1)仲裁协议一方当事人依对其适用的法律在订立仲裁协议时属于无行为能力的;或者依当事人约定的准据法,或当事人没有约定适用的准据法而依台湾地区仲裁规定,该仲裁协议无效的;或者当事人之间没有达成书面仲裁协议的,但申请认可台湾地区仲裁调解的除外;(2)被申请人未接到选任仲裁员或进行仲裁程序的适当通知,或者由于其他不可归责于被申请人的原因而未能陈述意见的;(3)裁决所处理的争议不是提交仲裁的争议,或者不在仲裁协议范围之内;或者裁决载有超出当事人提交仲裁范围的事项的决定,但裁决中超出提交仲裁范围的事项的决定与提交仲裁事项的决定可以分开的,裁决中关于提交仲裁事项的决定部分可以予以认可;

(4)仲裁庭的组成或者仲裁程序违反当事人的约定,或者在当事人没有约定时与台湾地区仲裁规定不符的;(5)裁决对当事人尚无约束力,或者业经台湾地区法院撤销或者驳回执行申请的。依据国家法律,该争议事项不能以仲裁解决的,或者认可该仲裁裁决将违反一个中国原则等国家法律的基本原则或损害社会公共利益的,人民法院应当裁定不予认可。

002. 管辖

2.1　申请确认仲裁协议效力案件的管辖

申请确认仲裁协议效力的案件,由仲裁协议约定的仲裁机构所在地、仲裁协议签订地、申请人住所地、被申请人住所地的中级人民法院或者专门人民法院管辖。

涉及海事海商纠纷仲裁协议效力的案件,由仲裁协议约定的仲裁机构所在地、仲裁协议签订地、申请人住所地、被申请人住所地的海事法院管辖;上述地点没有海事法院的,由就近的海事法院管辖。

审查依据:《最高人民法院关于审理仲裁司法审查案件若干问题的规定》第2条

规范解读:

《仲裁法》仅规定当事人对仲裁协议效力有异议的情况下,当事人可向仲裁机构和法院申请确认仲裁协议效力,但未规定当事人向法院申请确认仲裁协议效力的管辖问题。《仲裁法司法解释》第12条规定:"当事人向人民法院申请确认仲裁协议效力的案件,由仲裁协议约定的仲裁机构所在地的中级人民法院管辖;仲裁协议约定的仲裁机构不明确的,由仲裁协议签订地或者被申请人住所地的中级人民法院管辖。申请确认涉外仲裁协议效力的案件,由仲裁协议约定的仲裁机构所在地、仲裁协议签订地、申请人或者被申请人住所地的中级人民法院管辖。涉及海事海商纠纷仲裁协议效力的案件,由仲裁协议约定的仲裁机构所在地、仲裁协议签订地、申请人或者被申请人住所地的海事法院管辖;上述地点没有海事法院的,由就近的海事法院管辖。”该条规定对申请确认国内和涉外仲裁协议的管辖法院,区分了不同的联结点。如当事人向人民法院申请确认国内案件中仲裁协议效力时,由仲裁协议约定的仲裁机构所在地中级人民法院管辖;在仲裁协议没有约定仲裁机构或者仲裁机构约定不明确时,由仲裁协议签订地或者被申请人住所地中级人民法院管辖。而涉外仲裁协议效力案件则有更为广泛的选择范围,包括了仲裁机构所在地、仲裁协议签订地、申请人或者被申请人住所地的中级人民法院。涉及海事海商纠纷仲裁协议也具有较宽泛的选择范围,上述地点没有海事法院的由就近海事法院管辖。

《最高人民法院关于审理仲裁司法审查案件若干问题的规定》第 2 条对上述司法解释第 12 条的规定作出了部分修改,不再区分国内和涉外确认仲裁协议效力案件,规定了统一的确定管辖权的标准,申请确认仲裁协议效力的案件,由仲裁协议约定的仲裁机构所在地、仲裁协议签订地、申请人住所地、被申请人住所地的中级人民法院或者专门人民法院管辖。

主要法律问题:第一,近年来国内国际仲裁司法审查案件逐渐统一归口管理,申请确认仲裁协议效力规则被区分为国内和涉外,并以不同的联结点确定管辖法院,不利于规则和归口管理的统一。第二,在当事人申请确认仲裁协议无效时,是否明确约定仲裁机构往往是主张仲裁协议无效的理由,在人民法院尚未受理案件的前期确定管辖阶段,就对需要经过司法审查后裁判的内容作出认定,确有不妥。第三,对于管辖冲突问题,《最高人民法院关于审理仲裁司法审查案件若干问题的规定》第 4 条进一步规定,申请人向两个以上有管辖权的人民法院提出申请的,由最先立案的人民法院管辖。

2.2 申请撤销仲裁裁决案件的管辖

申请撤销仲裁裁决案件由仲裁委员会所在地的中级人民法院管辖。

审查依据：《仲裁法》第58条

规范解读：

申请撤销仲裁裁决案件的管辖，应根据《仲裁法》第58条的规定，由仲裁委员会所在地的中级人民法院管辖。该条文规定在第五章"申请撤销裁决"中，另外第七章有关于涉外仲裁的特别规定。有观点认为该条文属于对于申请撤销国内仲裁裁决案件的管辖规定，申请撤销涉外仲裁裁决案件的管辖，应根据《最高人民法院关于涉外民商事案件诉讼管辖若干问题的规定》第1、3条的规定，由国务院批准设立的经济技术开发区人民法院；省会、自治区首府、直辖市所在地的中级人民法院；经济特区、计划单列市中级人民法院；最高人民法院指定的其他中级人民法院；高级人民法院管辖。上述中级人民法院的区域管辖范围由所在地的高级人民法院确定。[①] 上述规定的第2条规定："本规定适用于下列案件：（三）申请撤销、承认与强制执行国际仲裁裁决的案件；（四）审查有关涉外民商事仲裁条款效力的案件；（五）申请承认和强制执行外国法院民商事判决、裁定的案件。"第5条规定："涉及香港、澳门特别行政区和台湾地区当事人的民商事纠纷案件的管辖，参照本规定处理。"第6条规定："高级人民法院应当对涉外民商事案件的管辖实施监督，凡越权受理涉外民商事案件的，应当通知或者裁定将案件移送有管辖权的人民法院审理。"

主要法律问题：第一，错误申请管辖的处理。根据《最高人民法院关于审理仲裁司法审查案件若干问题的规定》第7条的规定："申请人向对案件不具有管辖权的人民法院提出申请，人民法院应当告知其向有管辖权的人民法院提出申请，申请人仍不变更申请的，裁定不予受理。申请人对不予受理的裁定不服的，可以提起上诉。"第二，涉外仲裁程序中的财产保全处理。根据《民事诉讼法》第272条和《最高人民法院关于适用〈中华人民共和国民

---

① 参见人民法院出版社编著：《最高人民法院民事案件案由适用要点与请求权规范指引》（下册），人民法院出版社2019年版，第1046页。

事诉讼法〉若干问题的意见》第542条的规定，当事人申请采取保全的，中华人民共和国的涉外仲裁机构应当将当事人的申请，提交被申请人住所地或者财产所在地的中级人民法院裁定。我国涉外仲裁机构将当事人的保全申请提交人民法院裁定的，人民法院可以进行审查，裁定是否进行保全。裁定保全的，应当责令申请人提供担保，申请人不提供担保的，裁定驳回申请。当事人申请证据保全，人民法院经审查认为无须提供担保的，申请人可以不提供担保。第三，仲裁司法审查案件归口办理。《最高人民法院关于仲裁司法审查案件归口办理有关问题的通知》（法〔2017〕152号）规定："一、各级人民法院审理涉外商事案件的审判庭（合议庭）作为专门业务庭（以下简称专门业务庭）负责办理本通知规定的仲裁司法审查案件。二、当事人申请确认仲裁协议效力的案件，申请撤销我国内地仲裁机构仲裁裁决的案件，申请认可和执行香港特别行政区、澳门特别行政区、台湾地区仲裁裁决的案件、申请承认和执行外国仲裁裁决等仲裁司法审查案件，由各级人民法院专门业务庭办理。专门业务庭经审查裁定认可和执行香港特别行政区、澳门特别行政区、台湾地区仲裁裁决，承认和执行外国仲裁裁决的，交由执行部门执行。"

2.3 申请承认和执行外国仲裁裁决案件的管辖

申请我国法院承认和执行在另一缔约国领土内作出的仲裁裁决，是由仲裁裁决的一方当事人提出的。对于当事人的申请应由我国下列地点的中级人民法院受理：(1)被执行人为自然人的，为其户籍所在地或者居所地；(2)被执行人为法人的，为其主要办事机构所在地；(3)被执行人在我国无住所、居所或者主要办事机构，但有财产在我国境内的，为其财产所在地。

外国仲裁裁决与人民法院审理的案件存在关联，被申请人住所地、被申请人财产所在地均不在我国内地，申请人申请承认外国仲裁裁决的，由受理关联案件的人民法院管辖。受理关联案件的人民法院为基层人民法院的，申请承认外国仲裁裁决的案件应当由该基层人民法院的上一级人民法院管辖。受理关联案件的人民法院是高级人民法院或者最高人民法院的，由上述法院决定自行审查或者指定中级人民法院审查。

外国仲裁裁决与我国内地仲裁机构审理的案件存在关联，被申请人住所地、被申请人财产所在地均不在我国内地，申请人申请承认外国仲裁裁决的，由受理关联案件的仲裁机构所在地的中级人民法院管辖。

审查依据：《最高人民法院关于执行我国加入的〈承认及执行外国仲裁裁决公约〉的通知》；《最高人民法院关于审理仲裁司法审查案件若干问题的规定》第3条

规范解读：

申请承认和执行外国仲裁裁决案件的管辖，根据《民事诉讼法》第283条规定："国外仲裁机构的裁决，需要中华人民共和国人民法院承认和执行的，应当由当事人直接向被执行人住所地或者其财产所在地的中级人民法院申请，人民法院应当依照中华人民共和国缔结或者参加的国际条约，或者按照互惠原则办理。"因此，对于申请承认和执行国外仲裁机构的裁决，申请的法院级别为中级人民法院，可申请的法院为被执行人住所地或者其财产所在地的法院。根据《承认及执行外国仲裁裁决公约》第4条的规定，申请我国法院承认和执行在另一缔约国领土内作出的仲裁裁决，是由仲裁裁决的一方当事人提出的。对于当事人的申请应由我国下列地点的中级人民法院受理：(1)被执行人为自然人的，为其户籍所在地或者居所地；(2)被执行人为法人的，为其主要办事机构所在地；(3)被执行人在我国无住所、居所或者主要办事机构，但有财产在我国境内的，为其财产所在地。

司法实践中遇到的新问题是被申请人住所地、财产所在地均不在我国境内，但是基于审理关联案件的实际情况，需要我国法院承认和执行外国仲裁裁决的效力。在《民事诉讼法》第283条的规定无法解决上述情况的管辖问题时，2018年《最高人民法院关于审理仲裁司法审查案件若干问题的规定》作出了更为符合实际需求，支持承认外国仲裁裁决的规定。该司法解释第3条规定可从三个层面解读：第一个层面，确立外国仲裁裁决与法院案件关联管辖，即“外国仲裁裁决与人民法院审理的案件存在关联，被申请人住所地、被申请人财产所在地均不在我国内地，申请人申请承认外国仲裁裁决的，由受理关联案件的人民法院管辖。”上述规定可理解为虽然被申请人住所地、被申请人财产所在地均不在我国内地，但有人民法院审理的案件存在关联这一事实即可受理。第二个层面，确立外国仲裁裁决由关联的中级以上法院管辖，即“受理关联案件的人民法院为基层人民法院的，申请承认外国仲裁裁决的案件应当由该基层人民法院的上一级人民法院管辖。受理关联案件的人民法院是高级人民法院或者最高人民法院的，由上述法院决定自行审查或者指定中级人民法院审查”。第三个层面，确认外国仲裁与国内仲裁关联管辖，即“外国仲裁裁决与我国内地仲裁机构审理的案件存在关联，被申请人住所地、被申请人财产所在地均不在我国内地，申请人申请承认外国仲裁裁决的，由受理关联案件的仲裁机构所在地的中级人民法院管辖。”

2.4 申请认可和执行香港特别行政区仲裁裁决案件的管辖

在内地或者香港特区作出的仲裁裁决，一方当事人不履行的，另一方当事人可以向被申请人住所地或者财产所在地的有关法院申请执行。上述的有关法院，在内地是指被申请人住所地或者财产所在地的中级人民法院，在香港特区是指香港特区高等法院。

被申请人住所地或者财产所在地在内地不同的中级人民法院辖区内的，申请人可以选择其中一个人民法院申请执行裁决，不得分别向两个或者两个以上人民法院提出申请。

被申请人的住所地或者财产所在地，既在内地又在香港特区的，申请人不得同时分别向两地有关法院提出申请。只有一地法院执行不足以偿还其债务时，才可就不足部分向另一地法院申请执行。两地法院先后执行仲裁裁决的总额，不得超过裁决数额。

审查依据:《最高人民法院关于内地与香港特别行政区相互执行仲裁裁决的安排》第2条、第3条

规范解读:

《最高人民法院关于内地与香港特别行政区相互执行仲裁裁决的安排》规定,对于在香港特区作出的仲裁裁决,一方当事人不履行仲裁裁决的,另一方当事人可以向被申请人住所地或者财产所在地的有关法院申请执行。被申请人住所地或者财产所在地的有关法院,在内地指被申请人住所地或者财产所在地的中级人民法院,因此,被申请人住所地或者财产所在地的中级人民法院系有管辖权法院。需要注意以下两个问题:第一,存在被申请人住所地或者财产所在地在内地不同的中级人民法院辖区内的,尤其财产可能在多地均存在的,在这种情况下,申请人可以选择其中一个人民法院申请执行裁决,该法院对内地涉及所有财产均有权执行,申请人不得分别向两个或者两个以上人民法院提出申请。第二,限制申请人同时在内地和香港特区提出申请的,当被申请人的住所地或者财产所在地,存在既在内地又在香港特区的情况时,申请人不得同时分别向两地有关法院提出申请。只有当执行一地法院执行不足以偿还其债务时,才可就不足部分向另一地法院申请执行。两地法院先后执行仲裁裁决的总额有所限制,不得超过裁决数额,申请人对此负有举证责任。

2019年4月2日,最高人民法院和香港特别行政区政府律政司在香港特区签署《关于内地与香港特别行政区法院就仲裁程序相互协助保全的安排》(以下简称《安排》),将在最高人民法院公布司法解释和香港特区完成内部程序后,同时在两地生效实施。上述安排允许香港仲裁程序的当事人向内地人民法院申请保全;同时,内地仲裁程序的当事人亦可向香港特区法院申请强制令以及其他临时措施。《安排》中对保全的范围、香港仲裁程序的界定、申请保全的程序、保全申请的处理等作了全面规定。《安排》实施后,两地法院将可通过预防性救济措施来保障仲裁裁决的顺利执行,从而有效地维护当事人的合法权益。

理解《安排》涉及的法律问题：第一，准确理解《安排》中所称的“保全”。“保全”在内地包括财产保全、证据保全、行为保全；在香港特别行政区包括强制令以及其他临时措施，以在争议得以裁决之前维持现状或者恢复原状、采取行动防止目前或者即将对仲裁程序发生的危害或者损害，或者不采取可能造成这种危害或者损害的行动、保全资产或者保全对解决争议可能具有相关性和重要性的证据。第二，准确理解《安排》所称“香港仲裁程序”。“香港仲裁程序”应当以香港特别行政区为仲裁地，并且由以下机构或者常设办事处管理：(1)在香港特别行政区设立或者总部设于香港特别行政区，并以香港特别行政区为主要管理地的仲裁机构；(2)中华人民共和国加入的政府间国际组织在香港特别行政区设立的争议解决机构或者常设办事处；(3)其他仲裁机构在香港特别行政区设立的争议解决机构或者常设办事处，且该争议解决机构或者常设办事处满足香港特别行政区政府订立的有关仲裁案件宗数以及标的金额等标准。以上机构或者常设办事处的名单由香港特别行政区政府向最高人民法院提供，并经双方确认。第三，准确理解香港仲裁程序的当事人申请保全的管辖。在仲裁裁决作出前，当事人可以参照《民事诉讼法》《仲裁法》以及相关司法解释的规定，向被申请人住所地、财产所在地或者证据所在地的内地中级人民法院申请保全。被申请人住所地、财产所在地或者证据所在地在不同人民法院辖区的，应当选择向其中一个人民法院提出申请，不得分别向两个或者两个以上人民法院提出申请。当事人在有关机构或者常设办事处受理仲裁申请后提出保全申请的，应当由该机构或者常设办事处转递其申请。第四，准确理解仲裁受理前的保全。在有关机构或者常设办事处受理仲裁申请前提出保全申请，内地人民法院采取保全措施后三十日内未收到有关机构或者常设办事处提交的已受理仲裁案件的证明函件的，内地人民法院应当解除保全。

2.5　申请认可和执行澳门特别行政区仲裁裁决案件的管辖

在内地或者澳门特别行政区作出的仲裁裁决，一方当事人不履行的，另一方当事人可以向被申请人住所地、经常居住地或者财产所在地的有关法院申请认可和执行。

内地有权受理认可和执行仲裁裁决申请的法院为中级人民法院。两个或者两个以上中级人民法院均有管辖权的，当事人应当选择向其中一个中级人民法院提出申请。

澳门特别行政区有权受理认可仲裁裁决申请的法院为中级法院，有权执行的法院为初级法院。

被申请人的住所地、经常居住地或者财产所在地分别在内地和澳门特别行政区的，申请人可以向一地法院提出认可和执行申请，也可以分别向两地法院提出申请。

当事人分别向两地法院提出申请的，两地法院都应当依法进行审查。予以认可的，采取查封、扣押或者冻结被执行人财产等执行措施。仲裁地法院应当先进行执行清偿；另一地法院在收到仲裁地法院关于经执行债权未获清偿情况的证明后，可以对申请人未获清偿的部分进行执行清偿。两地法院执行财产的总额，不得超过依据裁决和法律规定所确定的数额。

审查依据：《最高人民法院关于内地与澳门特别行政区相互认可和执行仲裁裁决的安排》第2条、第3条

规范解读：

《最高人民法院关于内地与澳门特别行政区相互认可和执行仲裁裁决的安排》在管辖规则方面主要有以下法律问题需要注意：第一，地域和级别管辖的规则。在地域管辖上，对澳门特别行政区作出的仲裁裁决，当事人可以向被申请人住所地、经常居住地或者财产所在地的有关法院申请认可和执行，该被申请人住所地、经常居住地或者财产所在地法院有管辖权。在级别管辖上，内地有权受理认可和执行仲裁裁决申请的法院为中级人民法院。

第二,多个法院或两地均有管辖权的受理规则。存在两个或者两个以上中级人民法院均有管辖权的,当事人应当选择向其中一个中级人民法院提出申请。被申请人的住所地、经常居住地或者财产所在地分别在内地和澳门特别行政区的,申请人可以向一地法院提出认可和执行申请,也可以分别向两地法院提出申请。在此特别提示申请人可同时分别向两地法院提出申请,与《最高人民法院关于内地与香港特别行政区相互执行仲裁裁决的安排》中限制申请人同时在内地和香港特区提出申请不同,内地与香港特区安排中规定只有当一地法院执行不足以偿还其债务时,才可就不足部分向另一地法院申请执行。第三,设定两地法院受理审查后的审查执行规则。当事人分别向两地法院提出申请的,两地法院都应当依法进行审查。予以认可的,采取查封、扣押或者冻结被执行人财产等执行措施。仲裁地法院应当先进行执行清偿,另一地法院在收到仲裁地法院关于经执行债权未获清偿情况的证明后,可以对申请人未获清偿的部分进行执行清偿。两地法院执行财产的总额,不得超过依据裁决和法律规定所确定的数额。第四,《最高人民法院关于内地与澳门特别行政区相互认可和执行仲裁裁决的安排》规定法院在受理认可和执行仲裁裁决申请之前或者之后,可以依当事人的申请,按照法院地法律规定,对被申请人的财产采取保全措施,只是没有细化规定如何实施的具体操作方法。

2.6 申请认可和执行台湾地区仲裁裁决案件的管辖

申请认可台湾地区仲裁裁决的案件,由申请人住所地、经常居住地或者被申请人住所地、经常居住地、财产所在地中级人民法院或者专门人民法院受理。

申请人向两个以上有管辖权的人民法院申请认可的,由最先立案的人民法院管辖。

申请人向被申请人财产所在地人民法院申请认可的,应当提供财产存在的相关证据。

审查依据:《最高人民法院关于认可和执行台湾地区仲裁裁决的规定》第4条

规范解读:

《最高人民法院关于认可和执行台湾地区仲裁裁决的规定》在确定受理案件的管辖连接点上,将申请人住所地、经常居住地或者被申请人住所地、经常居住地、财产所在地均作为管辖的依据,更加便利当事人提出申请。对于管辖法院的级别规定则以中级人民法院或者专门人民法院作为受理法院。基于可能有管辖权的法院较多,存在向两个以上有管辖权法院申请的情况时,先立案的法院享有管辖权。其中特别注意当案件由被申请人财产所在地人民法院管辖时,申请人负有提供财产存在于当地的举证责任。如果申请人不能提供证明财产存在的证据,则不予受理。

2.7　管辖权异议上诉

人民法院受理仲裁司法审查案件后,被申请人对管辖权有异议的,应当自收到人民法院通知之日起15日内提出。人民法院对被申请人提出的异议,应当审查并作出裁定。当事人对裁定不服的,可以提起上诉。

在中华人民共和国领域内没有住所的被申请人对人民法院的管辖权有异议的,应当自收到人民法院通知之日起30日内提出。

审查依据:《最高人民法院关于审理仲裁司法审查案件若干问题的规定》第10条

规范解读:

管辖权异议,是指当事人认为受诉法院对案件无管辖权时,向受诉人民法院提出对案件没有管辖权的主张和意见。管辖权异议制度本意在于制衡原告的起诉权,防止可能存在的地方保护主义,保障被告合法权益,确保管辖权的正确行使。根据《民事诉讼法》的规定,异议人提出管辖异议不受任何限制,只要在法定答辩期内提出,法院应当进行“审查”并作出裁定,异议人享有上诉的权利。现行法律及司法解释对当事人行使管辖异议权没有限制性规定,因此一定程度上存在管辖权异议滥用的现象。

在仲裁司法审查案件这一特殊程序中,对于当事人是否有权提出管辖权异议,以及提出管辖权异议后的处理程序没有明确规定。在《民事诉讼法》的程序中一旦设定某类型案件的管辖权,必然会涉及适用管辖权异议制度,在法律、司法解释明确规定仲裁司法审查案件的管辖法院时,当事人有权提出管辖权异议。《最高人民法院关于审理仲裁司法审查案件若干问题的规定》第 10 条明确并完善了仲裁司法审查案件中管辖权异议规则,考虑到仲裁司法审查程序中没有提交答辩意见的规定,所以其提出管辖权异议的时间起算点从当事人收到人民法院通知时开始,对国内当事人(包括在我国领域内有住所地的外国当事人)提出管辖权异议的期限为 15 日,对在我国领域内没有住所的当事人提出管辖权异议的期限为 30 日。同时,明确规定法院应当作出管辖权裁定,当事人对管辖权裁定不服的,可以提起上诉。提起上诉的期限,自收到裁定书之日起,按《民事诉讼法》第 164 条规定,当事人不服地方人民法院第一审裁定的,有权在裁定书送达之日起 10 日内向上一级人民法院提起上诉。同时,该法第 269 条规定,在中华人民共和国领域内没有住所的当事人,不服第一审人民法院判决、裁定的,有权在判决书、裁定书送达之日起 30 日内提起上诉。当事人不能在法定期间提起上诉或者提出答辩状,申请延期的,是否准许,由人民法院决定。

003. 受理条件审查与处理

3.1 当事人对仲裁协议效力提出异议的机构和时间

当事人对仲裁协议的效力有异议的,可以请求仲裁委员会作出决定或者请求人民法院作出裁定。一方请求仲裁委员会作出决定,另一方请求人民法院作出裁定的,由人民法院裁定。

如果仲裁机构先于人民法院接受申请并已作出决定,人民法院不予受理；如果仲裁机构接受申请后尚未作出决定，人民法院应予受理，同时通知仲裁机构终止仲裁。

当事人对仲裁协议的效力有异议，应当在仲裁庭首次开庭前提出。

审查依据：《仲裁法》第 20 条；《最高人民法院关于确认仲裁协议效力几个问题的批复》（法释〔1998〕27 号）第 3 条

规范解读：

仲裁协议是争议得以提交仲裁解决的前提，系当事人具有自治性和合意性的通过一定形式进行的意思表示，从而选择仲裁作为纠纷解决途径，是取得仲裁管辖权并排除司法管辖权的依据。有观点认为，仲裁管辖权是相对于法院管辖权而提出的，仲裁管辖权主要由仲裁的自治性所决定，仲裁庭对案件的管辖权来源于当事人之间的仲裁协议，仲裁管辖属于自愿管辖。[①]在以当事人意思自治和契约自由为基础而建立起的仲裁制度中，管辖权来自当事人的合意授权，因此仲裁协议效力问题自始至终贯穿于整个仲裁过程中。仲裁协议效力的司法审查存在于三个阶段：提前仲裁申请阶段，包括仲裁前或仲裁立案时；仲裁受理后的程序中；仲裁裁决作出后。前两个阶段都属于确认仲裁协议效力的审查范围，最后一个阶段则属于申请撤销仲裁裁决或不予执行仲裁裁决的审查范围。前两个阶段的仲裁协议效力异议提出后，涉及仲裁机构与法院之间就异议问题处理的制度设计与程序衔接。在仲裁管辖权方面，当事人对仲裁协议效力以及仲裁管辖权提出异议时，《仲裁法》第 20 条规定，当事人“可以请求仲裁委员会作出决定或者请求人民法院作出裁定”。上述规定可以理解为当事人同时被赋予向仲裁委员会或人民法院提出请求的权利，基于仲裁委员会与人民法院分别受理、决定与裁定作出时间、提出异议的合理时间等诸多因素，法律和司法解释作了更细致的规定。

---

① 参见江伟、肖建国主编，谢文哲副主编：《仲裁法》第 3 版，中国人民大学出版社 2016 年版，第 124 页。

主要法律问题:第一,各方当事人分别对仲裁协议效力问题向仲裁委员会和人民法院请求作出裁定时的程序安排。《仲裁法》第20条第2款规定:"一方请求仲裁委员会作出决定,另一方请求人民法院作出裁定的,由人民法院裁定。"我国《仲裁法》虽然未明确规定仲裁自裁管辖,但在法律及司法解释中,赋予仲裁机构仲裁协议效力认定权,其得到仲裁立法、司法以及仲裁规则、实践的广泛采纳和支持。仲裁机构对仲裁协议效力的认定权是其有权在当事人请求的情况下,进行审查并决定仲裁协议的效力,进而确定自身对仲裁案件的管辖权。司法管辖权是国家法律赋予法院的专属权力,也是民事主体重要的基本权利,在仲裁机构行使对仲裁协议效力的认定权时,该权利的行使受到司法管辖权的监督,而且这种监督不应被当事人约定或仲裁规则规定排除。我国《仲裁法》对于当事人分别向仲裁机构和法院请求确认仲裁协议效力的情况规定由法院裁定,确立了法院对仲裁协议效力认定的优先管辖权,也体现了对仲裁的司法监督,法院在仲裁协议效力的认定上拥有最终的决定权。

第二,仲裁机构拥有仲裁协议效力认定权源于当事人意思自治,符合仲裁制度解决纠纷的快速、高效要求,但是不受制约的权力可能会导致权力的滥用与扩张,所以仲裁机构对仲裁协议效力的认定权并不意味着仲裁机构享有不受监督的管辖裁判权,该认定并非终局性,其受到法院的司法监督和制约。仲裁机构对仲裁协议效力认定权的关键在于其限定法院干预仲裁管辖权的时间和条件,制定符合实际的法院监督规则会使仲裁制度的优越性得到最大限度的发挥。我国《最高人民法院关于确认仲裁协议效力几个问题的批复》对这种仲裁机构协议效力认定权行使与司法审查监督进行了合理的程序安排。该批复中规定,"当事人对仲裁协议的效力有异议,一方当事人申请仲裁机构确认仲裁协议效力,另一方当事人请求人民法院确认仲裁协议无效,如果仲裁机构先于人民法院接受申请并已作出决定,人民法院不予受理;如果仲裁机构接受申请后尚未作出决定,人民法院应予受理,同时通知仲裁机构终止仲裁。"上述规定可从两个层面理解:首先,当事人已经向仲裁机构申请确认仲裁协议的效力，且仲裁机构已经作出决定时，人民法院虽然享有决定仲裁协议效力的优先管辖权，但此时受到制约，裁定不予受理，已经受理的驳回申请，对于该不予受理或驳回申请的，当事人享有上诉权。其次，如果仲裁机构虽然收到申请但未作决定，而当事人又向人民法院申请，此时无论向人民法院申请在先还是在后，人民法院都应受理，并通知仲裁机构终止仲裁。

第三，当事人提出异议应当有条件限制。《仲裁法》第 20 条规定，“当事人对仲裁协议的效力有异议，应当在仲裁庭首次开庭前提出。”该条款规定了仲裁协议效力异议提出的程序限制条件，即在仲裁庭首次开庭前提出，包括未申请仲裁和申请仲裁以后的阶段，对于首次开庭后提出怎么处理，法律未作规定，对此由司法解释进一步明确。引发相应的实践问题与理解详见下文关于对申请确认仲裁协议无效不予受理的内容和本书第二章第 14 条的规范解读部分。

3.2　对申请确认仲裁协议无效不予受理

当事人在仲裁庭首次开庭前没有对仲裁协议的效力提出异议，而后向人民法院申请确认仲裁协议无效的，人民法院不予受理。

仲裁机构对仲裁协议的效力作出决定后，当事人向人民法院申请确认仲裁协议效力或者申请撤销仲裁机构的决定的，人民法院不予受理。

仲裁机构虽然未用决定形式，但仲裁文书具有对仲裁协议效力认定的内容，视为仲裁机构对仲裁协议的效力作出决定。

人民法院受理案件后发现上述情况的裁定驳回申请。当事人不服人民法院不予受理和驳回申请裁定的，可以上诉。

审查依据：《仲裁法司法解释》第 13 条

规范解读：

制定合理的仲裁协议效力异议规则，赋予当事人及时提出异议的权利，可以保证仲裁机构基于有效仲裁协议而行使管辖权，避免仲裁裁决作出后，因仲裁协议无效而被法院撤销或者不予执行。同时，考虑实践中常有当事人通过利用仲裁协议效力异议的规则，恶意拖延仲裁程序的进行，使仲裁程序暂缓或中止从而影响仲裁效率，使正义迟延。因此，法律对当事人行使权利的情形作出限制，要求当事人必须在一定的时限内行使该项权利，否则构成弃权或者因怠于行使该项权利而不予保护。《仲裁法》第 20 条第 2 款规定："当事人对仲裁协议的效力有异议，应当在仲裁庭首次开庭前提出。"上述法条对当事人提出异议的时限作出限制，即应在仲裁庭首次开庭前。但是法律对可能遇到更为复杂的情况没有进一步明确。因此，实践中主要涉及以下几种情形需要解决：(1)当事人在仲裁庭首次开庭后又向法院申请确认仲裁协议无效如何处理？当事人因未按仲裁法规定的期限在仲裁庭首次开庭前向人民法院申请确认仲裁协议无效，因此法院对此以不予受理的方式处理为妥。《仲裁法司法解释》第 13 条第 1 款规定，当事人在仲裁庭首次开庭前没有对仲裁协议的效力提出异议，而后向人民法院申请确认仲裁协议无效的，人民法院不予受理。(2)当事人在仲裁庭首次开庭前提出异议，在仲裁机构对仲裁协议效力作出决定后，又向人民法院申请确认仲裁协议效力如何处理？当事人依据《仲裁法》规定的期限在仲裁庭首次开庭前向仲裁庭提出异议，仲裁机构对仲裁协议效力已经作出决定，这是法律赋予仲裁机构的仲裁协议效力认定权，该决定一旦作出即具有效力，排除法院对该仲裁协议效力的审查，因此当事人向人民法院申请确认仲裁协议效力的，人民法院不予受理。(3)当事人在仲裁庭首次开庭前提出异议，在仲裁机构对仲裁协议效力作出决定后，以仲裁协议无效为由申请撤销仲裁裁决如何处理？基于仲裁机构有权且已经对仲裁协议效力作出认定，故而排除法院对该仲裁协议效力的审查，虽然仲裁机构和人民法院均有权对仲裁协议效力进行认定，但依然应遵循"一事不再理"原则，在仲裁机构决定生效时，当事人向人民法院申请撤销仲裁裁决的，人民法院不予受理。根据《仲裁法司法解释》第 13 条规定，涉及上述三种情形的，人民法院均以不予受理处理。如果人民法院受理案件后发现上述情况的裁定驳回申请。当事人不服人民法院不予受理和驳回申请裁定的,可以上诉。适用《最高人民法院关于审理仲裁司法审查案件若干问题的规定》第8条规定,人民法院立案后发现不符合受理条件的,裁定驳回申请。前款规定的裁定驳回申请的案件,申请人再次申请并符合受理条件的,人民法院应予受理。当事人对驳回申请的裁定不服的,可以提起上诉。

实践中,当事人向仲裁机构提出仲裁协议效力异议申请,仲裁机构未以决定的形式作出,而以通知、裁决等其他形式作出,但是仲裁文书中具有对仲裁协议效力认定的内容,视为仲裁机构对仲裁协议的效力作出决定。

3.3　仲裁协议有效选择法院诉讼

当事人达成仲裁协议,一方向人民法院起诉未声明有仲裁协议,人民法院受理后,另一方在首次开庭前提交仲裁协议的,人民法院应当驳回起诉,但仲裁协议无效的除外;另一方在首次开庭前未对人民法院受理该案提出异议的,视为放弃仲裁协议,人民法院应当继续审理。"首次开庭"是指答辩期满后人民法院组织的第一次开庭审理,不包括审前程序中的各项活动。

审查依据:《仲裁法》第26条;《仲裁法司法解释》第14条

规范解读:

当事人签订的合同中有有效仲裁条款或者达成有效仲裁协议,基于仲裁意思自治原则,排除人民法院对当事人之间纠纷的管辖权,司法实践中在立案阶段发现有上述情形的,人民法院不予受理。如一方当事人在立案时未向法院声明有仲裁协议,或者法院未审查到其仲裁协议,导致法院已经立案,此时的处理分两种情况:

第一,法院受理案件后,另一方当事人在首次开庭前提交仲裁协议的,人民法院经审查确认仲裁协议有效时,驳回起诉。《仲裁法》第26条中规定了“但仲裁协议无效的除外”，人民法院受理案件后，虽然当事人提交仲裁协议，但经过审查发现仲裁协议无效的，人民法院仍然有管辖权。对此应结合《民诉法司法解释》进行审理，该司法解释第216条规定：“在人民法院首次开庭前，被告以有书面仲裁协议为由对受理民事案件提出异议的，人民法院应当进行审查。经审查符合下列情形之一的，人民法院应当裁定驳回起诉：（一）仲裁机构或者人民法院已经确认仲裁协议有效的；（二）当事人没有在仲裁庭首次开庭前对仲裁协议的效力提出异议的；（三）仲裁协议符合仲裁法第十六条规定且不具有仲裁法第十七条规定情形的。”

需要提示在该情况下认定无效，要经过报核程序，即依据《最高人民法院关于仲裁司法审查案件报核问题的有关规定》第7条规定：“在民事诉讼案件中，对于人民法院因涉及仲裁协议效力而作出的不予受理、驳回起诉、管辖权异议的裁定，当事人不服提起上诉，第二审人民法院经审查拟认定仲裁协议不成立、无效、失效、内容不明确无法执行的，须按照本规定第二条的规定逐级报核，待上级人民法院审核后，方可依上级人民法院的审核意见作出裁定。”对于各中级人民法院或者专门人民法院办理非涉外涉港澳台地区仲裁司法审查案件，经审查拟认定仲裁协议无效，需报高级人民法院审核；各中级人民法院或者专门人民法院办理涉外涉港澳台地区仲裁司法审查案件，经审查拟认定仲裁协议无效，向高级人民法院报核；高级人民法院经审查拟同意的，应当向最高人民法院报核。上述情况均需经审核后，依审核意见作出裁定。

第二，法院在受理案件后，另一方在首次开庭前未对人民法院受理该案提出异议的，视为放弃仲裁协议，人民法院应当继续审理。根据司法解释，此处的“首次开庭”是指答辩期满后人民法院组织的第一次开庭审理，不包括审前程序中的各项活动。理论界认为上述情况属于仲裁协议的失效，即指仲裁协议的效力因失效事由的发生而归于消灭。[①] 当事人放弃仲裁协议，附期限的仲裁协议因期限届满而失效均属于失效事由，《仲裁法》第 26 条所规定的另一方当事人在首次开庭前未提出异议，视为放弃仲裁协议，属于当事人因默示的行为改变纠纷的解决方式，从而使仲裁协议失效。

3.4 确认仲裁协议效力提交材料及受理

申请人向人民法院申请确认仲裁协议效力的，应当提交申请书及仲裁协议正本或者经证明无误的副本。

申请书应当载明下列事项：(1) 申请人或者被申请人为自然人的，应当载明其姓名、性别、出生日期、国籍及住所；为法人或者其他组织的，应当载明其名称、住所以及法定代表人或者代表人的姓名和职务；(2) 仲裁协议的内容；(3) 具体的请求和理由。当事人提交的外文申请书、仲裁协议及其他文件，应当附有中文译本。申请人提交的文件不符合上述的规定，经人民法院释明后提交的文件仍然不符合规定的，裁定不予受理。当事人对裁定不服可以提起上诉。

审查依据：《最高人民法院关于审理仲裁司法审查案件若干问题的规定》第 5 条、第 7 条

3.5 申请撤销仲裁或者申请承认和执行外国仲裁裁决提交材料及受理

申请人向人民法院申请执行或者撤销我国内地仲裁机构的仲裁裁决、申请承认和执行外国仲裁裁决的，应当提交申请书及裁决书正本或者经证明无误的副本。

申请书应当载明下列事项：(1) 申请人或者被申请人为自然人的，应当载明其姓名、性别、出生日期、国籍及住所；为法人或者其他组织的，应

① 参见江伟、肖建国主编，谢文哲副主编：《仲裁法》第 3 版，中国人民大学出版社 2016 年版，第 74 页。

当载明其名称、住所以及法定代表人或者代表人的姓名和职务；（2）裁决书的主要内容及生效日期；（3）具体的请求和理由。当事人提交的外文申请书、裁决书及其他文件，应当附有中文译本。申请人提交的文件不符合上述的规定，经人民法院释明后提交的文件仍然不符合规定的，裁定不予受理。当事人对裁定不服可以提起上诉。

审查依据：《最高人民法院关于审理仲裁司法审查案件若干问题的规定》第6条、第7条

规范解读（3.4、3.5）：

关于仲裁司法审查案件的受理问题以及不符合受理条件的处理，在法律和司法解释中一直未作明确的规定，2018年实施的《最高人民法院关于审理仲裁司法审查案件若干问题的规定》填补了法院受理条件审查和处理规则的空白。上述司法解释第5条、第6条系对申请人提出申请所应当提交文件的规定，作为人民法院在立案时对于申请人的申请是否符合受理条件进行审查内容的依据，审查内容包括三方面：（1）主体审查，即申请人与被申请人的情况与资格；（2）依据审查，即确认效力的仲裁协议或者承认执行的仲裁裁决书；（3）请求理由审查，对申请人提出的请求和事实理由进行审查。同时在形式审查上包括两方面：（1）申请书及仲裁协议正本或者经证明无误的副本，申请书及裁决书正本或者经证明无误的副本；（2）当事人提交的外文申请书、仲裁协议、裁决书及其他文件，应当附有中文译本。在当事人提交上述材料不符合规定时处理方式分两步：第一步，由人民法院进行释明，当事人可以按释明补交材料，在材料符合条件时予以受理；第二步，在人民法院释明后提交的文件仍然不符合规定的，裁定不予受理。在申请人向对案件不具有管辖权的人民法院提出申请时，虽然材料符合条件，但不属于受理申请的人民法院管辖，人民法院应当告知其向有管辖权的人民法院提出申请，申请人仍不变更申请的，裁定不予受理。

3.6 不符合受理条件的驳回、再申请与上诉

> 人民法院立案后发现不符合受理条件的，裁定驳回申请。
>
> 前款规定的裁定驳回申请的案件，申请人再次申请并符合受理条件的，人民法院应予受理。
>
> 当事人对驳回申请的裁定不服的，可以提起上诉。

审查依据：《最高人民法院关于审理仲裁司法审查案件若干问题的规定》第8条

规范解读：

《民事诉讼法》对民事案件通过以下法条构建相应的审查规范，其中第119条规定了起诉的条件；第123条对于不符合起诉条件的起诉，规定应当不予受理；第124条对当事人的特殊情形起诉，规定分别情形处理；第154条仅规定不予受理、驳回起诉和管辖权异议三类裁定当事人可以上诉，并未规定其他裁定可以上诉。

上述情况均在普通程序中予以规定，对于仲裁司法审查案件没有进行特别的规定，但从理论上讲两者均应遵循相同的受理规则，民事诉讼中人民法院所作出的裁定，均应适用第154条的规定，即不予受理、驳回起诉和管辖权异议三类裁定当事人可以上诉。同时《最高人民法院关于认可和执行台湾地区仲裁裁决的规定》第8条规定，对于不予受理的裁定，当事人可以提起上诉。同为仲裁司法审查案件，亦应保证法律适用的统一性规则。在不符合立案受理条件的情况下，普通程序案件规定驳回起诉，仲裁司法审查案件规定驳回申请，在法律称谓上不同，但法律效果一致，当事人均有上诉权。《最高人民法院关于审理仲裁司法审查案件若干问题的规定》第8条第3款规定："当事人对驳回申请的裁定不服的，可以提起上诉。"

实践中，涉及《最高人民法院关于审理仲裁司法审查案件若干问题的规定》第8条与第20条中关于上诉的体系性适用理解的问题。该司法解释第20条规定，"人民法院在仲裁司法审查案件中作出的裁定，除不予受理、驳回

申请、管辖权异议的裁定外，一经送达即发生法律效力。当事人申请复议、提出上诉或者申请再审的，人民法院不予受理，但法律和司法解释另有规定的除外。”上述司法解释第 20 条明确规定，除“不予受理、驳回申请、管辖权异议的裁定”这三类裁定外，人民法院在仲裁司法审查案件中可能作出的裁定一经送达即发生法律效力。经送达即发生法律效力的裁定包括确认仲裁协议效力的裁定、是否撤销我国内地仲裁机构仲裁裁决的裁定、是否执行我国内地仲裁机构仲裁裁决的裁定、是否认可和执行涉港澳台地区仲裁裁决的裁定、是否承认和执行外国仲裁裁决的裁定、是否准许撤回申请的裁定等，均不允许当事人申请复议、上诉或者申请再审。仲裁司法审查程序有别于普通程序，在普通程序的实体审理中可作出驳回诉讼请求判决，程序审理可作出驳回起诉裁定，上述表述足以区分两者的不同，而仲裁司法审查程序因为基于申请人的申请，所以在立案后无论是认为不符合立案受理条件而驳回，还是因为当事人的申请和事由不足以支持而驳回，均表述为“驳回申请”。因此，在理解第 20 条规定时，其中的“驳回申请”可以上诉，应仅限于第 8 条规定，“对于不予受理的裁定，当事人可以提起上诉”的情况下，已经受理后发现不符合立案受理条件，因驳回申请情况的上诉权。

仲裁司法审查案件中，对于以不符合立案受理条件为由而不予受理或者驳回申请的，当事人再次申请时应如何处理？《民诉法司法解释》第 212 条规定：“裁定不予受理、驳回起诉的案件，原告再次起诉，符合起诉条件且不属于民事诉讼法第一百二十四条规定情形的，人民法院应予受理。”《最高人民法院关于审理仲裁司法审查案件若干问题的规定》第 8 条第 2 款规定：“前款规定的裁定驳回申请的案件，申请人再次申请并符合受理条件的，人民法院应予受理。”

3.7 受理后通知中止仲裁及中止执行

人民法院受理申请确认仲裁协议效力案件后，应当在立案之日起五日内通知仲裁机构中止仲裁。

人民法院受理当事人撤销仲裁裁决的申请后，另一方当事人申请执行同一仲裁裁决的，受理执行申请的人民法院应当在受理后裁定中止执行。

审查依据：《最高人民法院关于确认仲裁协议效力几个问题的批复》（法释〔1998〕27号）第4条；《仲裁法司法解释》第25条

规范解读：

当事人在仲裁机构受理案件后，向人民法院申请确认仲裁协议效力，涉及仲裁机构与人民法院之间程序衔接的问题。人民法院受理申请确认仲裁协议效力案件尚未作出裁定前，仲裁协议效力尚处于司法审查阶段，仲裁协议可能有效或者无效。为保障当事人合理提出异议的权利，避免在认定仲裁协议无效后造成仲裁庭工作的被动，故而人民法院在立案之日起五日内通知仲裁机构中止仲裁。人民法院依法作出仲裁协议有效或者无效的裁定后，应当将裁定书副本送达仲裁机构，由仲裁机构根据人民法院的裁定恢复仲裁或者撤销仲裁案件。

实践中，确认仲裁协议效力时还有另一种情形，当事人对仲裁协议的效力有异议，一方当事人申请仲裁机构确认仲裁协议效力，另一方当事人请求人民法院确认仲裁协议无效，如果仲裁机构接受申请后尚未作出决定，人民法院应予受理，同时通知仲裁机构终止仲裁。

仲裁机构作出仲裁裁决后，一方当事人向人民法院申请撤销仲裁裁决，人民法院经审查符合立案条件，受理当事人撤销仲裁裁决的申请，此时如果另一方当事人申请执行同一仲裁裁决，一般情况下受理撤销仲裁裁决的法院会通知受理执行申请的法院，或者由申请撤销仲裁裁决当事人向执行法院提交立案通知书等材料，受理执行申请的人民法院应当在知悉已经有撤销仲裁裁决案件立案后，裁定中止执行。

人民法院依法对仲裁协议作出无效的裁定后，另一方当事人拒不应诉的，人民法院可以缺席判决；原受理仲裁申请的仲裁机构在人民法院确认仲裁协议无效后仍不撤销其仲裁案件的，不影响人民法院对案件的审理。

第二章 确认仲裁协议效力案件审理规范

004. 仲裁协议效力有效性审查

4.1 仲裁协议效力审查司法理念

尊重平等民事主体选择仲裁作为解决争议方式的本意，坚持有利于促进和支持仲裁的发展，为国际国内商事仲裁营造良好的法治环境，体现人民法院在仲裁司法审查中支持尽量确认仲裁协议有效的司法理念。

规范解读：

随着全面依法治国、国家深化改革与全面对外开放的不断推进，国家对商事仲裁制度的改革与完善越来越重视。商事仲裁作为国际通行商事法律制度的优势与特色越发凸显，商事仲裁制度的发展与完善已经成为一国社会治理能力的重要体现。人民法院在仲裁司法审查案件的审理中，坚持发展多元化纠纷解决机制，营造公平、公正、透明、便捷的法治化营商环境，加大支持仲裁力度，健全和完善完善仲裁制度，提高仲裁公信力。仲裁司法审查机制是对仲裁有序发展的监督与支持。实践中，人民法院对仲裁的支持力度越来越大，在仲裁协议效力方面，尽可能地尊重当事人选择仲裁的意思表示，确保仲裁协议的有效性。协议仲裁制度是《仲裁法》的基本制度，体现仲裁自愿原则，是整个仲裁活动的基础。仲裁协议是建立在当事人自愿基础上将纠纷提交仲裁解决，仲裁机构受理争议案件来自当事人各方的协议授权。因此在确认仲裁协议效力案件中，法院依法审查各方真实意思表示形成的仲裁协议，仲裁司法审查的核心理念就是遵循仲裁理念与规律，行使谦抑适度的司法裁判权,严格依据法律规范进行审查,尊重当事人选择仲裁解决纠纷的意思自治。

4.2 审查仲裁协议有效性的形式要件

《仲裁法》第 16 条规定了审查仲裁协议的形式要件。仲裁协议是合同中订立的仲裁条款和以其他书面方式在纠纷发生前或者纠纷发生后达成的请求仲裁的协议。前述"其他书面形式"的仲裁协议,包括以合同书、信件和数据电文(包括电报、电传、传真、电子数据交换和电子邮件)等形式达成的请求仲裁的协议。

审查依据:《仲裁法》第 16 条;《仲裁法司法解释》第 1 条

规范解读:

仲裁协议作为一种特殊形式的合同,应当具备形式要件,各国法律和国际公约往往要求仲裁协议应当采用书面形式订立,否则仲裁协议无效。1958 年《承认及执行外国仲裁裁决公约》第 2 条规定:"一、当事人以书面协定承允彼此间所发生或可能发生之一切或任何争议,如关涉可以仲裁解决事项之确定法律关系,不论为契约性质与否,应提交仲裁时,各缔约国应承认此项协定。二、称'书面协定'者,谓当事人所签订或在互换函电中所载明之契约仲裁条款或仲裁协定。"上述规定为仲裁协议形式提供了统一的标准,但因为公约制定时间较早,基于互联网电子数据交换等形式尚未出现,因此其书面形式要求过于单一狭窄。1985 年《联合国国际商事仲裁示范法》则规定了更为宽泛的书面形式认定,其中第 7 条规定了仲裁协议的定义和形式。(1)"仲裁协议"是指当事各方同意将在他们之间确定的无论是契约性或非契约性的法律关系上已经发生或可以发生的一切或某些争议提交仲裁的协议。仲裁协议可以采取合同中的仲裁条款形式或单独的协议形式。(2)仲裁协议应是书面的。协议或载于当事各方签字的文件中,或载于往来的书信、电传、电报或提供协议记录的其他电讯手段中,或在申诉书和答辩书的交换中,当事一方声称有协议而当事他方不否认即为书面协议。在合同中提出参照载有仲裁条款的一项文件,如果该合同是书面的而且这种参照足以使该仲裁条款构成该合同的一部分,即构成仲裁协议。

我国《仲裁法》第16条规定,仲裁协议包括合同中订立的仲裁条款和以其他书面方式在纠纷发生前或者纠纷发生后达成的请求仲裁的协议。所以我国法律对于仲裁协议的形式要件要求为“书面形式”。如何理解“书面形式”进而确认仲裁协议效力,主要考虑三方面因素:第一,社会经济发展和科技进步使合同订立方式发生变化;第二,国家对仲裁制度所持的态度;第三,意思表示的判断与书面形式的认定。

第一,社会经济发展和科技进步使合同订立方式发生变化。当包括互联网电子数据交换、电子邮件、电报、传真、微信等科学技术手段被应用在社会经济生活领域中,“书面形式”已经不再限于传统意义上的以文字记载于纸质书面的内容,电子商务的发展与要求使仲裁协议的形式要件必须与时俱进,对于《承认及执行外国仲裁裁决公约》和《仲裁法》中关于“书面形式”的内容必然要重新加以解释。

第二,国家对仲裁制度所持的态度。国家从立法到司法是否支持仲裁体现在认定仲裁协议有效性,对书面形式采取的宽泛解释抑或是严格限制。支持仲裁是国际趋势,各国均对非诉多元化纠纷解决机制采取支持立场,我国在围绕“一带一路”建设和营造良好营商环境工作中,不断健全和完善多元化纠纷解决机制,完善仲裁制度,提高仲裁公信力,人民法院对仲裁的支持力度越来越大,探索司法支持贸易、投资等国际争端解决机制充分发挥作用的方法与途径,支持“一带一路”建设等相关纠纷的仲裁解决。

第三,意思表示的判断与书面形式的认定。仲裁协议具有自治性和合意性,因此当事人是否达成仲裁协议,实质上是对当事人真实意思表示的审查,书面形式作为一种外在表现形式,具有能够确定意思表示内容和证明当事人之间存在真实意思表示的特征。无论载体为传统纸质文件还是随科技发展的电子数据文件,都必须能够确定无误地反映当事人之间有通过仲裁解决纠纷的真实意思表示，并已经达成合意。

我国《仲裁法》及司法解释规定，仲裁协议的形式审查有两种：其一，合同中订立的仲裁条款，该合同的订立主要是指签订的传统纸质文件合同，当然扩大解释也应包括签订的数据电文形式的合同，仲裁条款属于合同内容的一部分；其二，"其他书面形式"的仲裁协议，包括以合同书、信件和数据电文（包括电报、电传、传真、电子数据交换和电子邮件）等形式达成的请求仲裁的协议。

如何理解涉外仲裁协议的书面形式？当事人达成的口头仲裁协议是否有效？对此，最高人民法院民事审判第四庭编写的《涉外商事海事审判实务问题解答（一）》第73条规定：仲裁协议包括合同中订立的仲裁条款和以其他书面形式在纠纷发生前或者纠纷发生后达成的请求仲裁的协议。《仲裁法》《承认与执行外国仲裁裁决公约》《民事诉讼法》均要求仲裁协议以书面形式达成，因此，当事人订立涉外仲裁协议应当采用书面形式，当事人达成的口头仲裁协议不发生法律效力。依照《民法典》第469条的规定，书面形式是指合同书、信件、电报、电传、传真等可以有形地表现所载内容的形式。以电子数据交换电子邮件等方式能够有形地表现所载内容，并可以随时调取查用的数据电文，视为书面形式。当事人通过上述方式达成的仲裁协议，都是书面形式的仲裁协议。如果当事人订立的涉外合同援引适用的文件或者合同中载有明确的仲裁协议，也符合书面形式的要求。

典型案例：数据系统形式分别签订仲裁协议的效力认定

一、案件基本信息

案号：（2018）京04民特21号

当事人：申请人中国银河证券股份有限公司（以下简称银河证券）与被申请人太平基金管理有限公司（以下简称太平基金）

案由：申请确认仲裁协议效力

二、诉辩争议焦点

银河证券申请称，请求裁定被申请人太平基金于2016年10月14日签署的《上海证券交易所债券质押式协议回购交易主协议》（以下简称《主协议》）中的仲裁条款无效。主要理由：太平基金提起仲裁的依据是太平基金签署的《主协议》。然而该份协议仅有太平基金盖章，银河证券并没有盖章，即双方并未实际签署该协议，也未就将争议提交仲裁一事达成合意。所涉的交易实际为银行证券的经纪业务，涉案回购交易是由北京易禾水星投资有限公司（以下简称易禾水星，作为委托人）委托银河金汇证券资产管理有限公司（以下简称银河金汇，作为管理人）通过银河证券提供的通道在上海证券交易所（以下简称上交所）的系统进行的申报交易，因此，真实的正回购方实为易禾水星，太平基金对此也是明知的，银河证券只是提供了交易通道，做了经纪业务，并非实体交易中回购双方的任何一方，故不应受到《主协议》仲裁条款的约束。在案的由银河证券盖章的《主协议》是银河证券为自营业务而签订的，与涉案交易无关。

太平基金称，银河证券的请求和理由没有任何事实和法律依据，请求法院予以驳回。（1）银河证券签署了《主协议》，备案在上交所，故其应受到《主协议》的约束。（2）根据《主协议》第4条的约定，正、逆回购双方均需签署《主协议》，通过上交所系统进行申报、系统确认、生成成交数据，太平基金与银河证券都分别签署过《主协议》，再结合太平基金提交的系统成交数据，正、逆回购双方直接指明是银河证券和太平基金。对于银河证券所述实际交易主体是其他公司太平基金并不知情，在交易时也不能获知交易对手并非银河证券，相反在交易过程中银河证券有足够的机会表明其并非正回购方但均未为之，根据《中华人民共和国合同法》第403条之规定，交易发生时若交易一方没有披露自己的身份，相对方有权选择向该方或其代理人主张权利，即太平基金有权选择向银河证券主张权利。

三、法院裁判意见

法院审查查明:2016 年 4 月 6 日,银河证券签署《主协议》。2016 年 10 月 14 日,太平基金签署《主协议》。上述《主协议》第 18 条约定,“本协议下争议经协商无法解决的,回购双方同意将争议提交上海国际经济贸易仲裁委员会(以下简称仲裁委员会)仲裁解决”;第 19 条约定,“本协议为开放式协议,由参与者签署后在各签署人之间生效”。

《主协议》签订后,自 2017 年 6 月 9 日至 27 日,以太平基金为逆回购方、以银河证券的名义为正回购方在上交所系统中通过申报、系统确认及生成成交数据,共形成四笔债券质押式协议回购交易(以下简称四笔交易),该四笔交易到期出现了未还款情况。

法院认为:申请人银河证券向本院提交了由其盖章的《主协议》,该协议内容与被申请人太平基金于 2016 年 10 月 14 日盖章签署的《主协议》内容完全一致,其中第 18 条明确约定了将《主协议》项下争议提交仲裁委员会仲裁解决。可见,虽然双方签订仲裁协议的形式并非通常所见的形式,即当事人经协商就条款达成一致后双方在同一份合同上均盖章确认,而是采用了双方在不同的文本上分别盖章确认由第三方提供的带有仲裁协议的合同的形式,但是双方将《主协议》项下争议提交仲裁委员会仲裁的意思表示清楚、明确。申请人银河证券提出的《主协议》上未有其单位公章,双方并未实际签署该协议,从而提出仲裁协议无效的理由,没有事实依据,本院不予采纳。

关于申请人银河证券提出的四笔交易主体另有他人,其在交易中仅是以经纪人身份为其他交易主体提供了在上交所进行申报的通道,以及在案的由银河证券盖章的《主协议》是银河证券为自营业务而签订的,与涉案交易无关等理由,均涉及对四笔交易的交易主体、对仲裁被申请人主体是否适格的判断等案件实体处理问题,对此问题应由仲裁委员会在审理中作出认定,本院不予审查。

综上,申请人银河证券提出的仲裁协议无效的理由均不属于法定事由,不能成立,对其申请确认仲裁协议无效的请求,本院不予支持。

4.3 审查仲裁协议有效性的实质要件

司法审查认定仲裁有效的三项条件:意思表示、仲裁事项、仲裁机构。

根据《仲裁法》第16条规定,仲裁协议应当具有下列内容:

(一)请求仲裁的意思表示;

(二)仲裁事项;

(三)选定的仲裁委员会。

上述三项条件是司法审查中认定仲裁有效的三项条件,缺一不可,而不具备上述条件的则可认定为无效。

审查依据:《仲裁法》第16条

规范解读:

仲裁协议是仲裁机构取得仲裁管辖权的依据,也是商事仲裁制度赖以存在的法律基础。根据《仲裁法》第16条规定,仲裁协议应当具备三项基本内容,即请求仲裁的意思表示、仲裁事项、选定的仲裁委员会,上述三项内容是仲裁协议审查的实质要件。

一、请求仲裁的意思表示的审查认定

仲裁协议是当事人各方经过协商一致达成的,将争议提请仲裁机构仲裁解决的书面意思表示。意思表示是权利主体指向外部表明意欲发生一定私法效果意思的行为,其包括内在意思和外在表示。意思表示可以通过语言、书面、电子数据等明示的方式作出,也可以通过行为等默示的方式作出。按现有法律规定请求仲裁的意思表示必须是明示的书面的形式,包括电子数据等。作为对争议解决方式的约定,在请求仲裁的意思表示中,应当注重审查以下内容:(1)各方当事人具备意思表示的行为能力;(2)各方当事人协商一致基础上达成的共同意思表示，并非单方的意思表示；(3)各方当事人真实意思表示，不存在虚假意思表示，以及因受欺诈、受胁迫进行的违背真实意思的表示；(4)作为法人等组织则需审查其意思表示的真实性、授权、相对方善意等情况，进而判断意思表示；(5)意思表示的内容是明确的，不存在法律或司法解释认为不明确导致无效的情形。

在判断各方是否作出意思表示时，涉及对话方式和非对话方式，对此应充分结合各方在意思表示过程中采取的方式，尤其在非对话方式作出意思表示时，结合《民法典》第137条的规定进行判断，以对话方式作出的意思表示，相对人知道其内容时生效。以非对话方式作出的意思表示，到达相对人时生效。以非对话方式作出的采用数据电文形式的意思表示，相对人指定特定系统接收数据电文的，该数据电文进入该特定系统时生效；未指定特定系统的，相对人知道或者应当知道该数据电文进入其系统时生效。当事人对采用数据电文形式的意思表示的生效时间另有约定的，按照其约定。

二、仲裁事项的审查认定

仲裁事项是各方当事人在仲裁协议中约定的关于请求仲裁解决的争议内容和范围，该内容和范围涉及争议的可仲裁性，仲裁事项约定是否合法，以及约定的可仲裁争议内容和范围是否明确。仲裁在本质上是当事人之间解决争议的合同安排，因此属于当事人的自由处分事项，不得强制当事人选择仲裁。当事人在仲裁协议中首先约定了选择仲裁，并进而约定发生的哪些争议内容可以提请仲裁，这就是对仲裁事项的明确，然后在向仲裁机构申请仲裁时依据协议的仲裁事项提出请求，在没有超出仲裁协议约定的事项范围时，仲裁机构对仲裁事项审查符合条件方可受理。若一方当事人将未约定的事项或者超出约定范围的事项提请仲裁，则对方有权提出异议，并且在仲裁庭超范围仲裁时，可以向人民法院申请撤销仲裁裁决。

三、选定的仲裁委员会的审查认定

我国《仲裁法》不仅明确规定选定仲裁委员会是有效仲裁协议必须具备的内容之一，而且当事人在仲裁协议中只有选择明确的仲裁委员会，即约定的仲裁委员会名称正确或一般情况下指代明确、规则明确不会产生歧义。从仲裁系当事人合意安排角度，制度设计中建立约定明确的仲裁委员会规则确有必要，仲裁委员会受理争议案件，组成仲裁庭行使仲裁权的授权来自当事人的处分权，因此当事人之间究竟约定的哪一家仲裁机构，系对合意实质要件的审查，直接影响仲裁协议效力。根据《仲裁法》第18条规定："仲裁协议对仲裁事项或者仲裁委员会没有约定或者约定不明确的，当事人可以补充协议；达不成补充协议的，仲裁协议无效。"因此《仲裁法》确立了没有约定仲裁委员会或者约定不明确，仲裁协议无效的规则。实践中，仲裁协议对仲裁委员会有无约定以及是否约定明确会产生争议，有部分争议可以通过补充、解释等方式使仲裁协议有效，也有部分争议无法明确仲裁委员会，最终仲裁协议无效。

典型案例：公司职员签订电子合同仲裁条款的效力认定

一、案件基本信息

案号：(2018)京04民特420号

当事人：申请人信雅达系统工程股份有限公司（以下简称信雅达公司）与被申请人微软（中国）有限公司（以下简称微软公司）

案由：申请确认仲裁协议效力

二、诉辩争议焦点

申请人信雅达公司称，请求人民法院依法确认《微软商业和服务协议》(MBSA)中的仲裁条款无效。原因如下：一是信雅达公司的签约对象和履约对象均为上海南洋万邦软件技术有限公司（以下简称南洋公司），二者之间签订了《Office 365 销售合同》（以下简称销售合同），微软公司的仲裁申请是在歪曲事实，混淆合同关系。二是微软公司所谓的通过电子合同系统完成包括含仲裁条款在内的《微软商业和服务协议》等7份协议的签署，不符合《中华人民共和国合同法》（以下简称《合同法》）、《中华人民共和国电子签名法》（以下简称《电子签名法》）、《电子合同在线流程规范》(以下简称《流程规范》)的规定。信雅达公司与微软公司从未就通过电子合同系统签订合同达成一致意见。电子合同未经信雅达公司的电子签名,依法不能成立。微软公司以信雅达公司员工张某某为电子合同的授权签字人,是在歪曲事实。事实上,张某某仅为一名普通员工,是与南洋公司签署合同时的联系人,信雅达公司从未向微软公司出具委托张某某文书,且即便在张某某有委托书的情况下,也不代表其操作能够代替电子签名。根据《电子签名法》第 13 条的规定:“电子签名同时符合下列条件的,视为可靠的电子签名:(一)电子签名制作数据用于电子签名时,属于电子签名人专有;(二)签署时电子签名制作数据仅由电子签名人控制;(三)签署后对电子签名的任何改动能够被发现;(四)签署后对数据电文内容和形式的任何改动能够被发现。”本案所涉电子合同未经信雅达公司电子签名,不具备与手写签名或者盖章同等的法律效力,依法不能成立。此外,张某某通过电子邮件中的链接进入 Microsoft 批量许可服务中心(VLSC),并非电子合同签署系统,属于南洋公司的交付行为,并非与微软公司的缔约行为,且微软公司从未在邮件中告知信雅达公司 VLSC 是电子合同签署系统。《流程规范》规定:“电子合同订立系统应当在网站主页面醒目位置披露设立人的名称、地址、工商登记信息、税务登记信息、经营性网站许可信息、联系电话、电子邮件地址等,并公示系统业务说明,包括合同订立、谈判、签名和存储规则、系统安全保障措施、系统运营管理制度和相关风险提示等内容。”“电子合同订立系统应当具备以下功能:(1)允许使用人引入合同范本,能够按照使用人要求的格式生成符合法律要求的合同文本;(2)允许进行在线谈判和合同文本修改;(3)能够实现多媒体通信(文字、视频、音频、移动通信)方式的交流互动;(4)实现合同信息和谈判信息的实时传输、实时备份,备份的信息的数据可追溯、可复制;(5)合同文本应使用电子签名或其他方式以查验合同内容是否完整及改动;(6)具有在线存储和允许第三方存储功能的技术接入和实现;(7)具有符合国家有关安全和保密标准的技术、设备和管理制度。”对照流程规范，Microsoft 批量许可服务中心(VLSC)不符合电子合同订立系统的规定。三是上述电子合同系微软公司单方制作，不可协商、不可修改，属于格式条款，应当依据《合同法》第39 条规定:“采用格式条款订立合同的，格式条款提供人应遵循公平原则确定当事人之间的权利和义务，并采取合理的方式提请对方注意免除或者限制其责任的条款，按照对方的要求，对该条款予以说明。”以及第 40 条规定:“提供格式条款一方免除其责任、加重对方责任、排除对方主要权利的，该条款无效。”本案仲裁条款明显属于格式条款，且微软公司未采取合理方式提请信雅达公司注意，明显加重了信雅达公司的负担，应当属于无效条款。

被申请人微软公司称，请求人民法院依法驳回信雅达公司的申请。一是本案所涉合同为《选择附加协议》，包括六份文件，其中主合同为《微软商业和服务协议》，约定了案件所涉仲裁条款。由于本案所涉仲裁条款符合《仲裁法》第 16 条规定，没有无效之情形。二是《选择附加协议》符合《合同法》规定的书面形式之情形，在中国法律不要求电子合同签订双方在缔约前应另行就签订方式达成一致意见，也不要求通过电子合同系统签订的合同必须载明缔约双方电子签名，《流程规范》对本案合同并无约束力的情况下，本案所涉合同有效。张某某系信雅达公司信息部经理，具有采购软件的权限，信雅达公司是否出具授权委托书等，与张某某是否具有签约权限无必然联系。且在本案所涉合同沟通的全过程中，张某某代表信雅达公司与微软公司沟通，故张某某的行为已经构成表见代理，信雅达公司应当接受本案合同的约束。三是本案所涉合同并非不能修改的格式条款，信雅达公司在审阅合同的过程中可以对合同提出修改意见，但其并未提出；且本案仲裁协议并非格式条款，不适用《合同法》第 40 条规定。

三、法院裁判意见

经审查查明，2016 年 2 月 25 日，信雅达公司与南洋公司签订销售合同，约定南洋公司是经微软公司授权的经销商，同意向信雅达公司提供销售合同附件一所列 Office 365 产品，并承诺信雅达公司可以将前述产品用于其本身及其关联方。销售合同中约定的交付邮箱为 zhanghm@ sunyard.com，信雅达公司法定（或授权）代表人签名为张某某。张某某按照南洋公司的邮件通知和微软公司的邮件引导，登录至 Microsoft 批量许可服务中心（VLSC），通过手动输入姓名、职务等信息以及勾选同意选项的方式，签订本案所涉《选择附加协议》，该协议包括条款和条件及签名表、签名表中注明的《微软商业协议》或《微软商业和服务协议》中的条款、产品列表、产品使用权利、根据《选择附加协议》签订的任何关联公司登记表、根据《选择附加协议》提交的任何订单六部分。其中，《微软商业和服务协议》第 11 条约定："如客户位于特定国家/地区条款中指明的国家/地区，则与本版本 MBSA（请参阅每个文档页脚处的注释）相对应的批量许可站点上提供的特定国家/地区条款将取代本协议中上述的等效条款或对其进行补充，并且在任何情况下，特定国家/地区条款中列出的管辖地法律将适用。"《特定国家/地区条款》约定"中华人民共和国（'中国'）。由本协议（包括任何补充协议）引起或与其相关的任何争议，包括有关其存在、有效性或终止的任何问题，将提交至位于北京的中国国际经济贸易仲裁委员会（'CIETAC'），依据其申请仲裁时有效的规则进行有约束力的仲裁。"

法院认为，仲裁协议（仲裁条款）系合同当事人约定将争议提交仲裁解决的意思表示，其效力与否决定了争议解决方式的选择。人民法院在对仲裁案件进行司法审查时，应当以尊重当事人意思自治为原则，以审查当事人有无将争议提交确定仲裁机构仲裁的意思表示为依据来确定仲裁协议（仲裁条款）的效力。本案所涉合同为《选择附加协议》，其为系列合同与文件的组合，在其中所包含的《微软商业和服务协议》中约定有争议解决方式，即为对于特定国家/地区的客户，适用特定国家/地区的争议解决方式。本案所涉客户为信雅达公司，系注册在中华人民共和国境内的法人，符合《特定国家/地区条款》中约定的"中华人民共和国（'中国'）"

款项，即“由本协议（包括任何补充协议）引起或与其相关的任何争议，包括有关其存在、有效性或终止的任何问题，将提交至位于北京的中国国际经济贸易仲裁委员会（‘CIETAC’）依据其申请仲裁时有效的规则进行有约束力的仲裁”，该条中有明确的仲裁意思表示、仲裁事项和仲裁委员会，符合《仲裁法》第16条规定的仲裁条款合法有效的形式要件。对于信雅达公司提出的合同签订人张某某并未取得其授权，信雅达公司与微软公司并未订立合法有效合同的申请理由，本院认为上述事项属于当事人合意的范畴，即双方之间是否具有订立合同并约定仲裁的合意。经查，信雅达公司授权张某某，经由微软公司的授权经营商南洋公司购买相关产品，以供信雅达公司及其关联方使用的事实，可以认定张某某系信雅达公司购买微软公司产品的授权人。张某某以信雅达公司的名义，通过点击南洋公司发送至其邮箱的链接进入微软公司网站，并在该网站上进行填写、勾选等操作，与微软公司签订《选择附加协议》，该合同目的是购买并使用微软公司相关产品，与销售合同的签订目的一致。虽然张某某在签订《选择附加协议》时没有取得信雅达公司的另行授权，但是通过其签订销售合同的权限及行为，以及销售合同与《选择附加协议》的共同签订目的来看，张某某的行为已经构成《合同法》第49条规定的表见代理，微软公司有理由相信张某某有代理权，该代理行为有效。事实上，信雅达公司已经使用了经张某某购买的销售合同项下的产品，应当视为其已经认可了张某某的代理行为。因此，信雅达公司与微软公司之间签订《选择附加协议》的意思表示是真实的，对于合同中约定的仲裁条款，不具备《仲裁法》第17条规定的无效之情形，应当认定为合法有效。此外，对于信雅达公司提出的本案所涉合同不符合电子合同的规定，以及本案所涉仲裁条款属于加重信雅达公司义务格式条款的申请理由，本院认为上述理由均不属于《仲裁法》第17条规定之内容，本院不予采纳。综上所述，本案所涉仲裁协议合法有效，信雅达公司的主张不能成立，应予驳回。

4.3.1　审查请求仲裁的意思表示效力规则

审查当事人是否有请求仲裁的意思表示，应当根据仲裁条款内容，结合以下法律和司法解释规定从选择仲裁意思表示、仲裁协议独立存在、当事人能否证明达成仲裁协议三方面进行判断。

（一）依据《仲裁法》第 4 条规定，当事人采用仲裁方式解决纠纷，应当双方自愿，达成仲裁协议。没有仲裁协议，一方申请仲裁的，仲裁委员会不予受理。

（二）依据《仲裁法》第 19 条规定，仲裁协议独立存在，合同的变更、解除、终止或者无效，不影响仲裁协议的效力。

（三）依据《仲裁法》第 18 条规定，仲裁协议对仲裁事项或者仲裁委员会没有约定或者约定不明确的，当事人可以补充协议；达不成补充协议的，仲裁协议无效。

（四）《仲裁法司法解释》第 18 条规定，《仲裁法》第 58 条第 1 款第 1 项规定的“没有仲裁协议”是指当事人没有达成仲裁协议。

审查依据：《仲裁法》第 4 条、第 18 条、第 19 条；《仲裁法司法解释》第 18 条

规范解读：

审查当事人是否有请求仲裁的意思表示，是认定仲裁协议有效性的实质要件之一。作为对争议解决方式的约定，当事人必须将选择仲裁的意思表示在仲裁协议中体现出来。司法实践中审查请求仲裁的意思表示时，一般从选择仲裁意思表示、仲裁协议独立存在、当事人能否证明达成仲裁协议三方面进行判断，下面我们结合法律和司法解释分别阐述。

第一，选择仲裁意思表示。依据《仲裁法》第 4 条规定，当事人采用仲裁方式解决纠纷，应当双方自愿，达成仲裁协议。没有仲裁协议，一方申请仲裁的，仲裁委员会不予受理。上述《仲裁法》的规定是对纠纷各方当事人自愿协议采用仲裁方式解决纠纷的要求，当事人中仅有一方申请仲裁，而另一

方没有选择仲裁，则仲裁委员会不予受理，在认定上可根据没有仲裁意思表示，认定没有仲裁协议。

第二，仲裁协议独立存在。仲裁协议可能是当事人在合同中的仲裁条款，也可能是单独订立的仲裁协议，无论其以何种方式签订，都系解决相关合同或双方约定的可仲裁的权益纠纷，仲裁条款相对合同或约定解决的仲裁事项具有附属性。从合同的角度看，合同与仲裁条款之间的关系如何认定，因合同的未成立、未生效、被撤销、无效等产生的效力问题对仲裁条款有何影响，理解仲裁协议的独立性是关键。

第三，当事人能否证明达成仲裁协议。仲裁协议是当事人达成仲裁合意的体现，是判断当事人选择仲裁意思表示的基础，而主张仲裁协议有效一方需要承担相应的证明责任。在证明达成仲裁协议上主要注意审查以下几个方面：(1)当事人之间存在合同或其他权益争议需要选择一种纠纷解决方式；(2)当事人之间有符合《仲裁法》要求的书面形式仲裁协议；(3)证明达成仲裁协议的时间、地点、方式，包括通过非对话的电子数据方式进行协商的过程；(4)意思表示的真实性，没有法律规定否认真实意思表示的情形。从体系解释上，对没有仲裁协议的认定应与《仲裁法司法解释》第18条规定相一致，即“仲裁法第五十八条第一款第一项规定的‘没有仲裁协议’是指当事人没有达成仲裁协议”。

典型案例：认定仲裁协议效力时对仲裁意思表示、仲裁委员会、仲裁事项的审查

一、案件基本信息

案号：(2019)京04民特304号

当事人：申请人北京向明投资管理有限公司(以下简称向明公司)与被申请人北京新松置地投资顾问有限公司(以下简称新松公司)、富誉投资有限公司(以下简称富誉公司)

案由：申请确认仲裁协议效力

二、诉辩争议焦点

申请人向明公司称，请求人民法院依法确认向明公司与新松公司、富誉公司于2007年9月9日签订的《中外合作沈阳向明长益置业有限公司合同书》（以下简称中外合作合同书）中的仲裁条款在中国国际经济贸易仲裁委员会（以下简称仲裁委员会）V20190612号合作合同争议案中无效。事实和理由：本案所涉仲裁中的仲裁事项超过法律规定的仲裁范围，新松公司与富誉公司请求仲裁委员会对案外人沈阳向明长益置业有限公司（以下简称沈阳向明公司）的权利义务进行裁决，新松公司与富誉公司超过仲裁申请期限申请仲裁，中外合作合同书第39.2条项下的仲裁协议在仲裁委员会V20190612号合作合同争议案中应为无效。

第一，中外合作合同书第39.2条约定："凡因本合同引起的或与本合同有关的任何争议，合营三方应首先通过友好协商解决。如果协商不能解决，自协商开始之日起60日内或各方同意的更长的时间内，任何一方有权向在北京的中国国际经济贸易仲裁委员会提起仲裁。仲裁裁决应是终局性的，并对各方均有约束力。"

第二，新松公司与富誉公司于2018年12月24日向仲裁委员会递交仲裁申请材料，以中外合作合同书第39.2条为依据，请求将沈阳向明公司的合作期限延长至2022年12月31日。新松公司与富誉公司称：二者在沈阳市中级人民法院作出（2018）辽01民终9881号民事判决后的第27日递交仲裁申请材料，符合中外合作合同书第39.2条的约定。

第三，公司的营业期限是由公司章程规定的，对于营业期限届满后是否延长，应当由公司的权力机构根据章程作出决议，变更营业期限属于公司内部管理和自治范畴，不是平等民事主体之间的合同纠纷或者其他财产权益纠纷，不属于法律规定的仲裁范围。新松公司与富誉公司请求仲裁委员会裁决延长沈阳向明公司的营业期限，实质上是请求对沈阳向明公司营业期限的变更。延长营业期限所依据的应当是股东协商一致，而不能通过裁决来强制变更。仲裁机构不能代替公司权力机构作出意思表示。因此,应当认定仲裁协议在V20190612号仲裁案中无效。

第四,沈阳向明公司不是V20190612号仲裁案的当事人,不是中外合作合同书中仲裁协议的当事人,新松公司与富誉公司向仲裁委员会请求延长案外人沈阳向明公司的营业期限,该仲裁协议在V20190612号仲裁案中应为无效。

第五,新松公司与富誉公司在超出仲裁期限后申请仲裁。合作期限延长争议在2015年就已经发生,且在沈阳向明公司营业期限届满时无法通过协商解决。新松公司与富誉公司在申请本案所涉仲裁时已经超过60日的仲裁时限。此外,(2018)辽01民终9881号民事判决也能证明向明公司的上述主张。在新松公司与富誉公司超过仲裁时限申请仲裁的情况下,应依法认定仲裁协议在V20190612号仲裁案中无效。

被申请人新松公司称,请求人民法院依法驳回向明公司的申请,向明公司的请求缺乏事实与法律依据。判断仲裁协议是否有效,所依据的是当事人在订立仲裁协议时是否存在法定的无效情形。仲裁协议是否有效与仲裁请求无关。向明公司请求人民法院确认涉案仲裁协议在V20190612号仲裁案件中无效,本质应为请求确认涉案仲裁协议无效,向明公司所提出的三项理由均不能成立。

第一,涉案仲裁协议合法有效,不存在法定无效之情形。

第二,《中华人民共和国仲裁法》(以下简称《仲裁法》)第17条规定的仲裁协议无效情形是仲裁条款约定的仲裁事项超出法律规定的范围,而非仲裁请求的事项超出仲裁范围。本案所涉仲裁条款约定的仲裁事项是因涉案合同引起的或者与涉案合同有关的争议,也即合同争议。根据《仲裁法》第2条规定,合同争议是可以作为仲裁事项的。新松公司请求仲裁的争议事项为沈阳向明公司的各投资方因中外合作合同书产生的纠纷,而非沈阳向明公司内部董事会决议的纠纷。此外,作为仲裁请求的延长沈阳向明公司的营业期限也是中外合作合同书的期限,也应当在法律规定的仲裁范围之内。由于每个投资者都是平等的民事主体,涉案纠纷是中外合作合同书争议,争议事项是是否变更合作期限,因此延长合作期限的仲裁请求在法律规定的仲裁范围内,因此仲裁协议应当有效。

第三,无论沈阳向明公司是否为仲裁案件的当事人,均不会影响仲裁协议的效力。在V20190612号仲裁案中,沈阳向明公司并非仲裁被申请人,新松公司并未针对沈阳向明公司提出仲裁请求。

第四,对仲裁期限的约定并非认定仲裁协议无效的法定事由,新松公司提起仲裁并未超出仲裁条款约定的期限。

被申请人富誉公司未发表意见。

三、法院裁判意见

法院审查查明,2007年9月9日,向明公司与富誉公司、新松公司签订中外合作合同书,第39.2条约定:"凡因本合同引起的或与本合同有关的任何争议,合营三方应首先通过友好协商解决,如果协商不能解决,自协商开始之日起60日内或各方同意的更长的时间内,任何一方有权向在北京的中国国际经济贸易仲裁委员会提起仲裁。仲裁裁决应是终局的,并对各方均有约束力。"

法院认为,仲裁协议系当事人约定将争议提交仲裁解决的意思表示,有效的仲裁协议是实现当事人仲裁意愿的前提。根据《仲裁法》第16条的规定,仲裁协议应当具有下列内容:(1)请求仲裁的意思表示;(2)仲裁事项;(3)选定的仲裁委员会。根据《仲裁法》第17条规定,有下列情形之一的,仲裁协议无效:(1)约定的仲裁事项超出法律规定的仲裁范围的;(2)无民事行为能力人或者限制民事行为能力人订立的仲裁协议;(3)一方采取胁迫手段,迫使对方订立仲裁协议的。以上法律条款是认定仲裁协议是否有效的依据。本案中,中外合作合同书在第39.2条中明确约定,将因该合同引起的或与该合同有关的任何争议提交中国国际经济贸易仲裁委员会仲裁。上述条款中有明确的仲裁意思表示、仲裁委员会、仲裁事项,符合《仲裁法》规定的仲裁协议合法有效的形式要件和实质要件,且本案所涉仲裁协议不存在《仲裁法》第 17 条规定的无效情形,故本案所涉仲裁协议为合法有效的仲裁条款,中外合作合同书中的各方当事人均可依据涉案仲裁协议向仲裁委员会提请仲裁。向明公司认为,公司的营业期限是由公司章程规定的,对于营业期限届满后是否延长应当由公司的权力机构根据章程作出决议,变更营业期限属于公司内部管理和自治范畴,不是平等民事主体之间的合同纠纷或者其他财产权益纠纷,不属于法律规定的仲裁范围。根据中外合作合同书约定,仲裁事项系依据平等主体之间订立的中外合作合同书而产生的纠纷,因此,基于该合同的成立、效力、变更、转让、履行、违约责任、解释、解除等产生的纠纷均可以认定为仲裁事项。当事人对于因本案所涉合同产生的纠纷申请仲裁,在仲裁委员会进行实体审理之前,本院无法单独认定仲裁请求是否超出了法律规定的仲裁范围,亦不能通过判断仲裁请求是否合理而否认仲裁协议的效力。因此,关于仲裁事项是否超出了法律规定仲裁范围的问题,可以在仲裁审理中予以解决,当事人亦享有在仲裁裁决作出之后申请撤销仲裁裁决的权利。对于当事人申请仲裁是否超过仲裁期限的问题,亦不能成为认定仲裁协议效力的理由。综上所述,向明公司提出的关于涉案仲裁协议无效的申请理由均不能成立,本院不予采纳。综上,依照《仲裁法》第 16 条、第 20 条规定,裁定如下:驳回北京向明投资管理有限公司的申请。

4.3.2 审查仲裁事项效力规则

审查仲裁事项是判断仲裁机构是否有权仲裁以及有权仲裁的事项范围,在确认仲裁协议效力的司法审查中主要审查是否存在仲裁事项且依照法律规定不属于不可仲裁事项。仲裁事项的审查应分以下内容:

(一)审查仲裁事项是否存在。当事人概括约定仲裁事项为合同争议的，基于合同成立、效力、变更、转让、履行、违约责任、解释、解除等产生的纠纷都可以认定为仲裁事项。

（二）审查依照法律规定不属于可仲裁事项。依据《仲裁法》第3条规定，下列纠纷不能仲裁：（1）婚姻、收养、监护、扶养、继承纠纷；（2）依法应当由行政机关处理的行政争议。

（三）仲裁协议对仲裁事项没有约定或者约定不明确的，达不成补充协议的，仲裁协议无效。

审查依据：《仲裁法》第3条、第18条；《仲裁法司法解释》第2条

规范解读：

仲裁事项的审查中注意以下内容：

第一，审查约定的仲裁事项是否具有可仲裁性。我国《仲裁法》从正反两个方面规定了"可仲裁事项"的范围，从可仲裁性的正面角度，该法第2条规定，平等主体的公民、法人和其他组织之间发生的合同纠纷和其他财产权益纠纷，可以仲裁。从禁止仲裁的反面角度，该法第3条规定，下列纠纷不能仲裁：（1）婚姻、收养、监护、扶养、继承纠纷；（2）依法应当由行政机关处理的行政争议。实践中，除《仲裁法》明确规定禁止仲裁的内容外，还有在其他法律中规定的内容，如关于破产、强制清算内容属于人民法院审理范围，不具有可仲裁性等。

第二，审查约定的仲裁事项是否明确。仲裁事项系当事人之间约定发生争议提交仲裁的内容和范围，仲裁事项是否明确关系到仲裁协议的效力和仲裁庭行使仲裁权的范围。司法审查的实践中，常常从两个角度进行判断：（1）仲裁事项约定不明确的法律后果。根据《仲裁法》第18条规定，"仲裁协议对仲裁事项或者仲裁委员会没有约定或者约定不明确的，当事人可以补充协议；达不成补充协议的，仲裁协议无效"，因此一旦经仲裁或者法院认定，协议没有约定仲裁事项或者约定不明确，又没有达成补充协议时，法律后果是仲裁协议无效。（2）仲裁事项约定明确的理解。仲裁是平等主体

当事人之间为解决纠纷的合同安排，在分析当事人选择仲裁事项的意思表示时，应当结合当事人之间产生纠纷内容以及合同等文字综合理解，避免仅就仲裁条款内容独立进行审查，导致对仲裁事项范围界定过宽或过窄的不当认定。比如，一些合同文本中表述为“因本合同引发的争议”或者“与本合同有关的争议”一般可以理解为仲裁事项范围包括凡与合同有关的争议均可交付仲裁，在最高人民法院的司法解释中持此观点，《仲裁法司法解释》第2条规定，“当事人概括约定仲裁事项为合同争议的，基于合同成立、效力、变更、转让、履行、违约责任、解释、解除等产生的纠纷都可以认定为仲裁事项”。(3)还有一些如“因本合同履行产生的争议”等表述，判断时要考虑，如果当事人未主张履行，而主张无效、撤销、违约、解除、赔偿之诉时，是否不属于仲裁事项。对此司法实践中认为，本着支持仲裁解决纠纷的理念，应当尽量作宽松理解，合同的履行并非单一法律形态，合同的成立、有效、无效、违约、解除、赔偿等一系列的法律关系均与合同履行密不可分，在当事人没有特别定义“合同履行”所指定的仲裁事项范围时，与之相关的纠纷均可视为当事人选择仲裁方式解决纠纷，不应认定为无约定、约定不明确或者超出约定的仲裁事项。

典型案例：《特许经营合同》是否属于行政机关处理的行政争议

一、案件基本信息

案号：(2019)京04民特97号

当事人：申请人泰邦基建发展有限公司（以下简称泰邦公司）与被申请人湖南省交通运输厅（以下简称湖南省交通厅）

案由：申请确认仲裁协议效力

二、诉辩争议焦点

泰邦公司称，2005年6月3日，泰邦公司与湖南省交通厅在中国香港签署了《湖南省邵阳塘渡口至新宁塔子寨二级公路项目特许投资、建设、经营、养护管理合同》（以下简称《特许经营合同》），第17.5项约定：“争议解决机构:若本合同项下或与本合同有关或以其他条款解释、履行等双方发生分歧、争议或索赔,双方可协商解决。若不能协商解决,本合同的任何一方均可提交中国国际经济贸易仲裁委员会按照该会当时有效的仲裁规则仲裁裁决。”现申请确认该约定的仲裁条款合法有效,对泰邦公司和湖南省交通厅均具有约束力。

湖南省交通厅称,(1)《特许经营合同》约定了“或裁或诉”的争议解决条款,合同双方没有明确的提交仲裁的意思表示,该等条款属无效仲裁条款;(2)《特许经营合同》属于行政协议,其项下的纠纷属于依法应由行政机关处理的行政争议,本案仲裁条款因约定事项不具有可仲裁性,超出了法律规定的仲裁范围而无效。

三、法院裁判意见

法院查明:2005 年 6 月 3 日,泰邦公司与湖南省交通厅签订《特许经营合同》,其中第 17.4 项约定:“如果本合同条款的任何部分被仲裁庭或法院裁决无效,其余部分仍然有效,双方应继续执行。”第 17.5 项约定:“争议解决机构:若本合同项下或与本合同有关或以其他条款解释、履行等双方发生分歧、争议或索赔,双方可协商解决。若不能协商解决,本合同的任何一方均可提交中国国际经济贸易仲裁委员会按照该会当时有效的仲裁规则仲裁裁决。”泰邦公司表示已向仲裁机构提交仲裁申请,但未进行缴费,故仲裁机构尚未正式受理泰邦公司的仲裁申请。

法院认为:本案中,双方当事人《特许经营合同》第 17.4 项的约定,并无将争议交由何种机构解决的明确意思表示,不属仲裁协议,故湖南省交通厅关于双方约定了“或裁或诉”的争议解决条款,相应仲裁协议无效的抗辩主张不能成立。此外,在仲裁机构尚未正式受理泰邦公司的仲裁申请,泰邦公司拟提交仲裁解决的争议具体内容和法律关系性质尚不明确的情况下,一方面不能仅从合同名称上认定双方所订立的即为政府特许经营协议,以及双方之间的争议属依法应当由行政机关处理的行政争议;

另一方面不能认定双方约定的仲裁事项超出法律规定的仲裁范围，进而据此认定仲裁协议无效。

泰邦公司与湖南省交通厅在《特许经营合同》中订立的仲裁协议，系双方真实意思表示，未违反法律和行政法规的强制性规定。上述仲裁协议有明确请求仲裁的意思表示、仲裁事项和双方选定的仲裁委员会，同时不具有仲裁协议无效的情形，故应认定为合法有效。综上，对于泰邦公司请求确认仲裁协议有效的主张，应予支持。

4.3.3 审查选定仲裁机构规则

我国《仲裁法》规定，仲裁委员会应当由当事人协议选定，仲裁协议应当选定明确的仲裁委员会，否则仲裁协议无效。在判断当事人是否协议选定明确的仲裁机构时，应当审查以下内容：

（一）依据《仲裁法》第 6 条、第 16 条、第 18 条规定，当事人在仲裁协议中应当选定明确的仲裁委员会，仲裁协议对仲裁委员会没有约定或者约定不明确的，当事人可以补充协议；达不成补充协议的，仲裁协议无效。

（二）仲裁协议约定的仲裁机构名称不准确，但能够确定具体的仲裁机构的，应当认定选定了仲裁机构。

（三）仲裁协议仅约定纠纷适用的仲裁规则的，视为未约定仲裁机构，但当事人达成补充协议或者按照约定的仲裁规则能够确定仲裁机构的除外。

（四）仲裁协议约定两个以上仲裁机构的，当事人可以协议选择其中的一个仲裁机构申请仲裁；当事人不能就仲裁机构选择达成一致的，仲裁协议无效。

（五）仲裁协议约定由某地的仲裁机构仲裁且该地仅有一个仲裁机构的，该仲裁机构视为约定的仲裁机构。该地有两个以上仲裁机构的，当事人可以协议选择其中的一个仲裁机构申请仲裁；当事人不能就仲裁机构选择达成一致的，仲裁协议无效。

（六）当事人约定争议可以向仲裁机构申请仲裁也可以向人民法院起诉的，仲裁协议无效。但一方向仲裁机构申请仲裁，另一方未在《仲裁法》第 20 条第 2 款规定期间内提出异议的除外。上述规定期间即当事人对仲裁协议的效力有异议，应当在仲裁庭首次开庭前提出。

（七）约定的仲裁机构不存在，仲裁协议无效。

审查依据：《仲裁法》第 6 条、第 16 条、第 18 条；《仲裁法司法解释》第 3 ~ 7 条

规范解读：

对于当事人是否没有约定仲裁机构或者对仲裁机构约定不明确的认定，直接影响仲裁协议效力。在司法审查实践中，一方面，因为没有约定仲裁机构或者对仲裁机构约定不明确，无法达到《仲裁法》关于仲裁协议有效的实质要件，导致仲裁协议无效。另一方面，仲裁协议对仲裁机构的约定虽然有瑕疵，但依据法律、司法解释或者通过对协议内容的解释确认仲裁协议有效。因仲裁机构没有约定或者约定不明确，导致仲裁协议无效的主要有以下几种情况：（1）没有约定仲裁机构，当事人在事后未达成补充协议；（2）约定了仲裁机构，但名称不对，通过任何解释也无法确认存在双方约定的仲裁机构；（3）约定了仲裁机构，又约定法院诉讼，而且无法通过解释认定只选择了仲裁机构；（4）约定了两家以上的仲裁机构，而且系指向同一仲裁事项，当事人不能达成一致；（5）约定了某仲裁地的仲裁机构，但该仲裁地有两家以上仲裁机构；（6）约定了仲裁规则，但通过仲裁规则无法确认仲裁机构。

基于当事人已经选择以仲裁方式解决纠纷，即使仲裁协议约定的仲裁机构名称不全或者不够准确，若通过对合同内容解释能够推定仲裁机构的，均应当认定仲裁协议有效。《仲裁法司法解释》第 3 条、第 4 条、第 6 条等规定了对名称不准确、仅约定纠纷适用仲裁规则、约定某地的仲裁机构仲裁等

存在瑕疵的仲裁协议,在一定条件下放宽仲裁协议效力要求,尊重当事人选择仲裁解决纠纷的意愿,认定仲裁协议有效,促进和支持仲裁制度发展。仲裁协议中对仲裁机构的约定存在瑕疵,但根据法律、司法解释以及合同解释能够确认协议有效的情况有以下几种:(1)仲裁协议对仲裁委员会没有约定或者约定不明确的,当事人可以补充协议,司法实践中有因当事人约定仲裁机构不明确,法院在仲裁司法审查中主持当事人达成补充协议或者由当事人明确共同选定仲裁委员会的意思表示,从而确认仲裁协议的效的处理方式。(2)仲裁协议约定的仲裁机构名称不准确,但能够确定具体的仲裁机构的,应当认定选定了仲裁机构。比如,仲裁机构正确的名称为"北京仲裁委员会",但当事人约定"北京市仲裁委员会",或者"中国国际经济贸易仲裁委员会",但当事人约定"中国经贸仲裁委员会",上述两种情况有的增加地区特征"市"字,有的将全称进行了缩写,对此司法实践中均认为虽然协议中约定的仲裁机构名称不准确,但不影响对仲裁机构的认定,能够确定具体的仲裁机构。对涉外仲裁协议约定仲裁机构名称不准确的,依据 2005 年最高人民法院公布的《第二次全国涉外商事海事审判工作会议纪要》第 69 条规定,仲裁协议中约定的仲裁机构名称不准确,但能够确定受理纠纷的具体仲裁机构的,应当认定选定了仲裁机构。(3)仲裁协议约定纠纷适用的仲裁规则的,按照约定的仲裁规则能够确定仲裁机构,则视为在协议中明确约定了仲裁机构。许多仲裁机构制定的仲裁规则中有相应的规定,如"当事人约定按照本规则进行仲裁但未约定仲裁机构的,视为同意将争议提交本仲裁委员会仲裁",因此当事人选择某个仲裁机构的仲裁规则,就意味着选择了该仲裁机构。(4)仲裁协议约定两个或两个以上仲裁机构的,当事人可以协议选择其中的一个仲裁机构申请仲裁。(5)仲裁协议约定由某地的仲裁机构仲裁且该地仅有一个仲裁机构的,该仲裁机构视为约定的仲裁机构。(6)仲裁协议约定某地仲裁,该地有两个以上仲裁机构的,当事人达成协议选择其中的一个仲裁机构进行仲裁。

典型案例：仲裁协议约定的仲裁机构名称不准确，但能够确定具体的仲裁机构的，应当认定选定了仲裁机构

一、案件基本信息

案号：(2018)京04民特68号

当事人：申请人上海市对外服务北京有限公司(以下简称对外服务公司)与被申请人中国电建集团贵州工程有限公司(以下简称贵州电建公司)

案由：申请确认仲裁协议效力

二、诉辩争议焦点

对外服务公司称：请求人民法院依法确认对外服务公司与贵州电建公司签订的《劳务合同》中第28条关于仲裁条款的约定有效。事实和理由:2017年2月6日，对外服务公司与贵州电建公司签订《劳务合同》，该合同第28条约定："争议的解决：甲、乙双方在履行本合同过程中发生的任何争议，均应由双方友好协商解决；协商不成的，可提交北京国际经济贸易仲裁委员会仲裁。"贵州电建公司违反该合同的相关约定，对外服务公司依据该合同第28条约定的争议解决方式申请仲裁，但因第28条所载明的仲裁机构不明，特申请人民法院确认《劳务合同》中第28条约定的仲裁条款有效。

贵州电建公司称：第一，《劳务合同》约定将双方争议提交北京国际经济贸易仲裁委员会仲裁，而该仲裁委员会自双方订立合同时就不存在，也不属于约定瑕疵。故双方虽约定争议解决方式，但无约定明确的仲裁委员会，事后亦未就仲裁机构达成补充协议，故应根据《仲裁法》第18条之规定，"仲裁协议对仲裁事项或者仲裁委员会没有约定或者约定不明确的，当事人可以补充协议；达不成补充协议的，仲裁协议无效"的规定认定仲裁协议无效。第二，对外服务公司适用法律错误，应驳回其请求。对于仲裁条款效力的确认应当根据《仲裁法》及相应司法解释的规定，向具有管辖权的人民法院提出，具有管辖权的人民法院为合同签订地、被申请人所在地、约定的仲裁机构所在地的人民法院。约定仲裁协议的合同未明确合同签订地，且所约定的仲裁机构不存在。仅有贵州电建公司所在地人民法院具有唯一明确管辖权。

三、法院裁判意见

法院审查查明，对外服务公司与贵州电建公司于2017年2月6日签订《劳务合同》第28条约定："甲、乙双方在履行本合同过程中发生的任何争议，均应由双方友好协商解决；协商不成的，可提交北京国际经济贸易裁委员会仲裁。"

法院认为，仲裁协议（仲裁条款）系合同当事人约定将争议提交仲裁解决的意思表示，其效力与否决定了争议解决方式的选择。虽然在合同中，存在当事人对于仲裁委员会名称表述有瑕疵的情形，但应当作出合理解释，以维护当事人意思自治原则。本案中，当事人约定的仲裁委员会为"北京国际经济贸易裁委员会仲裁"，结合将仲裁地点设置在北京的仲裁委员会的实际情况，仅"中国国际经济贸易裁委员会仲裁"与约定仲裁机构在表述上相似，其余仲裁机构与约定仲裁机构在表述上均有较大区别。结合立约本意及文字措辞，当事人选择将争议提交仲裁解决的意愿是明显的，虽然"北京国际经济贸易裁委员会仲裁"的名称不完全准确，但经综合对比分析文字表述、当事人真实意思、仲裁机构名称，可以确定中国国际经济贸易裁委员会仲裁系唯一对涉案合同争议具有管辖权的仲裁机构。综上，结合尊重当事人选择将争议解决提交仲裁的意思自治与维护仲裁协议效力司法审查的法律适用尺度统一，应认定《劳务合同》中的仲裁条款有效，对外服务公司的申请理由成立，本院予以支持。

典型案例:约定仲裁但未选定仲裁委员会的仲裁协议无效

一、案件基本信息

案号:(2018)京04民特452号

当事人:申请人中国人民财产保险股份有限公司北京分公司(以下简称财保北京分公司)与被申请人东方电气风电有限公司(以下简称东方风电公司)申请确认仲裁协议效力

案由:申请确认仲裁协议效力

二、诉辩争议焦点

申请人财保北京分公司称,2015年6月30日,被申请人华电龙口风电有限公司(以下简称龙口风电公司)向其投保财产一切险、机器损坏险和公众责任险等保险。2015年6月,财保北京分公司为龙口风电公司出具了《华电龙口风电有限公司2015－2016年度保险单》(以下简称《2015－2016年度保险单》),该保险单第17条载明:"保险合同争议解决方式;仲裁",但未约定具体的仲裁委员会。请求依法确认《2015－2016年度保险单》中的仲裁条款无效。

被申请人东方风电公司未向本院提交答辩意见。

三、法院裁判意见

法院审查查明,2015年6月30日,财保北京分公司与龙口风电公司签订《2015－2016年度保险单》。该保险单包括,险种一是财产一切险(保单号码:PQEC201537010000000005)第17条约定,保险合同争议解决方式为仲裁;险种二是机器损坏险(保单号码:PQED201537010000000004),第17条约定,保险合同争议解决方式为仲裁;险种三是公众责任险(保单号码:PZCG201537010000000085),第14条约定,保险合同争议解决方式为仲裁。

被申请人东方风电公司主张其受让了龙口风电公司就保险合同的索赔权,向烟台仲裁委员提起仲裁。烟台仲裁委员受理了该仲裁案件,并于

2018年8月15日向申请人财保北京分公司发送了《仲裁通知书》。

法院认为，本案属于申请确认仲裁协议效力的案件。人民法院是依照《仲裁法》第17条、第18条及第20条的规定对仲裁协议的效力进行审查。《仲裁法》第16条第2款规定，仲裁协议应当具有下列内容：(1)请求仲裁的意思表示；(2)仲裁事项；(3)选定的仲裁委员会。该法第18条规定，仲裁协议对仲裁事项或者仲裁委员会没有约定或者约定不明确的，当事人可以补充协议；达不成补充协议的，仲裁协议无效。本案中，《2015－2016年度保险单》中保险合同争议的解决方式约定为仲裁，但并没有选定仲裁委员会。现双方不能就仲裁委员会的选择达成一致意见，依法属于仲裁协议对仲裁委员会没有约定之情形。故《2015－2016年度保险单》中的仲裁条款应属无效。现财保北京分公司申请确认仲裁条款无效，本院应予支持。

4.3.4 合同成立后未生效、被撤销或者合同未成立对仲裁协议效力的认定

依据《仲裁法》第19条规定，仲裁协议独立存在，合同的变更、解除、终止或者无效，不影响仲裁协议的效力。在合同成立后未生效或者被撤销的，仲裁协议效力的认定适用《仲裁法》第19条第1款的规定。当事人在订立合同时就争议达成仲裁协议的，合同未成立不影响仲裁协议的效力。经审查当事人之间的合同未成立，亦未就仲裁协议达成合意的，仲裁协议独立性原则不适用于合同未成立的情况，因此仲裁协议无效。

审查依据：《仲裁法司法解释》第10条

规范解读：

根据《仲裁法》第19条第1款规定：“仲裁协议独立存在，合同的变更、解除、终止或者无效，不影响仲裁协议的效力。”该条款实际上已经明确规

定，仲裁条款效力具有独立性，不因合同出现变更、解除、终止、无效情形而影响。上述法律规定的情形之外还存在合同未成立、未生效、被撤销三种情况，对此《仲裁法司法解释》第10条规定分两种方式处理：(1)合同成立后未生效或者被撤销的，仲裁协议效力的认定适用《仲裁法》第19条第1款的规定，即不影响仲裁协议效力。(2)当事人在订立合同时就争议达成仲裁协议的，合同未成立不影响仲裁协议的效力。合同成立意味着当事人之间已经就仲裁解决纠纷达成意思一致，至于所成立的合同效力如何都不影响仲裁条款效力，未生效和被撤销均属于合同效力状态的一种，故而司法解释的扩张解释符合法理。对此，《民法典》第507条规定，合同不生效、无效、被撤销或者终止的，不影响合同中有关解决争议方法的条款的效力。

合同与仲裁协议之间存在两种关系，这也是仲裁协议的两种类型：一种是合同与仲裁协议各自独立，在合同之外另签订仲裁协议；另一种是合同包括仲裁条款，在合同中有仲裁条款的情况也属于《仲裁法》规定的仲裁协议类型。合同未成立情形不同，在合同中包括仲裁协议的，有可能当事人在缔约过程中未达成意思表示的一致，包括没有共同合意作出选择仲裁解决纠纷的安排，相当于没有仲裁协议；也有可能虽然合同没有成立，但是当事人之间达成了选择仲裁的意思表示，仲裁协议成立并有效，所以此时适用“仲裁协议独立存在，合同的变更、解除、终止或者无效，不影响仲裁协议的效力”的规则。还有一种情况也适用上述规则，当事人在订立合同时单独就争议解决达成仲裁协议的，即使合同未成立，因当事人有选择仲裁的意思表示，从而仲裁协议具有独立性，虽然合同未成立也不影响仲裁协议效力。

典型案例：仲裁协议独立存在，合同是否无效不影响仲裁协议效力

一、案件基本信息

案号：(2018)京04民特129号

当事人：申请人唐山勒泰购物广场有限公司（以下简称勒泰公司）与被申请人中铁建设集团有限公司（以下简称中铁公司）

案由：申请确认仲裁协议效力

二、诉辩争议焦点

勒泰公司称，第一，中铁公司提起仲裁所依据的仲裁协议是无效的。中铁公司依据《唐山勒泰中心项目一期 A－01 地块二标段总承包工程补充协议》及《唐山勒泰中心项目一期 A－01 地块二标段土方、基坑支护及桩基工程补充协议》中的仲裁条款在北京仲裁委员会提起的仲裁，这两份协议是在双方之间的两份基础合同（《唐山勒泰中心项目一期 A－01 地块二标段总承包工程合同文件》《唐山勒泰中心项目一期 A－01 地块二标段土方、基坑支护及桩基工程合同文件》）之后签订的，两份基础合同中均约定相关争议由工程所在地的法院管辖。上述两份补充协议中的相应条款违反了《中华人民共和国招标投标法》的强制性规定，应当认定为无效，故其对基础合同管辖条款的修改也是无效的，双方之间的争议应适用基础合同中约定的法院管辖条款；第二，北京仲裁委员会受理的争议事项不属于仲裁条款中约定的管辖范围。北京仲裁委员会受理的争议范围应当是针对《唐山勒泰项目二标段工程补充协议》中约定的结算核对过程中有争议的金额，但是涉案工程结算尚未完成，双方对此没有产生争议，而中铁公司在北京仲裁委员会提起的要求仲裁的事项不属于上述范围之内。

中铁公司称，第一，根据《中华人民共和国合同法》及《中华人民共和国仲裁法》的相关规定，仲裁条款作为争议解决条款是独立于合同而存在的，即使合同无效，仲裁条款的效力也不受合同效力的影响。第二，双方之间的基础合同虽然约定了诉讼管辖，但后面补充协议均约定仲裁管辖，这是对前面基础合同的一种变更，而且双方的补充协议中明确约定如果补充协议的内容与基础合同不一致的，以补充协议中约定的内容为准。双方应当按照补充协议中约定的仲裁条款作为争议解决的方式。第三，补充协议是对前面基础合同的整体变更，仲裁解决的范围应当包含基础合同和补充协议的所有内容。故双方之间的争议应当通过仲裁解决，法院应当驳回勒泰公司的申请。

三、法院裁判意见

法院审查查明：勒泰公司与中铁公司签订的《唐山勒泰中心项目一期A－01地块二标段总承包工程合同文件》第14条及《唐山勒泰中心项目一期A－01地块二标段土方、基坑支护及桩基工程合同文件》第13条均约定：本合同签订和履行过程中产生的任何争议，双方应友好协商解决。协商不成的，任何一方均有权向工程所在地人民法院提起诉讼。

勒泰公司与中铁公司签订的《唐山勒泰中心项目一期A－01地块二标段总承包工程补充协议》中约定：协议书第14条修改为：本合同签订和履行过程中产生的任何争议，双方应友好协商解决。协商不成的，可向北京仲裁委员会申请仲裁。勒泰公司与中铁公司签订的《唐山勒泰中心项目一期A－01地块二标段土方、基坑支护及桩基工程补充协议》中争议解决方式明确约定：本合同签订和履行过程中产生的任何争议，双方应友好协商解决。协商不成的，可向北京仲裁委员会申请仲裁。

2017年6月10日，勒泰公司、唐山勒泰房地产开发有限公司与中铁公司签订了《唐山勒泰项目二标段工程补充协议》，其中约定：结算核对完毕形成无争议金额及对应清单和有争议金额及对应清单两部分，无争议部分金额双方签字盖章，有争议部分双方进行洽商，如果仍不能有效解决，由双方高层领导协商解决，仍不能解决的递交北京仲裁委员会裁定，以裁定金额为准，谁的主张不能得到支持谁承担仲裁费。

法院认为，根据《中华人民共和国仲裁法》第19条第1款之规定：仲裁协议独立存在，合同的变更、解除、终止或者无效，不影响仲裁协议的效力。据此，勒泰公司关于补充协议无效，故对基础合同管辖条款的修改也属无效的主张不能成立。此外，对于北京仲裁委员会受理的争议事项是否属于双方仲裁条款中约定的管辖范围，不涉及仲裁条款本身的效力问题，属仲裁庭职权范围内对实体问题的审查和认定，本院在此不予审查。

综上,勒泰公司与中铁公司签订的仲裁条款均系双方真实意思表示,未违反法律和行政法规的强制性规定,不具有仲裁协议无效的情形,故对于勒泰公司请求确认仲裁协议无效的主张,本院不予支持。

005. 司法审查认定仲裁协议无效的三项主要事由:非仲裁范围、行为能力、胁迫手段

司法审查认定仲裁协议无效的判断系依据《仲裁法》第 17 条进行,分别为:约定的仲裁事项超出法律规定的仲裁范围的;无民事行为能力人或者限制民事行为能力人订立的仲裁协议;一方采取胁迫手段,迫使对方订立仲裁协议的。

在司法审查中认定具有上述三种情形的,认定无效,反之则可认定有效。在认定效力时还需要全面结合其他规则和条件综合判定。

审查依据:《仲裁法》第 17 条

规范解读:

《仲裁法》第 17 条规定仲裁协议无效的三项主要事由,分别从仲裁事项合法性、仲裁当事人行为能力、仲裁意思表示胁迫内容三方面建立无效审查规则。实践中以《仲裁法》第 16 条关于没有请求仲裁的意思表示、仲裁协议对仲裁委员会约定不明、或约定或裁或审等理由申请无效的较多。而《仲裁法》第 17 条规定中以"无民事行为能力人或者限制民事行为能力人订立的仲裁协议",或者"一方采取胁迫手段,迫使对方订立仲裁协议的"为由申请认定仲裁协议无效的较少。有部分当事人以"约定的仲裁事项超出法律规定的仲裁范围"为由要求认定仲裁协议无效,但在主张时却存在一定的理解错误,将该理由与"超出仲裁协议范围"或者"仲裁协议没有约定争议事项"相混淆。

5.1　约定的仲裁事项超出法律规定的仲裁范围的认定

对于约定的仲裁事项超出法律规定的仲裁范围，主要根据《仲裁法》第 2 条、第 3 条规定认定：

（一）平等主体的公民、法人和其他组织之间发生的合同纠纷和其他财产权益纠纷，可以仲裁。

（二）下列纠纷不能仲裁：（1）婚姻、收养、监护、扶养、继承纠纷；（2）依法应当由行政机关处理的行政争议。

（三）根据纠纷的性质，结合《公司法》《破产法》等相关法律，认定约定的仲裁事项是否具有仲裁性。

（四）与合同有关的侵权纠纷受合同中有效仲裁条款的约束，属于仲裁范围。

审查依据：《仲裁法》第 2 条、第 3 条

规范解读：

仲裁司法审查中对仲裁事项既要审查是否超出法律规定的仲裁范围，即可仲裁性，又要审查当事约定的仲裁范围，即仲裁事项合意。法院在认定“约定的仲裁事项超出法律规定的仲裁范围”时应当与“超出仲裁协议范围”相区别。正确理解《仲裁法》第 58 条规定的国内申请撤销仲裁裁决理由包括“裁决的事项不属于仲裁协议的范围”和《民事诉讼法》第 274 条规定涉外申请撤销仲裁裁决理由包括“裁决的事项不属于仲裁协议的范围”，上述国内与涉外申请撤销仲裁裁决的理由系针对仲裁裁决的事项不属于当事人约定的仲裁协议的范围，而非法律规定的范围。对约定的事项是否超出“法律规定的仲裁范围”进行判断，首先应理解“争议事项具有可仲裁性，即当事人通过仲裁协议书约定提交仲裁解决的争议事项是法律允许采取仲裁方式予以解决的事项”①。其次，依据《仲裁法》第 2 条和第 3 条从正反两方面判断

① 杨秀清、史飚：《仲裁法学》第 3 版，厦门大学出版社 2019 年版，第 134 页。

法律规定的争议是否属于“可仲裁事项”的范围。一方面,《仲裁法》明确规定平等主体的公民、法人和其他组织之间发生的合同纠纷和其他财产权益纠纷,属于可仲裁范围;另一方面,从反面明确规定婚姻、收养、监护、扶养、继承纠纷和依法应当由行政机关处理的行政争议,不属于可仲裁范围。

除上述《仲裁法》的规定外,不可仲裁的规则还体现在《民法典》《破产法》《劳动法》等规则当中,如劳动争议不进行商事仲裁,而另有劳动仲裁机构与制度,再有结合《公司法》《破产法》等相关法律,涉及如破产、强制清算等属于人民法院专属审理范围的,不属于可仲裁范围。对于与合同有关的侵权纠纷,最高人民法院曾作出指导性案例,确认与合同有关的争议,即使当事人以侵权为由提起诉讼,也应当受合同中有效仲裁条款的约束,纠纷应当通过仲裁解决,人民法院不享有管辖权。对此《第二次全国涉外商事海事审判工作会议纪要》第7条规定:“涉外商事合同的当事人之间签订的有效仲裁协议约定了因合同发生的或与合同有关的一切争议均应通过仲裁方式解决,原告就当事人在签订和履行合同过程中发生的纠纷以侵权为由向人民法院提起诉讼的,人民法院不享有管辖权。”

5.2　无民事行为能力人或者限制民事行为能力人订立的仲裁协议认定

根据《民法典》规定,18周岁以上的自然人为成年人。成年人为完全民事行为能力人,可以独立实施民事法律行为。16周岁以上的未成年人,以自己的劳动收入为主要生活来源的,视为完全民事行为能力人。8周岁以上的未成年人为限制民事行为能力人,实施民事法律行为由其法定代理人代理或者经其法定代理人同意、追认,但是可以独立实施纯获利益的民事法律行为或者与其年龄、智力相适应的民事法律行为。不能辨认自己行为的成年人为无民事行为能力人,由其法定代理人代理实施民事法律行为。

审查依据:《民法典》第17~24条

规范解读：

《仲裁法》第 17 条规定，“有下列情形之一的，仲裁协议无效：……（二）无民事行为能力人或者限制民事行为能力人订立的仲裁协议”，其中明确将“无民事行为能力人或者限制民事行为能力人”订立的仲裁协议作为认定无效的情形。在民事行为能力立法上，我国采取三级制，主要以年龄和辨认自己行为能力作为认定标准，分为完全民事行为能力、限制民事行为能力和无民事行为能力。完全民事行为能力，是指自然人能够以其自己的行为独立享有民事权利，承担民事义务的资格，一般指能够完全辨认自己行为的成年人。根据《民法典》的规定，18 周岁以上的自然人为成年人，成年人为完全民事行为能力人，可以独立实施民事法律行为，这里排除不能完全辨认或者不能辨认自己行为能力的成年人，增加 16 周岁以上的未成年人，以自己的劳动收入为主要生活来源的，视为完全民事行为能力人。显然，年满 18 周岁或者 16 周岁以自己劳动收入为主要生活来源的人，精神状态良好，能够辨认自己行为的自然人可以作为签订仲裁协议的适格主体，其签订的合同有效。限制民事行为能力，又称不完全民事行为能力，是自然人在一定范围内具有相应民事行为能力。根据《民法典》第 19 条规定，8 周岁以上的未成年人，为限制民事行为能力人。另一种限制民事行为能力是《民法典》第 22 条规定的不能完全辨认自己行为的成年人。无民事行为能力，是自然人完全无独立从事民事活动的能力。《民法典》将其分为三种情况：第一种情况是不满 8 周岁的未成年人；第二种情况是不能辨认自己行为的成年人；第三种情况是 8 周岁以上的不能辨认自己行为的未成年人。上述被认定为无民事行为能力人或者限制民事行为能力人的人不具备签订有效仲裁协议的行为能力，其签订的仲裁协议依法被认定为无效。

5.3　采取胁迫手段，迫使对方订立仲裁协议认定

《民法典》规定，具备下列条件的民事法律行为有效：（1）行为人具有相应的民事行为能力；（2）意思表示真实；（3）不违反法律、行政法规的强

制性规定,不违背公序良俗。以胁迫手段,迫使对方订立仲裁协议属于意思表示不真实范畴,表现为以胁迫手段,使对方在违背真实意思的情况下签订仲裁协议,根据《仲裁法》第17条规定应认定无效。

审查依据:《民法典》第143条、第150条;《仲裁法》第17条

规范解读:

《仲裁法》第17条规定:"有下列情形之一的,仲裁协议无效:……(三)一方采取胁迫手段,迫使对方订立仲裁协议的。"意思表示真实是意思自治的必然要求,指行为人表示在外的意思与其内容真实意思相一致。《民法典》第143条规定意思表示是民事法律行为一般有效要件之一。传统民法区分意思表示真实和意思表示自由,在一方采取胁迫手段,迫使对方订立仲裁协议时,受胁迫的一方属于意思表示不自由,该意思表示不自由是作为意思表示不真实的原因存在,对此《民法典》第150条对"一方或者第三人以胁迫手段,使对方在违背真实意思的情况下实施的民事法律行为",规定"受胁迫方有权请求人民法院或者仲裁机构予以撤销"。因胁迫导致意思表示不自由,从而无法达到意思表示真实,所以需要撤销或归于无效。《仲裁法》作为特别法对采取胁迫手段迫使对方订立仲裁协议,规定了认定无效的法律后果。在认定"一方采取胁迫手段,迫使对方订立仲裁协议的"时,应当考虑以下构成要件:一是否具有具体的胁迫行为;二是否具有胁迫故意;三是查明胁迫与造成对方意思表示不自由之间是否存在因果关系;四是否违背被胁迫方的真实意思表示。

典型案例:中外合资经营企业约定仲裁有效

一、案件基本信息

案号:(2018)京04民特361号

当事人:申请人志图控股有限公司(以下简称志图公司)与被申请人大连亿达房地产股份有限公司(以下简称亿达公司)

案由:申请确认仲裁协议效力

二、诉辩争议焦点

申请人志图公司称,请求人民法院依法确认志图公司与亿达公司于2011年11月10日签订的《大连亿达房地产股份有限公司、志图控股有限公司关于大连亿鸿房地产开发有限公司之修订及重述合资经营企业合同》(以下简称修订及重述合同)中第19.1条约定的仲裁协议无效。事实与理由:2010年12月18日,志图公司与亿达公司签订《大连亿达房地产股份有限公司、志图控股有限公司关于大连亿鸿房地产开发有限公司之合资经营企业合同》(以下简称合资经营合同),合同约定在中国境内成立大连亿鸿房地产开发有限公司,为中外合资企业。2011年11月10日,志图公司与亿达公司签订修订及重述合同,对合资经营合同中约定的内容进行了变更,其中第19.1条约定:"因本合同引起的或与本合同有关的任何争议,双方应努力通过友好协商解决。若在协商开始后30天内未实现圆满解决,任何一方可将争议提交至位于中国北京的中国国际经济贸易仲裁委员会。"但根据《中华人民共和国民事诉讼法》(以下简称《民事诉讼法》)第266条规定:"因在中华人民共和国履行中外合资经营企业合同、中外合作经营企业合同、中外合作勘探开发自然资源合同发生纠纷提起的诉讼,由中华人民共和国人民法院管辖。"故根据上述法律规定,对于在中国境内履行的中外合资经营企业合同发生的纠纷,仅能由中华人民共和国人民法院管辖。因此,修订及重述合同中约定的仲裁协议应为无效。

被申请人亿达公司称,请求人民法院依法驳回志图公司的申请。志图公司与亿达公司之间签订了合资合同,双方约定的仲裁地在中国,故应当以中华人民共和国法律为准据法。一是根据《中华人民共和国中外合资经营企业法》(以下简称《中外合资经营企业法》)第16条规定:"合营各方发生纠纷,董事会不能协商解决时,由中国仲裁机构进行调解或仲裁,也可由合营各方协议在其他仲裁机构仲裁。合营各方没有在合同中订有仲裁条款的或者事后没有达成书面仲裁协议的，可以向人民法院起诉。”二是根据《中华人民共和国中外合资经营企业法实施条例》（以下简称《实施条例》）第97条规定：“合营各方在解释或者履行合营企业协议、合同、章程时发生争议的，应当尽量通过友好协商或者调解解决。经过协商或者调解无效的，提请仲裁或者司法解决。”第98条规定：“合营各方根据有关仲裁的书面协议，可以在中国的仲裁机构进行仲裁，也可以在其他仲裁机构仲裁。”三是志图公司以《民事诉讼法》第266条之规定为由认为仲裁协议无效，属于错误理解法律。因为该法条规定的是对于该类案件当事人可以选择诉讼的法院，但是不能违法我国法院专属管辖的规定，故此条不能作为认定仲裁协议无效的依据。

三、法院裁判意见

法院审查查明，2011年11月10日，志图公司与亿达公司签订修订及重述合同，第19.1条约定：“因本合同引起的或与本合同有关的任何争议，双方应努力通过友好协商解决。若在协商开始后30天内未实现圆满解决，任何一方可将争议提交至位于中国北京的中国国际经济贸易仲裁委员会（‘贸仲委’），根据仲裁申请之时该机构有效的程序规则通过仲裁解决。……”

法院认为，仲裁协议（仲裁条款）系合同当事人约定将争议提交仲裁解决的意思表示，其效力与否决定了争议解决方式的选择。人民法院在对仲裁案件进行司法审查时，应当以尊重当事人意思自治为原则，以审查当事人有无将争议提交确定仲裁机构仲裁的意思表示为依据来确定仲裁协议（仲裁条款）的效力。对于中外合资经营企业合同中仲裁条款效力的审查，还应当以不违反我国法律法规的强制性规定为前提。本案所涉合同的性质为中外合资经营企业合同，志图公司依据《民事诉讼法》第266条规定，认为因此类合同引发的争议均应由中华人民共和国人民法院管辖。对此，本院将结合双方提出的理由进行分析：首先，《民事诉讼法》第

266条规定，因在中华人民共和国履行中外合资经营企业合同发生纠纷提起的诉讼，由中华人民共和国人民法院管辖，该条专指的是诉讼管辖，并非排除约定仲裁的可选择性；其次，《中外合资经营企业法》第16条规定，合营各方发生纠纷的，可以书面约定由中国仲裁机构进行调解或仲裁，也可由合营各方协议在其他仲裁机构仲裁，故《中外合资经营企业法》确定了约定中国或者其他仲裁机构仲裁的法律效力；再次，《实施条例》第97条和第98条规定，对于履行合同时发生的争议，可以书面约定提请仲裁或者司法解决，仲裁既可以在中国的仲裁机构进行，也可以在其他仲裁机构进行，故《实施条例》也认可了合同中约定仲裁解决争议的法律效力；最后，上述法律法规虽然在法律位阶和颁布实施时间上有所差别，但是立法内容具有一致性，即对于因中外合资经营企业合同履行产生的纠纷，合同当事人可以约定向中华人民共和国人民法院提起诉讼，也可以书面约定提交仲裁机构仲裁。上述法律法规即为审查本案所涉仲裁条款效力的强制性法律规范，结合《仲裁法》中关于仲裁条款效力的一般性规定，本院认为，修订及重述合同第19.1条明确约定，将因该合同履行有关的任何争议提交位于中国北京的中国国际经济贸易仲裁委员会仲裁，该条具有明确的仲裁意思表示、仲裁事项和仲裁机构，符合《仲裁法》规定仲裁条款有效的形式要件和实质要件，亦未违反《民事诉讼法》《中外合资经营企业法》《实施条例》的强制性规定，仲裁条款合法有效，志图公司的申请理由不能成立，应予驳回。

典型案例：约定的仲裁事项超出法律规定的仲裁范围的认定

一、案件基本信息

案号：(2019)京04民特304号

当事人：申请人北京向明投资管理有限公司(以下简称向明公司)与

被申请人北京新松置地投资顾问有限公司(以下简称新松公司)、富誉投资有限公司(以下简称富誉公司)

案由:申请确认仲裁协议效力

二、诉辩争议焦点

申请人向明公司称,本案所涉仲裁事项超过法律规定的仲裁范围,新松公司与富誉公司请求仲裁委员会对案外人沈阳向明长益置业有限公司(以下简称沈阳向明公司)的权利义务进行裁决,新松公司与富誉公司超过仲裁申请期限申请仲裁,中外合作合同书第39.2条项下的仲裁协议在仲裁委员会V20190612号合作合同争议案中应为无效。新松公司与富誉公司于2018年12月24日向仲裁委员会递交仲裁申请材料,以中外合作合同书第39.2条为依据,请求将沈阳向明公司的合作期限延长至2022年12月31日。公司的营业期限是由公司章程规定的,对于营业期限届满后是否延长,应当由公司的权力机构根据章程作出决议,变更营业期限属于公司内部管理和自治范畴,不是平等民事主体之间的合同纠纷或者其他财产权益纠纷,不属于法律规定的仲裁范围。

被申请人新松公司称,请求人民法院依法驳回向明公司的申请,向明公司的请求缺乏事实与法律依据。判断仲裁协议是否有效,所依据的是当事人在订立仲裁协议时是否存在法定的无效情形,仲裁协议是否有效与仲裁请求无关。向明公司请求人民法院确认涉案仲裁协议在V20190612号仲裁案件中无效,其所提出的三项理由均不能成立。

三、法院裁判意见

法院审查查明,2007年9月9日向明公司与富誉公司、新松公司签订中外合作合同书,第39.2条约定:“凡因本合同引起的或与本合同有关的任何争议,合营三方应首先通过友好协商解决,如果协商不能解决,自协商开始之日起60日内或各方同意的更长的时间内,任何一方有权向在北京的中国国际经济贸易仲裁委员会提起仲裁。仲裁裁决应是终局的,并对各方均有约束力。”

法院认为，仲裁协议系当事人约定将争议提交仲裁解决的意思表示，有效的仲裁协议是实现当事人仲裁意愿的前提。根据《仲裁法》第16条规定，仲裁协议应当具有下列内容：(1)请求仲裁的意思表示；(2)仲裁事项；(3)选定的仲裁委员会。根据《仲裁法》第17条规定，有下列情形之一的，仲裁协议无效：(1)约定的仲裁事项超出法律规定的仲裁范围的；(2)无民事行为能力人或者限制民事行为能力人订立的仲裁协议；(3)一方采取胁迫手段，迫使对方订立仲裁协议的。以上法律条款是认定仲裁协议是否有效的依据。本案中，中外合作合同书在第39.2条中明确约定，将因该合同引起的或与该合同有关的任何争议提交中国国际经济贸易仲裁委员会仲裁。上述条款中有明确的仲裁意思表示、仲裁委员会、仲裁事项，符合《仲裁法》规定的仲裁协议合法有效的形式要件和实质要件，且本案所涉仲裁协议不存在《仲裁法》第17条规定的无效情形，故本案所涉仲裁协议为合法有效的仲裁条款，中外合作合同书中的各方当事人均可依据涉案仲裁协议向仲裁委员会提请仲裁。向明公司认为，公司的营业期限是由公司章程规定的，对于营业期限届满后是否延长应当由公司的权力机构根据章程作出决议，变更营业期限属于公司内部管理和自治范畴，不是平等民事主体之间的合同纠纷或者其他财产权益纠纷，不属于法律规定的仲裁范围。根据中外合作合同书约定，仲裁事项系依据平等主体之间订立的中外合作合同书而产生的纠纷，因此，基于该合同的成立、效力、变更、转让、履行、违约责任、解释、解除等产生的纠纷均可以认定为仲裁事项。当事人对于因本案所涉合同产生的纠纷申请仲裁，在仲裁委员会进行实体审理之前，本院无法单独认定仲裁请求是否超出了法律规定的仲裁范围，亦不能通过判断仲裁请求是否合理而否认仲裁协议的效力。因此，关于仲裁事项是否超出了法律规定仲裁范围的问题，可以在仲裁审理中予以解决，当事人亦享有在仲裁裁决作出之后申请撤销仲裁裁决的权利。对于当事人申请仲裁是否超过仲裁期限的问题,亦不能成为认定仲裁协议效力的理由。综上所述,向明公司提出的关于涉案仲裁协议无效的申请理由均不能成立,本院不予采纳。

006.未申请仲裁时向法院申请确认仲裁协议效力

未申请仲裁时向法院申请确认仲裁协议效力的情况有以下类型:(1)双方无争议均认可仲裁协议有效;(2)双方有争议,一方申请确认仲裁协议无效;(3)双方有争议,一方申请确认仲裁协议有效;(4)一方提起诉讼,法院受理后尚未对仲裁协议效力进行审查,另一方申请确认仲裁协议效力;(5)一方提起诉讼,法院受理后作出有管辖权的裁定,另一方申请确认仲裁协议效力有效。

审查依据:《仲裁法》第20条

规范解读:

有效的仲裁协议是仲裁庭行使管辖权的依据和前提,被称为仲裁的基石。对仲裁协议的效力提出异议,是法律赋予当事人的一项权利。通常仲裁庭对仲裁协议效力有决定权,但仍接受司法的监督审查,即法院拥有对效力认定最终的决定权。我国当事人提出仲裁协议效力异议权利的规定源于《仲裁法》,根据《仲裁法》第20条第1款规定:"当事人对仲裁协议的效力有异议的,可以请求仲裁委员会作出决定或者请求人民法院作出裁定。一方请求仲裁委员会作出决定,另一方请求人民法院作出裁定的,由人民法院裁定。"当事人及时对仲裁协议效力提出异议,有利于仲裁程序在确认仲裁协议效力的基础上顺利进行,确保仲裁庭享有管辖权,避免仲裁裁决作出后,因仲裁协议无效导致法院撤销或者不予承认和执行。对于仲裁协议效力异议应在"何时提出,申请有效还是无效",法律和司法解释没有作明确的规定,《仲裁法》第20条第2款规定:"当事人对仲裁协议的效力有异议,应当在仲裁庭首次开庭前提出。”当事人对于仲裁协议效力有异议提出的时间应早于仲裁庭首次开庭前，在此前则分为仲裁机构已经受理仲裁案件和仲裁机构尚未受理仲裁案件两个阶段。实践中，仲裁庭受理仲裁案件后提起申请确认仲裁协议效力的案件占大多数，但也有部分案件系仲裁机构尚未受理仲裁案件时，当事人向法院申请确认仲裁协议效力，有申请有效的情况，也有申请无效的情况。个别案件中还有申请认定仲裁协议“不生效”、“不成立”或者“没有约束力”的主张。对于申请确认仲裁协议效力的司法审查案件应限于效力的有效与无效的审查，还是将“不生效”、“不成立”或者“没有约束力”也纳入审查范围，目前法律和司法解释没有明确规定，但在最高人民法院的仲裁案件和相关批复中有扩大仲裁司法审查范围的趋势，如最高人民法院在运裕有限公司、深圳市中苑城商业投资控股有限公司申请确认仲裁协议效力一案中作出(2019)最高法民特1号民事裁定认定：“当事人以仲裁条款未成立为由要求确认仲裁协议不存在的，属于申请确认仲裁协议效力案件。”实践中确有涉及解决这类问题的需求，比如，仲裁涉及三方当事人，其中一方提出虽然仲裁协议对另外两方有效，但对自己没有约束力，或者自己没有选择仲裁的意思表示，仲裁协议对自己而言不成立。

6.1　双方无争议均认可仲裁协议有效

申请人与被申请人对仲裁协议效力无争议，均认可仲裁协议有效，对于该类无争议申请确认仲裁协议效力案件，司法审查中应认真审查其申请原因。根据《仲裁法》第20条规定，当事人对仲裁协议的效力有异议的，可以请求仲裁委员会作出决定或者请求人民法院作出裁定。在当事人对仲裁协议效力无异议的情况下，因不具备诉的利益，应当予以驳回。

审查依据：《仲裁法》第20条

规范解读：

“申请确认仲裁协议效力”这一案由的请求权基础依据的法律规范系源

于《仲裁法》第20条规定，该法律规定明确为“当事人对仲裁协议的效力有异议的”可以请求仲裁委员会作出决定或者请求人民法院作出裁定，因此其请求权的前提是对仲裁协议效力有异议，这也是向法院提起申请的前提。“申请确认仲裁协议效力”作为特殊的司法审查程序，仍然遵循《民事诉讼法》中不诉不理的原则，即以当事人行使请求权为受理前提，当事人应当具有诉的利益，在当事人对仲裁协议的效力没有任何争议时则不具有启动仲裁司法审查程序的必要。当然也会有例外，这就是规定“司法审查中应认真审查其申请原因，无其他合理原因”的必要性，比如，可能双方当事人均认为仲裁协议有效，但仲裁机构坚持认为无效而不予受理，此时行使法院的仲裁司法审查权进行监督，确认仲裁协议效力是保障当事人合法权益的必要程序。

6.2 双方有争议，一方申请确认仲裁协议无效

双方未申请仲裁，或者仲裁机构未受理，一方申请确认仲裁协议无效，经审查另一方认为仲裁协议有效。当事人的纠纷虽然未进入仲裁程序，但因对仲裁协议效力存有争议，可认定符合《仲裁法》第20条“当事人对仲裁协议的效力有异议的，可以请求仲裁委员会作出决定或者请求人民法院作出裁定”的规定。法院应当依法受理，在进行仲裁协议效力司法审查后，确认仲裁协议的效力。

审查依据：《仲裁法》第20条

规范解读：

当事人之间存在合同纠纷或者其他财产权益纠纷，对解决纠纷的仲裁协议效力有争议，此时双方均未申请仲裁，或者一方申请仲裁但仲裁机构未受理。虽然一方认为该仲裁协议无效，但纠纷未进入仲裁程序，此时当事人能否向人民法院申请仲裁协议无效，存在不同观点：第一种观点认为，只有在仲裁机构受理纠纷后，才存在当事人对仲裁协议有异议的情况，如果当事人向仲裁机构申请仲裁，则异议的前提并不存在，法律规定的是当事人对

“仲裁协议的效力有异议的”可以请求人民法院作出裁定，并不是当事人认为“仲裁协议无效”，同时《仲裁法》第20条第2款规定：“当事人对仲裁协议的效力有异议，应当在仲裁庭首次开庭前提出。”在该法条实际是指向从仲裁庭受理到开庭这段时间，以进入仲裁程序为前提。第二种观点认为，当事人“申请确认仲裁协议效力”作为《民事诉讼法》在程序上的制度设计，其目的是充分保障当事人享有确认仲裁协议效力的请求权，只要该请求权以存在争议或者需要实现程序权利救济为前提。虽然“仲裁协议效力有异议”与“仲裁协议无效”的表述不同，但实质上意义一致，核心都是判断仲裁协议是否有效。在纠纷未进入仲裁程序之前，确实存在对仲裁协议效力判断的实际需求，因仲裁机构未受理或对方当事人未向仲裁机构申请仲裁，导致仲裁机构尚未行使管辖权，有异议一方当事人无法请求仲裁委员会作出决定，此时，依据《仲裁法》第20条规定，当事人对仲裁协议效力有异议，可以请求人民法院作出裁定。对此，我们认为第二种观点更符合实际情况，能够充分保障当事人的程序权利。

6.3 双方有争议，一方申请确认仲裁协议有效

双方未申请仲裁，或者仲裁机构未受理，一方申请确认仲裁协议有效，经审查另一方认为仲裁协议无效。对此有观点认为，根据《仲裁法》第20条的规定，当事人应当以有异议为前提申请仲裁协议无效，而非有效。考虑到上述规定中“当事人”对“效力”有异议，可依文义解释为双方存在对协议效力的争议，同时仲裁受理案件应以存在有效的协议为前提，在仲裁委员会与人民法院均对协议效力有裁判权时，《仲裁法》第20条规定，由人民法院裁定。考虑司法审查节省当事人成本，又符合便民高效解决纠纷原则，且避免仲裁机构受理申请后再产生争议，因此法院应当受理，在进行仲裁协议效力司法审查后，确认仲裁协议的效力。

审查依据：《仲裁法》第20条

规范解读：

根据《民事案件案由规定》的规定，仲裁程序案件项下所设“申请确认仲裁协议效力”的案由属于确认之诉。在双方未申请仲裁，或者仲裁机构未受理情况下，一方当事人向人民法院申请确认仲裁协议有效。人民法院对申请确认仲裁协议有效是否应当审查存在不同观点：第一种观点认为，人民法院对一方主张仲裁协议有效的不应受理，因为《仲裁法》第20条规定“当事人对仲裁协议的效力有异议”才可请求人民法院作出裁定，认为有效显然属于对仲裁协议效力“没有异议”。第二种观点认为，人民法院对一方申请确认仲裁协议有效的案件，经审查确实存在争议的应当受理。《仲裁法》中规定的“当事人对仲裁协议的效力有异议”应作更广义的理解，当事人系纠纷的双方甚至是多方，对仲裁协议效力有异议系当事人之间没有就效力问题达成共识，各持己见，此时为解决仲裁协议效力的问题，各方都有权启动司法审查程序，无论申请确认有效或是无效，均可使该仲裁协议效力问题得以解决。在《最高人民法院民事案件案由规定理解与适用》一书中，定义“申请确认仲裁协议效力是指当事人向人民法院提出确认之诉，请求人民法院确认仲裁协议是否有效”①，其是否有效即包括效力的有效与无效两种情况。司法审查能够即节省当事人成本，又符合便民高效解决纠纷原则，且避免仲裁机构受理申请后再产生争议，因此法院应当受理。

6.4　一方提起诉讼，法院受理后尚未审查仲裁协议效力，另一方申请确认仲裁协议效力

根据《仲裁法》第26条规定，当事人达成仲裁协议，一方向人民法院起诉未声明有仲裁协议，人民法院受理后，另一方在首次开庭前提交仲裁协议的，人民法院应当驳回起诉，但仲裁协议无效的除外；另一方在首次

---

① 最高人民法院民事案件案由规定课题组编著：《最高人民法院民事案件案由规定理解与适用》，人民法院出版社2011年版，第560页。

开庭前未对人民法院受理该案提出异议的，视为放弃仲裁协议，人民法院应当继续审理。上述法律，对一方提起诉讼，另一方提交仲裁协议或对法院受理案件提出异议的程序以及法律后果作了明确规定，对此另一方另行申请确认仲裁协议效力的司法审查，法院应当不予受理，受理后应当予以驳回。

审查依据：《仲裁法》第 5 条、第 26 条

规范解读：

当事人之间存在有效的仲裁协议可以排除人民法院对争议的管辖权，因此存在有效仲裁协议时，人民法院不应受理一方当事人的起诉。对于一方当事人起诉时未声明有仲裁协议，人民法院受理后发现存在仲裁协议如何处理？《仲裁法》第 26 条分别规定了以下几种不同情况的处理方式，结合相关司法解释予以分别论述：(1) 当事人达成仲裁协议，一方向人民法院起诉时未声明有仲裁协议，人民法院受理后，另一方在首次开庭前提交仲裁协议，经审查该仲裁协议有效的，人民法院应当驳回起诉。(2) 当事人达成仲裁协议，一方向人民法院起诉时未声明有仲裁协议，人民法院受理后，另一方在首次开庭前提交仲裁协议，经审查该仲裁协议无效的，人民法院应当继续审理。(3) 另一方在首次开庭前未对人民法院受理该案提出异议的，视为放弃仲裁协议，人民法院应当继续审理。对于首次开庭的理解，按照《仲裁法司法解释》第 14 条规定："仲裁法二十六条规定的'首次开庭'是指答辩期满后人民法院组织的第一次开庭审理，不包括审前程序中的各项活动。"

对于人民法院受理案件后，尚未就仲裁协议效力作出认定时，当事人又申请确认仲裁协议效力的情况，现有的法律和司法解释没有予以规定。实践中，当事人基于各种原因另行提出申请，有的系滥用程序权利，拖延诉讼，也有的系考虑受理案件法院可能作出不利的认定，因而寄希望于仲裁司法审查程序的裁定。根据《民事诉讼法》中的一事不再理原则，人民法院对确认仲裁协议效力这一争议只应当由一家法院作为一起案件审理，无论是普

通程序还是仲裁司法审查程序，两者只能选其一，不能同时进行，因此后受理的仲裁司法审查程序应当驳回申请。对于当事人所担心的受理案件法院为获得管辖权而认定仲裁协议无效的问题，当事人可以通过上诉获得充分的救济。

根据现有的规则，因涉及仲裁协议无效的认定，当事人对一审法院作出不予受理、驳回起诉、管辖权异议的裁定上诉的，二审法院根据《最高人民法院关于仲裁司法审查案件报核问题的有关规定》第7条规定处理，即“在民事诉讼案件中，对于人民法院因涉及仲裁协议效力而作出的不予受理、驳回起诉、管辖权异议的裁定，当事人不服提起上诉，第二审人民法院经审查拟认定仲裁协议不成立、无效、失效、内容不明确无法执行的，须按照本规定第二条的规定逐级报核，待上级人民法院审核后，方可依上级人民法院的审核意见作出裁定”。

6.5 一方提起诉讼，法院受理后作出有管辖权的裁定，另一方申请确认仲裁协议效力

法院已经受理案件，并因另一方当事人提出异议而作出有管辖权的裁定后，根据《民事诉讼法》第164条第2款规定，“当事人不服地方人民法院第一审裁定的，有权在裁定书送达之日起10日内向上一级人民法院提起上诉”，因此另一方对管辖权裁定不服的，可向上一级人民法院提起上诉。另一方申请确认仲裁协议效力的，法院应当不予受理，受理后应当予以驳回。

审查依据：《民事诉讼法》第164条

规范解读：

当事人之间的争议，一方已经向法院起诉，法院在受理案件后，另一方提出管辖权异议时，法院应当依法对管辖权异议进行审理，并作出法院是否有管辖权的裁定。基于法院就是否有管辖权问题已经作出裁定，而该裁定

是建立在对仲裁协议是否有效作出认定的基础上，因此法院已经就该争议进行了裁判，另一方又提出申请确认仲裁协议效力，显然与之相冲突，违反一事不再理原则。根据《民事诉讼法》的规定，无论法院作出有管辖权或无管辖权的裁定，双方均有权上诉。上诉后，二审法院依据《最高人民法院关于仲裁司法审查案件报核问题的有关规定》第 7 条规定，对涉及仲裁协议效力的相关问题进行上报核，即“在民事诉讼案件中，对于人民法院因涉及仲裁协议效力而作出的不予受理、驳回起诉、管辖权异议的裁定，当事人不服提起上诉，第二审人民法院经审查拟认定仲裁协议不成立、无效、失效、内容不明确无法执行的，须按照本规定第二条的规定逐级报核，待上级人民法院审核后，方可依上级人民法院的审核意见作出裁定”。

典型案例：法院受理后做出有管辖权的裁定后，当事人不得就同一仲裁协议效力另行向其他法院提起仲裁司法审查申请

一、案件基本信息

案号：(2019)鲁 01 民终 4448 号

当事人：申请人中冶节能环保有限责任公司（以下简称中冶公司）与被申请人山东岱荣节能环保科技有限公司（以下简称岱荣公司）

案由：申请确认仲裁协议效力

二、诉辩争议焦点

申请人中冶公司称，请求人民法院依法确认《余热锅炉机组采购合同》（以下简称采购合同）中的仲裁条款合法有效。

事实和理由：采购合同第十六章第 16.1 条约定：“凡与本合同有关而引起的一切争议，双方应首先通过友好协商解决。如不能协商解决，双方同意以以下第 16.3 款所列的方式解决。……第 16.3 任何一方可以提交北京仲裁委员会申请仲裁。”中冶公司认为，上述约定符合《中华人民共和国仲裁法》（以下简称《仲裁法》）的规定，应当确认合法有效。岱荣公司将涉采购合同纠纷向山东省济南市钢城区人民法院（以下简称钢城区法院）

提起诉讼,中冶公司书面提出管辖权异议,钢城区法院在未明确仲裁条款无效的情况下,驳回了中冶公司的异议。

被申请人岱荣公司称,请求人民法院依法驳回中冶公司的申请。钢城区法院作出(2019)鲁1203民初114号民事裁定书,驳回了中冶公司的管辖权异议,该裁定已经生效。

三、法院裁判意见

法院审查查明,2019年1月30日,钢城区法院作出(2019)鲁1203民初114号民事裁定书,中冶公司以双方有仲裁协议为依据对钢城区法院的管辖提出异议,钢城区法院以《中华人民共和国民事诉讼法》(以下简称《民事诉讼法》)第127条第1款规定为依据,裁定驳回了中冶公司的异议,确认钢城区法院对中冶公司与岱荣公司之间涉采购合同纠纷的管辖权。法院在裁定作出后向当事人进行有效送达,中冶公司在上诉期间未提起上诉,该裁定已经生效。

法院认为,根据《最高人民法院关于适用〈中华人民共和国民事诉讼法〉的解释》(以下简称《民诉法解释》)第216条规定:“在人民法院首次开庭前,被告以有书面仲裁协议为由对受理民事案件提出异议的,人民法院应当进行审查。经审查符合下列情形之一的,人民法院应当裁定驳回起诉:(一)仲裁机构或者人民法院已经确认仲裁协议有效的;(二)当事人没有在仲裁庭首次开庭前对仲裁协议的效力提出异议的;(三)仲裁协议符合仲裁法第十六条规定且不具有仲裁法第十七条规定情形的。”上述规定确定了人民法院在受理案件后有对仲裁协议效力审查并作出裁判的权力。中冶公司以双方有仲裁协议为依据对钢城区法院的管辖提出异议,钢城区法院对该异议进行审查,并作出驳回异议、由该法院审理相关纠纷的裁定。如当事人对该裁定不服应当通过上诉或者《民事诉讼法》规定的相关途径解决,而非就同一涉及仲裁协议效力的问题另行向其他法院提起仲裁司法审查申请。根据《民事诉讼法》《仲裁法》及相关司法解释的规定,钢城区法院是在确认了仲裁协议是否有效的基础上作出的生效裁定,对此本院依法不能再次就同一问题作出审查,故本案符合法院立案后发现不符合受理条件,应予驳回申请之情形。对此,本院依据《最高人民法院关于审理仲裁司法审查案件若干问题的规定》第8条第1款之规定,裁定驳回中冶公司的申请。

典型案例:当事人双方对仲裁协议效力存在争议是请求法院保护的前提

一、案件基本信息

案号:(2018)京04民特241号

当事人:申请人北京白兔糖餐饮管理有限公司(以下简称白兔糖公司);被申请人周某

案由:申请确认仲裁协议效力

二、诉辩争议焦点

白兔糖公司称,请求依法确认白兔糖公司与周某签订的《Bunny Drop委托设计装修协议》中的仲裁条款有效,北京仲裁委员会对双方当事人之间因上述合同产生的纠纷有管辖权。事实和理由:(1)白兔糖公司与周某签订的《Bunny Drop特许经营合同(单店)》及其附件是《Bunny Drop委托设计装修协议》的基础,《Bunny Drop特许经营合同(单店)》中明确约定了仲裁条款。(2)从《Bunny Drop委托设计装修协议》的整体内容可以看出,该合同是《Bunny Drop特许经营合同(单店)》的附件。(3)周某签订的《确址承诺书》中载明"本人决定启用该址不再选址,请按该址启动营建及开业筹备流程。出现任何争议按特许经营合同有关条款执行。"

周某向本院提交书面答辩,主要意见为周某与白兔糖公司于2017年3月30日签订《Bunny Drop特许经营合同(单店)》,其中明确约定了仲裁条款。同日,周某与白兔糖公司签订《Bunny Drop委托设计装修协议》,周某认为该协议是《Bunny Drop 特许经营合同（单店）》的补充协议，应当适用《Bunny Drop 特许经营合同（单店）》中约定的仲裁条款，相应争议由北京仲裁委员会进行裁决。综上，周某认可白兔糖公司的申请。

三、法院裁判意见

法院审查查明，2017 年 3 月 30 日，白兔糖公司与周某签订《Bunny Drop 特许经营合同（单店）》，其中第 25 条“争议解决方式”第 2 款约定：“甲乙双方在履行本合同及其附件、补充协议过程中如发生争议，应首先通过有好协商方式解决。如不能协商解决，则任何一方有权申请北京仲裁委员会依据该会受理仲裁申请时有效的仲裁规则进行裁决。”此外，白兔糖公司与周某还签订了《Bunny Drop 委托设计装修协议》，其中未单独约定仲裁条款。

法院认为，周某答辩同意白兔糖公司的请求，可知双方当事人之间就《Bunny Drop 委托设计装修协议》项下争议解决主管问题不存在任何分歧意见，双方均认可相关合同项下争议应提交至北京仲裁委员会解决，白兔糖公司并无通过司法裁判来保护和实现其自身权益的必要。鉴于就纠纷解决方式双方当事人意见一致，不存在争议，应当认定白兔糖公司就本案不具有诉的利益，本案不具备案件受理条件，依法应裁定驳回。

007. 国内仲裁协议效力存在缺陷的审理

当事人之间有明确选择仲裁解决纠纷的意思表示，但存在约定仲裁事项、仲裁机构的缺陷，法院应当放宽对仲裁协议效力的要求，尽量支持当事人选择仲裁方式解决争议的意愿，通过文字、逻辑、体系解释等方法确认仲裁协议有效。

确因缺陷无法确认仲裁协议有效时，法院可征求当事人意见，促使其在仲裁司法审查中明确仲裁事项或选择仲裁机构，并作为当事人解释或完善、补充仲裁协议内容的意思表示,在裁定中确认仲裁协议有效。

仲裁协议对仲裁事项或者仲裁委员会没有约定或者约定不明确的,当事人可以达成补充协议,法院可根据当事人达成的补充协议确认仲裁协议有效,未达成补充协议的,仲裁协议无效。

审查依据:《仲裁法》第16条、第18条

规范解读:

仲裁协议效力存在缺陷,属于瑕疵仲裁协议,现有理论认为所谓瑕疵的仲裁协议,是指具备了仲裁协议有效的一些基本条件,但因欠缺法律要求的基本内容,从而导致执行困难的仲裁协议。虽然法律上规定了仲裁协议有效的条件,但是在仲裁协议无法满足这些条件时,可能并不当然无效,因为对于有些瑕疵允许当事人进行补救。[①] 仲裁协议瑕疵主要包括以下几种:(1)仲裁协议主体瑕疵,如签订的公司名称表述不正确,公司的部门进行签字盖章,法定代表人越权等情况。(2)仲裁协议事项瑕疵,如对仲裁事项约定不明确。(3)仲裁机构约定瑕疵,仲裁机构约定不明确或错误。(4)争议解决方式约定瑕疵,约定内容可理解为或者仲裁或者诉讼。(5)仲裁规则或仲裁地点约定瑕疵,在理解上存在分歧或不确定性。

因仲裁协议存在一定的瑕疵与缺陷,也被称为"病态仲裁协议",比喻协议如同人生病一样具有可医治性。这一概念源于1974年国际商会名誉会长富莱德文章中的表述。"病态仲裁协议"中当事人虽然有选择仲裁的意愿,但因协议内容的瑕疵往往导致仲裁意愿最终落空。根据法院在仲裁司法审查中持支持和鼓励仲裁的司法理念,以及在涉及国际商事仲裁中尽量确认仲裁协议有效的原则,对于"病态仲裁协议"的处理,法院借助于对仲裁协议的"文义解释""体系解释""目的解释"等手段,探究当事人签约时解决纠纷的真实意思表示,通过法律的程序治愈出现争议的仲裁协议条款,使当事人

① 参见江伟、肖建国主编,谢文哲副主编:《仲裁法》第3版,中国人民大学出版社2016年版,第69页。

在签订合同以及仲裁协议时最为真实的意思表示得到了保证，从而补正病态仲裁协议，支持和鼓励仲裁制度发展。

典型案例：确因缺陷无法确认仲裁协议有效时，法院可征求当事人意见，或者了解签订仲裁协议意思，促使其明确仲裁事项或选择仲裁机构，以使仲裁协议有效

一、案件基本信息

案号：(2019)京04民特145号

当事人：申请人北京市康翔贸易有限公司(以下简称康翔贸易公司)与被申请人北京华鼎纪元物资有限公司(以下简称纪元物资公司)

案由：申请确认仲裁协议效力

二、诉辩争议焦点

申请人康翔贸易公司称，请求人民法院依法确认其与纪元物资公司之间的仲裁条款无效。事实和理由：2017年8月9日，康翔贸易公司与纪元物资公司签订《合同文件(格栅管、MPP管及塑合金管采购合同)》(以下简称采购合同)，合同约定双方和解不成且已超过和解期的，任何一方可采用下列第一种争议解决方式：(1)向工程所在地仲裁委员会申请仲裁。本案所涉工程所在地为北京市大兴区，但北京市大兴区并无仲裁委员会，因此仲裁条款属于仲裁地点、仲裁机构约定不明之情形，应为无效。

被申请人纪元物资公司称，请求人民法院依法驳回康翔贸易公司的申请，合同约定的争议解决方式明确。

三、法院裁判意见

法院审查查明，2017年8月9日，康翔贸易公司与纪元物资公司签订采购合同，合同编号为HDJY－BJ－XJC－2017－002，第13.1条约定："对因本合同引起或与之相关的任何争议、纠纷或权利主张，任何一方如欲通过本条第3款约定的方式解决，则必须在提起第3款约定的争议解决方式前，向对方发出书面和解申请书，并告知对方争议、纠纷或权利主张之事实及依据，在对方收到上述通知之日起3个月为双方和解期限。在和解期限内，若双方达成和解协议的，双方的权利义务按照和解协议履行；若未达成和解协议的，任何一方可采取本条第3款约定的争议解决方式。”第13.3条约定：“双方和解不成且已超过和解期的，任何一方均可采用下列第1种争议解决方式：(1)向工程所在地仲裁委员会申请仲裁；……”第1.2条约定：“工程地点：永定河北岸，北京市大兴区榆垡镇、礼贤镇和河北省廊坊市广阳区之间。”

康翔贸易公司与纪元物资公司在签订采购合同时，约定争议解决方式的意思表示为将争议提交北京仲裁委员会仲裁，但是在采购合同中未明确表述。康翔贸易公司与纪元物资公司在本院仲裁司法审查的询问中，确认了将涉采购合同争议提交北京仲裁委员会仲裁的意思表示。

法院认为，仲裁协议系当事人约定将争议提交仲裁解决的意思表示，有效的仲裁协议是实现当事人仲裁意愿的前提。根据《中华人民共和国仲裁法》第16条规定，仲裁协议应当具有下列内容：(1)请求仲裁的意思表示；(2)仲裁事项；(3)选定的仲裁委员会。本案中，康翔贸易公司与纪元物资公司所签订采购合同在第13.1条、第13.3条中明确约定，对于因该合同引起或与之相关的任何争议、纠纷或权利主张，在和解不成时提交工程所在地仲裁委员会仲裁。采购合同第1.2条约定，工程地点为永定河北岸，北京市大兴区榆垡镇、礼贤镇和河北省廊坊市广阳区之间。根据康翔贸易公司与纪元物资公司所述，双方在签订采购合同时的共同意思表示为将涉采购合同争议提交北京仲裁委员会仲裁，而且在本院仲裁司法审查的询问中明确了上述合意，故康翔贸易公司与纪元物资公司签订合同的仲裁条款有明确的仲裁意思表示、仲裁委员会、仲裁事项，符合《中华人民共和国仲裁法》规定的仲裁协议合法有效的形式要件和实质要件，应认定为合法有效，双方争议应到北京仲裁委员会仲裁。

008. 涉外仲裁协议效力的审理

对涉外仲裁协议的效力审查,法院应综合《承认及执行外国仲裁裁决公约》内容,国际商事仲裁的发展趋势,我国司法解释的规定,放宽对仲裁协议效力的要求,尽量使仲裁协议有效。确认仲裁协议有效,不仅有利于尊重当事人选择仲裁作为解决争议方式的本意,也有利于促进和支持仲裁制度的发展,为国际商事仲裁营造良好的法治环境。

(一)涉外仲裁协议效力司法审查适用法律

1.《涉外民事关系法律适用法》第18条规定:"当事人可以协议选择仲裁协议适用的法律。当事人没有选择的,适用仲裁机构所在地法律或者仲裁地法律。"

2.《最高人民法院关于审理仲裁司法审查案件若干问题的规定》第13条规定:"当事人协议选择确认涉外仲裁协议效力适用的法律,应当作出明确的意思表示,仅约定合同适用的法律,不能作为确认合同中仲裁条款效力适用的法律。"

3.《仲裁法司法解释》第16条规定:"对涉外仲裁协议的效力审查,适用当事人约定的法律;当事人没有约定适用的法律但约定了仲裁地的,适用仲裁地法律;没有约定适用的法律也没有约定仲裁地或者仲裁地约定不明的,适用法院地法律。"

4.《涉外民事关系法律适用法解释(一)》第14条规定:"当事人没有选择涉外仲裁协议适用的法律,也没有约定仲裁机构或者仲裁地,或者约定不明的,人民法院可以适用中华人民共和国法律认定该仲裁协议的效力。"

5.《最高人民法院关于审理仲裁司法审查案件若干问题的规定》第14条规定:"人民法院根据《中华人民共和国涉外民事关系法律适用法》第十八条的规定,确定确认涉外仲裁协议效力适用的法律时,当事人没有选择适用的法律,适用仲裁机构所在地的法律与适用仲裁地的法律将对仲裁协议的效力作出不同认定的,人民法院应当适用确认仲裁协议有效的法律。”

6.《最高人民法院关于审理仲裁司法审查案件若干问题的规定》第15条规定:“仲裁协议未约定仲裁机构和仲裁地,但根据仲裁协议约定适用的仲裁规则可以确定仲裁机构或者仲裁地的,应当认定其为《中华人民共和国涉外民事关系法律适用法》第十八条中规定的仲裁机构或者仲裁地。”

(二)涉外仲裁协议效力司法审查规则

1. 对涉外仲裁协议的效力审查,当事人明确约定仲裁协议适用的法律,适用当事人约定的法律。当事人协议选择确认涉外仲裁协议效力适用的法律,应当作出明确的意思表示,仅约定合同适用的法律,不能作为确认合同中仲裁条款效力适用的法律。

2. 对涉外仲裁协议的效力审查,当事人没有约定选择的仲裁协议适用法律的,依《涉外民事关系法律适用法》第18条规定,适用仲裁机构所在地法律或者仲裁地法律。

3. 对涉外仲裁协议的效力审查,当事人没有约定适用的法律但约定了仲裁地的,适用仲裁地法律。

4. 仲裁协议未约定仲裁机构和仲裁地,但根据仲裁协议约定适用的仲裁规则可以确定仲裁机构或者仲裁地的,应当认定其为《涉外民事关系法律适用法》第18条中规定的仲裁机构或者仲裁地。

5. 对涉外仲裁协议的效力审查,当事人没有约定适用的法律也没有约定仲裁地或者仲裁地约定不明的,适用法院地法律。

6. 当事人对仲裁协议适用法律约定不明确,或者对仲裁地约定不明确的,审查仲裁协议文字内容,综合对仲裁机构、仲裁地等适用法律相关因素予以合理解释,同时可询问了解当事人签订协议时的真实意思表示,以明确仲裁协议适用法律,经过解释与询问仍然无法明确的视为没有约定适用法律、没有约定仲裁地。

7. 对涉外仲裁协议的效力审查，当事人没有选择适用的法律，适用仲裁机构所在地的法律与适用仲裁地的法律将对仲裁协议的效力作出不同认定的，人民法院应当适用确认仲裁协议有效的法律。

8. 对涉外仲裁协议的效力审查，不以有明确的仲裁机构作为认定仲裁协议有效的条件，在认定仲裁协议有效情况下，选择何种方式仲裁，如何选定仲裁机构，不属于仲裁协议效力的司法审查范围。

审查依据：《承认及执行外国仲裁裁决公约》；《涉外民事关系法律适用法》第 18 条；《仲裁法司法解释》第 16 条；《最高人民法院关于审理仲裁司法审查案件若干问题的规定》第 13 ~ 15 条

规范解读：

审查涉外仲裁协议效力涉及涉外民事关系法律适用问题。《涉外民事关系的法律适用法》是规定一个具有涉外因素的法律关系中，涉及几个相互冲突的法律体系时，从中选择适用最合适的国家的法律作为解决纠纷的准据法。[①] 仲裁协议是仲裁的基石，仲裁协议的有效性问题至关重要，因各国法律对仲裁协议有效要件的规定不同，适用不同国家的法律可能会就有效性问题得出不同结论。仲裁协议的法律适用直接关系到仲裁协议效力的认定。仲裁协议法律适用是司法实践中面临的重要问题，在上述规范意见中，我们对涉外仲裁协议效力适用法律进行全面梳理罗列，并依据法律推导出相应的裁判规则，这种理解是建立在现有法律规范基础上进行的体系性适用理解。为方便理解，我们将上述规范意见进一步作如下体系分析，特别提示存在确定适法律用上的先后顺位关系：

涉外仲裁协议效力司法审查规则 1：

对涉外仲裁协议的效力审查，当事人明确协议选择仲裁协议适用的法律，适用当事人约定的法律。当事人协议选择确认涉外仲裁协议效力适用

① 参见万鄂湘主编，刘贵祥执行主编，最高人民法院民事审判第四庭编著：《中华人民共和国涉外民事关系法律适用法条文理解与适用》，中国法制出版社 2011 年版，第 14 页。

的法律，应当作出明确的意思表示，仅约定合同适用的法律，不能作为确认合同中仲裁条款效力适用的法律。

2005 年《仲裁法司法解释》第 16 条规定："对涉外仲裁协议的效力审查，适用当事人约定的法律。"这是多年审判实践经验的总结，与各国普遍奉行仲裁协议法律适用的当事人意思自治原则相一致。《涉外民事关系法律适用法》第 18 条规定："当事人可以协议选择仲裁协议适用的法律。"根据该法条规定，在确认仲裁协议效力时，当事人约定了仲裁协议的准据法，首先应适用当事人约定的法律，这是仲裁协议的契约性所决定的，也是当事人意思自治原则的体现。在此需要注意仲裁协议准据法和主合同准据法的区别。仲裁协议无论是单独订立的协议，或是主合同的一项条款，均独立于合同存在，因此当事人在合同中约定的适用于解决合同争议的准据法，并不当然认定为当事人约定的仲裁协议准据法。对此，应根据《最高人民法院关于审理仲裁司法审查案件若干问题的规定》第 13 条规定进行认定，该法条规定："当事人协议选择确认涉外仲裁协议效力适用的法律，应当作出明确的意思表示，仅约定合同适用的法律，不能作为确认合同中仲裁条款效力适用的法律。"

涉外仲裁协议效力司法审查规则 2：

对涉外仲裁协议的效力审查，当事人没有约定选择仲裁协议适用法律的，依《涉外民事关系法律适用法》第 18 条规定，适用仲裁机构所在地法律或者仲裁地法律。

仲裁机构所在地或仲裁地法的选择适用是第二顺序的适用原则，仅在当事人不能就仲裁协议适用法律达成一致意见时才予以适用，因此应当由法院直接认定。在当事人未约定仲裁协议法律适用的情况下，仲裁机构所在地法律与仲裁地法律并列作为仲裁协议法律适用的选择。规定适用仲裁机构所在地法律，在国际上尚无先例，我国《涉外民事关系法律适用法》的立法本意在于，考虑可能有当事人既未约定仲裁协议的法律适用，也未约定仲裁地，但约定了仲裁机构，而案涉的仲裁机构所在地与仲裁地并非一致。在适用仲裁地法律方面,《承认及执行外国仲裁裁决公约》《巴拿马公约》《欧洲国际商事仲裁公约》中均使用了“裁决地”的概念,没有使用“仲裁地”,但通说认为,裁决地与仲裁地是一致的,在联合国国际贸易法委员会的《联合国国际商事仲裁示范法》中在把仲裁协议无效作为裁决撤销理由时规定,如果仲裁协议未订明适用的法律,则根据仲裁地法律确定其效力。

有观点认为,《涉外民事法律关系法律适用法》中适用仲裁机构所在地法律与仲裁地法律并列,在顺序上仲裁机构所在地法律位于仲裁地法律之前,因此在实践中一旦发生冲突或者解释上的选择时,应优先适用仲裁机构所在地法律。对此,另有观点认为,从国际商事仲裁的发展与实际情况来看,仲裁机构所在地与仲裁地分离的现象较为常见。仲裁地是与仲裁协议有最密切联系的地点,适用仲裁地法判断仲裁协议的效力以及决定仲裁应适用的程序法,为国际商事仲裁立法及实践所普遍认同。当事人约定的仲裁地与仲裁机构所在地不同时,例如,约定提交某仲裁机构仲裁,仲裁应在某国进行,则应视为明确选择了仲裁地,法院可以优先选择适用仲裁地法。我们支持第二种观点,但这是在选择仲裁机构所在地法律或者是选择仲裁地法律对效力的认定是一致的情况下,即无论如何选择均是有效或是无效。如果选择其中一种是有效,则优先选择能够确认仲裁协议效力有效的法律,具体内容将在下文“尽量使仲裁协议有效的法律适用”中论述。从现有司法解释建立的规则体系分析,《仲裁法司法解释》第16条的规定:“当事人没有约定适用的法律但约定了仲裁地的,适用仲裁地法律。”因此在当事人未约定仲裁协议适用法律且仲裁机构所在地与仲裁地不一致时,优先适用仲裁地法律,当然仲裁协议有效优先适用情况下除外。

涉外仲裁协议效力司法审查规则3:

对涉外仲裁协议的效力审查,当事人没有约定适用的法律但约定了仲裁地的,适用仲裁地法律。

我国现有涉外仲裁协议效力适用法律规则中,首先是依当事人约定的法律,其次在当事人没有约定适用法律时,可适用仲裁地和仲裁机构所在地法律，但如果此时当事人约定了仲裁地，则优先适用仲裁地法律。依据《仲裁法司法解释》第 16 条的规定："对涉外仲裁协议的效力审查，适用当事人约定的法律；当事人没有约定适用的法律但约定了仲裁地的，适用仲裁地法律。"

在国际商事仲裁的理论与实践中，"仲裁地"一词具有两种含义：第一是地理意义的仲裁地，即仲裁程序实际发生的地点；第二是法律意义的仲裁地，即在仲裁和特定的法律制度之间建立联系的地点。往往地理意义与法律意义的仲裁地是一致的，比如，当事人约定的仲裁规则确定了法律意义上的仲裁地，而仲裁庭也在该地依仲裁程序进行仲裁。而当事人约定的仲裁规则所确定的法律意义上的仲裁地，与约定进行仲裁的地点可能不同。如当事人约定"仲裁在某地进行"或者"仲裁程序在某地进行"，此时可认定为当事人约定了法律意义上的仲裁地，但如果当事人约定仲裁程序可以在两个或两个以上的国家进行，则系当事人约定了地理意义上的仲裁地，未约定法律意义的仲裁地，而如果所指向的仲裁机构规则明确了法律意义的仲裁地，则会产生不同的"仲裁地"。在认定仲裁地时，实践中通常首先询问当事人真实意思表示和双方签订合同时的相关证据，并结合协议文字解释作为认定仲裁地的依据，其次在各方存在争议又无法通过其他证据作出判断时，一般以法律意义上的仲裁地来认定仲裁协议适用法律。

涉外仲裁协议效力司法审查规则 4：

仲裁协议未约定仲裁机构和仲裁地，但根据仲裁协议约定适用的仲裁规则可以确定仲裁机构或者仲裁地的，应当认定其为《涉外民事关系法律适用法》第 18 条中规定的仲裁机构或者仲裁地。

在仲裁协议未约定仲裁协议效力适用法律，也没有对仲裁地或者仲裁机构进行约定时，若从仲裁规则可以确定仲裁机构或者仲裁地，司法解释规定可以推定适用仲裁机构地法律或者仲裁地法律。上述规则的建立最初源于 2005 年最高人民法院公布的《第二次全国涉外商事海事审判工作会议纪要》第 62 条的规定："仲裁协议仅约定纠纷适用的仲裁规则的，视为未约定仲裁机构，但当事人达成补充协议或者按照约定的仲裁规则能够确定仲裁机构的除外。”现在依据2018年实施的《最高人民法院关于审理仲裁司法审查案件若干问题的规定》第15条规定：“仲裁协议未约定仲裁机构和仲裁地，但根据仲裁协议约定适用的仲裁规则可以确定仲裁机构或者仲裁地的，应当认定其为《中华人民共和国涉外民事关系法律适用法》第十八条中规定的仲裁机构或者仲裁地。”

涉外仲裁协议效力司法审查规则5：

对涉外仲裁协议的效力审查，当事人没有约定适用的法律也没有约定仲裁地或者仲裁地约定不明的，适用法院地法律。

涉外仲裁协议效力司法审查规则6：

当事人对仲裁协议适用法律约定不明确，或者对仲裁地约定不明确的，审查仲裁协议文字内容，综合对仲裁机构、仲裁地等适用法律相关因素予以合理解释，同时可询问了解当事人签订协议时的真实意思表示，以明确仲裁协议适用法律，经过解释与询问仍然无法明确的视为没有约定适用法律、没有约定仲裁地。

根据现有法律和司法解释规定，仲裁协议适用法律依顺序为当事人选择的法律、仲裁地法律或仲裁机构所在地法律、法院地法院。其中法院在对当事人之间签订的仲裁协议进行审查时，若遇到约定不明的情况，往往为尊重当事人选择仲裁和支持仲裁发展的理念，通过文义解释、目的解释、体系解释等方式，确定仲裁协议效力适用法律。在确实无法认定，也无法在当事人之间达成补充协议时，法院地法律将作为兜底性安排予以适用。

对此，《第二次全国涉外商事海事审判工作会议纪要》第58条规定：“当事人在合同中约定的适用于解决合同争议的准据法，不能用来确定涉外仲裁条款的效力。当事人在合同中明确约定了仲裁条款效力的准据法的，应当适用当事人明确约定的法律；未约定仲裁条款效力的准据法但约定了仲裁地的，应当适用仲裁地国家或者地区的法律。只有在当事人未约定仲裁条款效力的准据法亦未约定仲裁地或者仲裁地约定不明的情况下，才能适用法院地法即我国法律作为确认仲裁条款效力的准据法。”

2010年颁布的《涉外民事关系法律适用法》第18条没有明确排除法院地法的适用，也没有规定在当事人既没有约定仲裁协议准据法也没有明确约定仲裁机构和仲裁地时，如何确定仲裁协议效力应适用的准据法。基于仲裁协议程序性契约的属性，适用法院地法作为确认仲裁协议效力的准据法，有其合理性和必要性。因此《仲裁法司法解释》第16条关于法院地法的适用规定，在实践中作为《涉外民事关系法律适用法》第18条的补充适用原则。《仲裁法司法解释》第16条规定：“没有约定适用的法律也没有约定仲裁地或者仲裁地约定不明的，适用法院地法律。”而《涉外民事关系法律适用法》第18条和《仲裁法司法解释》第16条的适用关系，需通过司法解释予以规定，即应依据《涉外民事关系法律适用法解释(一)》第14条规定：“当事人没有选择涉外仲裁协议适用的法律，也没有约定仲裁机构或者仲裁地，或者约定不明的，人民法院可以适用中华人民共和国法律认定该仲裁协议的效力。”

涉外仲裁协议效力司法审查规则7：

对涉外仲裁协议的效力审查，当事人没有选择适用的法律，适用仲裁机构所在地的法律与适用仲裁地的法律将对仲裁协议的效力作出不同认定的，人民法院应当适用确认仲裁协议有效的法律。

涉外仲裁协议效力司法审查规则8：

对涉外仲裁协议的效力审查，不以有明确的仲裁机构作为认定仲裁协议有效的条件，在认定仲裁协议有效情况下，选择何种方式仲裁，如何选定仲裁机构，不属于仲裁协议效力的司法审查范围。

尽量使仲裁协议有效的原则，既体现在《承认及执行外国仲裁裁决公约》中，也体现在最高人民法院颁布的司法解释中，而且在2018年新颁布实施的司法解释中得以明确。根据《最高人民法院关于审理仲裁司法审查案件若干问题的规定》第14条规定：“人民法院根据《中华人民共和国涉外民事关系法律适用法》第十八条的规定，确定确认涉外仲裁协议效力适用的法律时,当事人没有选择适用的法律,适用仲裁机构所在地的法律与适用仲裁地的法律将对仲裁协议的效力作出不同认定的,人民法院应当适用确认仲裁协议有效的法律。”上述规定在适用仲裁机构所在地法律与适用仲裁地法律对仲裁协议效力产生不同认定的情况下,选择适用使仲裁协议有效的法律作为准据法,就体现了法院在仲裁司法审查中支持仲裁协议有效的原则。从《承认及执行外国仲裁裁决的公约》内容、国际商事仲裁的发展趋势到我国司法解释的规定分析,放宽对仲裁协议的效力要求,尽量使仲裁协议有效,不仅有利于尊重当事人选择仲裁作为解决争议方式的本意,也有利于促进和支持仲裁制度的发展,为国际商事仲裁营造良好的法治环境。在涉外仲裁协议效力审查的司法实践中,有的当事人提出仲裁协议没有明确约定仲裁机构,所以不应认定仲裁协议有效。我们认为,在适用相应法律认定仲裁协议有效情况下,可能该国法律并不以没有明确仲裁机构作为认定效力的条件,因此选择何种方式仲裁,如何选定仲裁机构,不属于上述情况下涉外仲裁协议效力的司法审查范围。

典型案例:选择适用使仲裁协议有效的法律作为准据法,有利于尊重当事人选择仲裁作为解决争议方式的本意

一、案件基本信息

案号:(2017)京04民特26号

当事人:申请人中轻三联国际贸易有限公司(以下简称中轻三联)与被申请人塔塔国际金属(亚洲)有限公司(以下简称塔塔公司)

案由:申请确认仲裁协议效力

二、诉辩争议焦点

中轻三联称,(1)请求确认中轻三联与塔塔公司于2015年3月27日签订的CLTATA150327－1号《销售合同》(SALES CONTRACT)项下第17条(即“仲裁条款”)无效;(2)判令本案案件受理费用及委托送达发生的费用(如有)由塔塔公司承担。事实与理由:(1)中轻三联并非《销售合同》的当事人,不应受“仲裁条款”约束。中轻三联与天津麦哲思国际贸易有限公司(以下简称天津麦哲思)签订《代理出口协议书》,天津麦哲思委托中轻三联代理出口前者自接订单,中轻三联根据天津麦哲思授权与第三方签订的有关合约直接约束天津麦哲思和第三方。天津麦哲思与塔塔公司经多次协商确定《销售合同》文本并商定由中轻三联作为天津麦哲思代理人与塔塔公司签订《销售合同》。根据《中华人民共和国合同法》第402条规定,本案《销售合同》已在天津麦哲思和塔塔公司之间发生法律效力,中轻三联作为代理人已不再具有《销售合同》当事人主体资格,也当然不再受《销售合同》项下仲裁条款约束。(2)本案《销售合同》项下“仲裁条款”本身亦属于无效仲裁协议。由于塔塔公司为在香港特别行政区注册的公司,根据《最高人民法院关于适用〈中华人民共和国涉外民事关系法律适用法〉若干问题的解释(一)》(以下简称《解释(一)》)第19条之规定,本案仲裁协议效力认定的准据法应参照适用前述《解释(一)》确定。中轻三联与塔塔公司在仲裁条款中既未涉及仲裁条款适用法律的选择,也未约定仲裁地,约定的仲裁机构也因名称错误而无法确定。因此,根据前述《解释(一)》第14条之规定,本案应适用中华人民共和国法律认定该仲裁协议的效力。本案“仲裁条款”中约定仲裁机构名称错误,且新加坡国内存在包括新加坡国际仲裁中心、新加坡海事仲裁院等多家仲裁机构,致使依据现有“仲裁条款”无法确定仲裁机构。根据《中华人民共和国仲裁法》第18条以及《最高人民法院关于适用〈中华人民共和国仲裁法〉若干问题的解释》第3条规定,本案“仲裁条款”因仲裁机构不明确而属无效仲裁协议。

塔塔公司称,(1)根据中国法律规定,本案应适用新加坡法律判断仲裁协议效力。①根据《最高人民法院关于适用〈中华人民共和国仲裁法〉若干问题的解释》第3条的规定,仲裁协议约定的仲裁机构名称不准确,但能够确定具体仲裁机构的,应当认定选定了仲裁机构。《中华人民共和国涉外民事关系法律适用法》第 18 条规定，当事人可以协议选择仲裁协议适用的法律；当事人没有选择的，适用仲裁机构所在地法律或者仲裁地法律。《解释（一）》第 14 条规定，当事人没有选择涉外仲裁协议适用的法律，也没有约定仲裁机构或者仲裁地，或者约定不明的，人民法院可以适用中华人民共和国法律认定该仲裁协议的效力。根据以上法律及司法解释的规定，在当事人没有选择涉外仲裁协议适用法律的情况下，人民法院一旦可以确认仲裁协议当事人约定的仲裁机构，或当事人约定的仲裁地，则应当适用该仲裁机构或仲裁地的法律判断仲裁协议的效力，而非直接适用中华人民共和国法律判断。并且，根据司法解释的要求，即便当事人没有约定仲裁机构或者仲裁地，或者约定不明，人民法院也是“可以”适用中华人民共和国法律认定该仲裁协议的效力，而非“必须”适用。在此情况下，人民法院应当根据《中华人民共和国涉外民事关系法律适用法》第 2 条的原则性要求，适用与该涉外民事关系有最密切联系的法律。②本案中仲裁机构所在地为新加坡。本案中，《销售合同》中仲裁条款中文译文为：“凡因执行本合约或与本合约有关的发生的一切争议应由合约双方友好协商解决。如果不能协商解决，应提交新加坡国际贸易仲裁委员会按照美国的仲裁规则进行仲裁，仲裁裁决是终决的，对双方都有约束力。”新加坡国际仲裁中心受理后，中轻三联在仲裁程序中提交了对《仲裁通知书》的答辩，中轻三联对仲裁条款应当如何理解的问题作出如下解释：“因为被中轻三联错误（但合理）地认为存在一家仲裁机构名叫‘新加坡国际经济贸易仲裁委员会’，其类似于‘中国国际经济贸易仲裁委员会’或是隶属于‘中国国际经济贸易仲裁委员会’”。结合中轻三联在其答辩表述中对“中国”“新加坡”的区分，可以得知中轻三联对于约定的仲裁机构具有明确的国籍和地理概念区分，即这是一家新加坡的仲裁机构，而非一家中国的仲裁机构。基于此，可以得知双方已约定本案仲裁机构所在地为新加坡。根据我国相关法律、司法解释及审判实务，人民法院在判断“仲裁机构所在地”时，并不要求当事人在仲裁协议中约定具体的仲裁机构。本案所涉仲裁条款，表达了双方当事人的仲裁意愿，且符合书面形式的要求，因而该仲裁条款有效。鉴于双方已经对案涉仲裁机构的国籍和地理位置约定为新加坡，应当认定案涉仲裁机构的所在地为新加坡。因此，人民法院应按照新加坡法律判断该仲裁协议的效力。③本案仲裁地为新加坡。鉴于双方已约定仲裁机构所在地为新加坡，而未约定仲裁应当在新加坡以外的国家或地区进行，应认定本案仲裁地已约定为新加坡。因此，人民法院应认定本案的仲裁地为新加坡。(2)仲裁庭已就仲裁机构、仲裁地等问题作出认定，可得知案涉仲裁协议有效。本案双方已在新加坡国际仲裁中心仲裁程序中就管辖权问题各自提交大量书面意见。仲裁庭于2017年10月5日就管辖权问题进行了庭审，双方陈述了各自意见并进行了辩论。本案在新加坡国际仲裁中心的仲裁庭(独任仲裁员)已于2017年11月26日在其《关于仲裁中轻三联申请强制令/中间措施的决定》中作出强制令，认定仲裁庭对案涉仲裁具有管辖权，因此禁止中轻三联继续进行在北京市第四中级人民法院的确认仲裁协议效力之诉。2017年12月3日，仲裁庭作出了《关于先决问题的决定》，结合案件事实、相关法律、双方提交新加坡国际仲裁中心的大量书面意见及庭审发言，以最密切联系原则认定《销售合同》第17条中约定的仲裁协议应适用中国法，并认定仲裁协议中约定的仲裁机构为新加坡国际仲裁中心及仲裁地为新加坡。同日，仲裁庭作出《程序令第三号》，再次命令中轻三联不得继续进行在北京市第四中级人民法院的确认仲裁协议效力之诉。鉴于仲裁庭已经对仲裁机构和仲裁地作出了明确的事实认定，根据我国法律关于仲裁协议适用法律的规定，本案仲裁协议的有效性应适用仲裁机构所在地或仲裁地法，即新加坡法进行判断。仲裁庭已决定其对本案有管辖权，认定仲裁协议有效。(3)即便人民法院认定双方未约定仲裁机构，仲裁协议依然有效。理由为，本案仲裁地为新加坡，因此根据《中华人民共和国涉外民事关系法律适用法》应适用新加坡法律认定仲裁协议效力。新加坡法律不要求双方约定仲裁机构,而允许临时仲裁。因此,即便人民法院认定双方未约定仲裁机构,涉案仲裁协议依然为有效的临时仲裁协议。(4)关于中轻三联是否为《销售合同》的当事人,是否受其仲裁条款的约束。塔塔公司不同意中轻三联的观点,理由包括:①中轻三联是《销售合同》显示的卖方当事人,并在《销售合同》上签章,应受其中仲裁条款的约束。②中轻三联依据《中华人民共和国合同法》主张其不受仲裁条款约束,但中国的法律法规没有规定仲裁协议的一方当事人可以通过代理关系解脱仲裁协议当事人的身份,而使一个并未签署仲裁协议的当事人成为仲裁协议的当事人。中轻三联的主张缺乏法律和事实依据。

三、法院裁判意见

法院审查查明:2015 年 3 月,中轻三联和塔塔公司签署了涉案《销售合同》,《销售合同》第 17 条中文译文为:“凡因执行本合约或与本合约有关的发生的一切争议应由合约双方友好协商解决。如果不能协商解决,应提交新加坡国际贸易仲裁委员会按照美国的仲裁规则进行仲裁,仲裁裁决是终决的,对双方都有约束力。”2016 年 8 月,塔塔公司依据《销售合同》中上述仲裁条款向新加坡国际仲裁中心提起仲裁。2016 年 9 月 22 日,新加坡国际仲裁中心正式受理由塔塔公司提起的仲裁申请。2016 年 9 月 28 日,新加坡国际仲裁中心向双方当事人发出确认受理通知。2017 年 5 月 5 日,中轻三联向本院提起本案申请。为查明新加坡的相关法律,塔塔公司向本院提交由北京译灵通翻译有限公司翻译的《塔塔国际金属(亚洲)有限公司与中轻三联国际贸易有限公司案关于新加坡法律项下仲裁协议效力问题的法律专家意见》,其中涉及仲裁协议效力有以下主要内容:“就新加坡法律项下如下问题出具意见:新加坡法院如何评估以及裁定仲裁协议的效力问题,尤其是在仲裁协议约定了一家不存在的仲裁机构的情形下。”“我理解双方就该问题意见是一致的,即不存在一家叫作

'SINGAPORE INTERNATIONAL ECONOMIC AND TRADE ARBITRATION COMMISSION'的机构。类似的,我本人也不知道存在这样一家仲裁机构。""新加坡法院用以判断仲裁协议效力的一个关键检验标准可被有效地归纳为:案涉仲裁协议在恰当地解释下,是否含有当事人仲裁的明确意思表示。""换种方式而言,在新加坡法律下,只要当事人仲裁的意思表示在仲裁协议中是明确的,没有约定仲裁机构的临时仲裁协议也可以是有效并被支持的。在新加坡法下,只要当事人仲裁的意思表示在仲裁协议中是明确的,一个包含不存在的或模糊的仲裁机构的仲裁协议也可以是有效的且被支持的。"该意见中就新加坡上诉法院仲裁协议解释遵循原则进行表述,并例举相关确认效力的案例。

法院认为,本案被申请人塔塔公司系在香港特别行政区注册成立的企业法人,依据《最高人民法院关于适用〈中华人民共和国民事诉讼法〉的解释》第551条规定:"人民法院审理涉及香港、澳门特别行政区和台湾地区的民事诉讼案件,可以参照适用涉外民事诉讼程序的特别规定。"故本案参照适用涉外民事诉讼程序的特别规定进行审查。本案属于涉外仲裁协议效力认定,对涉外仲裁协议效力审查,应按照《中华人民共和国涉外民事关系法律适用法》第18条规定,"当事人可以协议选择仲裁协议适用的法律。当事人没有选择的,适用仲裁机构所在地法律或者仲裁地法律",以及《最高人民法院关于适用〈中华人民共和国仲裁法〉若干问题的解释》第16条的规定,"对涉外仲裁协议的效力审查,适用当事人约定的法律;当事人没有约定适用的法律但约定了仲裁地的,适用仲裁地法律;没有约定适用的法律也没有约定仲裁地或者仲裁地约定不明的,适用法院地法律",确定本案适用的准据法。本案中,当事人没有约定对涉外仲裁协议的效力审查所适用的法律,故应优先适用仲裁机构所在地法律或者仲裁地法律。案件涉及的《销售合同》第17条约定:"凡因执行本合约或与本合约有关的发生的一切争议应由合约双方友好协商解决。如果不能协商解决,应提交新加坡国际贸易仲裁委员会按照美国的仲裁规则进行仲裁,仲裁裁决是终决的,对双方都有约束力。”当事人在上述合同中明确作出提交新加坡国际贸易仲裁委员会的意思表示,虽然在表述上新加坡国际贸易仲裁委员会并非新加坡任何一家仲裁机构的明确具体名称,因约定的名称错误导致无法对仲裁机构确切认定,但根据约定内容可以认定当事人有明确选择仲裁的意思表示,并且可以推定为当事人认可在新加坡法律框架内进行仲裁。依据《中华人民共和国涉外民事关系法律适用法》及相关司法解释的规定和当事人仲裁条款约定内容,本院认为仲裁地应认定为新加坡,确定本案仲裁协议效力所应适用的准据法为新加坡法。根据查明的新加坡法律的规定,本仲裁协议可以认定有效。在仲裁协议有效情况下,如何进行仲裁,如何理解和判断仲裁机构的选定,则不属于本案仲裁协议效力的司法审查范围。尽量使仲裁协议有效的原则,既体现在《承认及执行外国仲裁裁决公约》中,也体现在最高人民法院颁布的司法解释中,而且在新颁布实施的司法解释中得以明确。根据《最高人民法院关于审理仲裁司法审查案件若干问题的规定》第14条规定:“人民法院根据《中华人民共和国涉外民事关系法律适用法》第十八条的规定,确定确认涉外仲裁协议效力适用的法律时,当事人没有选择适用的法律,适用仲裁机构所在地的法律与适用仲裁地的法律将对仲裁协议的效力作出不同认定的,人民法院应当适用确认仲裁协议有效的法律。”上述规定在适用仲裁机构所在地法律与适用仲裁地法律对仲裁协议效力产生不同认定的情况下,选择适用使仲裁协议有效的法律作为准据法,就体现了法院在仲裁司法审查中支持仲裁协议有效的原则。从《承认及执行外国仲裁裁决公约》内容、国际商事仲裁的发展趋势到我国司法解释的规定分析,放宽对仲裁协议效力要求,尽量使仲裁协议有效,不仅有利于尊重当事人选择仲裁作为解决争议方式的本意,也有利于促进和支持仲裁的发展,为国际商事仲裁营造良好的法治环境。根据法院在仲裁司法审查中持支持和鼓励仲裁的司法理念，以及在涉及国际商事仲裁中尽量确认仲裁协议有效的原则，并结合上述涉及仲裁协议效力法律适用的分析，本院认定涉案的仲裁协议有效。

另外，中轻三联主张其并非《销售合同》的当事人，其不应受“仲裁条款”的约束。经查，本案所涉《销售合同》的签订主体确为中轻三联和塔塔公司，双方当事人对合同上签章均无异议。中轻三联如认为《销售合同》项下权利义务的实际承担人应为案外人，该主张是否成立应在案件进入实体审理后再予以审查，不属于本案审查范围。综上，依照《中华人民共和国涉外民事关系法律适用法》第18条、《最高人民法院关于适用〈中华人民共和国仲裁法〉若干问题的解释》第16条、《最高人民法院关于适用〈中华人民共和国民事诉讼法〉的解释》第551条之规定，裁定如下：驳回中轻三联国际贸易有限公司的申请。

009. 将无涉外因素的纠纷提交域外仲裁的效力认定

9.1 不具有涉外因素的争议由境外仲裁机构或者境外临时仲裁无效

最高人民法院民四庭编写的《关于涉外商事海事审判实务问题解答（一）》第83条规定，国内当事人将其不具有涉外因素的合同或者财产权益纠纷约定提请外国仲裁的，仲裁协议是否有效？根据《民事诉讼法》第271条和《仲裁法》第65条的规定，涉外经济贸易、运输、海事中发生的纠纷，当事人可以通过订立合同中的仲裁条款或者事后达成的书面仲裁协议，提交我国仲裁机构或者其他仲裁机构仲裁。但法律并未允许国内当事人将其不具有涉外因素的争议提请外国仲裁。因此，如果国内当事人将其不具有涉外因素的合同或者财产权益纠纷约定提请外国仲裁机构仲裁或者在外国进行临时仲裁的，人民法院应认定有关仲裁协议无效。

最高人民法院2012年8月31日作出的《关于江苏航天万源风电设备

制造有限公司与艾尔姆风能叶片制品(天津)有限公司申请确认仲裁协议效力纠纷一案的请示的复函》[(2012)民四他字第2号]中确认:“由于仲裁管辖权系法律授予的权力,而中国法律没有规定当事人可以将不具有涉外因素的争议交由境外仲裁机构或者在中国境外临时仲裁,故本案当事人约定将有关争议提交国际商会仲裁没有法律依据。”

根据我国法律,如《民事诉讼法》第271条等规定,当事人只能将含涉外因素的纠纷提交域外仲裁。我国法律未授权当事人将不具有涉外因素的争议交由境外仲裁机构或者在我国境外临时仲裁。

9.2 《最高人民法院关于为自由贸易试验区建设提供司法保障的意见》第9条规定了上述原则的例外情形

《最高人民法院关于为自由贸易试验区建设提供司法保障的意见》要求正确认定仲裁协议效力,规范仲裁案件的司法审查。在自贸试验区内注册的外商独资企业相互之间约定将商事争议提交域外仲裁的,不应仅以其争议不具有涉外因素为由认定相关仲裁协议无效。

一方或者双方均为在自贸试验区内注册的外商投资企业,约定将商事争议提交域外仲裁,发生纠纷后,当事人将争议提交域外仲裁,相关裁决作出后,其又以仲裁协议无效为由主张拒绝承认、认可或执行的,人民法院不予支持;另一方当事人在仲裁程序中未对仲裁协议效力提出异议,相关裁决作出后,又以有关争议不具有涉外因素为由主张仲裁协议无效,并以此主张拒绝承认、认可或执行的,人民法院不予支持。

在自贸试验区内注册的企业相互之间约定在内地特定地点、按照特定仲裁规则、由特定人员对有关争议进行仲裁的,可以认定该仲裁协议有效。人民法院认为该仲裁协议无效的,应报请上一级法院进行审查。上级法院同意下级法院意见的,应将其审查意见层报最高人民法院,待最高人民法院答复后作出裁定。

9.3 《最高人民法院关于西门子国际贸易(上海)有限公司申请承认与执行外国仲裁裁决一案的请示的复函》

你院(2013)沪高民认(外仲)字第1号《关于申请人西门子国际贸易(上海)有限公司与被申请人上海黄金置地有限公司承认和执行外国仲裁裁决一案的请示》收悉。经研究,答复如下:

根据请示反映的事实,本案申请人西门子国际贸易(上海)有限公司与被申请人上海黄金置地有限公司均为中国法人,双方订立的《货物供应合同》虽不具有典型的涉外因素,但本案属于涉自贸区案件,双方当事人均为外资独资子公司,上海黄金置地有限公司作为仲裁案件的申请人提起仲裁程序后,西门子国际贸易(上海)有限公司在提出管辖权异议并被仲裁庭驳回后又提出了反请求,双方均实际参与了全部仲裁程序,上海黄金置地有限公司也在仲裁裁决做出后部分履行了仲裁裁决确定的义务。为贯彻《最高人民法院关于人民法院为"一带一路"建设提供司法保障的若干意见》中提出的"促进国际商事海事仲裁在'一带一路'建设中发挥重要作用"的要求,本着支持自贸区法治建设可先行先试的精神,综合考虑本案实际情况,同时,结合禁止反言、诚实信用和公平合理等公认的法律原则,可以认定本案仲裁协议符合《最高人民法院关于适用〈中华人民共和国涉外民事关系法律适用法〉若干问题的解释(一)》第1条第5项规定,"可以认定为涉外民事关系的其他情形"。此外,并无证据证明承认与执行该仲裁裁决将违反我国公共政策。故本案仲裁裁决不存在我国参加的1958年《承认与执行外国仲裁裁决公约》第5条规定之情形,应予承认与执行。

审查依据:《仲裁法》第3条、第17条;《民事诉讼法》第271条;《最高人民法院《关于江苏航天万源风电设备制造有限公司与艾尔姆风能叶片制品(天津)有限公司申请确认仲裁协议效力纠纷一案的请示的复函》[(2012)民四他字第2号];《最高人民法院关于为自由贸易试验区建设提供司法保障的意见》;《最高人民法院关于西门子国际贸易(上海)有限公司申请承认与执行外国仲裁裁决一案的请示的复函》[(2015)民四他字第5号]

规范解读(9.1、9.2、9.3):

我国《仲裁法》的立法采取双轨制模式,将商事仲裁分为国内商事仲裁和涉外商事仲裁。在《仲裁法》和《民事诉讼法》中都对涉外仲裁有专门的规定。关于涉外仲裁或者国际商事仲裁,一般将其定义为"含有涉外因素或国际因素的仲裁"[①],也有部分学者根据其主要解决的争议类型将其定义为"当事人依据仲裁协议将涉外经济贸易、运输和海事中发生的纠纷提交仲裁机构进行审理并作出裁决的制度"[②]将无涉外因素的纠纷提交域外仲裁的效力认定,涉及我国对国内仲裁与涉外仲裁所坚持的管辖原则。

根据《民事诉讼法》第271条的规定,当事人只能将含涉外因素的纠纷提交域外仲裁。我国法律未授权当事人将不具有涉外因素的争议交由境外仲裁机构或者在我国境外临时仲裁。最高人民法院民事审判第四庭编写的《涉外商事海事审判实务问题解答(一)》第83条规定:"国内当事人将其不具有涉外因素的合同或者财产权益纠纷约定提请外国仲裁的,仲裁协议是否有效?答:根据《民事诉讼法》第257条和《仲裁法》第65条的规定,涉外经济贸易、运输、海事中发生的纠纷,当事人可以通过订立合同中的仲裁条款或者事后达成的书面仲裁协议,提交我国仲裁机构或者其他仲裁机构仲裁。但法律并未允许国内当事人将其不具有涉外因素的争议提请外国仲裁。因此,如果国内当事人将其不具有涉外因素的合同或者财产权益纠纷约定提请外国仲裁机构仲裁或者在外国进行临时仲裁的,人民法院应认定有关仲裁协议无效。"上述内容是我国在非涉外仲裁中所持的原则,但对于涉外因素的判断,近年来,随着国际贸易形势变化,服务营商环境,为"一带一路"建设提司法保障和支持多元化纠纷解决机制等原因,涉外因素的外延

---

① 江伟、肖建国主编,谢文哲副主编:《仲裁法》第3版,中国人民大学出版社2016年版,第315页。

② 乔欣:《仲裁法学》第2版,清华大学出版社2015年版,第176页。

不断扩大，试点工作不断开展。依据现行法律和司法解释，涉外因素的认定应当依据《最高人民法院关于审理仲裁司法审查案件若干问题的规定》第12条规定："仲裁协议或者仲裁裁决具有《最高人民法院关于适用〈中华人民共和国涉外民事关系法律适用法〉若干问题的解释（一）》第一条规定情形的，为涉外仲裁协议或者涉外仲裁裁决。"《涉外民事关系法律适用法解释（一）》第1条所规定的涉外因素为以下情形："民事关系具有下列情形之一的，人民法院可以认定为涉外民事关系：（一）当事人一方或双方是外国公民、外国法人或者其他组织、无国籍人；（二）当事人一方或双方的经常居所地在中华人民共和国领域外；（三）标的物在中华人民共和国领域外；（四）产生、变更或者消灭民事关系的法律事实发生在中华人民共和国领域外；（五）可以认定为涉外民事关系的其他情形。"司法实践中，我们可以看到《最高人民法院关于为自由贸易试验区建设提供司法保障的意见》第9条规定了上述原则的例外情形，而《最高人民法院关于西门子国际贸易（上海）有限公司申请承认与执行外国仲裁裁决一案的请示的复函》从不违反公共政策角度在答复中提出"支持自贸区法治建设可先行先试的精神"的意见，实际上意味着在涉外仲裁方面司法支持仲裁理念的不断发展。上述理念也体现在《最高人民法院关于人民法院为中国（上海）自由贸易试验区临港新片区建设提供司法服务和保障的意见》（法发〔2019〕31号）第6条规定中："支持上海建设成为亚太仲裁中心。支持新片区仲裁制度改革创新，支持经登记备案的境外仲裁机构在新片区就国际商事、海事、投资等领域发生的民商事纠纷开展仲裁业务。依法支持和保障中外当事人在仲裁前和仲裁中的财产保全、证据保全、行为保全等临时措施的申请和执行，依法对仲裁裁决进行司法审查，支持上海打造成为亚太仲裁中心。支持新片区内注册的企业之间约定在特定地点、按照特定仲裁规则、由特定人员对有关争议进行仲裁。探索司法支持国际投资领域争端解决机制的方法与途径。"上述特定地点、特定仲裁规则、特定人员对有关争议进行仲裁的规定，就是从仲裁地点、仲裁规则、仲裁组织形式上留有更多探索和试点的空间。

010. 存在仲裁协议，但申请人以非仲裁当事人而请求确认仲裁协议无效

10.1 申请人认为仲裁协议对其没有约束力或者其未签订仲裁协议，而向法院申请确认仲裁协议无效，经审查仲裁协议存在并有效，但申请人未签订仲裁协议，却被列为仲裁的被申请人。法院进行仲裁协议效力的司法审查，仅限于仲裁协议效力判断，该仲裁协议对各方当事人是否具有约束力涉及实体问题的审查，应由仲裁庭依仲裁程序作出裁决。

申请人提出仲裁协议对其没有约束力或者其未签订仲裁协议，属于仲裁协议相对申请人不生效，或者属于相对申请人没有仲裁协议。因确认仲裁协议效力的司法审查仅审查有效与无效问题，故上述主张可向仲裁庭主张，亦可在仲裁裁决生效后以此为由申请撤销仲裁裁决的司法审查。

审查依据：《仲裁法》第16～19条

规范解读：

有效仲裁协议在管辖方面的主要作用是确定和保障仲裁管辖权，排除法院的管辖权。司法实践中，常遇到两种情况：第一种情况是仲裁协议涉及多方当事人，部分当事人之间对仲裁协议效力无异议，经审查该仲裁协议有效，而部分当事人则提出因其未签订仲裁协议，故仲裁协议无效，或者仲裁协议未成立。提出异议一方当事人的目的在于不参加仲裁，或者通过确认仲裁协议无效使纠纷的管辖权归于法院。对此，在现有仲裁司法审查法律规范下，不应作出确认仲裁协议无效的裁定，因仲裁协议对于签订协议并选择仲裁作为纠纷解决途径的当事人而言是有效的。仲裁协议往往和当事人之间签订的主合同密不可分，其间各方当事人的意思表示常常需要各种证据佐证，对主体适格和选择仲裁的意思表示认定有其复杂性，因此仲裁协议对各方当事人是否具有约束力涉及实体问题的审查，对此法院能够查清时

可以在裁定书中表述，也可视情况交由仲裁机构进行实体审理。第二种情况是申请人提出仲裁协议对其没有约束力或者其未签订仲裁协议属于仲裁协议相对申请人不生效，或者属于相对申请人没有仲裁协议的情况。实践中我们发现具体问题非常复杂，比如，存在公司使用多枚公章或假公章、法定代表人或者代理人越权、大股东操控进行虚伪意思表示等行为，而在争议发生后，当事人以法定代表人无代表权、代理人超越或无权代理、加盖的公章系假章或与备案公章不一致、协议的签字不真实等事由主张否认仲裁协议，对此所涉实体内容较多，有时难以仅通过仲裁司法审查这一程序审查查清，故而由仲裁庭进行实体审理更能够全面查清事实，保障当事人合法权益。在上述两种情况下，虽然人民法院没有简单否认仲裁协议效力，将认定事实的裁判权交由仲裁庭，但并不意味着没有救济与监督途径。在仲裁裁决后，当事人认为仲裁裁决错误的，仍然可以“没有仲裁协议”为由，申请撤销仲裁裁决。

实践中，申请人提出仲裁协议对其没有约束力或者其未签订仲裁协议属于仲裁协议相对申请人不生效，或者属于相对申请人没有仲裁协议，在现有法律和司法解释中对此并未进行明确规定，从依法裁判的角度考虑，我们认为目前尚不宜直接作扩大解释。但从最高人民法院裁判案例以及答复中，有不断扩大仲裁司法审查对仲裁协议效力审查范围的发展趋势。在《最高人民法院关于对湖南省高级人民法院就申请人湖南省人民政府、湖南省交通运输厅与被申请人凯旋国际投资（澳门）有限公司、湖南凯旋长潭西线高速公路有限公司申请确认仲裁协议效力一案请示的复函》（［2016］最高法民民他 70 号），答复如下：“本案申请人请求人民法院确认仲裁协议对申请人和被申请人之间的纠纷是否具有约束力，对于此类案件，人民法院应当作为确认仲裁协议效力案件予以受理。你院应首先对仲裁协议的效力作出认定，再进一步对申请人的请求进行审查。若仲裁协议无效，则其对各方当事人不具有约束力。若仲裁协议有效，则继续审查其对非仲裁协议当事人是否具有约束力的问题。根据你院请示所述事实，案涉仲裁协议体现为《特许经营合同》中的仲裁条款。首先,湖南省人民政府并非案涉《特许经营合同》的签约主体,其与签订《特许经营合同》的湖南省交通运输厅之间并不存在民事授权或民事委托关系,亦不存在权利、义务的承继关系。因此,案涉仲裁协议对湖南省人民政府不具有约束力。其次,湖南凯旋长潭西线高速公路有限公司虽然在《特许经营合同》签订时并未成立,但湖南省交通运输厅与凯旋国际投资(澳门)有限公司在订立合同之时即已对该公司的成立及其权利、义务作出了约定,该公司成立后也按照合同的约定参与了合同的履行,且在纠纷发生后以主动提起仲裁、出具书面《说明函》的方式表明其接受合同仲裁条款的约束。因此,案涉仲裁协议对湖南凯旋长潭西线高速公路有限公司有约束力。"上述最高人民法院对审查确认仲裁协议案件中涉及的效力和对当事人是否具有约束力问题就个案作出了答复。法院在司法实践中也积极审查不断适应以解决面临审查效力所涉及的新情况新问题,以下的案例便是对约束力问题所作的裁定。在现实中确实存在对仲裁协议各种效力形态认定的需求,因此需要及时出台相关司法解释以明确裁判规则。

典型案例:法院有权对当事人之间是否存在仲裁协议、仲裁协议是否有效、仲裁协议对具体当事人是否具有效力(约束力)进行仲裁司法审查

一、案件基本信息

案号:(2020)京04民特130号

当事人:申请人辽宁宝城房地产开发有限公司(以下简称宝城公司)与被申请人王某、沿海绿色家园有限公司(以下简称绿色家园公司)、GLORIA PLAZA HOTEL(DALIAN)LIMITED(以下简称GLORIA LIMITED)

案由:申请确认仲裁协议效力

二、诉辩争议焦点

申请人宝城公司称,请求人民法院依法确认《沿海绿色家园有限公司与GLORIA PLAZA HOTEL(DALIAN)LIMITED之间关于顺豪发展有限公司股权转让协议》(以下简称股权转让协议)中关于仲裁的约定对于王某有效。事实与理由:2013年10月12日,宝城公司与绿色家园公司、GLORIA LIMITED签订了股权转让协议,第17.2条约定:"凡因本协议的解释或履行或与本协议有关而引起的任何争议、争论或索赔,双方应尽量通过友好协商解决;如果不能通过友好协商达成解决方法,则各方同意将争议提交中国国际贸易仲裁委员会按照届时有效的仲裁规则进行仲裁。仲裁在北京进行。仲裁裁决是终局的,对双方有约束力。"2013年12月17日,宝城公司与绿色家园公司、GLORIA LIMITED签订了《关于顺豪发展有限公司股权转让协议之补充协议二》(以下简称补充协议二),第1.2.4条约定,按照股权转让协议第8.1条或其他相关条款的约定,受让方指定王某作为香港受让目标公司股权的主体。第2.6条约定,就受让方在股权转让协议、《关于顺豪发展有关公司的股权转让协议之补充协议》(以下简称补充协议)和补充协议二项下的义务和责任,由王某向转让方提供连带责任保证。在补充协议二签署的同时,由王某向转让方出具担保函(担保函样本见补充协议二附件四)。第3.1条约定:补充协议二与股权转让协议具有同等法律效力,股权转让协议与补充协议二同时生效;第3.2条约定:补充协议二与股权转让协议约定不一致的,以补充协议二的约定为准。股权转让协议的其他条款对各方仍然具有约束力。依据补充协议二约定,王某成为股权受让的主体,并且作为担保人向转让方承担连带保证责任,已经成为股权转让协议的一方主体。补充协议二作为股权转让协议的组成部分,与其具有同等效力,对各方当事方均有约束力。补充协议二明确股权转让协议的其他条款对各方仍然具有约束力,王某在两份协议中均签字认可。因此,依据《中华人民共和国仲裁法》(以下简称《仲裁法》)规定,王某应当受仲裁条款约束。之前宝城公司向中国国际经济贸易仲裁委员会(以下简称仲裁委员会)提交了《追加当事人申请书》,申请追加王某作为仲裁案件的当事人,但是仲裁委员会以王某未发表任何意见为由决定不予追加。现宝城公司特依据《仲裁法》第 20 条规定,向人民法院提出申请。

被申请人王某、GLORIA LIMITED 称,请求人民法院依法驳回宝城公司的申请。宝城公司提起本案仲裁司法审查,超过了人民法院的受理审查范围,依法应当不予受理。(1)本案仲裁协议效力并无争议。仲裁委员会已经受理绿色家园公司提出的仲裁案件,各方对仲裁协议效力及仲裁委员会的受理并无争议。(2)宝城公司提出的不是仲裁协议效力问题,也不是仲裁委员会的受理问题。人民法院受理申请确认仲裁协议效力案件,是审查仲裁协议有效或者无效,目的是解决争议管辖或主管范围,即司法救济途径正确与否,而不是替代仲裁委员会进行实体审理。(3)宝城公司提出的是仲裁案件的实体审理范围。仲裁案件的主体、仲裁协议的约束力范围,属于实体审理范围。仲裁委员会就此实体问题,已于 2019 年 11 月 13 日作出(2019)中国贸仲京字第 175042 号《关于 S20191456 号股权转让协议争议案件不予追加通知》,又于 2020 年 1 月 14 日再次送达(2020)中国贸仲京字第 006863 号《关于 S20191456 号股权转让协议争议案不予追加通知》。(4)仲裁案件起诉权利不属于宝城公司。是否申请追加的权利属于仲裁案件申请人,属于其仲裁权利范围,其有权自由处分范围。是否决定追加属于实体审理范围,由仲裁委员会依法决定。

被申请人绿色家园公司称,同意宝城公司的请求,同时申请确认股权转让协议中的仲裁条款对王某有效。鉴于各方之间的合同约定及承诺,王某系股权转让协议项下股权交易的协议主体之一,股权转让协议中的仲裁条款对王某有效,应当受仲裁条款的约束。在仲裁程序中,绿色家园公司已经同意王某作为仲裁案件的被申请人,宝城公司依法进行诉讼,应当得到人民法院的支持。

三、法院裁判意见

法院审查查明,2013 年 10 月 12 日,绿色家园公司与 GLORIA LIMITED

签订股权转让协议，第17.2条约定："凡因本协议的解释或履行或与本协议有关而引起的任何争议、争论或索赔，双方应尽量通过友好协商解决；如果不能通过协商达成解决办法，则各方同意将争议提交中国国际经济贸易仲裁委员会按照该会届时有效的仲裁规则进行仲裁。仲裁在北京进行。仲裁裁决是终局的，对双方有约束力。"

2013年12月17日，绿色家园公司与GLORIA LIMITED签订补充协议二，约定鉴于协议各方于2013年10月12日签署了股权转让协议，并于2013年10月22日签署了补充协议，经各方协议一致，就股权转让协议和补充协议中未尽事宜达成补充协议二。补充协议二第2.6条约定，就受让方在股权转让协议、补充协议、补充协议二项下的义务和责任，由王某向转让方提供连带责任担保。在补充协议二签署的同时，由王某向转让方出具担保函。补充协议二第3.1条约定，补充协议二与股权转让协议具有同等法律效力，股权转让协议与补充协议二同时生效。第3.2条约定，补充协议二与股权转让协议约定不一致的，以补充协议二的约定为准。股权转让协议的其他条款对各方仍然具有约束力。

2013年12月，王某向绿色家园公司出具《担保函》，载明：鉴于股权转让协议、补充协议、补充协议二，王某自愿为GLORIA LIMITED在上述三份协议项下对绿色家园公司所承担的义务提供连带责任保证，保证范围包括绿色家园公司在上述三份协议项下对GLORIA LIMITED享有的债权（包括但不限于GLORIA LIMETED应当支付的股权转让价款和工程款项、向绿色家园公司承担的违约责任或赔偿责任以及绿色家园公司为实现债权而发生的全部费用）。保证期限为自《担保函》签发之日起至GLORIA LIMITED在上述三份协议项下的义务履行期限届满之日起两年。王某承诺，如果GLORIA LIMITED未能按照上述三份协议的约定履行，则在接到绿色家园公司通知后五个工作日内向其履行担保责任。

法院认为，仲裁协议系当事人约定将争议提交仲裁解决的意思表示，有效的仲裁协议是实现当事人仲裁意愿的前提。根据《仲裁法》第16条规定,仲裁协议应当具有下列内容:(1)请求仲裁的意思表示;(2)仲裁事项;(3)选定的仲裁委员会。根据《仲裁法》第17条规定,有下列情形之一的,仲裁协议无效:(1)约定的仲裁事项超出法律规定的仲裁范围的;(2)无民事行为能力人或者限制民事行为能力人订立的仲裁协议;(3)一方采取胁迫手段,迫使对方订立仲裁协议的。以上法律条款是认定仲裁协议是否有效的依据。本案中,对于申请人提出的请求人民法院依法确认仲裁协议对王某有效的申请理由,本院将依照上述法律规定先对仲裁协议效力进行审查,在此基础上进一步分析法院是否应当审查仲裁协议对涉案当事人有效问题。

(一)仲裁协议是否有效

绿色家园公司与GLORIA LIMITED于2013年10月12日签订股权转让协议,第17.2条约定:"凡因本协议的解释或履行或与本协议有关而引起的任何争议、争论或索赔,双方应尽量通过友好协商解决;如果不能通过协商达成解决办法,则各方同意将争议提交中国国际经济贸易仲裁委员会按照该会届时有效的仲裁规则进行仲裁。仲裁在北京进行。仲裁裁决是终局的,对双方有约束力。"根据《仲裁法》第16条规定,仲裁协议包括合同中订立的仲裁条款和以其他书面方式在纠纷发生前或者纠纷发生后达成的请求仲裁的协议。所以我国法律对于仲裁协议的形式要件要求为"书面形式",同时仲裁协议应当具备三项基本内容,即请求仲裁的意思表示、仲裁事项、选定的仲裁委员会,上述三项内容是审查仲裁协议的实质要件。股权转让协议的仲裁条款系以书面形式签订,有明确的仲裁意思表示、仲裁委员会、仲裁事项,符合《仲裁法》规定的仲裁协议合法有效的形式要件和实质要件,且本案所涉仲裁协议不存在《仲裁法》第17条规定的无效情形,故本案所涉仲裁协议为合法有效的仲裁条款,股权转让协议中各方当事人均可依据涉案仲裁协议向仲裁委员会申请仲裁。

(二)法院是否有权审查仲裁协议对具体涉案当事人有效

仲裁协议是当事人自愿将其争议提交仲裁解决的书面形式的文件,仲裁协议作为仲裁制度的基石,体现了当事人遵循意思自治原则自愿选择仲裁作为解决纠纷方式的意愿,因此仲裁协议是否存在并有效、仲裁协议对当事人是否具有约束力,是决定仲裁机构取得仲裁权而排除法院管辖的依据,是仲裁合法性与正当性的基础。本案当事人均认为仲裁协议有效,故对仲裁协议效力无争议,但在具体审查中,申请人提出仲裁协议对王某有效,而王某辩称,仲裁案件的主体及仲裁协议的约束力范围,均属于实体审理范围,超出人民法院的受理审查范围,依法应当不予受理。上述分歧实为对仲裁协议所涉主体以及仲裁协议效力对当事人是否具有约束力的争议。协议是当事人之间就某些事项达成合意的意思表示的载体,其无法脱离作为协议主体的当事人而单独存在,在认定协议是否存在、是否有效时,必然涉及对合同相对性问题的认定,也就是在相对确定的当事人之间是否存在有效合同的问题。《仲裁法》第 4 条规定,当事人采用仲裁方式解决纠纷,应当双方自愿,达成仲裁协议。只有在当事人作为确定的合同主体时,其才具有作出意思表示达成仲裁协议的可能。因此,仲裁协议对具体所涉当事人是否具有约束力,亦应是仲裁协议效力审查应有之义。根据《民事案件案由规定》,仲裁程序案件项下设申请确认仲裁协议效力的三级案由,申请确认仲裁协议效力是指当事人向人民法院提出确认之诉,请求人民法院确认仲裁协议是否有效。对该类型争议进行司法审查的目的在于解决当事人之间是否存在有效的仲裁协议,以及仲裁机构对争议案件是否有管辖权的问题。本案中,虽然各方当事人均认可仲裁协议有效,但上述认可并未从根本上解决本案所涉及的争议,即在一方当事人没有确认其系仲裁协议当事人时,仲裁协议对其是否有效(约束力),以及仲裁机构是否可以将其列为仲裁案件当事人。对此本院认为,仲裁协议作为当事人之间的意思表示具有相对性,在当事人不认可其受仲裁协议约束时，解决仲裁协议对具体当事人是否有效的问题属于确认仲裁协议效力司法审查案件的审查范围。人民法院应当根据案件争议具体情况，对当事人之间是否存在仲裁协议、仲裁协议是否有效、仲裁协议对具体当事人是否具有效力（约束力）进行审查。

（三）仲裁协议对王某是否有效

绿色家园公司与 GLORIA LIMITED 在股权转让协议的基础上又签订了补充协议二，明确约定补充协议二与股权转让协议约定不一致的，以补充协议二的约定为准。股权转让协议的其他条款对各方仍然具有约束力。由于补充协议二未约定争议解决条款，且其系对股权转让协议的确认、补充或者变更，对股权转让协议具有承接性与延续性，因此对于股权转让协议及补充协议二项下的争议，均应适用股权转让协议中约定的仲裁条款。本案中，补充协议二约定王某对股权转让协议等系列合同项下转让事宜向转让方提供连带责任担保。同时，王某也是股权转让协议等系列合同当事人 GLORIA LIMITED 的法定代表人，其代表 GLORIA LIMITED 签订股权转让协议等系列合同，对转让、担保等事项均知情。在股权转让协议等系列合同签订完毕之后，王某向绿色家园公司出具《担保函》，该《担保函》作为附件四，承诺为 GLORIA LIMITED 在股权转让协议等系列合同项下对绿色家园公司所承担的义务提供连带责任保证。股权转让协议、补充协议二、《担保函》系当事人之间签订的一系列合同，其中补充协议二、《担保函》作为附件，补充协议二、《担保函》中关于担保的内容属于对作为主合同之股权转让协议的从合同，补充协议二中关于解决争议方式的约定，具有与主合同一致的意思表示。一般而言，当事人负有一定的注意义务，即签订从合同或附件的当事人在承担重大责任时，往往有意愿、有权利了解主合同内容。现王某既作为 GLORIA LIMITED 的法定代表人在具有其提供担保和指向主合同争议解决方式的补充协议二上签字，又在作为附件和从合同的《担保函》上签字，上述证据能够证明担保合同的当事人明确知晓并认可股权转让协议所约定的争议解决方式，因此，王某应当为股权转让协议等系列合同项下担保合同的当事人，股权转让协议等系列合同中所有效适用的仲裁协议亦对王某有效。股权转让协议等系列合同中的当事人及王某均可依据约定的仲裁协议向中国国际经济贸易仲裁委员会就系列合同所涉争议申请仲裁。

综上，依照《中华人民共和国仲裁法》第16条、第20条规定，裁定如下：确认《沿海绿色家园有限公司与GLORIA PLAZA HOTEL(DALIAN) LIMITED之间关于顺豪发展有限公司股权转让协议》中的仲裁协议对于王某有效。

011. 订立仲裁协议后民事主体发生合并、分立的仲裁协议效力

根据《仲裁法司法解释》第8条规定："当事人订立仲裁协议后合并、分立的，仲裁协议对其权利义务的继受人有效。"但当事人订立仲裁协议时另有约定的除外。

审查依据：《仲裁法司法解释》第8条

规范解读：

民事主体的合并和分立，通常是指法人作为民事主体时，其从成立到终止的过程中发生的组织形式变更，法人合并是两个或者两个以上的法人合并为一个法人，法人分立是指一个法人分立成两个或者两个以上的法人。法人通过合并或分立的方式，有效开展现代公司的资产重组，组织结构调整，属于法人的变更。因法人合并与分立的过程，涉及组织结构变化、债权债务关系调整、法人财产转移，所以必然对会原法人权利、义务造成影响，在债权债务关系上，因合并与分立造成权利义务的概括转让，变更后的法人依法继承原法人的债权债务，即原法人的债权人有权请求变更后的法人清偿债务，变更后的法人有权请求原法人的债务人清偿债务。对此《民法典》第

67条规定:“法人合并的,其权利和义务由合并后的法人享有和承担。法人分立的,其权利和义务由分立后的法人享有连带债权,承担连带债务,但是债权人和债务人另有约定的除外。”上述法律规定了法人在合并、分立情形下的权利义务由合并分立后的法人承担,这是实体权利义务的继受,对于具有独立性选择解决争议方式的仲裁条款能否一并承受,现行法律并未明确规定。

《仲裁法司法解释》对此作出了明确规定:第一,“当事人订立仲裁协议后合并、分立的,仲裁协议对其权利义务的继受人有效”。最高人民法院作出上述司法解释时采纳观点认为,“仲裁协议一旦在有关当事人间达成后即具有法律约束力,有关当事人应当信守此承诺。继受人在享有和承担被继受人在合并、分立或者死亡前设定的权利和义务之同时,也应当接受被继受人为解决与其他当事人之间的合同争议而设定的争议解决办法”①。让合并分立后的法人接受原仲裁协议约束,既有利于当事人设定权利义务的延续和稳定,也有利于解决纠纷。第二,“但当事人订立仲裁协议时另有约定的除外”,从尊重当事人意思自治角度,如原合同当事人对出现合并分立情形后仲裁协议对权利义务的继受人是否有效作出了否定性意思表示,此时应当依据当事人的约定进行判断。

012. 订立仲裁协议后当事人死亡的仲裁协议效力

根据《仲裁法司法解释》第8条规定:“当事人订立仲裁协议后死亡的,仲裁协议对承继其仲裁事项中的权利义务的继承人有效。”但当事人订立仲裁协议时另有约定的除外。

审查依据:《仲裁法司法解释》第8条

① 沈德咏、万鄂湘主编,最高人民法院研究室、民事审判第四庭编著:《最高人民法院仲裁法司法解释的理解与适用》第2版,人民法院出版社2015年版,第85页。

规范解读：

当事人在订立仲裁协议后，如果因一方当事人死亡而导致作为协议的民事主体消灭，此时认定当事人死亡包括生理死亡与宣告死亡两种情况。对于当事人死亡时涉及仲裁事项中的权利义务如何处理，此时要根据是否有继承人对仲裁事项中的权利义务进行承继来判断。对此，虽然法律没有明确规定，但参照在继承遗产与清偿债务方面的法律规定，即根据《民法典》第1161条规定："继承人以所得遗产实际价值为限清偿被继承人依法应当缴纳的税款和债务。超过遗产实际价值部分，继承人自愿偿还的不在此限。继承人放弃继承的，对被继承人依法应当缴纳的税款和债务可以不负清偿责任。"如果继承人放弃继承仲裁事项所涉及的权利义务，同时又表明不接受仲裁，则仲裁协议对其无约束力，但是如果原合同当事人死亡后，有继承人承继仲裁事项中的权利义务，比如继续履行买卖合同，从仲裁事项权利义务的承继与解决争议方式选择仲裁的承继相一致的角度，应认定仲裁协议对权利义务的继承人有效。

典型案例：仲裁协议对承继其仲裁事项中的权利义务的继承人有效

一、案件基本信息

案号：(2018)京04民特117号

当事人：申请人朱某与被申请人李某

案由：申请撤销仲裁裁决

二、诉辩争议焦点

朱某称，李某在仲裁中列朱某为被申请人，是因为其与原股东陈某(已去世)有夫妻关系，享有遗产继承权，依据的是《最高人民法院关于适用〈中华人民共和国仲裁法〉若干问题的解释》第8条第2款的规定。但是朱某对《股东间协议》并不知情，亦未签字，而且其是否继承原上海华游网络科技有限公司股东陈某的财产尚不明确。因此，朱某作为仲裁案件中的主体不适格，属于中国国际经济贸易仲裁委员会(以下简称贸仲)在无仲裁协议的情况下进行仲裁,请求法院撤销贸仲作出的(2017)中国贸仲京(沪)裁字第336号裁决(以下简称仲裁裁决)。

李某称,在仲裁中将朱某列为被申请人,是由于她是陈某的权利义务承继人,而且仲裁裁决的结果明确写明朱某应承担的赔偿责任以继承陈某遗产的实际价值为限,这个裁决结果没有超越法律规定,因此法院应当驳回朱某的申请。

三、法院裁判意见

法院审查查明:2017年2月9日,李某作为申请人向贸仲上海分会提交书面的仲裁申请,请求就其与第一被申请人朱某、第二被申请人吴某、第三被申请人张某、第四被申请人刘某、第五被申请人朱某(陈某已去世,由妻子朱某作为被申请人)之间的纠纷进行仲裁。

法院认为,朱某提出的撤销仲裁裁决的理由为,朱某对《股东间协议》并不知情,且未明确是否继承仲裁事项中的权利义务,故其作为仲裁案件中的主体不适格,贸仲系在无仲裁协议的情况下进行的仲裁。对此,本院评判如下:

首先,朱某虽称对仲裁协议的签订并不知情,但并不能否定仲裁协议的真实性,且朱某未举证证明其曾在仲裁过程中对仲裁协议的效力提出过异议,故其关于贸仲系在无仲裁协议的情况下进行仲裁的主张不能成立。

其次,《最高人民法院关于适用〈中华人民共和国仲裁法〉若干问题的解释》第8条第2款规定,当事人订立仲裁协议后死亡的,仲裁协议对承继其仲裁事项中的权利义务的继承人有效。在仲裁协议有效的情况下,对继承人是否承继仲裁事项中的权利义务属仲裁庭就仲裁案件实体内容的认定和处理,不属于法院撤销仲裁裁决的法定事由,故在此本院不予审查。

综上,朱某提出的申请撤销仲裁裁决的理由均不能成立,对其申请撤销仲裁裁决的请求,本院不予支持。

013. 债权债务全部或者部分转让的仲裁协议效力

根据《仲裁法司法解释》第9条规定："债权债务全部或者部分转让的,仲裁协议对受让人有效,但当事人另有约定、在受让债权债务时受让人明确反对或者不知有单独仲裁协议的除外。"依据上述司法解释进行仲裁司法审查时注意合同主体变更以及债权债务部分转让时仲裁条款的概括移转原则。同时审查以下三种情况:当事人另有约定;在受让债权债务时受让人明确反对;不知有单独仲裁协议。在审查中发现以上三种情况时仲裁协议无效。

审查依据:《仲裁法司法解释》第9条

规范解读:

《仲裁法》第19条规定:"仲裁协议独立存在,合同的变更、解除、终止或者无效,不影响仲裁协议的效力。"对于其中合同的变更有不同的理解,有的认为合同变更包括合同的主体变更、内容变更,也有的认为应作狭义上理解,只涉及内容变更,不涉及主体变更。在司法实践中,因合同主体发生变更包括了前述分立、合并、死亡后继承的情况,也包括了合同权利义务被转让后原主体变更为新的主体的情况。债权债务的全部或者是部分转让,按合同法理论分别为合同权利转让、义务转让、概括转让和部分权利义务转让这几种形态。从《合同法》角度分析,除债权转让有通知的法律规定外,其他几种转让形态均应经对方同意,这种同意转让实际上是作为出让人、受让人和合同相对人三方达成一致协议的意思表示,在合同中原有的仲裁条款亦为各方接受认可,所以仲裁条款对受让人有效,除非有单独的仲裁协议,而转让时受让人不知道,在知道后拒绝认可仲裁协议效力。司法解释中对不知有单独仲裁协议的专门作了除外规定。

仲裁协议独立存在意味着一般意义上的合同变更并不影响其效力,但是在债权债务转让时,受让人作为承继相应权利义务的新的当事人参与到合同法律关系中。作为原合同的相对人应当能够预见到其与转让债权债务的当事人(出让人)或者受让人之间发生争议而选择仲裁,但作为受让人并不愿选择与原合同相对人以仲裁的方式解决纠纷,或者不愿选择仲裁协议中确定的仲裁机构或规则,受让人知道仲裁协议的,应当在受让债权债务时明确反对,并有证据证明其表达了对仲裁协议的异议,否则仲裁协议仍对受让人有效。

《仲裁法司法解释》第 9 条的规定为保护第三方的利益,平衡合同当事人之间的关系,考虑到当事人会对仲裁协议效力或涉及争议解决方式另外进行约定,基于意思自治原则,明确了仲裁协议对受让人有效的除外情形。

典型案例:债权债务转让,仲裁协议对受让人有效

一、案件基本信息

案号:(2018)京 04 民特 152 号

当事人:申请人北京成得永商贸有限公司(以下简称成得永公司)与被申请人现代牧业(塞北)有限公司(以下简称塞北公司)

案由:申请确认仲裁协议效力

二、诉辩争议焦点

成得永公司称,申请确认《2015 年经销商购销合同》中仲裁条款对成得永公司与塞北公司无效。事实和理由:(1)《2015 年经销商购销合同》已经履行完毕,其中的仲裁条款已经因合同履行完毕而失效。(2)塞北公司并不是《2015 年经销商购销合同》当事人,仲裁条款对其无效。(3)虽然塞北公司与现代牧业(塞北)乳品销售有限公司(以下简称销售公司)签订了《债权转让协议》,但该债权转让协议对成得永公司与塞北公司无效。

塞北公司称,案涉《2015 年经销商购销合同》合法有效,请求依法驳回成得永公司的申请。(1)仲裁协议独立存在,《2015 年经销商购销合同》的终止不影响仲裁条款的效力。(2)塞北公司与销售公司签订《债权转让协议》,明确约定塞北公司享有《2015 年经销商购销合同》项下向成得永公司追索欠款及利息的权利，故仲裁条款对塞北公司有效。(3)塞北公司向马鞍山仲裁委员会申请仲裁，已通过仲裁委通知成得永公司，销售公司已将对其享有的债权转让给塞北公司，因此该债权转让应对成得永公司发生效力。

三、法院裁判意见

法院审查查明：2015 年 7 月 6 日，销售公司与成得永公司签订《2015 年经销商购销合同》，其中第 7 条"争议解决方式"约定："因本合同引起或与本合同有关的任何争议，应由双方友好协商解决，协商不成时提交马鞍山仲裁委员会仲裁裁决。"上述《2015 年经销商购销合同》抬头打印供方为"现代牧业(安徽)乳品销售有限公司及其子公司"，签章处加盖销售公司印章。此后，销售公司与塞北公司签订《债权转让协议》(具体签订时间未显示)，约定销售公司将其在《2015 年经销商购销合同》项下对成得永公司享有的债权转让给塞北公司。塞北公司已就相关纠纷向马鞍山仲裁委员会申请仲裁。

法院认为，《中华人民共和国仲裁法》第 16 条第 1 款规定："仲裁协议包括合同中订立的仲裁条款和以其他书面方式在纠纷发生前或者纠纷发生后达成的请求仲裁的协议。"因此，销售公司与成得永公司签订的《2015 年经销商购销合同》第 7 条约定的仲裁条款应视为独立的仲裁协议。该仲裁条款中约定了明确的仲裁事项和具体仲裁机构，且不存在《中华人民共和国仲裁法》第 17 条规定的无效情形，应为合法有效。此后销售公司将其在《2015 年经销商购销合同》项下的权利转让给塞北公司，塞北公司亦据此向马鞍山仲裁委员会申请仲裁。根据《最高人民法院关于适用〈中华人民共和国仲裁法〉若干问题的解释》第 9 条"债权债务全部或者部分转让的，仲裁协议对受让人有效，但当事人另有约定、在受让债权债务时受让人明确反对或者不知有单独仲裁协议的除外"之规定，涉案仲裁协议对受让人塞北公司有效。至于《2015 年经销商购销合同》是否履行完毕,不属于本案审查范围。综上所述,成得永公司在本案中的申请理由不能成立,本院对其申请不予支持。

014. 以仲裁协议无效或没有仲裁协议为由提出异议、申请无效、申请撤销仲裁的认定

以仲裁协议无效或没有仲裁协议为由提出主张的主要有以下情形:(1)当事人在仲裁庭首次开庭前对仲裁协议效力有异议,请求仲裁委员会作出决定;(2)当事人在仲裁庭首次开庭前对仲裁协议效力有异议,请求人民法院作出裁定;(3)当事人未在仲裁庭首次开庭前对仲裁协议效力提出异议,向人民法院申请确认仲裁协议无效;(4)当事人在仲裁庭首次开庭前对仲裁协议效力有异议,仲裁委员会作出有效决定,在仲裁裁决作出后,当事人向法院确认仲裁协议效力;(5)在仲裁机构对仲裁协议的效力作出决定后,当事人向法院申请撤销仲裁决定;(6)当事人在仲裁程序中未对仲裁协议的效力提出异议,在仲裁裁决作出后以仲裁协议无效为由主张撤销仲裁裁决;(7)当事人在仲裁程序中对仲裁协议的效力提出异议,在仲裁裁决作出后又以此为由主张撤销仲裁裁决。

审查依据:《仲裁法》第20条、《仲裁法司法解释》第13条、第27条

规范解读:

在仲裁司法审查程序中以仲裁协议无效或没有仲裁协议为由提出申请的,涉及在仲裁庭尚未作出仲裁裁决阶段申请确认仲裁协议效力,在仲裁庭作出仲裁裁决后申请撤销仲裁裁决两类案件的仲裁司法审查。因为当事人提出主张的时间、机构、程序不同,尤其涉及仲裁首次开庭后当事人向法院申请确认仲裁协议效力以及以相同理由申请撤销仲裁裁决的理解问题,法律和司法解释从不同角度进行了规定,对上述内容进行体系性梳理,解读如下:

一、首次开庭前对仲裁协议效力有异议的处理

对仲裁协议效力提出异议，实际上是对仲裁庭管辖权提出异议的一种重要表现形式，这是法律赋予当事人的基本权利。因为对仲裁协议效力提出异议必然导致仲裁程序中止或暂缓，一方面保障当事人享有异议权，另一方面要对这种权利的行使在时限上作出一定的限制，否则当事人任意提出异议，将使仲裁庭的管辖权处于不稳定状态，导致仲裁程序不能顺利进行，不利于维护当事人的权利和及时高效解决纠纷。联合国《国际贸易法委员会仲裁规则》第21条第3款就规定，对仲裁庭无管辖权的抗辩应在第一次实体答辩前提出。各国涉及仲裁方面的法律也都有类似规定，仲裁机构的仲裁规则中大致也对管辖权提出异议的时限作出规定。我国《仲裁法》第20条第1款规定："当事人对仲裁协议的效力有异议的，可以请求仲裁委员会作出决定或者请求人民法院作出裁定。一方请求仲裁委员会作出决定，另一方请求人民法院作出裁定的，由人民法院裁定。"第2款规定："当事人对仲裁协议的效力有异议，应当在仲裁庭首次开庭前提出。"这是法律对当事人提出仲裁协议效力异议在时限上的要求，即应该在仲裁庭首次开庭前提出。但《仲裁法》没有规定未在开庭前提出的法律后果。对此，《仲裁法司法解释》第13条第2款规定："仲裁机构对仲裁协议的效力作出决定后，当事人向人民法院申请确认仲裁协议效力或者申请撤销仲裁机构的决定的，人民法院不予受理。"上述法律和司法解释可具体作以下两个层面的理解：第一，当事人在仲裁庭首次开庭前对仲裁协议效力有异议，即可请求仲裁委员会作出决定，也可请求人民法院作出裁定，分别向仲裁委员会和人民法院提出时，由人民法院作出裁定。第二，当事人在仲裁庭首次开庭前对仲裁协议效力有异议，仲裁委员会作出有效决定，在仲裁裁决作出后，当事人向法院确认仲裁协议效力或者向法院申请撤销仲裁决定。此时，基于当事人选择将异议提交仲裁委员会，实际上已经将决定权依法提交仲裁机构，故而法院不再享有裁判权。因此，无论是提出确认仲裁协议效力或是申请撤销仲裁决定，都不应受理或受理后予以驳回。

二、当事人未在仲裁庭首次开庭前对仲裁协议效力提出异议，向人民法院申请确认仲裁协议无效的处理

《仲裁法司法解释》第 13 条第 1 款规定，依照《仲裁法》第 20 条第 2 款的规定，当事人在仲裁庭首次开庭前没有对仲裁协议的效力提出异议，而后向人民法院申请确认仲裁协议无效的，人民法院不予受理。这是对仲裁协议当事人向人民法院申请确认仲裁协议效力在时限上的要求，即当事人提出仲裁协议效力异议的时限为仲裁庭首次开庭前。该事实状态经过一定的时间后，将仲裁开庭时发生相应的法律后果，致使当事人不再享有提出异议后启动法院行使司法审查的权利，因此其法律后果以人民法院不予受理的形式体现。在司法实践中，对“仲裁庭首次开庭”的理解应结合仲裁法的程序规定、仲裁规则和仲裁庭的意见进行，对于仲裁过程中的答辩、谈话、询问、交换证据均不视为开庭。仲裁委员会在仲裁规则规定的期限内将开庭日期通知当事人，当事人无正当理由未参加开庭的，该开庭时间视为首次开庭。有的当事人以向仲裁庭申请延期开庭为由主张未首次开庭，或者首次开庭无效，对此根据《仲裁法》第 41 条的规定，当事人有正当理由请求延期开庭的，是否延期，由仲裁庭决定，而仲裁庭未决定延期的，仍然以通知的时间作为首次开庭时间。仲裁委员会未按仲裁规则规定的期限将开庭日期通知当事人，或者开庭的程序违法导致当事人的程序权利受到侵害时，为充分保障当事人的合法权益，应当结合实际情况考虑不将首次开庭时间作为有效的时限计算点。

三、当事人在仲裁程序中未对仲裁协议效力提出异议，又以此为由主张撤销仲裁裁决的处理

《仲裁法司法解释》第 27 条第 1 款规定：“当事人在仲裁程序中未对仲裁协议的效力提出异议，在仲裁裁决作出后以仲裁协议无效为由主张撤销仲裁裁决或者提出不予执行抗辩的，人民法院不予支持。”《第二次全国涉外商事海事审判工作会议纪要》第 75 条规定：“当事人在仲裁程序中未对仲裁庭的管辖权提出异议，在仲裁裁决作出后以仲裁庭无管辖权为由主张撤销

或者提出不予执行抗辩的，人民法院不予支持。”《最高人民法院仲裁法司法解释的理解与适用》一书中阐述，“当事人在特定条件下未对仲裁协议的效力提出异议，应视为丧失了异议权，默示认可仲裁协议有效”①此内容涉及了失权制度与默示协议管辖理论的应用。民事诉讼中的失权制度源于人们对诉讼效率和司法公正的需求，为追求效率，对于诉讼当事人消极不作为、拖延行使诉讼权利等行为进行限制，从而设立失权制度。对于在管辖上没有提出异议的行为，视为默示协议管辖或者推定管辖。正基于上述制度和理论，对当事人在仲裁程序中没有对仲裁协议效力提出异议的情形，实际上视为当事人放弃了提出异议的权利，认可仲裁协议的效力和接受仲裁机构的管辖权，此后当事人若再次提出异议则有悖诚信原则，既影响了仲裁效率，也给司法审查造成不便。对于司法解释中“在仲裁程序中”的表述，有观点认为，应作限制性的解释，即应限定于仲裁程序的“首次开庭之前”，因为在首次开庭之后提出申请确认仲裁协议效力和申请撤销仲裁机构决定的，人民法院不予受理。对此，我们认为，在“仲裁程序中”的表述按原文确定的范围理解更妥当，因为该司法解释系对“主张撤销仲裁裁决或者提出不予执行抗辩”的情况，这与仲裁庭尚未作出生效裁决时提出申请确认仲裁协议效力等案件属于针对不同程序的司法审查，因此只要在仲裁程序中未提出异议，不区分首次开庭前后，均不予支持，特别注意这里的不予支持是经过仲裁司法审查程序的审理，与不予受理的处理结果不同。

四、当事人在仲裁程序中对仲裁协议的效力提出异议，在仲裁裁决作出后又以此为由主张撤销仲裁裁决的处理

根据《仲裁法司法解释》第 27 条第 2 款的规定：“当事人在仲裁程序中对仲裁协议的效力提出异议，在仲裁裁决作出后又以此为由主张撤销仲裁裁决或者提出不予执行抗辩，经审查符合仲裁法第五十八条或者民事诉讼

---

① 沈德咏、万鄂湘主编，最高人民法院研究室、民事审判第四庭编著：《最高人民法院仲裁法司法解释的理解与适用》第 2 版，人民法院出版社 2015 年版，第 221 页。

法第二百一十七条、第二百六十条规定的，人民法院应予支持。”实践中，当事人在仲裁程序中对仲裁协议效力提出异议，主要有三种情况：第一种情况是当事人在仲裁庭首次开庭前向仲裁机构提出异议或申请确认仲裁协议效力，仲裁机构作出决定；第二种情况是当事人在仲裁庭首次开庭前向人民法院提出确认仲裁协议效力申请，人民法院作出裁定；第三种情况是当事人在仲裁庭首次开庭后向仲裁机构或人民法院提出异议或申请确认仲裁协议效力的，仲裁机构或人民法院不予处理、不予受理或者驳回其申请、主张。在上述提出异议的情形下，涉及两个法律问题需要解决。

第一个法律问题是根据《仲裁法司法解释》的规定，在仲裁庭首次开庭后当事人申请确认仲裁协议无效，人民法院不予受理，但是这是针对申请确认仲裁协议效力的案件能否包括在仲裁裁决作出后，当事人以此为由申请撤销仲裁裁决的范围。《仲裁法司法解释》第 27 条仅规定，“当事人在仲裁程序中对仲裁协议的效力提出异议”，没有区分仲裁庭首次开庭前还是开庭后，因此在理解上产生了分歧。有的观点认为，司法解释中规定的系当事人在“仲裁程序中”对仲裁协议的效力提出异议，因此对于仲裁庭首次开庭后提出异议的也应审查，存在符合撤销仲裁裁决或不予执行规定条件的，应当予以支持。为确保法律规定的可预期性与在执法尺度上的统一性，在仲裁庭首次开庭前当事人没有对仲裁协议效力提出异议，而后向人民法院申请确认仲裁协议无效的，人民法院应当不予受理，如果再予受理或者再次允许当事人以申请撤销仲裁或者不予执行的方式提出异议，会导致《仲裁法》所规定的仲裁协议异议时限规则形同虚设，意味着法律在一定情况下既规定了失权，又在一定条件下赋予权利救济，显然会在逻辑上和法律体系上造成混乱。我们认为，对于当事人在首次开庭前没有提出异议的，无论其有何种理由，均应作出失权判断，其不得在首次开庭后又提出异议，并因此获得《仲裁法司法解释》第 27 条所规定的权利。当事人在上述情况下申请撤销仲裁裁决或要求不予执行的，法院应当依据《仲裁法司法解释》第 13 条的规定驳回申请。具体是采取不予受理的方式还是受理后经审查驳回申请的方式，有待于司法解释作出明确的规定。我们在司法实践中主要采取后一种方式，因为当事人常常提出多个申请撤销仲裁裁决的理由，且对当事人是否有充分理由否认“首次开庭”等程序问题都可能需要审查判断，仅在立案时按不予受理方式处理难以查明这些事实。

第二个法律问题是当事人在仲裁庭首次开庭前提出异议的，申请的仲裁机构和法院都会作出决定或裁定，对于生效的决定或裁定已经裁判的事项，可否再次以仲裁协议无效为理由提出申请撤销或不予执行。我们对此的分析应建立在现实情况上，并结合法律和司法解释的规定进行。首先，上述情况与未提出异议最大的区别在于当事人对仲裁协议效力不仅不认可，而且在法定的时限内提出了异议，当事人并未因未按时限提出异议而导致失权。其次，实践中的情况较为复杂，比如多方当事人进行仲裁，可能有一方当事人未签订仲裁协议，但是该仲裁协议对另外几方又是有效的，因此可能在判断协议效力时并不认定无效，如果仲裁庭作出的仲裁裁决认定未签协议的当事人是仲裁当事人并承担责任，此时则需要进行撤销仲裁或不予执行的救济。再次，根据《仲裁法司法解释》第 13 条第 2 款规定：“仲裁机构对仲裁协议的效力作出决定后，当事人向人民法院申请确认仲裁协议效力或者申请撤销仲裁机构的决定，人民法院不予受理。”该规定仅对仲裁委员会对仲裁协议的效力作出决定后，围绕确认仲裁协议效力和撤销仲裁机构决定这两种情况规定不予受理，而确认仲裁协议效力和仲裁机构决定均是在管辖权层面的处理方式，在此没有对可否提出撤销仲裁裁决和不予执行作出限制，对法院作出的确认仲裁协议效力的裁定也没有作出限制。最后，我们结合实际需求和司法解释的规定得出结论，当事人在仲裁庭首次开庭前对仲裁协议效力提出过异议，无论仲裁机构作出决定或者是人民法院作出裁定，都不影响当事人在仲裁裁决作出后又以此为由主张撤销仲裁裁决或者提出不予执行抗辩，经审查符合《仲裁法》第 58 条或者《民事诉讼法》第 237 条、第 274 条规定的，人民法院应予支持。

五、申请确认仲裁协议不成立是否属于确认仲裁协议效力案件的审查范围

《仲裁法》第20条第1款规定:“当事人对仲裁协议的效力有异议的,可以请求仲裁委员会作出决定或者请求人民法院作出裁定。”在确认仲裁协议效力案件中,当事人主要申请确认仲裁协议有效或者无效,也会有当事人申请仲裁协议不成立,或者以仲裁协议不成立为理由主张仲裁协议无效或者不存在有效的仲裁条款。在这种情况下应当分析仲裁条款未成立是否属于确认仲裁协议效力案件的审查范围。

最高人民法院在审理运裕有限公司、深圳市中苑城商业投资控股有限公司申请确认仲裁协议效力案件中,作出(2019)最高法民特1号民事裁定书确认:“当事人以仲裁条款未成立为由要求确认仲裁协议不存在的,属于申请确认仲裁协议效力案件,人民法院应予立案审查。”在该裁定中最高人民法院认为:“运裕公司在中苑城公司申请仲裁后,以仲裁条款未成立为由,向人民法院申请确认双方之间不存在有效的仲裁条款。虽然这不同于要求确认仲裁协议无效,但是仲裁协议是否存在与是否有效同样直接影响到纠纷解决方式,属于需要解决的先决问题,因而要求确认当事人之间不存在仲裁协议也属于广义的对仲裁协议效力的异议。”根据《仲裁法》第16条第1款规定:“仲裁协议包括合同中订立的仲裁条款和以其他书面方式在纠纷发生前或者纠纷发生后达成的请求仲裁的协议。”仲裁协议包括当事人订立合同中的仲裁条款和独立的仲裁协议这两种类型。仲裁协议是否成立,主要是指当事人各方是否有将争议提交仲裁的合意,即是否达成了仲裁协议。仲裁协议成立与否是在解决仲裁协议是否存在问题,这与根本没有签订仲裁协议有所区别,是从合同的角度分析当事人之间有无要约、承诺的行为,从而判断是否就仲裁达成合意。这种仲裁达成合意的判断独立于合同成立及效力的判断,是根据当事人的仲裁意思表示独立作出的一种法律认定,其根据仲裁协议独立性这一基本法律原则,将仲裁协议与当事人之间的合同进行分别认定。从适用法律上讲仲裁协议有效与否的认定首先应解决准据

法的法律适用问题，即适用我国法律认定还是国外法律认定。最高人民法院在上述民事裁定中认为："由于仲裁条款是仲裁协议的主要类型，仲裁条款与合同其他条款出现在同一文件中，赋予仲裁条款独立性，比强调独立的仲裁协议具有独立性更有实践意义，甚至可以说仲裁协议独立性主要是指仲裁条款和主合同是可分的。对于仲裁协议的独立性，中华人民共和国法律和本院司法解释均有规定。《仲裁法》第十九条第一款规定：'仲裁协议独立存在，合同的变更、解除、终止或者无效，不影响仲裁协议的效力。'从上下文关系看，该条是在第十六条明确了仲裁条款属于仲裁协议之后，规定了仲裁协议的独立性。因此，仲裁条款独立于合同。对于仲裁条款能否完全独立于合同而成立，《仲裁法》的规定似乎不是特别清晰，不如已成立合同的变更、解除、终止或者无效不影响仲裁协议效力的规定那么明确。在司法实践中，合同是否成立与其中的仲裁条款是否成立这两个问题常常纠缠不清。但是，《仲裁法》第十九条第一款开头部分'仲裁协议独立存在'，是概括性、总领性的表述，应当涵盖仲裁协议是否存在即是否成立的问题，之后的表述则是进一步强调列举的几类情形也不能影响仲裁协议的效力。《仲裁法解释》第十条第二款进一步明确规定：'当事人在订立合同时就争议达成仲裁协议的，合同未成立不影响仲裁协议的效力。'因此，在确定仲裁条款效力包括仲裁条款是否成立时，可以先行确定仲裁条款本身的效力；在确有必要时，才考虑对整个合同的效力包括合同是否成立进行认定。"

在进行合同中涉及仲裁条款这一类型的仲裁协议是否成立，是否存在仲裁条款，以及仲裁协议效力的判断时，合同成立与否并不影响对该仲裁协议效力进行独立判断，只要能够认定当事人之间有选择仲裁的合意，即使合同不成立，也不影响仲裁协议的效力。比如，当事人没有按约定签字盖章或由股东会决议等导致合同未成立，但仍然可依仲裁协议独立性确认仲裁协议的效力。最高人民法院在（2019）最高法民特1号裁定中认为："虽然运裕公司等没有在最后的合同文本上盖章，其法定代表人也未在文本上签字，不符合合同经双方法定代表人或授权代表签字并盖章后生效的要求，但根据《仲裁法解释》第十条第二款的规定，即使合同未成立，仲裁条款的效力也不受影响。在当事人已达成仲裁协议的情况下，对于本案合同是否成立的问题无须再行认定，该问题应在仲裁中解决。”最高人民法院裁定驳回申请人的申请。①

典型案例：当事人在仲裁首次开庭前申请，仲裁委员会作出继续审理决定未解决仲裁效力问题，法院有权对仲裁协议效力进行审理

一、案件基本信息

案号：(2018)京04民特380号

当事人：申请人江某与被申请人施某

案由：申请确认仲裁协议效力

二、诉辩争议焦点

申请人江某称，请求人民法院依法确认江某与施某之间未达成仲裁协议，《债务偿还及相关安排之协议书》(以下简称协议书)中第5条约定的仲裁条款对江某无效。事实与理由：(1)江某有权请求人民法院对仲裁协议效力进行确认，法院有权对仲裁协议效力进行审查。江某请求人民法院对仲裁协议效力进行确认是在仲裁庭首次开庭前，且之前未就同一事项请求仲裁委员会作出决定。(2)江某请求人民法院对仲裁协议效力进行确认的事项属于人民法院对仲裁协议效力的审查范围。是否存在仲裁协议，是判定仲裁协议效力的前提和基础。仲裁协议尚未成立，则自始无效，对当事人当然无效，当事人之间的纠纷不应通过仲裁方式解决。江某与施某之间并未订立任何书面仲裁协议，双方的纠纷不应通过仲裁解决。(3)江某与施某之间未达成仲裁协议。协议书包括甲方、乙方、丙方(担保人)三方当事人，其中乙方签字人为施某、丙方(担保人)签字人为江某，甲方一栏无人签字。协议书第6条约定：“本合同于三方当事人签署日生效。”由于甲方未在协议书上签字或者盖章，因此协议书未完成签署，

① 参见(2019)最高法民特1号民事裁定书。

既未成立也未生效，且当事人之间并未就仲裁条款的效力做专门确认，故江某与施某之间未达成仲裁协议。

被申请人施某称，请求人民法院依法驳回江某的申请。(1)本案审查内容仅为仲裁协议效力，而并非仲裁协议是否存在。是否存在仲裁协议，不属于人民法院的审查范围。仲裁协议是否存在涉及各方磋商情况、合同内容、合同履行等实体问题，不应在本案中认定。(2)即使人民法院对仲裁协议效力的审查包括仲裁协议是否存在，江某和案外人钟某已就该问题向中国国际经济贸易仲裁委员会（以下简称仲裁委员会）提出过申请和书面意见，仲裁委员会也已经作出了决定。根据《最高人民法院关于适用〈中华人民共和国仲裁法〉若干问题的解释》（以下简称《仲裁法司法解释》）第13条第2款规定：“仲裁机构对仲裁协议的效力作出决定后，当事人向人民法院申请确认仲裁协议的效力或者申请撤销仲裁机构决定的，人民法院不予受理。”因此，在仲裁委员会已经作出决定的情况下，人民法院不应当受理本案。(3)江某与施某之间存在有效的仲裁协议。协议书第5条约定：“凡因本合同引起的或与本合同有关的任何争议，均应提交中国国际经济贸易仲裁委员会，按照申请仲裁时该会现行有效的仲裁规则在深圳进行仲裁，仲裁裁决是终局的，对各方均有约束力。”上述条款中有明确请求仲裁的意思表示、仲裁事项、选定的仲裁委员会，符合《中华人民共和国仲裁法》（以下简称《仲裁法》）第16条关于仲裁协议内容的规定，且江某与施某均在协议书上签字确认。此外，即便协议书不成立，仲裁协议也是有效的，根据《仲裁法》第19条第1款规定，仲裁协议独立存在，合同的变更、解除、终止或者无效都不影响仲裁协议效力；《仲裁法司法解释》第10条第2款规定，当事人在订立合同时就争议达成仲裁协议的，合同未成立不影响仲裁协议的效力。

三、法院裁判意见

法院审查查明，作为乙方（签字）的施某与作为丙方（签字）的江某签订协议书,第5条约定:“凡因本合同引起的或与本合同有关的任何争议,均应提交中国国际经济贸易仲裁委员会,按照申请仲裁时该会现行有效的仲裁规则在深圳进行仲裁。”协议书中“甲方(签字)”处空缺。

法院认为,仲裁协议(仲裁条款)系合同当事人约定将争议提交仲裁解决的意思表示,其效力与否决定了争议解决方式的选择。人民法院在对仲裁案件进行司法审查时,应当以尊重当事人意思自治为原则,以审查当事人有无将争议提交确定仲裁机构仲裁的意思表示为依据来确定仲裁协议(仲裁条款)的效力。经查,仲裁委员会于2018年9月10日作出了(2018)中国贸仲京(深)字第007120号《关于SZF20180048号债务偿还协议争议案》决定,认为仲裁庭应当在进行实体审理后才能决定仲裁委员会是否对本案具有管辖权,且仲裁程序继续进行。故仲裁委员会并未对其管辖权作出实质性认定,在此情况下,当事人可以依据《仲裁法》第20条关于“当事人对仲裁协议的效力有异议的,可以请求仲裁委员会作出决定或者请求人民法院作出裁定”之规定,向本院申请确认协议书中仲裁协议的效力。根据协议书第5条约定,因该合同或与该合同有关的任何争议,应通过仲裁的方式解决。此处涉及的有关争议,可以理解为《仲裁法司法解释》第2条规定的“基于合同成立、效力、变更、转让、履行、违约责任、解释、解除等产生的纠纷”,因此,合同是否成立、生效并非认定仲裁协议效力的必要条件。此外,根据《仲裁法》第19条规定:“仲裁协议独立存在,合同的变更、解除、终止或者无效,不影响仲裁协议的效力。”故本院在对本案仲裁协议效力进行司法审查时,不以协议书是否有效为前提,而是依据《仲裁法》第16条关于仲裁协议内容的规定进行审查。协议书第5条约定有明确的仲裁意思表示、仲裁事项和仲裁委员会,符合《仲裁法》规定的仲裁协议合法有效的形式要件和实质要件,且本案中不存在《仲裁法》第16条、第18条规定的仲裁协议无效之情形,应认定为合法有效的仲裁条款。江某的主张不能成立,应予驳回。

015. 临时仲裁的效力

当事人在仲裁协议中约定临时仲裁的，分国内与涉外涉港澳台地区两种情况：(1)对于当事人约定在我国国内内地临时仲裁，且适用我国《仲裁法》的情况，根据《仲裁法》我国国内内地目前仅确认机构仲裁制度，故应当认定约定临时仲裁无效；(2)当事人约定在国外以及香港特别行政区、澳门特别行政区、台湾地区临时仲裁，应审查当事人约定的仲裁地点或者临时仲裁机构所在国的法律是否承认临时仲裁，或者当事人选择适用的法律是否承认临时仲裁，根据上述相关法律承认临时仲裁的，则认定约定临时仲裁有效。

规范解读：

临时仲裁，又称特别仲裁，是当事人双方依协议组成仲裁庭，由当事人依协议约定或创设临时程序或使特定的仲裁规则得到适用的仲裁。而且当事人还可以约定一切与仲裁审理有关的事项。临时仲裁并不意味着完全排除仲裁程序中仲裁机构的参与，只是排除仲裁机构对仲裁程序进程的管理。仲裁作为一种意思自治性的替代性纠纷解决方式，其最早的纠纷解决形式就是临时仲裁。[①] 从各国实践看，临时仲裁在许多国家如英国、美国、法国、德国等，以及我国香港特别行政区都得到承认，甚至在部分国家和地区成为主要仲裁形式，其地位也被《承认及执行外国仲裁裁决公约》《关于国际商事仲裁的欧洲公约》《联合国国际商事仲裁示范法》等国际公约承认。我国《仲裁法》及其司法解释确定了机构仲裁原则，对临时仲裁没有任何规定，这意味着我国不认可临时仲裁。从国际法层面，我国已经加入《承认及执行外国仲裁裁决公约》，在《承认及执行外国仲裁裁决公约》中未声明保留临时仲裁的效力认定，同时依据我国《民事诉讼法》及《仲裁法》相关司法解释的规定，

---

① 李广辉、林泰松：《仲裁法学》，中国法制出版社 2019 年版，第 167 页。

对国外仲裁机构进行的仲裁和临时仲裁裁决均经审查后予以承认与执行。《第二次全国涉外商事海事审判工作会议纪要》第81条规定:“外国仲裁机构或者临时仲裁庭在我国境外作出的仲裁裁决,一方当事人向人民法院申请承认与执行的,人民法院应当依照《中华人民共和国民事诉讼法》第二百六十九条[①]的规定办理。”对于我国香港特别行政区、澳门特别行政区、台湾地区的临时仲裁,根据相关规定,人民法院经审查符合法律规定也予以认可和执行。

随着社会经济发展和纠纷解决机制不断完善,在我国引入临时仲裁制度的可能性不断增大,在仲裁司法审查中特别要关注我国自由贸易区已经进入临时仲裁试点工作,而这将影响相关案件的认定。根据《最高人民法院关于为自由贸易试验区建设提供司法保障的意见》(法发〔2016〕34号)第9条第3款规定,在自贸试验区内注册的企业相互之间约定在内地特定地点、按照特定仲裁规则、由特定人员对有关争议进行仲裁的,可以认定该仲裁协议有效。人民法院认为该仲裁协议无效的,应报请上一级法院进行审查。上级法院同意下级法院意见的,应将其审查意见层报最高人民法院,待最高人民法院答复后作出裁定。上述规定对于我国国务院先后批复成立的上海、广东、天津、福建等18个自由贸易实验区的临时仲裁认定都有重要的影响。

016. 多份合同中仲裁协议效力判断规则

当事人签订多份合同,涉及仲裁协议效力认定时一般综合考虑以下规则进行判断:

(一)多份合同中签订在后的合同有仲裁条款,且前后合同主要权利义务基本一致,确认仲裁协议有效;

① 现与该条对应的为《民事诉讼法》第283条。

（二）多份合同约定有选择法院诉讼，也有选择仲裁，或者选择不同的仲裁机构，根据仲裁协议内容表述文字进行判断，仲裁条款约定明确，且有以该合同或仲裁条款为准等意思表示的，认定仲裁协议有效。

（三）多份合同中约定不同或理解不同，当事人要求确认仲裁协议无效的，任一协议中的仲裁协议有效且仲裁机构受理仲裁时，均驳回仲裁协议无效的请求，支持仲裁机构的裁量权，当事人可在仲裁裁决后申请撤销仲裁裁决。

（四）多份合同中，当事人在其中一份合同中没有直接约定仲裁条款，但能够认定协议条款中援引或指向其他合同中的仲裁条款，该行为表明当事人有请求仲裁的意思表示，认定仲裁协议有效。

（五）多份合同中，当事人以所签订的合同或仲裁协议不属于仲裁机构受理的争议事项范围，因此主张仲裁协议无效，法院经审查存在有效的仲裁协议，不支持上述理由，驳回仲裁协议无效请求，当事人可在仲裁裁决后申请撤销仲裁裁决。

规范解读：

实践中常涉及多份合同中仲裁协议或条款效力之争。在多份合同中可能是双方当事人之间签订的合同，有的约定的是不同的事项，有的约定的是相关联的事项，也有的约定的是同一事项但发生了变更；在多份合同中也可能是多方当事人之间签订的不同合同，在金融融资纠纷中，涉及出资行、参与通道业务机构、实际用资人、担保人等诸多主体和多份合同，因金融调控趋严，一些通过商业银行等正常渠道融资受限的实体企业也采用结构化信托的方式获得融资，其体现的法律关系较为复杂，包括委托代理关系、保证金质押关系、融资借贷关系、让与担保关系等。上述合同设计复杂，不同的合同主体、内容不同，相互之间的主从合同与先后顺序不一，而多份合同中对是否选择仲裁，选择哪家仲裁机构约定产生冲突与矛盾，需要一定的解决规则。仲裁机构在审理涉及多份合同的仲裁时也非常谨慎，如《中国国际经济贸易仲裁委员会仲裁规则》(2014 年修订)所规定内容值得研究借鉴,该仲裁规则第 14 条规定:“申请人就多份合同项下的争议可在同一仲裁案件中合并提出仲裁申请,但应同时符合下列条件:1. 多份合同系主从合同关系;或多份合同所涉当事人相同且法律关系性质相同;2. 争议源于同一交易或同一系列交易;3. 多份合同中的仲裁协议内容相同或相容。”对此我们结合实践经验大致确立以下规则:

第一,按时间在后的规则确认仲裁协议效力。多份合同均涉及相同权利义务,或者后合同系对先合同权利义务变更,以在后合同为准是合同解释的基本原则。

第二,以具有排他性意思表示为准的合同确认仲裁协议效力。多份合同中,无论选择诉讼或仲裁,或者有其他解决争议的表述方式,在最终的合同中有作为解决争议依据的排他性意思表示的,应确认该合同的仲裁协议效力,其“最终合同”有可能是主合同,也有可能是在先合同,还有可能是最后签订的合同,如有的表述为“对争议的解决方式均以本合同为准”。

第三,任一仲裁协议具备有效条件时,不简单以有其他约定解决纠纷方式而否定其效力。多份合同在理解上产生分歧,可能是每一份合同根据其相关情况单独有效,比如在债权人与债务人之间约定北京某仲裁机构仲裁,而在双方与担保人之间三方协议中约定上海某仲裁机构仲裁,上述协议均各自有效,关键在于当事人选择主张何种权利,因此不易认定无效。

第四,确认援引或指向有效仲裁协议。根据《仲裁法司法解释》第 11 条规定:“合同约定解决争议适用其他合同、文件中的有效仲裁条款的,发生合同争议时,当事人应当按照该仲裁条款提请仲裁。涉外合同应当适用的有关国际条约中有仲裁规定的,发生合同争议时,当事人应当按照国际条约中的仲裁规定提请仲裁。”

第五,区分不属于仲裁机构受理争议事项具体内容,对于超出法律规定仲裁范围的认定无效,对不属于仲裁协议约定范围为理由的不予支持,可在申请撤销仲裁时审查。

典型案例:多份合同涉及仲裁协议效力的认定

一、案件基本信息

案号:(2018)京04民特62号

当事人:申请人新疆克州神宝华通股权投资有限责任公司(以下简称神宝公司)、北京华普产业集团有限公司(以下简称华普集团)、北京华普投资有限责任公司(以下简称华普公司)、翦某与被申请人北京世欣鼎成投资中心(有限合伙)(以下简承世欣合伙)

案由:申请撤销仲裁裁决

二、诉辩争议焦点

申请人神宝公司、华普集团、华普公司、翦某称:请求法院依法确认神宝公司、华普集团、华普公司、翦某与世欣合伙于2015年12月31日签订的《补充协议四》第4条约定的仲裁条款无效。

事实和理由:神宝公司(原名包头市神宝华通投资有限公司)、华普集团、华普公司、翦某与世欣合伙于2015年12月31日签订《补充协议四》,就各方之间的贵州黔锦矿业有限公司(以下简称黔锦公司)股权合作项目,在各方已经签订的《合作协议书》《补充协议一》《补充协议二》《补充协议三》《担保协议书》的基础上,对于继续履行前述协议项下义务、延长担保义务等事宜作了相关约定。该协议第4条约定:"如果各方在执行协议中产生争议又无法协商一致的,应向北京仲裁委员会提起仲裁。"虽然《补充协议四》约定的争议解决方式为仲裁,但作为其主合同的《合作协议书》及《担保协议》约定的争议解决方式均为向法院提起诉讼。其中,以神宝公司作为甲方、以世欣合伙作为乙方、以华普集团作为丙方、以翦某作为丁方的《合作协议书》第9条约定:因本协议产生的争议,由各方协商解决,协商不成时,任何一方均可向协议签署地的人民法院提起诉讼;以世欣合伙作为甲方、以华普集团作为乙方、以华普公司作为丙方、以翦某作为丁方的《担保协议》第5条约定:如果各方在执行协议中产生争议又无法协商一致的，应向甲方所在地有管辖权的人民法院提起诉讼。神宝公司、华普集团、华普公司、翦某认为，关于其与世欣合伙之间的黔锦公司股权合作项目，各方约定的争议解决方式既包括诉讼。又包括仲裁。根据《最高人民法院关于适用〈中华人民共和国仲裁法〉若干问题的解释》（以下简称《仲裁法解释》）第7条的规定，《补充协议四》第4条约定的仲裁条款应为无效。

被申请人世欣合伙称：请求法院驳回神宝公司、华普集团、华普公司、翦某的申请。具体理由如下：

1.《补充协议四》第4条约定的仲裁条款符合《中华人民共和国仲裁法》（以下简称《仲裁法》）第16条关于仲裁协议形式及要件的规定，且不存在《仲裁法》规定的无效情形，仲裁条款合法有效，对当事人具有拘束力。本案当事人于2015年12月31日签订的《补充协议四》第4条约定："本协议为《合作协议书》、《补充协议一》、《补充协议二》、《补充协议三》及《担保协议》的补充，与《合作协议书》、《补充协议一》、《补充协议二》、《补充协议三》及《担保协议》具有同等的法律效力。如果各方在执行协议中产生争议又无法协商一致的，应向北京仲裁委员会提起仲裁。"上述仲裁条款完全符合《仲裁法》第16条关于仲裁协议形式及要件的规定，且不存在《仲裁法》第17条规定的仲裁协议无效的情形，合法有效，对当事人具有拘束力。

2. 案涉仲裁条款不存《仲裁法解释》第7条规定的仲裁协议无效的情形，神宝公司、华普集团、华普公司、翦某主张的"各方约定的争议解决方式既包括诉讼，又包括仲裁"是对司法解释的曲解。《补充协议四》是对《合作协议书》《担保协议》等在先签署协议的补充，在先签署协议中有与《补充协议四》中约定的不一致之处，应以《补充协议四》中的约定为准。

《补充协议》是在各方已签署的《合作协议书》《担保协议》《补充协议四》等的基础上的最新合意。《补充协议》第9条约定："各方在此确认，各方因各方已签署协议以及本补充协议的解释、履行而产生的任何争议均应提交北京仲裁委员会进行仲裁。”这进一步证明各方应将因涉案一系列协议所产生的争议提交北京仲裁委员会仲裁的意思表示。

三、法院裁判意见

审查查明,2011年8月,世欣合伙、华普集团、翦某与神宝公司签订《关于贵州黔锦矿业有限公司股权转让的合作协议书》(以下简称《合作协议书》)。

2011年9月,世欣合伙与神宝公司签订《关于贵州黔锦矿业有限公司股权转让的合作协议书之补充协议书(一)》(以下简称《补充协议一》)。

2011年11月,世欣合伙与华普集团、华普公司、翦某签订《关于贵州黔锦矿业有限公司股权转让的合作协议书之补充协议书(二)》(以下简称《补充协议二》)。

2013年12月16日,世欣合伙、华普集团、华普公司、翦某与神宝公司签订《关于贵州黔锦矿业有限公司股权转让的合作协议书之补充协议书(三)》(以下简称《补充协议三》)。

2015年4月24日,华普集团、华普公司、翦某与世欣合伙签订《担保协议》。

2015年12月31日,华普集团、华普公司、翦某、世欣合伙与案外人新疆克州神宝华通股权投资有限责任公司(原神宝公司)签订《关于贵州黔锦矿业有限公司股权转让的合作协议书之补充协议书(四)》(以下简称《补充协议四》),第4条约定:“本协议为《合作协议书》、《补充协议一》、《补充协议二》、《补充协议三》及《担保协议》的补充,与《合作协议书》、《补充协议一》、《补充协议二》、《补充协议三》及《担保协议》具有同等法律效力。如果各方在执行协议中产生争议又无法协议一致的,应向北京仲裁委员会提起仲裁。”

2017年2月23日,华普集团、华普公司、翦某与世欣合伙签订《补充协议》,第1条约定:"各方在此确认,《合作协议书》、《补充协议一》、《补充协议二》、《补充协议三》、《担保协议》、《补充协议四》(以下合称'各方已签署协议')为各方就贵州黔锦矿业有限公司股权合作项目(以下简称'黔锦矿业项目')所签署的一系列法律文件,均系各方真实意思表示……"第9条约定:"各方在此确认,各方因各方已签署协议以及本补充协议的解释、履行而产生的任何争议均应提交北京仲裁委员会进行仲裁。"第10条约定:"本补充协议为各方关于黔锦矿业合作项目的补充约定,本补充协议内容与各方此前已签署的书面文件(包括各方已签署协议)不一致之处,以本补充协议的约定为准。"

本院认为,仲裁协议(仲裁条款)系合同当事人约定将争议提交仲裁解决的意思表示,其是否具有效力决定了争议解决方式的选择。对于当事人订立协议约定通过仲裁解决合同争议的,应尊重当事人的自由选择,维护民商事审判理念中的当事人意思自治原则。根据意思自治原则,合同当事人可以对因合同引起争议的解决途径进行约定,也可以自由选择约定争议解决途径的方式,还可以通过新的约定确认、补充或者变更争议解决途径。本案中,就黔锦公司股权转让事项,共有包括本案涉案合同在内的七份合同,每份合同对于争议解决方式的约定有所不同。神宝公司、华普集团、华普公司与翦某认为,由于《补充协议四》对于就黔锦公司股权转让事项争议解决方式的约定与《合作协议书》《担保协议》不同,《合作协议书》与《担保协议》的约定为诉讼,《补充协议四》的约定为仲裁,故应根据《仲裁法解释》第7条之规定,认定《补充协议四》约定的仲裁条款无效。本院认为,就黔锦公司股权转让事项所涉七份合同在签订时间上有先后之分,在合同内容上具有承接性和延续性。后合同既是独立的新合同,也是对前合同的确认、补充或变更。在审查合同约定仲裁协议效力时,本院将从合同独立性和整体性两方面分别考虑,予以综合分析。

第一,关于合同的独立性。《补充协议四》第4条约定:"如果各方在执行协议中产生争议又无法协议一致的,应向北京仲裁委员会提起仲裁。"从合同内容来看,《补充协议四》系对就黔锦公司股权转让事项所订立的前五份合同的补充;从合同要件来看,《补充协议四》是一份单独的合同,其具有合同成立全部形式要件与实质要件,在签订时间、签订主体、合同内容等方面均具独立性。《补充协议四》第4条约定了将"执行协议中"产生的争议提交北京仲裁委员会仲裁,对该条进行文意理解,此处的"协议"仅指《补充协议四》,并未包括就涉黔锦公司股权转让事项所涉其他协议。《补充协议四》第4条的约定有明确的仲裁意思表示,约定了仲裁事项及唯一确定的仲裁委员会,符合《仲裁法》第16条仲裁协议的要件组成,应认定为合法有效。据此,可以认定《补充协议四》中对于应将所涉争议提交仲裁的意思表示明确,仲裁条款有效。

第二,关于系列合同的整体性。本案中,华普集团、华普公司、翦某与世欣合伙于2017年2月23日签订了《补充协议》,其签订时间晚于包括《补充协议四》在内的六份协议,其内容是对黔锦公司股权转让事项的确认、补充或变更。《补充协议》第10条约定:"本补充协议为各方关于黔锦矿业合作项目的补充约定,本补充协议内容与各方此前已签署的书面文件(包括各方已签署协议)不一致之处,以本补充协议的约定为准。"故根据《补充协议》,其可以对之前六份协议的相关内容进行确认、补充或者变更,确认、补充或者变更的内容既包括黔锦公司股权转让事项,也包括争议解决方式。《补充协议》第9条约定:"各方在此确认,各方因各方已签署协议以及本补充协议的解释、履行而产生的任何争议均应提交北京仲裁委员会进行仲裁。"故订立在后的《补充协议》对与黔锦公司股权转让事项有关的前六份合同中约定的争议解决方式进行了重新确认。根据本案实际情况,《补充协议四》的签订方为神宝公司、华普集团、华普公司、翦某与世欣合伙,《补充协议》的签订方为华普集团、华普公司、翦某与世欣合伙,虽然《补充协议四》与《补充协议》的签订方有所不同,但上述两份协议均明确约定应将就黔锦公司股权转让事项所产生的争议提交北京仲裁委员会仲裁，在系列合同中具有一致性，故可以认定北京仲裁委员会对《补充协议四》所涉争议的管辖权。

017. 多方当事人仲裁时，当事人以未在仲裁机构作为受理依据的仲裁协议上签字或盖章为由，申请仲裁协议无效

在多方当事人仲裁时，部分涉仲裁当事人提出无选择仲裁意思表示之理由，并不影响任何两方以上当事人约定有效的仲裁条款的效力，仲裁机构有权仲裁上述争议，在申请确认仲裁协议效力程序中，部分当事人以上述理由申请仲裁协议无效应予驳回，当事人可在仲裁裁决后申请撤销仲裁裁决。

规范解读：

对于当事人未在仲裁协议上签字或盖章为由申请仲裁协议无效，可能有两种事实：一种是多方当事人中的一方当事人确实没有选择仲裁的真实意思表示，另一种则是当事人不诚信地提出异议以阻止仲裁庭行使仲裁权，无论上述何种情况实际上都不能导致仲裁庭丧失管辖权的法律效果。对于两方以上当事人有请求仲裁的意思表示，选定仲裁委员会并有符合法律规定的仲裁事项，应当认定仲裁协议有效，基于合同相对性原理，如果对未签订一方没有约束力，并不影响签订合同相对方之间仲裁协议的效力。当然，对于未签订一方能否提出其他的主张，如仲裁协议对其不成立，或者没有约束力，依据现有法律和司法解释不属于申请确认仲裁协议效力案件审理范围，虽然一些请示批复中涉及对该问题予以解决的方法，但尚未上升到法律和司法解释层面，其从案由到裁定内容与判项都需要有明确的规定，该问题目前较好的处理方式就是法院在裁定中可以对查明的事实予以阐述，但裁定主项仍然是认定有效或无效。当事人在仲裁裁决作出后仍然有异议的，

可以以此为由向人民法院申请撤销仲裁裁决，这也是对当事人权利的充分保障。

018. 仲裁协议真实性认定程序

在确认仲裁协议效力的司法审查程序中，当事人对是否存在仲裁协议或者仲裁协议中的签字、盖章真实性提出异议。可分两种情况处理：

第一，当事人对是否存在仲裁协议或者仲裁协议中的签字、盖章真实性提出异议，其他当事人认可无仲裁协议或签字、盖章不真实，或者虽然不认可无仲裁协议或签字、盖章不真实，但通过证据能够证明当事人之间不存在选择仲裁解决争议的合意，可在确认仲裁协议效力司法审查程序中认定仲裁协议无效。但涉及多方当事人时，只要有两方以上当事人存在选择仲裁解决争议合意的，则不认定仲裁协议无效。

第二，虽然当事人对仲裁协议中的签字或盖章真实性提出异议，但对是否有选择仲裁的合意有争议时，应当考虑以下因素，尽量不在确认仲裁协议效力司法审查程序中确认仲裁协议无效。一般存在独立签订仲裁协议或者合同涉及仲裁条款两种形式，考虑到以上两种形式的真实性认定与当事人签订合同的行为、意思表示、合同真实性，合同的订立、成立、生效、未生效、有效、无效等效力判断密切相关，仅通过对当事人是否签字或盖章进行鉴定，不足以判断当事人在行为时的真实意思表示，更无法完整判断法律行为效力，因此只有经过仲裁实体审理，方能确保纠纷所涉事实被完整地查明，当事人的真实意思表示经过了全面的分析认定。因此，当事人对仲裁协议中的签字或盖章真实性提出异议，或者申请鉴定，并主张仲裁协议无效的，法院不予支持。当事人可在仲裁裁决后申请撤销仲裁裁决。

规范解读：

仲裁在本质上是当事人之间为解决争议进行的合同性安排，其遵循当事人意思自治原则，体现当事人享有自由处分与选择的权利。在确认仲裁协议效力的司法审查案件中，仲裁协议是否存在以及仲裁协议中的签字、盖章真实性是首先审查的问题。上述规范意见没有对仲裁协议的存在与真实性予以简单处理，而是考虑仲裁协议与当事人签订合同的过程密不可分，甚至在仲裁司法审查中常常只有通过实体审理才能作出全面客观的判断，仅从形式上进行判断有时会导致在事实不清的情况下草率下判。对仲裁协议真实性问题，当事人往往会申请印章和签字的鉴定，而现实中存在签订合同时就已经使用虚假印章和不真实签字的情况，因此将本应通过举证认证并结合案件事实进行判断认定的事实，交由鉴定机构判断真伪，难以使当事人合法权益得到有效保障，甚至纵容了非善意一方当事人的不诚信行为。

正是基于社会现状和司法实践中遇到的问题，我们将需要判断的仲裁协议存在与否和真实性问题分为两个层面解决。第一，在能够通过证据查清，确实不存在仲裁协议或者当事人之间不存在选择仲裁解决争议的合意时，可在确认仲裁协议效力司法审查程序中认定仲裁协议无效。第二，在查明事实较为复杂，仅通过对当事人是否签字或盖章进行鉴定，不足以判断当事人在行为时的真实意思表示，更无法完整判断法律行为效力时，我们认为应当由仲裁庭进行实体审理，从而确保纠纷所涉的争议事实，尤其涉及争议解决方式的选择能够被完整地查明，当事人的真实意思表示经过全面地分析认定。因此，在申请确认仲裁协议效力案件中，法院对无法全面查清事实的情况，不简单作出否定性判决，从支持仲裁的角度，将仲裁权交由仲裁庭，在当事人对仲裁协议中的签字或盖章真实性提出异议或者申请鉴定，并主张仲裁协议无效时，法院不予支持。在仲裁庭作出仲裁裁决后，当事人可申请撤销仲裁裁决。

019. 主合同约定仲裁，担保合同未约定仲裁如何认定效力

主合同约定仲裁，担保合同未约定仲裁可分以下几种情形处理：

（一）主合同约定仲裁，担保合同虽未明确约定仲裁，但在担保合同中对解决争议的方式明确表示与主合同一致，认定主合同约定的仲裁协议效力及于担保合同；

（二）主合同将担保合同列为从合同、附件并且有从合同、附件解决争议的方式与主合同一致的意思表示，同时能够证明担保合同当事人明确知晓或者认可，认定主合同约定的仲裁协议效力及于担保合同；

（三）主合同约定仲裁，担保合同虽未明确约定仲裁，但通过担保合同当事人行为、意思表示等证据能够证明对主合同约定仲裁明确知晓，且有同意选择仲裁的意思表示，认定主合同约定的仲裁协议效力及于担保合同；

（四）主合同约定仲裁，担保合同未明确约定仲裁，担保合同当事人仅知晓主合同约定仲裁，而无任何同意选择仲裁的意思表示，认定担保合同未选择仲裁作为解决争议方式。

规范解读：

以两个或多个合同相互间的主从关系为标准，可以将它们分为主合同与从合同，而且这种主从关系，仅具有相对的意义。[①] 凡不以他种合同的存在为前提，即不受其制约而独立存在的合同，称为主合同；必须以他种合同的存在为前提，自身不能独立存在的合同，叫作从合同。从合同要依赖于主合同的存在而存在，因而也叫“附属合同”。区分主合同和从合同的法律意义在于：明确他们之间的制约关系，从合同以主合同的存在为前提，主合同变更或消灭，从合同原则上也随之变更或消灭。[②] 一般而言，合同的担保，实际上是合同债的担保，为保全债务人履行债务，保障债权人债权得以实现而

---

① 参见韩世远：《合同法总论》第4版，法律出版社2018年版，第90页。

② 参见崔建远主编：《合同法》第6版，法律出版社2016年版，第21页。

签订相关的合同,涉及债权债务关系的主合同与担保合同。典型担保,即保证、抵押、质押,与非典型担保,即合同约定的权利义务关系不属于物权法规定的典型担保类型,如以银行信用为载体、以银行承兑汇票为结算工具、由银行控制货权、卖方(或者仓储方)受托保管货物并以承兑汇票与保证金之间的差额作为担保的保兑仓交易,当事人在相关合同中同时约定采用信托公司受让目标公司股权、向目标公司增资方式并以相应股权担保债权实现的让与担保等。还有新类型担保,主要是指以新类型的权利设定的担保。所谓的新类型权利,是指既未被《民法典》第 440 条明确列举的权利所涵盖,又未被法律、行政法规所规定的权利。该权利因为属于新类型,所以还随社会经济发展不断发生新的扩展。实践中,这些新类型权利主要包括商铺租赁权、出租车经营权、排污权、信托收益权、高速公路收费权等各种收费权。从属性是担保的基本属性,要慎重认定主从合同的关系以及担保行为的效力,对此《全国法院民商事审判工作会议纪要》规定"要充分发挥担保对缓解融资难融资贵问题的积极作用,不轻易否定新类型担保、非典型担保的合同效力及担保功能。"主从合同效力认定问题并不导致主从合同关于争议解决方式的约定无效,根据《民法典》第 507 条规定,合同不生效、无效、被撤销或者终止的,不影响合同中有关解决争议方法的条款的效力。同时《仲裁法》第 19 条规定,仲裁协议独立存在,合同的变更、解除、终止或者无效,不影响仲裁协议的效力。

基于担保类型的主从合同均是为了保证债权的实现。主合同的债务人以其全部财产作为履行债务的总担保,担保合同的担保人依合同约定承担担保责任,担保合同相对于主债权债务合同具有从属性和补充性,因此在纠纷产生后常常涉及诉的合并问题,即在诉讼中债权人即可向债务人主张权利,在一定条件下也可向担保人主张权利,也可同时主张权利。但是仲裁作为纠纷解决方式,必须以当事人意思自治为原则,只有当事人签订仲裁协议或者明确表示同意选择仲裁作为纠纷解决方式时,仲裁机构才享有管辖权。实践中,仲裁机构基于申请人的请求而将主从合同当事人均列为仲裁当事人的情况并不鲜见，固然合同审理能够一次性解决纠纷，但是将未选择仲裁的当事人及其与他人之间的争议纳入仲裁范围，违反了仲裁以当事人仲裁意愿为前提的基本原则。

从仲裁司法审查的案件分析，基于交易习惯与商事活动经验，部分主从合同签订时各方当事人对选择仲裁作为解决争议的方式属于明知，但由于签订合同时的疏忽遗漏或者其他情况，导致没有直接明确的仲裁协议，对此我们按具体情况予以分析判定：第一，主合同约定仲裁时，在担保合同中虽未明确约定仲裁，但通过担保合同文字表述能够看出其对解决争议的方式与主合同一致，此时，我们认为应当认定主合同约定的仲裁协议效力及于担保合同，对主从合同的法律关系所涉事项可以在仲裁中一并裁决；第二，主合同将担保合同列为从合同、附件，并且有从合同、附件解决争议的方式与主合同一致的意思表示，一般而言当事人负有一定的注意义务，即签订从合同或附件的当事人在承担重大责任时，往往有意愿和权利了解主合同内容，而在相关证据能够证明担保合同当事人明确知晓或者认可时，结合主合同内容与从合同的签订行为，可以认定主合同约定的仲裁协议效力及于担保合同；第三，主合同约定仲裁，担保合同虽未明确约定仲裁，此时在认定担保合同当事人有无选择仲裁意愿时需要慎重判断，担保人签署主合同附件的担保合同，并不会使担保人成为主合同仲裁协议的缔约方，但担保合同当事人的行为、意思表示等证据能够证明对主合同约定仲裁明确知晓，且有同意选择仲裁的意思表示时，认定主合同约定的仲裁协议效力及于担保合同，反之如果担保合同当事人仅知晓主合同约定仲裁，而无任何同意选择仲裁的意思表示，则认定担保合同未选择仲裁作为解决争议方式。

020. 确认仲裁协议无效的报核程序

经审查拟认定仲裁协议无效时，则应报请高级人民法院审核并依该审核意见办理。对于案件当事人住所地跨省级行政区域，高级人民法院如同意中级法院意见，则应向最高人民法院报核，待最高人民法院审核后，方可依最高人民法院的审核意见作出裁定。

审查依据：《最高人民法院关于审理仲裁司法审查案件报核问题的有关规定》第2条第2款、第3条

规范解读：

仲裁司法审查报核制度的建立和不断发展完善，体现了我国仲裁司法审查方面的进步，符合仲裁事业发展的要求。我国对仲裁协议效力和仲裁裁决的司法审查程序采取内外有别的方式，报核程序从涉外撤销仲裁裁决开始，逐步发展到国内撤销仲裁裁决和确认仲裁协议效力，并对普通程序中涉及仲裁协议效力认定事项也进行了二审报核的规定。涉外撤销仲裁裁决的报核最早规定于《最高人民法院关于人民法院撤销涉外仲裁裁决有关事项的通知》（法〔1998〕40号），该通知规定："为严格执行《仲裁法》和《民事诉讼法》，保障诉讼和仲裁活动依法进行，现决定对人民法院撤销我国涉外仲裁裁决建立报告制度。"1995年，《最高人民法院关于人民法院处理与涉外仲裁及外国仲裁事项有关问题的通知》（法发〔1995〕18号）特别明确规定，为严格执行《民事诉讼法》以及我国参加的有关国际公约的规定，保障诉讼和仲裁活动依法进行，现决定对人民法院受理具有仲裁协议的涉外经济纠纷案、不予执行涉外仲裁裁决以及拒绝承认和执行外国仲裁裁决等问题建立报告制度。通知内容如下：（1）凡起诉到人民法院的涉外、涉港澳和涉台经济、海事海商纠纷案件，如果当事人在合同中订有仲裁条款或者事后达成仲裁协议，人民法院认为该仲裁条款或者仲裁协议无效、失效或者内容不明确无法执行的，在决定受理一方当事人起诉之前，必须报请本辖区所属高级人民法院进行审查；如果高级人民法院同意受理，应将其审查意见报最高人民法院。在最高人民法院未作答复前，可暂不予受理。（2）凡一方当事人向人民法院申请执行我国涉外仲裁机构裁决，或者向人民法院申请承认和执行外国仲裁机构的裁决，如果人民法院认为我国涉外仲裁机构裁决具有《民

事诉讼法》第260条[①]情形之一的，或者申请承认和执行的外国仲裁裁决不符合我国参加的国际公约的规定或者不符合互惠原则的，在裁定不予执行或者拒绝承认和执行之前，必须报请本辖区所属高级人民法院进行审查；如果高级人民法院同意不予执行或者拒绝承认和执行，应将其审查意见报最高人民法院。待最高人民法院答复后，方可裁定不予执行或者拒绝承认和执行。

2017年年底，《最高人民法院关于审理仲裁司法审查案件若干问题的规定》和《最高人民法院关于仲裁司法审查案年报核问题的有关规定》两部司法解释出台，从而全面完善了仲裁司法审查的报核机制。对于仲裁司法审查案件的审核权，最高人民法院在考虑实践中具体案件的数量和各级法院审判力量的基础上，对涉外涉港澳台地区案件进行了不同规定。其中，对于涉外涉港澳台地区仲裁司法审查案件秉承原内请制度确定的原则，规定报最高人民法院审核，具体包括申请确认仲裁协议效力和申请撤销仲裁裁决两种类型。对于上述两种类型的非涉外涉港澳台地区案件，则规定报高级法院审核。考虑到跨区划利益协调与保护，如果非涉外涉港澳台地区的案件存在当事人住所地跨省级行政区域的，或者以违背社会公共利益为由不予执行或者撤销仲裁裁决的，则依规定报最高人民法院审核，从而体现平等保护当事人、慎重适用公共利益原则。在审查中还应特别注意涉及自由贸易试验区的仲裁报核规则，根据《最高人民法院关于为自由贸易试验区建设提供司法保障的意见》第9条第3款规定：在自贸试验区内注册的企业相互之间约定在内地特定地点、按照特定仲裁规则、由特定人员对有关争议进行仲裁的，可以认定该仲裁协议有效。人民法院认为该仲裁协议无效的，应报请上一级法院进行审查。上级法院同意下级法院意见的，应将其审查意见层报最高人民法院，待最高人民法院答复后作出裁定。上述报核制度的完

---

① 《仲裁法司法解释》公布时实施的是1991年《民事诉讼法》，该法已被修改，与该法第260条对应的为现行《民事诉讼法》第274条。

善，有利于保证司法审查尺度的统一，从而不断支持仲裁事业发展，提高仲裁公信力。

典型案例：对涉及“或裁或审”约定理解的确认仲裁协议效力案件报核

一、案件基本信息

案号：（2019）京04民特135号

当事人：申请人北京华业资本控股股份有限公司（以下简称华业资本）与被申请人广州证券股份有限公司（以下简称广州证券）

案由：确认仲裁协议效力

二、诉辩争议焦点

华业资本称：请求确认华业资本与广州证券《北京华业资本控股股份有限公司2017年度第一期短期融资券募集说明书》（以下简称《募集说明书》）项下的仲裁协议无效。事实和理由：2017年10月，华业资本发布《募集说明书》，发行5亿元“北京华业资本控股股份有限公司2017年度第一期短期融资券”（债券简称17华业资本CP001；债券代码041762038），发行日为2017年10月12日，起息日为2017年10月13日，期限为365天，票面年利率为7.2%。《募集说明书》第十一章第2条“违约责任”第1款约定：“发行人到期未能偿还本期短期融资券本息，投资者可依法提起诉讼。”《募集说明书》第十一章第7条“控制权变更条款”第2款第3项“救济与豁免机制”第（2）小项约定：“发行人应无条件接受持有人会议作出的上述决议，如果发行人未获得豁免，则发行人在该触发情形发生之日（若有宽限期的，在宽限期到期之日）起构成违反约定，则本期债务融资工具持有人可在持有人会议召开日的次一日提起诉讼或仲裁；若持有人会议有条件豁免，发行人应于30个工作日内完成相关法律手续，发行人未在该工作日内完成相关手续的，则本期债务融资工具持有人可在办理法律手续期限届满日后次一日提起诉讼或仲裁。发行人发行本期债务融资工具，主承销商承销本期债务融资工具，以及持有人认购或购买本期债务融资工具,均视为已同意上述约定,并认可该等约定构成对其有法律约束力的相关合同义务。发行人违反上述约定,投资人有权向中国国际经济贸易仲裁委员会按照申请仲裁时其有效的仲裁规则在北京进行仲裁。持有人会议的召开应不违反《持有人会议规程》相关规定。”2018 年 8 月 2 日,广州证券管理的广州证券粤汇通 8 号集合资产管理计划购入华业资本发行的上述债券,购入债券的票面总额为 5000 万元。2018 年 11 月,广州证券就发行人到期未能偿还本期短期融资券本息争议向中国国际经济贸易仲裁委员会(以下简称贸仲)申请仲裁,贸仲受理后至今未组成仲裁庭,亦未开庭审理。针对发行人到期未能偿还本期短期融资券本息如何解决的问题,《募集说明书》第十一章第 2 条“违约责任”第 1 款明确约定了诉讼管辖:“发行人到期未能偿还本期短期融资券本息,投资者可依法提起诉讼。”广州证券援引的仲裁依据是《募集说明书》第 163 页最后一段,但该段内容是《募集说明书》第十一章第 7 条“控制权变更条款”项下的约定,该约定仅能适用于该条项下有关争议,而不应适用于其他争议,尤其是在《募集说明书》第十一章第 2 条第 1 款已经对“发行人到期未能偿还本期短期融资券本息”争议作出“投资者可依法提起诉讼”的明确诉讼管辖的情况下,更不能适用于“发行人到期未能偿还本期短期融资券本息”的争议解决。即便在第 7 条下,也既约定了诉讼,又约定了仲裁,仲裁协议也依法无效。退一步讲,即使《募集说明书》第 163 页有关仲裁约定的适用范围包括发行人到期未能偿还债券本息情形,由于《募集说明书》第十一章第 2 条“违约责任”第 1 款已经对发生该情形的争议解决方式明确约定了诉讼管辖,案涉争议亦属于既约定可以诉讼又约定可以仲裁的情形。根据《最高人民法院关于适用〈中华人民共和国仲裁法〉若干问题的解释》(法释〔2006〕7 号)第 7 条“当事人约定争议可以向仲裁机构申请仲裁也可以向人民法院起诉的,仲裁协议无效”的规定,《募集说明书》第 163 页项下的仲裁协议亦应认定无效。此外,《募集说明书》项下债券的其他投资人通过人民法院解决债券逾期争议的事实亦可证明《募集说明书》项下的仲裁协议无效。

广州证券称，不同意华业资本的请求。(1)广州证券提起仲裁的依据与《募集说明书》第十一章第2条是相互独立的。华业资本援引的条款，规定在《募集说明书》第十一章第2条“违约责任”项下，内容为“发行人到期未能偿还本期短期融资券本息，投资者可依法提起诉讼”。该章节第1条规定了“违约事件”的概念：“1. 拖欠付款：拖欠短期融资券本金或短期融资券应付利息；2. 解散：发行人于所有未赎回短期融资券获赎回前解散或因其他原因不再存在。因获准重组引致的解散除外；3. 破产：发行人破产、全面无力偿债、拖欠到期应付款项、停止/暂停支付所有或大部分债务或终止经营其业务，或发行人根据《破产法》规定进入破产程序。”综上可知，违约责任产生的前提是“违约事件”规定任一情形的发生。而广州证券的仲裁依据，规定在第十一章“投资者保护机制”的最后一段，系关于整章内容争议解决方式的概括性规定，并非华业资本所称仅适用于第十一章第7条“控制权变更条款”(第十一章第7条第3点“救济与豁免机制”最后一段中，已对涉及“控制权变更”为被豁免时的争议解决方式进行了规定)。《募集说明书》第十一章第2条与广州证券的仲裁依据，虽规定在同一章节，但二者发生依据不同，且可区分，前者因规定的“违约事件”而发生，后者因第十一章其他内容而发生，前者的效力并不及于后者，二者是相互独立的两个条款。广州证券申请仲裁的理由是，华业资本在存续期内发生大额应收账款无法收回，偿债能力急剧下降，也就是《募集说明书》第十一章第3条“投资者保护机制”所规定的“发行人突然出现的，可能导致短期融资债券不能按期、足额兑付，并可能影响到金融市场稳定”的应急事件，而非《募集说明书》第十一章第1条规定的拖欠付款等“违约事件”。因此，华业资本所援引条款并不适用本案。广州证券依据《募集说明书》第十一章规定的仲裁条款，提起仲裁，亦不与其他管辖条款相冲突。(2)《募集说明书》中的管辖条款，不能直接约束债券持有人。根据《募集说明书》第三章“本期短期融资券发行安排”规定：“本期短期融资……通过集中簿记建档系统向簿记管理人提交《北京华业资本控股股份有限公司2017年度第一期短期融资券申购要约》(以下简称《申购要约》)，申购时间以在集中簿记建档系统中将《申购要约》提交至簿记管理人的时间为准。”可以看出，《募集说明书》性质上属于要约邀请，而非发行人与债券持有人之间达成的合同。华业资本为发行债券而公布的《募集说明书》主要目的是供投资者了解即将发行的债券以及发行人自身的情况，《募集说明书》中关于管辖条款的规定，在双方未达成一致意见的情况下，并不能直接约束债券持有人。也就是说，华业资本并未与广州证券同时约定仲裁和诉讼两种争议解决方式。而广州证券选择依据《募集说明书》中的仲裁条款提起仲裁，在华业资本未明确表示撤回《募集说明书》内容的情况下，应视为双方已就仲裁条款达成一致。(3)广州证券申请仲裁所依据的条款位于《募集说明书》第十一章“投资者保护机制”最后一段，其关于《募集说明书》所引发争议提交仲裁解决的意思表示是明确的，且仲裁条款具备了仲裁事项、仲裁地、仲裁机构和仲裁规则等必要事项，属于有效的管辖条款。而《募集说明书》第十一章“违约责任”第2项既未明确是向“法院”起诉，也未明确争议解决的法院，不符合《民事诉讼法》关于协议约定人民法院管辖的规定，不应将其认定为有效的管辖条款。结合其所处的位置以及所属的第二级标题“违约责任”，该条款是对发行人和投资者违约情形以及承担违约责任范围的约定，与广州证券的仲裁依据相互独立，不构成对仲裁条款的实质性改变。(4)广州证券仲裁依据与其他条款不存在冲突。如前所述，违约责任第2项仅表述为“提起诉讼”，并未明确向何种机构提起诉讼，此处的“诉讼”可以解释为申请仲裁，理由为：①《募集说明书》的解释和释义中未对“诉讼”范围限定为向法院提起诉讼；②综观《募集说明书》全部内容，存在将诉讼扩大解释的情形，如《募集说明书》第 138 页“十、发行人未决诉讼情况：发行人不存在尚未了结的重大诉讼、仲裁”；第 48 页“7. 法务部……负责公司涉及诉讼、仲裁……等诉讼或非诉讼事务”；③司法实践通常将“向仲裁委员会提起诉讼”的表述认定为有效的仲裁协议。(5)本案仲裁管辖与其他案件管辖不存在冲突。华业资本提交其他案件管辖情况，不足以证明本案仲裁协议无效。(6)投资人对募集说明书中的管辖条款拥有选择权。《募集说明书》由华业资本起草，在订立时未与广州证券协商。广州证券通过二级市场的卖方购买华业资本发行的债券，亦无法向发行人作出接受某条款或拒绝某条款的意思表示。参照《最高人民法院关于适用〈中华人民共和国民事诉讼法〉若干问题的解释》第 31 条之规定，华业资本作为格式条款起草方，在未明确提示广州证券、未进行任何标记的情况下，在第十一章中间部分一处不明显位置起草“提起诉讼”字样，以此否定第十一章最后一段明确的仲裁协议，理由不能成立。广州证券已为本案付出仲裁费、律师费和保险费等经济支出，华业资本主张其单方起草的管辖协议无效，严重损害了广州证券作为投资者的合法权益，根据格式条款相关法律规定，华业资本主张的管辖协议对广州证券不发生效力。此外，即使存在其他投资者向法院起诉的事实，本案也不违反《仲裁法》关于“或裁或诉”约定无效的规定。“或裁或诉”之所以无效，是防止同一合同当事人向不同管辖机构起诉或申请仲裁，造成管辖权冲突。而在本案及系列债券违约案件中，虽然面向投资者的《募集说明书》内容相同，但鉴于债券违约案件的特殊性，发行人不能对投资者提起诉讼。因此，每个债券违约案件管辖机构，均取决于具体投资人的选择，而不会造成“或裁或诉”管辖权冲突的情形。

三、法院裁判意见

法院经审查查明：

（一）《募集说明书》文本

2017 年 10 月，华业资本公司发行“北京华业资本控股股份有限公司

2017年度第一期短期融资券”，融资总金额5亿元，发行日2017年10月12日，期限365天。

上述发行债券《募集说明书》中，就争议解决方式未作统一约定，而是散见于不同条款。其中第十一章“投资者保护机制”第2条“违约责任”第1款约定：“……发行人到期未能偿还本期短期融资券本息，投资者可依法提起讼”（见《募集说明书》，第152页）；同一章第7条“控制权变更条款”第2款“处置程序”第3项“救济与豁免机制”第（2）小项约定：（当发行人出现控制权变更情形时，主承销商应召开持有人会议，持有人有权表决对此是否进行豁免）“发行人应无条件接受持有人会议作出的上述决议，如果发行人未获得豁免，则发行人在该触发情形发生之日（若有宽限期的，在宽限期到期之日）起构成违反约定，则本期债务融资工具持有人可在持有人会议召开日的次一日提起诉讼或仲裁；若持有人会议有条件豁免，发行人应于30个工作日内完成相关法律手续，发行人未在该工作日内完成相关手续的，则本期债务融资工具持有人可在办理法律手续期限届满日后次一日提起诉讼或仲裁”，（此后另起一段，亦为《募集说明书》全文最后一段）“发行人发行本期债务融资工具，主承销商承销本期债务融资工具，以及持有人认购或购买本期债务融资工具，均视为已同意上述约定，并认可该等约定构成对其有法律约束力的相关合同义务。发行人违反上述约定，投资人有权向中国国际经济贸易仲裁委员会按照申请仲裁时其有效的仲裁规则在北京进行仲裁。持有人会议的召开应不违反《持有人会议规程》相关规定”（见《募集说明书》，第162～163页）。

本院审查期间，双方当事人就前述“违反上述约定”具体指向存在分歧。华业资本称“上述约定”仅指向第十一章第7条“控制权变更”这一种特定情形，广州证券则认为是指向《募集说明书》第十一章整章内容。

（二）贸仲受理案件情况

广州证券系“北京华业资本控股股份有限公司2017年度第一期短期

融资券”持有人之一，其持有债券的票面总额为5000万元。2018年10月，广州证券以华业资本为被申请人，向贸仲提起仲裁，要求返还债券本息。贸仲受理了该仲裁案件，截至目前尚未组成仲裁庭。

（三）关于类似投资人的相关情况

“北京华业资本控股股份有限公司2017年度第一期短期融资券”目前已经到期，华业资本未能依约偿还本息。据华业资本称，该期债券共计10个持有人，（截至2019年3月底）其中2个持有人已经向贸仲申请仲裁（包括本案的广州证券），有4个持有人已经向北京市朝阳区人民法院、北京市第三中级人民法院等法院提起诉讼。

本院认为，本案《募集说明书》的法律性质应属于要约邀请，但该说明书最后一段明确载明“发行人发行本期债务融资工具，主承销商承销本期债务融资工具，以及持有人认购或购买本期债务融资工具，均视为已同意上述约定，并认可该等约定构成对其有法律约束力的相关合同义务”，且没有证据显示广州证券购买该期债券时与华业资本达成了其他约定，故《募集说明书》载明的内容可以视为双方当事人达成的协议文本。《募集说明书》最后一段虽然有“发行人违反上述约定，投资人有权向中国国际经济贸易仲裁委员会按照申请仲裁时其有效的仲裁规则在北京进行仲裁”（结合全段文字，本院认为此处“上述约定”应代指《募集说明书》全文）之表述，但《募集说明书》他处多次出现“提起诉讼”等表述，由此可见《募集说明书》中对于纠纷解决方式同时约定了诉讼及仲裁，且没有作出特别区分。根据《最高人民法院关于适用〈中华人民共和国仲裁法〉若干问题的解释》第7条之规定，《募集说明书》项下的仲裁协议应属于无效。据此，本院依据《最高人民法院关于仲裁司法审查案件报核问题的有关规定》第2条第2款之规定，向上级法院提请报核。

经审核，最高人民法院认为，《募集说明书》最后一段载明：“发行人发行本期债务融资工具，主承销商承销本期债务融资工具，以及持有人认购或购买本期债务融资工具,均视为已同意上述约定,并认可该等约定构成对其有法律约束力的相关合同义务。发行人违反上述约定,投资人有权向中国国际经济贸易仲裁委员会按照申请仲裁时其有效的仲裁规则在北京进行仲裁。持有人会议的召开应不违反《持有人会议规程》相关规定。”该仲裁条款所属全段文字内容均指向“本期债务融资工具”,因此仲裁条款中“上述约定”应代指《募集说明书》全文。《募集说明书》前后约定了不同的争议解决方式,应当以双方最后一次意思表示为准。案涉仲裁条款符合《中华人民共和国仲裁法》第 16 条规定的形式要件,是有效的仲裁条款,不宜认定《募集说明书》项下的仲裁协议无效。

据此,本院对华业资本要求确认涉案仲裁协议无效的申请不予支持。依照《中华人民共和国仲裁法》第 16 条、第 20 条规定,裁定如下:驳回北京华业资本控股股份有限公司的申请。

第三章　申请撤销仲裁裁决案件审查规范

021. 申请撤销仲裁当事人主体审查

申请撤销仲裁裁决的当事人必须是被申请撤销的仲裁裁决的申请人或被申请人。仲裁案件之外的第三人不具备申请撤销仲裁裁决的主体资格。审理时，列提出撤销申请的一方当事人为申请人，列对方当事人为被申请人。

审查依据：《最高人民法院关于对崇正国际联盟集团有限公司申请撤销仲裁裁决人民法院应否受理的复函》（[2001]民立他字第36号）；《最高人民法院关于审理当事人申请撤销仲裁裁决案件几个具体问题的批复》（法释〔1998〕16号）第2条

规范解读：

撤销仲裁裁决，理论上有学者将其定义为仲裁裁决作出和生效后，如具备法律规定的条件和事由，当事人或利害关系人有权提起诉讼请求法院撤销该裁决以维护其合法权益的程序法律制度。[①] 上述定义中，撤销仲裁裁决申请的主体包括了当事人和利害关系人，其观点认为排除第三人的诉权不符合《民事诉讼法》和《仲裁法》原理，仲裁程序中比审判程序更有可能出现当事人恶意串通，损害国家、集体或第三人利益的情形，赋予利害关系第三

① 参见江伟、肖建国主编，谢文哲副主编：《仲裁法》第3版，中国人民大学出版社2016年版，第265页。

人提起撤销仲裁裁决之诉的权利，是合乎逻辑的必然选择。在此，我们不作更进一步的学术研讨，撤销仲裁制度是否引入第三人撤销之诉有待于理论与实践的发展，目前法律和司法解释尚无允许利害关系人申请撤销仲裁裁决的相关规定。

当然，对于办理仲裁裁决执行案件中因涉及案外人的权利时，司法解释作出了相应的规定。2018 年实施的《最高人民法院关于人民法院办理仲裁裁决执行案件若干问题的规定》第 9 条规定："案外人向人民法院申请不予执行仲裁裁决或者仲裁调解书的，应当提交申请书以及证明其请求成立的证据材料，并符合下列条件：（一）有证据证明仲裁案件当事人恶意申请仲裁或者虚假仲裁，损害其合法权益；（二）案外人主张的合法权益所涉及的执行标的尚未执行终结；（三）自知道或者应当知道人民法院对该标的采取执行措施之日起三十日内提出。"并在该司法解释第 18 条进一步明确规定："案外人根据本规定第九条申请不予执行仲裁裁决或者仲裁调解书，符合下列条件的，人民法院应当支持：（一）案外人系权利或者利益的主体；（二）案外人主张的权利或者利益合法、真实；（三）仲裁案件当事人之间存在虚构法律关系，捏造案件事实的情形；（四）仲裁裁决主文或者仲裁调解书处理当事人民事权利义务的结果部分或者全部错误，损害案外人合法权益。"在《民事诉讼法》修改和发展过程中，案外人异议之诉和第三人撤销之诉都源于执行程序中发现的损害案外人或第三人权益的现状，或许在仲裁制度中也会遵循相应的发展轨迹。当然运用现有的虚假仲裁和不予执行制度，以及确立仲裁裁决相对性理论，也能够解决上述问题。

提出申请撤销仲裁裁决的主体应当是仲裁当事人。2001 年《最高人民法院关于对崇正国际联盟集团有限公司申请撤销仲裁裁决人民法院应否受理的复函》（民立他字［2001］第 36 号）对北京市高级人民法院请示关于撤销仲裁裁决申请主体是否可由与仲裁裁决有利害关系的第三人提起进行了明确的答复："《中华人民共和国仲裁法》第七十条规定的'当事人'是指仲裁案件的申请人或被申请人，崇正国际联盟集团有限公司并非 V19990351 号仲裁案件的申请人或被申请人,该公司不具备申请撤销该仲裁裁决的主体资格,故对该申请人民法院不予受理。”最高人民法院在上述答复中排除了案外第三人提起撤销裁决申请的主体资格,除因我国《仲裁法》和《民事诉讼法》的规定外,实际上是坚持司法权对仲裁的适当监督,采取仲裁司法审查的谦抑性原则。对于如何列明主体地位,1998 年公布施行的《最高人民法院关于审理当事人申请撤销仲裁裁决案件几个具体问题的批复》中明确规定:“一方当事人向人民法院申请撤销仲裁裁决的,人民法院在审理时,应当列对方当事人为被申请人。”对此,2016 年最高人民法院制定的《人民法院民事裁判文书制作规范》《民事诉讼文书样式》中也采取上述主体列明方式。

典型案例:仲裁委作出主体资格撤案决定,当事人申请撤销仲裁裁决的司法审查

一、案件基本信息

案号:(2019)京 04 民特 38 号

当事人:申请人创凯(香港)有限公司(以下简称创凯公司)与被申请人中国石化集团中原石油勘探局有限公司(以下简称中原公司)

案由:申请撤销仲裁裁决

二、诉辩争议焦点

申请人创凯公司称,(1)请求撤销中国国际经济贸易仲裁委员会(以下简称贸仲)作出的〔2018〕中国贸仲京字第 0786 号主体资格及撤案决定(以下简称 0786 号决定),并通知贸仲重新作出裁决;(2)本案诉讼费用由被申请人承担。事实和理由:2010 年,中国石化集团中原石油勘探局对外经济贸易总公司(以下简称中石化对外贸易公司)与申请人签订了编号为 Z04WJ - 2010 - LQGXCG - CN - 051 - HKPE5320 - PU - 0058《CONTRACT》和 Z04WJ - 2010 - LQGXCG - CN - 072 - HKPE5320 - PU - 0032《CONTRACT》的两份合同(以下简称涉案两份合同),合同约定中石化对外贸易公司购买申请人的火灾报警系统、手提式干粉灭火器、灭火器箱、消火栓等消防设备，并约定申请人为其提供技术服务。申请人已按照合同约定履行了交货和现场技术服务义务，并经中石化对外贸易公司验收确认。但中石化对外贸易公司至今尚有货款144 000美元、技术服务费42 800美元未向申请人支付。濮阳市工商行政管理局油田分局的工商档案显示，中石化对外贸易公司已于2013年12月12日申请注销，其隶属机关即设立人是被申请人。根据《最高人民法院关于适用〈中华人民共和国民事诉讼法〉的解释》第64条以及《中华人民共和国公司法》第14条第1款规定，其民事责任应由被申请人承担。故申请人向贸仲提起仲裁。在仲裁庭审中，被申请人向仲裁庭提交了两份由中石化对外贸易公司作为甲方、中国石化集团中原石油勘探局勘察设计研究院（现更名为中石化中原石油工程设计有限公司，以下简称中石化工程设计公司）作为乙方、申请人作为丙方的三方《协议书》的照片，并未提交三方《协议书》原件。仲裁庭最终认定了复印件形式的三方《协议书》，作出0786号决定。申请人收到决定后，依据仲裁委认定的三方《协议书》以中石化工程设计公司为被申请人再次提起仲裁申请。在仲裁庭审中，中石化工程设计公司不认可上述两份三方《协议书》，向仲裁庭申请中止审理，仲裁庭依据该申请作出了程序中止函。中石化工程设计公司并向濮阳市中级人民法院提起诉讼，要求确认涉案两份合同中的仲裁条款对其不发生法律效力。贸仲在没有依法核实两份三方《协议书》照片是否真实的情况下，即主观认定了其效力，且《协议书》中的丙方中石化工程设计公司对其也不认可，故两份三方《协议书》并不发生法律效力，依据《中华人民共和国仲裁法》（以下简称《仲裁法》）第58条规定，申请人提出此申请。

被申请人中原公司称，本案中涉案关键证据虽然属于复印件，但申请人与被申请人均认可其真实性，该证据不属于虚假证据，贸仲对于该证据的认定属于自由裁量权的范围，贸仲认定该证据并无不当。因此，申请人诉请撤销0786号决定缺乏事实根据与法律依据，请求依法驳回申请人的诉讼请求。

三、法院裁判意见

法院审查查明:2010年,中石化对外贸易公司与申请人签订了涉案两份合同。针对涉案两份合同,中石化对外贸易公司作为甲方、中石化工程设计公司作为乙方、申请人作为丙方的三方签订了两份《协议书》,主要内容为:(1)中石化对外贸易公司将涉案两份合同权利和义务全部转让给中石化工程设计公司;(2)中石化工程设计公司享有涉案两份合同规定的中石化对外贸易公司的全部权利并承担涉案两份合同规定的各项义务;(3)创凯公司不再享有对中石化对外贸易公司的涉案合同权利。但申请人对两份《协议书》的真实性不予认可。中石化对外贸易公司已由濮阳市工商行政管理局油田分局于2013年12月23日核准注销。2017年12月19日,申请人依据涉案两份合同的仲裁条款,将与被申请人因履行涉案两份合同的争议提请贸仲仲裁。

贸仲于2018年7月11日作出0786号决定:"(一)被申请人中国石化集团中原石油勘探局非本案适格主体;(二)撤销申请人创凯(香港)有限公司和被申请人中国石化集团中原石油勘探局之间的M20180051号仲裁案,本案仲裁程序予以终止;(三)本案仲裁费为12 196美元,全部由申请人承担。申请人已经预缴仲裁费12 206美元,与本案仲裁费相冲抵后,仲裁委员会退还申请人多缴的10美元。"

申请人2018年7月12日收到0786号决定后,于2018年11月9日以中石化工程设计公司为被申请人向贸仲提出仲裁,后中石化工程设计公司就本案涉及的仲裁协议的效力向濮阳市中级人民法院起诉,濮阳市中级人民法院于2018年12月11日受理该案,贸仲于2019年1月4日决定中止该案仲裁程序。

法院认为,本案系贸仲按仲裁程序审理创凯公司与中原公司纠纷后,以中原公司非适格主体为由,作出撤销M20180051号仲裁案,终止仲裁程序的决定。创凯公司提出撤销仲裁申请,对此本院审查的重点有以下两方面:第一是贸仲作出的决定是否属于撤销仲裁司法审查范围;第二是在决定属于法院撤销仲裁司法审查范围时,该撤销理由是否符合撤销仲裁裁决的法律规定,本院是否应当支持。

首先,贸仲作出的0786号决定从名称上并非仲裁裁决,但该决定系贸仲受理仲裁案件后,经过对相关案件事实进行审理后,适用法律作出中原公司非适格主体的认定,所以该决定书具有对案件进行实体裁决的内容,而决定撤销案件、终止仲裁程序,均对选择约定仲裁解决争议的当事人具有实体权利的影响。《仲裁法》第21条规定了涉案当事人符合申请仲裁的条件,该法条仅就有仲裁协议;有具体的仲裁请求和事实、理由;属于仲裁委员会的受理范围进行受理条件的规定,因此当仲裁机构通过审理查明事实,作出适格主体的决定或裁定时,无论其名称如何表述,实质内容都不是依据受理案件条件进行的审查,而是进入实体审理得出的结论。因此,本院认为该决定具有与仲裁裁决相同的效力,属于当事人可依据《仲裁法》的规定申请撤销仲裁裁决的范围。

其次,创凯公司系在香港特别行政区设立公司,根据《最高人民法院关于适用〈中华人民共和国民事诉讼法〉的解释》第551条规定:"人民法院审理涉及香港、澳门特别行政区和台湾地区的民事诉讼案件,可以参照适用涉外民事诉讼程序的特别规定",故本案属于撤销涉外仲裁裁决。《仲裁法》第70条规定:"当事人提出证据证明涉外仲裁裁决有民事诉讼法第二百五十八条(该法2017年修正后的第二百七十四条)第一款规定的情形之一的,经人民法院组成合议庭审查核实,裁定撤销。"《中华人民共和国民事诉讼法》(2017年修正)第274条规定:"对中华人民共和国涉外仲裁机构作出的裁决,被申请人提出证据证明仲裁裁决有下列情形之一的,经人民法院组成合议庭审查核实,裁定不予执行:(一)当事人在合同中没有订有仲裁条款或者事后没有达成书面仲裁协议的;(二)被申请人没有得到指定仲裁员或者进行仲裁程序的通知,或者由于其他不属于被申请人负责的原因未能陈述意见的;(三)仲裁庭的组成或者仲裁的程序与仲裁规则不符的;(四)裁决的事项不属于仲裁协议的范围或者仲裁机构无权仲裁的。人民法院认定执行该裁决违背社会公共利益的,裁定不予执行。”上述规定是人民法院撤销涉外仲裁裁决的法定事由。本案中,申请人要求撤销0786号决定的理由是贸仲在没有依法核实两份《协议书》真实性的情况下,即主观认定了其效力,符合《仲裁法》第58条第1款第4项规定的情形。对此,贸仲在对案件证据进行审查后,结合当事人对证据的意见,认可了两份《协议书》的效力,并据此作出0786号决定撤销仲裁案件,终止仲裁程序,系对仲裁申请作出的实体处理。申请人针对0786号决定的实体处理内容提出了上述理由,属于对仲裁裁决的实体处理内容提出异议。关于认定事实以及是否存在伪造证据的问题,不属于《中华人民共和国民事诉讼法》(2017年修正)第274条规定的撤销仲裁裁决的法定事由,故本院对申请人的请求不予支持。

综上,申请人申请撤销0786号决定的理由不能成立,对其申请撤销0786号决定的请求,本院不予支持。依照《中华人民共和国民事诉讼法》第274条、《中华人民共和国仲裁法》第70条之规定,裁定如下:

驳回申请人创凯(香港)有限公司的申请。

022. 申请撤销仲裁期限及超期处理

当事人申请撤销仲裁裁决的,应当自收到裁决书之日起6个月内提出。当事人超过6个月申请撤销仲裁裁决的,不予受理,已经受理的驳回申请,当事人可以提起上诉。

审查依据:《仲裁法》第59条;《最高人民法院关于审理仲裁司法审查案件若干问题的规定》第8条、第20条

规范解读：

《仲裁法》第59条规定，当事人申请撤销裁决的，应当自收到裁决书之日起6个月内提出。上述法律规定的6个月内属于除斥期间，即法律规定或当事人依法确定的某种权利预定的存续期间，该期间届满，则权利当然消灭，当事人在收到仲裁裁决书后6个月内没有提出撤销仲裁裁决的申请，法律上视为其放弃此项权利。法院立案时发现当事人自收到裁决书之日起计算超过6个月申请撤销仲裁裁决，应当不予受理。如果当事人隐瞒相关情况，法院在立案后可根据《最高人民法院关于审理仲裁司法审查案件若干问题的规定》第8条规定，人民法院立案后发现不符合受理条件的，裁定驳回申请。依上述法条规定，当事人对驳回申请的裁定不服的，可以提起上诉。

实践中遇到的疑难问题是如何认定"自收到裁决书之日起"。许多当事人提出没有收到裁决书或者在执行时才知道裁决结果，以仲裁庭没有有效送达即作出裁决或者裁决后送达存在程序问题，主张没有达到起算6个月的"收到裁决书"这一条件。对此，我们认为，仲裁的送达方式判断与《民事诉讼法》的送达规定不同，其依据当事人选择的仲裁规则或者基于有效仲裁协议获得管辖权的仲裁机构的仲裁规则，在认定有效送达上也依据仲裁规则进行判断。如《中国国际经济贸易仲裁委员会仲裁规则》(2014年修订)第8条规定了送达及期限：(1)有关仲裁的一切文书、通知、材料等均可采用当面递交、挂号信、特快专递、传真或仲裁委员会仲裁院或仲裁庭认为适当的其他方式发送。(2)上述第(一)款所述仲裁文件应发送当事人或其仲裁代理人自行提供的或当事人约定的地址；当事人或其仲裁代理人没有提供地址或当事人对地址没有约定的，按照对方当事人或其仲裁代理人提供的地址发送。(3)向一方当事人或其仲裁代理人发送的仲裁文件，如经当面递交收件人或发送至收件人的营业地、注册地、住所地、惯常居住地或通讯地址，或经对方当事人合理查询不能找到上述任一地点，仲裁委员会仲裁院以挂号信或特快专递或能提供投递记录的包括公证送达、委托送达和留置送达在内的其他任何手段投递给收件人最后一个为人所知的营业地、注册地、住所地、惯常居住地或通信地址,即视为有效送达。(4)本规则所规定的期限,应自当事人收到或应当收到仲裁委员会仲裁院向其发送的文书、通知、材料等之日的次日起计算。上述规则显然不同于《民事诉讼法》中规定的各种直接送达、委托送达、邮寄送达甚至是公告送达等方式,而是在无法按约定或合理查询找到送达地点时,以公证送达等方式,投递给收件人最后一个为人所知的营业地、注册地、住所地、惯常居住地或通信地址,即视为有效送达。部分当事人在签订仲裁协议后并未按仲裁规则在相关地址接收仲裁文件,导致未能收取裁决书,该法律后果由其自行承担。当然,仲裁的送达不规范或者不能有效保障当事人的权利也受到诟病,在经查明确实存在违反送达程序的情况时,则认定未送达或者没有起算送达裁决书的时间,应当立案受理。

典型案例:对当事人超过6个月申请撤销仲裁裁决不予受理

一、案件基本信息

案号:(2018)京04民特134号

当事人:申请人中联信诺投资基金管理(北京)有限公司(以下简称中联公司)与被申请人应某

案由:申请撤销仲裁裁决

二、诉辩争议焦点

中联公司申请称,请求撤销北京仲裁委员会(以下简称北仲)作出的(2016)京仲裁字第1842号仲裁裁决(以下简称仲裁裁决)。事实和理由:(1)仲裁程序违反法定程序。仲裁进行中,北仲未尽到告知义务,致使中联公司没有收到包括仲裁通知和仲裁裁决书等任何法定文书,对被申请仲裁的情况毫不知情,未能参加任何法定程序。北京市平谷区熊儿寨乡东路16号是仲裁程序中中联公司的住所且已进行登记、公示,北仲仅仅在受理之时向该住所邮寄过一次就轻易采信快递所谓的“查无此公司”的说法，未对该反馈进行任何核实就不再进行任何送达，尤其是之后对于仲裁庭的组成人员的变动、开庭的日期更是从未进行任何形式的告知，严重剥夺了中联公司的仲裁权利。无法确定仲裁庭当庭是否核实证据原件，是否履行审理职责，且仲裁程序不完整、审查不严、玩忽职守导致枉法裁决。入伙协议约定的仲裁机构未明确指向北仲。仲裁受理案件不符合仲裁规则。(2)仲裁所涉的合同款以及延期还款承诺中的财产——仲裁案中中联公司申请财产保全的标的物——均系2013年至2015年于某等进行非法吸收公众存款犯罪的涉案财产，仲裁之时该案已经处于刑事案件办理期间，保全标的亦被刑事办案机关所掌握，仲裁中既有于某和原于某控制的法定代表人朱某的联系方式，北仲又向法院提交了对刑事涉案财产的财产保全申请，完全应该掌握该重大影因素，但对中联公司有意隐瞒、仲裁庭疏忽办案，最终作出了错误判决。

被申请人应某答辩称，不同意中联公司撤销仲裁裁决申请。事实和理由：(1)对方申请撤销仲裁裁决已超过法定时限6个月。2017年1月11日，北仲已经通过公证送达方式向中联公司送达仲裁裁决。执行过程中，北京市第三中级人民法院也在2017年2月4日向中联公司送达了仲裁文书。(2)仲裁程序合法。北仲已经通过公证送达方式向中联公司送达了相关法律文书，送达程序合法。中联公司未在法定时限内选定仲裁员，北仲依法指定了仲裁员。仲裁庭有开庭有庭审笔录。《信诺·中铁建安国际股权投资基金》约定的仲裁条款合法。(3)仲裁案件与于某的刑事案件法律关系、责任主体、责任承担均不一样，不存在移送或刑事处理的情形。于某涉及非法吸收公众存款罪，而仲裁案件是民事担保行为，两者无关联，于某是仲裁案件责任主体不竞合。(4)仲裁裁决已经生效并已经强制执行，不存在移送刑事案件处理情形。(5)仲裁程序不同于人民法院民事诉讼程序，仲裁机构没有义务也没有权力移送其他司法机关处理。

三、法院裁判意见

法院审查查明:2016 年 12 月 31 日,北仲作出(2016)京仲裁字第 1842 号裁决:(1)中联公司向应某返还本金 3 000 000 元并支付利息 180 000 元;(2)中联公司向应某支付暂计至提起仲裁之日(2016 年 5 月 31 日)的违约金 952 410 元,还应自 2016 年 6 月 1 日起以 3 180 000 元为基数,按日利率 0.05%,继续向应某支付违约金至实际给付之日;(3)驳回应某其他仲裁请求;(4)仲裁费64 271.87元,由中联公司承担。

2016 年 6 月 6 日,北仲根据应某递交的仲裁申请书及其与中联公司签订的《信诺·中铁建安国际股权投资基金》中的仲裁条款,受理了仲裁案件。编号为(2016)京仲案字第 1148 号。

仲裁案件受理后,北仲先后通过 EMS 快递方式向中联公司工商注册地址北京市平谷区熊儿寨乡东路 16 号、北京市朝阳区东三环中路 1 号环球金融中心东塔 10 层 1059 号送达答辩通知、仲裁申请书、证据材料、仲裁规则、快递员名册、申请人程序性文件、送达回证等文书,但均由于原址查无此单位(单位),两次送达均未妥投。

因中联公司未能按期选定仲裁员,双方亦未按期共同选定首席仲裁员,北仲根据该会仲裁规则,指定了首席仲裁员和其中一名仲裁员,与应某选定的仲裁员,于 2016 年 8 月 31 日共同组成仲裁庭,适用普通程序审理。仲裁案件审理过程中,首席仲裁员主动申请退出案件审理。北仲重新指定了首席仲裁员。北仲于 2016 年 9 月 27 日开庭审理了仲裁案件。中联公司未到庭参加庭审,北仲进行了缺席审理。

2016 年 9 月 1 日,北仲通过公证送达方式,向中联公司工商注册地址北京市平谷区熊儿寨乡东路 16 号邮寄了组庭通知和开庭通知。

2016 年 9 月 18 日,北仲通过公证送达方式,向中联公司工商注册地址北京市平谷区熊儿寨乡东路 16 号邮寄了重新组庭通知。

2016 年 11 月 22 日,北仲通过公证送达方式,向中联公司工商注册地址北京市平谷区熊儿寨乡东路16号邮寄了仲裁员声明书、仲裁庭函、应某补充证据材料、代理词。

2017年1月11日，北仲通过公证送达方式，向中联公司工商注册地址北京市平谷区熊儿寨乡东路16号邮寄了仲裁裁决。

依据应某与北京信诺鼎盛投资管理中心（有限合伙）（资产管理方中联公司、资金监管方中国建设银行股份有限公司）签订的《信诺·中铁建安国际股权投资基金北京信诺鼎盛投资管理中心（有限合伙）入伙协议》约定，凡因本协议或与本协议有关的其他争议，各方应友好协商，并妥善解决，协商不成的，提交北京市仲裁委员会进行仲裁。

依据《信诺·中铁建安国际股权投资基金北京信诺鼎盛投资管理中心（有限合伙）合伙协议》（资产管理方中联公司、资金监管方中国建设银行股份有限公司）约定，"因本协议引起的及与本协议有关的一切争议，首先应由相关各方之间通过友好协商解决，如相关各方不能协商解决，则应提交北京仲裁委员会解决，按该会当时有效的仲裁规则在北京仲裁解决"。

另查明，2017年2月4日，北京市第三中级人民法院受理应某关于案涉仲裁裁决的强制执行案件。中联公司于2018年5月9日向本院递交撤销仲裁裁决申请书。

法院认为，本案系当事人申请撤销国内仲裁裁决案件。依据查明的事实，仲裁案件受理后，北仲先后通过EMS快递方式向中联公司工商注册地址北京市平谷区熊儿寨乡东路16号、北京市朝阳区东三环中路1号环球金融中心东塔10层1059号送达答辩通知、仲裁申请书、证据材料、仲裁规则、快递员名册、申请人程序性文件、送达回证等文书，但均由于原址查无此单位（单位），两次送达均未妥投。后北仲又先后通过公证送达方式，向中联公司工商注册地址北京市平谷区熊儿寨乡东路16号邮寄了组庭通知、开庭通知、重新组庭通知、仲裁员声明书、仲裁庭函、应某补充证据材料、代理词及仲裁裁决等文书。其中,仲裁裁决于2017年1月11日邮寄。

《北京仲裁委员会仲裁规则》(2015年版)第71条规定,(1)有关仲裁的文书、通知、材料等可以当面送达或者以邮寄、专递、传真、电子邮件的方式或者本会或仲裁庭认为适当的其他方式送达当事人或者其代理人……(3)经合理查询不能找到受送达人的营业地点、注册地、居住地、身份证载明地址、户籍地址、当事人约定的送达地址或者其他通讯地址而以邮寄、专递的方式或者能提供投递记录的其他任何方式投递给受送达人最后一个为人所知的营业地点、注册地、居住地、身份证载明地址、户籍地址、当事人约定的送达地址或者其他通讯地址、即视为已经送达。案涉仲裁案件中,北仲通过公证送达方式向中联公司工商注册地北京市平谷区熊儿寨乡东路16号邮寄了诉讼文书。且依据中联公司的撤销仲裁裁决书,其亦认可该地为其住所且已登记、公示。北仲上述送达并不违反《北京仲裁委员会仲裁规则》(2015年版)第71条规定。故中联公司关于北仲送达程序违法的理由没有事实依据,本院不予支持。

《中华人民共和国仲裁法》第59条规定,当事人申请撤销裁决的,应当自收到裁决书之日起6个月内提出。该6个月时限系不变期间。仲裁裁决于2017年1月11日邮寄,至中联公司于2018年5月9日向本院递交撤销仲裁裁决申请书时,已远超过6个月时限。故中联公司关于案涉仲裁裁决的撤销申请不符合法律规定的受理条件。

023. 向仲裁机构调取证据

人民法院在司法审查中可以根据审理的实际需要或者当事人的申请,要求仲裁机构对涉及撤销仲裁的问题作出说明或者向相关仲裁机构调阅仲裁案卷。

审查依据:《仲裁法司法解释》第30条第1款

规范解读:

法院与仲裁之间的关系,既体现在法院利用司法审判权从外部制约、监督仲裁权,[①]也体现在对合法的仲裁行为予以充分的支持和保障,这不但是仲裁制度获得正当性的必然要求,也是仲裁与司法相互友好协作,作为纠纷解决方式共同发展的必然要求。法院与仲裁之间的相互协作关系非常重要,一方面商事仲裁的契约属性,决定仲裁庭权力来源于当事人的协议授权,不是国家的司法主权。仲裁庭享有裁决的权力,但不享有采取强制性措施的权力。如果仲裁中遇有需要进行证据保全、财产保全或行为保全的情形,或仲裁裁决作出后义务人不自愿履行,需要强制执行时,均需要法院采取措施予以协助与支持。另一方面仲裁制度作为与司法并行的纠纷解决机制,因当事人在仲裁中的高度自治性,仲裁庭拥有自由裁量权,仲裁程序灵活效率,但缺乏审判程序的规范与严谨。在仲裁实行"一裁终局"的情况下,如何有效进行司法监督,使仲裁的公正性与效率性相兼顾,应当依赖于司法权的有效行使,这正是商事仲裁有序运行并确保公信力的基础。

我国仲裁司法审查的内容以仲裁程序性问题为主,以证据认定事实的实体性问题为辅,同时兼顾公共秩序审查。在审查中会涉及仲裁庭的组成或者仲裁的程序违反法定程序,裁决所根据的证据是伪造的或者隐瞒了足以影响公正裁决的证据,仲裁员在仲裁该案时有索贿受贿、徇私舞弊、枉法裁决行为等内容,法院仅采取申请人与被申请人双方提供证据的方式,难以全面查明上述内容。因此法院向仲裁机构调取仲裁案卷非常有必要,仲裁机构不得以仲裁保密性为理由,拒绝提供相应材料。法院对仲裁案卷的调取包括仲裁立案、送达、仲裁庭组成、仲裁员选定与指定、回避处理、中止、通知、开庭、交换证据、举证质证、调查、鉴定、调解、仲裁员意见等全部内容。

《仲裁法司法解释》第30条第1款规定:"根据审理撤销、执行仲裁裁决

---

① 参见杨秀清、史飚:《仲裁法学》第3版,厦门大学出版社2019年版,第243页。

案件的实际需要，人民法院可以要求仲裁机构作出说明或者向相关仲裁机构调阅仲裁案卷。”根据以上司法解释，人民法院除有权调阅仲裁案卷，还可以要求仲裁机构作出说明，且没有规定“依当事人申请”的前提，实际上这意味着属于法院依职权主动调查收集证据和调查事实的权利。当然，当事人申请的情况下法院审查认为申请合理也可依此规定处理。法院有权主动调阅仲裁案卷和要求仲裁机构说明的合理性来源于法院对仲裁的监督权，在撤销仲裁裁决案件审理中有必要慎重行使监督权。法院全面掌握和了解仲裁案件审理情况，既能够作出支持仲裁的裁决，又能够发挥监督作用纠正仲裁的错误。

司法实践中法院主动要求仲裁机构说明涉及以下内容：(1)仲裁机构仲裁依据的仲裁规则；(2)仲裁机构是否对受理仲裁情况向所有当事人进行有效送达；(3)仲裁机构是否提供仲裁员名册、发送仲裁通知，仲裁庭的组成情况书面通知；(4)仲裁机构是否按仲裁规则规定进行选定、委托指定仲裁员；(5)仲裁庭成员的情况及社会关系，是否进行合理披露和回避；(6)仲裁程序中是否保障当事人享有陈述、答辩、辩论的权利，是否符合仲裁规则；(7)仲裁庭进行证据交换及质证的程序是否符合仲裁规则；(8)仲裁庭开庭的送达及安排日期是否通知及合理，处理延期是否符合仲裁规则；(9)缺席仲裁时如何保障未到庭当事人合法权利；(10)仲裁庭对当事人提出的伪造证据或隐瞒证据的认定及对案件裁决的影响；(11)仲裁庭调取收集证据、鉴定等程序是否合法；(12)仲裁庭的调解程序是否合法；(13)裁决多数仲裁员意见的形成是否合法；(14)对裁决事项是否属于仲裁协议范围等内容的意见；(15)仲裁员是否有索贿受贿、徇私舞弊、枉法裁决行为的说明；(16)仲裁庭笔录、文书存在错误、瑕疵，包括文字表述、计算错误情况核实；(17)仲裁裁决有效送达及送达时间情况的核实。在实践中，上述情况常常是当事人提出的撤销仲裁理由中的焦点问题，由仲裁机构提供材料自行说明情况，有利于法院坚持保证仲裁独立性的原则，在查明仲裁事实的基础上作出公正裁判。

024. 申请撤销国内仲裁的事由

属于国内仲裁，当事人提出证据证明裁决有下列情形之一的，可以向仲裁委员会所在地的中级人民法院申请撤销裁决：

（一）没有仲裁协议的，当事人在合同中没有订立仲裁条款或者事后没有达成书面仲裁协议的；

（二）裁决的事项不属于仲裁协议的范围或者仲裁委员会无权仲裁的；

（三）仲裁庭的组成或者仲裁的程序违反法定程序的；

（四）裁决所根据的证据是伪造的；

（五）对方当事人隐瞒了足以影响公正裁决的证据的；

（六）仲裁员在仲裁该案时有索贿受贿，徇私舞弊，枉法裁决行为的；

（七）人民法院认定该裁决违背社会公共利益的，应当裁定撤销。

审查依据：《仲裁法》第 58 条；《民事诉讼法》第 237 条

规范解读：

申请撤销国内仲裁裁决，是指对于国内仲裁裁决，即我国《仲裁法》规定的仲裁机构作出的非涉外涉港澳台地区因素的仲裁裁决，出现法定可撤销情形时，当事人依法向有管辖权的人民法院提出申请，由人民法院进行司法审查，依法作出是否撤销仲裁裁决的裁定。仲裁实行一裁终局制度，其一经作出即产生与法院裁判文书相同的法律效力，其在解决纠纷中具有效率优势。仲裁裁决出现错误时，既损害了当事人的合法权益，也会使仲裁的公正性与公信力受到影响。申请撤销仲裁裁决兼具救济和监督两项功能，一方面，申请撤销仲裁裁决是法律赋予当事人的重要诉讼权利，为当事人提供司法救济途径以纠正错误仲裁裁决；另一方面，撤销仲裁裁决是法院发挥司法监督职能，实现仲裁公正性的保证。申请撤销仲裁裁决这项制度，在赋予当事人司法救济途径同时，也需防止当事人滥用权利阻止仲裁裁决生效和执行。同时,法院的司法审判权不得干涉仲裁权的行使,应采取谦抑的原则进行司法监督,所以我国《仲裁法》对可以申请撤销仲裁裁决的情形作了明确的规定、严格的限制。

我国《仲裁法》区分了国内仲裁裁决和涉外仲裁裁决,对两者申请撤销仲裁裁决的事由也作了不同的规定,其对涉外仲裁予以优惠待遇,对国内仲裁则相对严格。根据《仲裁法》第58条规定,撤销国内仲裁裁决的事由有以下内容:(1)没有仲裁协议的,当事人在合同中没有订有仲裁条款或者事后没有达成书面仲裁协议的;(2)裁决的事项不属于仲裁协议的范围或者仲裁委员会无权仲裁的;(3)仲裁庭的组成或者仲裁的程序违反法定程序的;(4)裁决所根据的证据是伪造的;(5)对方当事人隐瞒了足以影响公正裁决的证据的;(6)仲裁员在仲裁该案时有索贿受贿,徇私舞弊,枉法裁决行为的;(7)人民法院认定该裁决违背社会公共利益的,应当裁定撤销。上述申请撤销国内仲裁裁决事由可大致进行以下分类:第一类属于程序审查的范畴,即第1~3项与第6项内容,包括仲裁协议与仲裁管辖权的审查;裁决事项与仲裁协议范围和仲裁机构管辖权的审查;仲裁庭组成与仲裁程序的审查;仲裁员不公正谋私的严重违法行为。第二类属于实体审查的范畴,即第4项和第5项内容,主要指未在查明事实的基础上作出仲裁裁决,而裁决中采信的证据存在重大缺陷,必须予以纠正,包括仲裁作出裁决依据的证据是伪造的;当事人隐瞒足以影响公正裁决的证据。第三类属于社会公共秩序审查范畴,即上述第7项内容,公共秩序作为国际私法中为保护国内的公共利益而排斥对外国法适用的制度,随社会发展为保护社会制度和公共利益而被广泛使用,公共秩序内涵包括程序与实体问题。因为违背公共利益的判断涉及我国法律的基本制度与准则,社会和经济生活的基本原则,因此在认定时必须慎重,同时根据司法解释应当逐级向最高人民法院报核。

典型案例:认定不存在仲裁协议且符合超裁事由而撤销仲裁裁决

一、案件基本信息

案号:(2018)京04民特84号

当事人:申请人北京市多元电气(集团)公司(以下简称多元集团)、多元数码印刷技术产业(中国)有限公司(以下简称数码公司)、多元信息技术产业(中国)有限公司(以下简称信息公司)、多元水环保技术产业(中国)有限公司(以下简称水环保公司)、湖南多元印刷机械有限公司(以下简称印刷公司)、廊坊多元数码技术有限公司(以下简称廊坊数码公司)、多元水环保设备制造(廊坊)有限公司(以下简称廊坊水环保公司)、桦南县多元水务运营有限公司(以下简称水务公司)与被申请人北京市中银律师事务所(以下简称中银律所)

案由:申请撤销仲裁裁决

二、诉辩争议焦点

多元集团、数码公司、信息公司、水环保公司、印刷公司、廊坊数码公司、廊坊水环保公司、水务公司共同称,请求撤销中国国际经济贸易仲裁委员会(以下简称贸仲)作出的〔2018〕中国贸仲京裁字第0271号仲裁裁决(以下简称0271号裁决)。事实和理由分述如下:(1)数码公司、信息公司、水环保公司、印刷公司、廊坊数码公司、廊坊水环保公司、水务公司与中银律所之间没有仲裁协议。贸仲对数码公司、信息公司、水环保公司、印刷公司、廊坊数码公司、廊坊水环保公司、水务公司作出裁决,要求其承担中银律所律师费的责任,没有法律依据,属于没有仲裁协议且超出仲裁协议范围的裁决。(2)中银律所隐瞒了足以影响公正裁决的证据;贸仲未依法中止本案审理,未查明影响本案合同效力的基本事实,违反法定程序。(3)中银律所在仲裁期间,多次虚假陈述,向仲裁庭提供伪造证据,致使仲裁庭将其作为裁决的主要理据,严重影响了仲裁的公正。(4)贸仲违反《中国国际经济贸易仲裁会仲裁规则》(以下简称《仲裁规则》),未将本仲裁案和另一与本案密切关联的仲裁案合并审理,违反法定程序;分案审理导致两个关联密切案件的仲裁理据、结果等出现多处相互矛盾、前后不一之处,严重影响了本案的公正裁决。(5)仲裁庭依据开庭时仍不明确的仲裁请求事项作出裁决,违反法定程序。

中银律所称,(1)数码公司、信息公司、水环保公司、印刷公司、廊坊数码公司、廊坊水环保公司、水务公司均受多元集团于2015年9月8日代为签署的《委托代理合同》中第12条仲裁管辖条款的约束,与中银律所之间存在仲裁协议。(2)案涉仲裁裁决没有超出仲裁协议的范围和仲裁请求的范围。(3)针对多元集团、数码公司、信息公司、水环保公司、印刷公司、廊坊数码公司、廊坊水环保公司、水务公司认为中银律所隐瞒了足以影响公正裁决的证据,贸仲未依法中止本案审理,违反法定程序的答辩。(4)中银律所没有伪造任何证据。(5)贸仲未合并审理相关案件,符合《仲裁规则》和程序规定。(6)贸仲并未就不明确的事项进行审理,并未违反法定程序。

三、法院裁判意见

法院审查查明:

(一)合同订立及相关情况

2015年9月8日,多元集团作为委托方、甲方,中银律所作为受委托方、乙方,共同签订《委托代理合同》,约定甲方下属公司[包括数码公司、信息公司、水环保公司、印刷公司、廊坊数码公司、廊坊水环保公司、水务公司以及案外人多元信息终端制造(廊坊)有限公司(经仲裁庭认定已被廊坊水环保公司吸收合并)]因与农行崇文支行14案(具体案件双方在附件中列明),聘请乙方律师作为委托代理人,特订立合同,合同中并具体约定了委托代理事项、委托代理权限以及律师费收取等相关事项,其中律师代理费包括基本代理费用及风险代理费用两部分。该合同第12条约定发生争议提交贸仲依其规则进行仲裁。经询,双方当事人确认上述《委托代理合同》由中银律所起草。

2015 年 12 月 24 日，多元集团、数码公司、信息公司、水环保公司、印刷公司共同作为一方当事人，中银律所作为另一方当事人，签订《委托代理合同之补充协议》。该补充协议序言中载明，多元集团下属数码公司、信息公司、水环保公司、印刷公司因与农行崇文支行金融借款纠纷案，与中银律所签订了《委托代理合同》，现就其中在北京市第四中级人民法院审理的两案另行达成新增风险代理费用的补充协议。该补充协议具体约定了新增费用数额及支付条件等内容，同时约定第 4 条“独立结算条款”约定，“本补充协议独立于双方签署的《委托代理合同》，本补充协议双方单独核算。本补充协议生效后，原《委托代理合同》仍然有效，本补充协议的履行，不影响原《委托代理合同》的效力，原《委托代理合同》的费用、结算条款等对本协议无约束力”，第 7 条约定因本补充协议发生争议由贸仲仲裁。

2016 年 3 月，数码公司、印刷公司、水环保公司共同作为一方，与中银律所签订《委托代理协议书》，其序言中载明，数码公司、印刷公司、水环保公司因与农行崇文支行金融借款纠纷申请再审案，聘请中银律所律师作为诉讼代理人，订立协议，并具体约定了委托代理案件及代理权限、期限以及律师代理费标准。其中就律师代理费，双方约定数码公司、印刷公司、水环保公司就本两案支付的代理费用可以在《委托代理合同》主合同风险法律费用中扣减 50% 的份额（在主合同的风险代理费用扣减本两案的律师代理费的 50% 后仍大于或等于零元的情况下）。第 12 条约定发生争议向贸仲提起仲裁，仲裁地点在北京。

2016 年 9 月 2 日，多元集团单独作为发件人，多元集团、数码公司、信息公司、水环保公司、印刷公司共同作为发件人，数码公司、信息公司、水环保公司、印刷公司共同作为发件人，分别向中银律所发出三份内容基本一致的《解除委托代理通知书》，其中载明曾先后签订三份委托代理协议，即《委托代理合同》《委托代理合同之补充协议》《委托代理协议书》，通知中银律所自2016年8月26日起正式解除上述全部三个委托代理协议。

2016年12月23日，多元集团、数码公司、信息公司、水环保公司、印刷公司作为甲方，中银律所作为乙方，签订《协议书》，约定因多元集团、数码公司、信息公司、水环保公司、印刷公司要求解除此前签订的《委托代理合同》《委托代理合同之补充协议》《委托代理协议书》，经协商双方确认并同意就已解除的上述委托代理协议达成协议，即甲方再向乙方支付部分律师代理费用。该协议并约定如果甲方未按期支付约定的款项本协议自动作废。该协议书签订后多元集团、数码公司、信息公司、水环保公司、印刷公司实际未付款。

（二）关联仲裁案件情况

贸仲根据仲裁申请人中银律所与仲裁被申请人多元集团、数码公司、信息公司、水环保公司、印刷公司于2015年12月24日签订的《委托代理合同之补充协议》中仲裁条款的约定以及中银律所于2017年8月28日提交的仲裁申请，受理了相应仲裁案件，案件编号为DE20171065。该案中中银律所的仲裁请求为：(1)多元集团、数码公司、信息公司、水环保公司、印刷公司共同向中银律所支付律师费用250万元；(2)多元集团、数码公司、信息公司、水环保公司、印刷公司共同向中银律所支付利息损失（计算标准略）；(3)多元集团、数码公司、信息公司、水环保公司、印刷公司共同承担本案仲裁费用。该仲裁案件中多元集团提出仲裁反请求：(1)中银律所向多元集团退还50万元风险代理费；(2)中银律所向多元集团补偿因本案支付的律师费62 500元；(3)中银律所承担本案本请求和反请求的仲裁费用。经审理，贸仲就该案于2018年3月9日作出〔2018〕中国贸仲京裁字第0274号仲裁裁决：(1)驳回中银律所全部仲裁请求。(2)中银律所向多元集团退还律师费50万元。(3)中银律所向多元集团支付5万元以补偿多元集团为本案支付的律师费。(4)本案仲裁费54 238元，全部由中银律所负担。(5)本案反请求仲裁费9050元,全部由中银律所负担。

(三)本案仲裁概况

贸仲根据仲裁申请人中银律所与多元集团于2015年9月8日签订的《委托代理合同》中仲裁条款的约定、中银律所提交的说明多元集团系代表数码公司、信息公司、水环保公司、印刷公司、廊坊数码公司、廊坊水环保公司、水务公司和多元信息终端制造(廊坊)有限公司签订《委托代理合同》的书面文件,以及中银律所于2017年3月23日提交的书面仲裁申请,受理了相应仲裁案,案件编号为DE20170416。贸仲受理该案后,适用2015年1月1日起施行的《仲裁规则》对该案进行了审查。

仲裁期间,仲裁申请人中银律所曾经提交"合并仲裁申请书",申请将DE20171065案件与DE20170416案件合并审理。鉴于仲裁被申请人未明确表示同意,根据《仲裁规则》第19条的相关规定,贸仲对中银律所上述申请不予考虑。

仲裁期间,多元集团、数码公司、信息公司、水环保公司、印刷公司、廊坊数码公司、廊坊水环保公司、水务公司曾以中银律所在代理期间同时承接了农行崇文支行转让不良资产的业务,存在利益冲突,已向北京市朝阳区司法局和北京市朝阳区律师协会进行投诉为由,向贸仲申请中止该案的仲裁审理程序。贸仲对此未予同意。

仲裁期间,多元集团、数码公司、信息公司、水环保公司、印刷公司提交的答辩状中提到中银律所混淆了合同主体,认为数码公司、信息公司、水环保公司、印刷公司并非涉案《委托代理合同》的当事人,未与中银律所达成仲裁协议,贸仲不应受理中银律所对数码公司、信息公司、水环保公司、印刷公司的仲裁申请。另外,廊坊数码公司、廊坊水环保公司、水务公司共同提出,其与中银律所未达成任何协议,也非《委托代理合同》的委托人或者当事人,其向中银律所出具相关诉讼案件的授权委托书系为配合中银律所履行《委托代理合同》中约定的代理服务义务,故贸仲不应受理中银律所对廊坊数码公司、廊坊水环保公司、水务公司的仲裁申请。对于廊坊数码公司、廊坊水环保公司、水务公司提出的上述异议,贸仲根据《仲裁规则》第6条的规定授权由仲裁庭对本案进行实体审理并作出决定。

仲裁庭安排在2017年12月7日开庭进行审理,当时双方当事人均委派代理人出席了庭审。庭后,多元集团、数码公司、信息公司、水环保公司、印刷公司、廊坊数码公司、廊坊水环保公司、水务公司于2017年12月18日提交了“代理意见”,多元集团提交了“调换两案部分仲裁反请求的申请”。中银律所于2017年12月25日提交了“中银律所仲裁请求及事实理由表述确认函”“中银律所仲裁请求计算说明”“代理意见”“质证意见”。仲裁庭决定受理中银律所变更的仲裁请求及多元集团变更的仲裁反请求,并将上述决定通知了双方当事人。

中银律所最终仲裁请求:(1)多元集团、数码公司、信息公司、水环保公司、印刷公司共同向中银律所支付律师费11 511 231.47元;(2)廊坊数码公司对上述第1项中的334 979.35元承担连带清偿责任;廊坊水环保公司对上述第1项中的1 374 287.21元承担连带清偿责任;水务公司对上述第1项中的136 603.15元承担连带清偿责任;(3)多元集团、数码公司、信息公司、水环保公司、印刷公司共同向中银律所支付部分可得利益损失5 000 000元(余款2500余万元另行主张);(4)多元集团、数码公司、信息公司、水环保公司、印刷公司向中银律所支付利息损失(以11 511 231.47元为基数,同期金融机构人民币贷款基准利率为标准,自2016年9月3日起算,截至实际支付之日止);(5)多元集团、数码公司、信息公司、水环保公司、印刷公司共同承担本案仲裁费用;(6)多元集团、数码公司、信息公司、水环保公司、印刷公司共同承担中银律所律师费33万元。

多元集团最终仲裁反请求:(1)中银律所向多元集团支付为本案支付的律师代理费33万元;(2)中银律所承担全部仲裁费用。

仲裁庭经审理、评议,于2018年3月9日作出0271号裁决:(1)多元集团、数码公司、信息公司、水环保公司、印刷公司、廊坊数码公司、廊坊水环保公司、水务公司共同向中银律所支付律师费 5 605 615.74 元。(2)驳回中银律所的其他仲裁请求。(3)驳回多元集团的全部仲裁反请求。(4)本案的仲裁费 196 280 元,由中银律所承担50%,即 98 140 元,由多元集团、数码公司、信息公司、水环保公司、印刷公司、廊坊数码公司、廊坊水环保公司、水务公司共同承担50%,即 98 140 元。本请求仲裁费已与中银律所等额缴纳的仲裁预付金全部冲抵,故,多元集团、数码公司、信息公司、水环保公司、印刷公司、廊坊数码公司、廊坊水环保公司、水务公司应共同向中银律所支付 98 140 元以补偿中银律所为其垫付的仲裁费。(5)本案反请求仲裁费 33 800 元,全部由多元集团承担。

法院认为,《中华人民共和国仲裁法》第 58 条规定:"当事人提出证据证明裁决有下列情形之一的,可以向仲裁委员会所在地的中级人民法院申请撤销裁决:(一)没有仲裁协议的;(二)裁决的事项不属于仲裁协议的范围或者仲裁委员会无权仲裁的;(三)仲裁庭的组成或者仲裁的程序违反法定程序的;(四)裁决所根据的证据是伪造的;(五)对方当事人隐瞒了足以影响公正裁决的证据的;(六)仲裁员在仲裁该案时有索贿受贿,徇私舞弊,枉法裁决行为的。人民法院经组成合议庭审查核实裁决有前款规定情形之一的,应当裁定撤销。人民法院认定裁决违背社会公共利益的,应当裁定撤销。"上述规定是撤销国内仲裁裁决的法律依据。贸仲作出的涉案 0271 号裁决属于国内仲裁裁决,故本院将依据上述法律规定,对多元集团、数码公司、信息公司、水环保公司、印刷公司、廊坊数码公司、廊坊水环保公司、水务公司提出的撤销仲裁裁决申请进行审查。

本案中关于多元集团、数码公司、信息公司、水环保公司、印刷公司、廊坊数码公司、廊坊水环保公司、水务公司提出的 0271 号裁决有违公正、显失公平等主张,不符合前述撤销仲裁裁决案件审查范围,本院不予审查。

本院审查期间，多元集团、数码公司、信息公司、水环保公司、印刷公司、廊坊数码公司、廊坊水环保公司、水务公司提出，数码公司、信息公司、水环保公司、印刷公司、廊坊数码公司、廊坊水环保公司、水务公司与中银律所之间不存在仲裁协议。经查，数码公司、信息公司、水环保公司、印刷公司、廊坊数码公司、廊坊水环保公司、水务公司在仲裁期间曾提出上述异议，但仲裁庭对此未予支持。关于当事人之间是否存在仲裁协议问题，涉案《委托代理合同》系由多元集团与中银律所签订，依据《委托代理合同》相应争议解决条款，双方之间发生争议提交贸仲解决，对此各方均没有异议。但是，数码公司、信息公司、水环保公司、印刷公司、廊坊数码公司、廊坊水环保公司、水务公司并非《委托代理合同》签约方，是否受到上述《委托代理合同》中仲裁条款之约束，有必要结合其他事实进一步进行审查。《委托代理合同》内容为多元集团就其下属公司涉及的诉讼案件委托中银律所进行代理，属于利他合同（第三人利益合同），但基本合同权利义务仍形成于多元集团与中银律所之间。《委托代理合同》履行期间，数码公司、信息公司、水环保公司、印刷公司曾与中银律所签订《委托代理合同之补充协议》，并曾向中银律所发出《解除委托代理通知书》，上述证据可以佐证数码公司、信息公司、水环保公司、印刷公司实质性加入了《委托代理合同》，因此数码公司、信息公司、水环保公司、印刷公司亦应接受《委托代理合同》中仲裁条款的约束。但是，廊坊数码公司、廊坊水环保公司、水务公司并未与中银律所以任何形式签订合同，其在《委托代理合同》中仅是受益第三方，不受该合同及其仲裁条款的约束。本院注意到，廊坊数码公司、廊坊水环保公司、水务公司确实曾经向中银律所出具过授权委托书，但该行为应理解为廊坊数码公司、廊坊水环保公司、水务公司配合中银律所履行其在《委托代理合同》项下合同义务所办理的手续，仅能证明廊坊数码公司、廊坊水环保公司、水务公司知道且不反对《委托代理合同》，不能由此推断廊坊数码公司、廊坊水环保公司、水务公司因此而加入

《委托代理合同》并接受该合同中约定的仲裁条款。中银律所亦未能提交其他证据证明其与廊坊数码公司、廊坊水环保公司、水务公司之间存在仲裁协议，据此，本院认为应当认定中银律所与廊坊数码公司、廊坊水环保公司、水务公司之间不存在仲裁协议，因此0271号裁决中针对廊坊数码公司、廊坊水环保公司、水务公司的裁决事项违反了《中华人民共和国仲裁法》第58条第1款第1项之规定。

需要说明的是，本院审查期间，中银律所提出，多元集团系受数码公司、信息公司、水环保公司、印刷公司、廊坊数码公司、廊坊水环保公司、水务公司共同委托与中银律所签订《委托代理合同》，依据《中华人民共和国合同法》第402条之规定，上述《委托代理合同》以及相应仲裁条款直接约束包括廊坊数码公司、廊坊水环保公司、水务公司在内的委托人。就此本院认为，《中华人民共和国合同法》第402条规定的隐名代理制度与本案无关。一方面没有证据证明数码公司、信息公司、水环保公司、印刷公司、廊坊数码公司、廊坊水环保公司、水务公司与多元集团之间存在委托关系，因此不存在《中华人民共和国合同法》第402条适用前提；另一方面，如果《中华人民共和国合同法》第402条确立的隐名代理制度可以适用于本案，相应法律后果是《委托代理合同》及相应仲裁条款直接约束中银律所以及数码公司、信息公司、水环保公司、印刷公司、廊坊数码公司、廊坊水环保公司、水务公司（与"显名受托人"多元集团相对应的委托人），但"显名受托人"多元集团不再成为《委托代理合同》的相对方。换言之，如果《中华人民共和国合同法》第402条可以适用于涉案《委托代理合同》，其必然的法律后果是中银律所不能向"显名受托人"多元集团申请仲裁，该结论显然与中银律所的仲裁请求以及0271号裁决结果不符。

本院审查期间，中银律所还提出，数码公司、信息公司、水环保公司、印刷公司、廊坊数码公司、廊坊水环保公司、水务公司与多元集团是关联公司，共同承担责任无损其利益，相反如果只裁决其中部分责任人承担责任将导致执行困难，造成某些责任主体逃避债务。就此本院认为，“逃避债务”的前提是该当事人依法负有承担债务的法律义务，但如前所述本院已经认定廊坊数码公司、廊坊水环保公司、水务公司不受《委托代理合同》中仲裁条款的约束，贸仲无权就廊坊数码公司、廊坊水环保公司、水务公司是否承担涉案债务进行裁决。至于廊坊数码公司、廊坊水环保公司、水务公司与多元集团是否属于关联公司，与谁应承担合同义务没有逻辑对应关系。即便中银律所所述多元集团本身仅为空壳公司无力承担给付义务属实，亦属于中银律所承揽业务期间的商业风险，且双方当事人均认可《委托代理合同》系由中银律所起草，其拟定合同条款期间未能合理排除可以预见的商业风险，应自行承担责任。总之，所谓“执行困难”“逃避债务”云云，与仲裁司法监督程序无关，不应影响本案审查结果。

另外，本院还注意到，仲裁期间中银律所的仲裁请求为：(1)多元集团、数码公司、信息公司、水环保公司、印刷公司共同向中银律所支付律师费11 511 231.47元；(2)廊坊数码公司对上述第1项中的334 979.35元承担连带清偿责任；廊坊水环保公司对上述第1项中的1 374 287.21元承担连带清偿责任；水务公司对上述第1项中的136 603.15元承担连带清偿责任……(5)多元集团、数码公司、信息公司、水环保公司、印刷公司共同承担本案仲裁费用……而仲裁庭裁决内容为：(1)多元集团、数码公司、信息公司、水环保公司、印刷公司、廊坊数码公司、廊坊水环保公司、水务公司共同向中银律所支付律师费5 605 615.74元……(4)本案的仲裁费196 280元，由中银律所承担50%，即98 140元，由多元集团、数码公司、信息公司、水环保公司、印刷公司、廊坊数码公司、廊坊水环保公司、水务公司共同承担50%，即98 140元……两相比较，中银律所仅要求廊坊数码公司、廊坊水环保公司、水务公司承担部分请求额的连带给付责任，且未要求廊坊数码公司、廊坊水环保公司、水务公司承担仲裁费用，但裁决结果却要求廊坊数码公司、廊坊水环保公司、水务公司对全部律师费给付款项承担连带责任，超出了中银律所的仲裁请求数额；且该仲裁裁决还要求廊坊数码公司、廊坊水环保公司、水务公司一并承担仲裁费用，裁决结果明显超出了中银律所仲裁请求的数额及范围。《最高人民法院关于人民法院办理仲裁裁决执行案件若干问题的规定》第13条规定："下列情形经人民法院审查属实的，应当认定为民事诉讼法第二百三十七条第二款第二项规定的'裁决的事项不属于仲裁协议的范围或者仲裁机构无权仲裁的'情形：（一）裁决的事项超出仲裁协议约定的范围；（二）裁决的事项属于依照法律规定或者当事人选择的仲裁规则规定的不可仲裁事项；（三）裁决内容超出当事人仲裁请求的范围；（四）作出裁决的仲裁机构非仲裁协议所约定。"本院认为，虽然本案系撤销仲裁裁决审查程序而并非不予执行仲裁裁决审查程序，但《中华人民共和国民事诉讼法》第237条第2款关于不予执行国内仲裁裁决的规定与《中华人民共和国仲裁法》第58条关于撤销国内仲裁裁决的规定内容基本一致，故《最高人民法院关于人民法院办理仲裁裁决执行案件若干问题的规定》亦可以在撤销国内仲裁裁决案件中参照适用。涉案0271号裁决存在上述规定第3项"裁决内容超出当事人仲裁请求的范围"之情形，因此应当认定该部分裁决项违反了《中华人民共和国仲裁法》第58条第1款第2项之规定，构成超裁。经本院审查，该超裁部分与其他裁决事项不可分。

至于多元集团、数码公司、信息公司、水环保公司、印刷公司、廊坊数码公司、廊坊水环保公司、水务公司提出的仲裁期间中银律所隐瞒证据的主张，依据明显不足，本院对此不予采信。

《仲裁规则》第45条"程序中止"规定："（一）双方当事人共同或分别请求中止仲裁程序，或出现其他需要中止仲裁程序的情形的，仲裁程序可以中止……（三）仲裁程序的中止及恢复，由仲裁庭决定；仲裁庭尚未组成的，由仲裁委员会仲裁院院长决定。"上述规则中（在已经组成仲裁庭的情况下）将仲裁程序是否应当中止的审查权利交由仲裁庭进行判断。本案事实是，仲裁期间多元集团等仲裁被申请人以向律师行业主管部门投诉中银律所及其律师为由申请中止仲裁程序，但其申请未被仲裁庭准许。本院认为，上述规则属于授权性规定，根据上述仲裁规则，仲裁庭未准许中止仲裁程序的申请，并未违反仲裁规则。

多元集团、数码公司、信息公司、水环保公司、印刷公司、廊坊数码公司、廊坊水环保公司、水务公司主张仲裁期间中银律所伪造证据，但其指称“伪造”的证据均是中银律所向仲裁庭口头或者书面陈述。本院认为，中银律所向仲裁庭陈述内容是否属实应属于仲裁庭审查事项，本院不作审查，但即便中银律所陈述内容不实，相应“当事人陈述”均是由中银律所作出，并非他人伪冒中银律所的名义，因此在证据形式上不可能存在“伪造”的情形。本院对多元集团、数码公司、信息公司、水环保公司、印刷公司、廊坊数码公司、廊坊水环保公司、水务公司主张中银律所在仲裁期间伪造证据的意见不予采信。

多元集团、数码公司、信息公司、水环保公司、印刷公司、廊坊数码公司、廊坊水环保公司、水务公司主张贸仲未将涉案仲裁案件与相关联的另一仲裁案件合并审理，违反法定程序。就此本院认为，本案事实是仲裁期间中银律所申请将本仲裁案件与另一相关联仲裁案件合并审理，仲裁庭征求多元集团等仲裁被申请人意见，因其未明确表示同意故仲裁庭最终决定不准许中银律所提出的合并审理申请，仲裁庭所作决定未违反《仲裁规则》第 19 条相应规定。因此，本院对多元集团、数码公司、信息公司、水环保公司、印刷公司、廊坊数码公司、廊坊水环保公司、水务公司该部分意见不予采信。

关于仲裁请求是否明确，中银律所确实在仲裁开庭后仍调整其仲裁请求，但事实上多元集团等仲裁被申请人亦在开庭后调整其仲裁反请求，双方当事人存在同样情形，且均未要求仲裁庭另行安排开庭。根据对等原则以及禁止反言原则，本院对多元集团、数码公司、信息公司、水环保公司、印刷公司、廊坊数码公司、廊坊水环保公司、水务公司该部分意见不予采信。

综上所述,涉案《委托代理合同》系多元集团与中银律所签订,廊坊数码公司、廊坊水环保公司、水务公司未与中银律所签订任何形式的合同,该三方出具的授权委托书不足以证明其实质加入《委托代理合同》中,且授权委托书并无仲裁条款。因此,廊坊数码公司、廊坊水环保公司、水务公司与中银律所之间不存在仲裁协议,涉案《委托代理合同》中的仲裁协议对上述三公司无约束力。另外,0271 号裁决的部分裁项超出了仲裁请求的数额及范围,且该超裁部分与其他裁决事项不可分。经报最高人民法院审核批准,本院根据《中华人民共和国仲裁法》第 58 条第 1 款第 1 项以及第 2 项、《最高人民法院关于适用〈中华人民共和国仲裁法〉若干问题的解释》第 19 条规定,裁定如下:撤销中国国际经济贸易仲裁委员会〔2018〕中国贸仲京裁字第 0271 号裁决。

025. 申请撤销涉外仲裁的事由

属于涉外仲裁裁决,当事人提出证据证明有下列情形之一的,经人民法院组成合议庭审查核实,裁定撤销仲裁裁决:

(一)当事人在合同中没有订有仲裁条款或者事后没有达成书面仲裁协议的;

(二)被申请人没有得到指定仲裁员或者进行仲裁程序的通知,或者由于其他不属于被申请人负责的原因未能陈述意见的;

(三)仲裁庭的组成或者仲裁的程序与仲裁规则不符的;

(四)裁决的事项不属于仲裁协议的范围或者仲裁机构无权仲裁的;

(五)人民法院认定执行该裁决违背社会公共利益的。

审查依据:《仲裁法》第 70 条;《民事诉讼法》第 274 条;《仲裁法司法解

释》第 17 条

规范解读：

涉外仲裁裁决是指在我国境内作出的具有涉外因素的仲裁裁决。[①] 涉外仲裁不同于国内仲裁的核心特点就在于，涉外仲裁解决的是具有涉外或国际性因素的争议案件。[②] 因此，涉外仲裁相对于国内仲裁，主要区别在于具有"涉外因素"。从有仲裁权的主体上，现有《仲裁法》认可仲裁机构进行仲裁，不承认临时仲裁。仲裁机构可以是中国的涉外仲裁机构，如中国国际经济贸易仲裁委员会和中国海事仲裁委员会，也可以是根据《仲裁法》组建的国内仲裁机构。在适用法律上，《仲裁法》第 65 条规定："涉外经济贸易、运输和海事中发生的纠纷的仲裁，适用本章规定。本章没有规定的，适用本法其他有关规定。"因此涉外仲裁主要解决国际经济贸易、运输、海事活动中发生的争议，其"涉外因素"是指争议所涉及法律关系的主体、争议的标的物、引起法律关系发生、变更、消灭的法律事实因素，这些因素中具备与我国境外的联系，或者根据法律、司法解释参照涉外程序的规定处理。对此，应根据《涉外民事关系法律适用法解释（一）》规定认定涉外仲裁："民事关系具有下列情形之一的，人民法院可以认定为涉外民事关系：（一）当事人一方或双方是外国公民、外国法人或者其他组织、无国籍人；（二）当事人一方或双方的经常居所地在中华人民共和国领域外；（三）标的物在中华人民共和国领域外；（四）产生、变更或者消灭民事关系的法律事实发生在中华人民共和国领域外；（五）可以认定为涉外民事关系的其他情形。"《最高人民法院关于审理仲裁司法审查案件若干问题的规定》第 12 条明确规定，仲裁协议或者仲裁裁决具有《涉外民事关系法律适用法解释（一）》第 1 条规定情形的，为涉外仲裁协议或者涉外仲裁裁决。在认定涉外仲裁时应作广义理解，除涉及我国境外因素的纠纷外，根据《民诉法司法解释》第 551 条的规定，人民法

---

① 参见赵秀文：《国际商事仲裁法》第 3 版，中国人民大学出版社 2012 年版，第 347 页。

② 参见宋朝武编著：《仲裁法学》，北京大学出版社 2013 年版，第 190 页。

院审理涉及香港、澳门特别行政区和台湾地区的民事诉讼案件，可以参照适用涉外民事诉讼程序的特别规定。因此，涉香港、澳门特别行政区和台湾地区的仲裁案件也属于涉外仲裁审查范围。

申请撤销涉外仲裁裁决的事由并未规定在《仲裁法》中，而是根据该法第70条指向《民事诉讼法》，该法条规定："当事人提出证据证明涉外仲裁裁决有民事诉讼法第二百五十八条第一款规定的情形之一的，经人民法院组成合议庭审查核实，裁定撤销。"现行《民事诉讼法》第274条保留了原《民事诉讼法》第258条的规定，规定了以下撤销仲裁裁决的事由：(1)当事人在合同中没有订有仲裁条款或者事后没有达成书面仲裁协议的；(2)被申请人没有得到指定仲裁员或者进行仲裁程序的通知，或者由于其他不属于被申请人负责的原因未能陈述意见的；(3)仲裁庭的组成或者仲裁的程序与仲裁规则不符的；(4)裁决的事项不属于仲裁协议的范围或者仲裁机构无权仲裁的；(5)人民法院认定执行该裁决违背社会公共利益的。

从现代国际商事仲裁发展中各国所接受和遵守的原则，以及我国涉外仲裁的法律规定分析，在撤销涉外(国际商事)仲裁裁决中，法院只审查程序而不审查实体。因此，在我国申请撤销国内和涉外的仲裁事由有较大的区别。具体而言主要有以下不同：第一，是否涉及实体问题不同。申请撤销国内仲裁裁决既可基于程序性问题，如仲裁庭的组成或者仲裁的程序违反法定程序的，又可基于实体问题，如裁决所根据的证据是伪造的；而申请撤销涉外仲裁裁决只能是基于程序问题，不涉及任何实体事项。第二，违反程序中对被申请人保护的规定不同。在申请撤销涉外仲裁裁决中，注重对被申请人特别的权利保护，如规定"被申请人没有得到指定仲裁员或者进行仲裁程序的通知，或者由于其他不属于被申请人负责的原因未能陈述意见的"，而申请撤销国内仲裁仅概括性规定"仲裁的程序违反法定程序"，并未特别强调对被申请人的保护。第三，对仲裁规则规定的不同。申请撤销涉外仲裁的事由包括了"仲裁庭的组成或者仲裁的程序与仲裁规则不符的"，这体现了涉外仲裁中当事人有权选择仲裁所适用的仲裁规则，而仲裁庭未按当事人选择的仲裁规则进行审理和裁决的，属于撤销仲裁的理由，而申请撤销国内仲裁裁决的事由无此规定。第四，是否涉及仲裁员的职业道德与违法裁决事由不同。申请撤销国内仲裁裁决的法定理由包括仲裁员违反职业道德与法律，有索贿受贿，徇私舞弊，枉法裁决行为，而申请撤销涉外仲裁裁决中无此事由。

总体而言，撤销涉外仲裁裁决与国内仲裁裁决的事由相比，对国内仲裁裁决的审查内容更广泛，既包括仲裁程序问题，也涉及仲裁实体问题，且对仲裁员职业道德与裁判中的违法行为有所审查，同时在实践掌握的尺度上比较严格，而在涉外仲裁裁决的审查中则相对宽松，其所有内容均限为程序性事项。

典型案例：对申请撤销涉外仲裁司法审查依据的法律和仲裁规则认定

一、案件基本信息

案号：(2018)京04民特30号

当事人：申请人上海连尚网络科技有限公司（以下简称连尚公司）与被申请人上海亿起联科技有限公司（以下简称亿起联公司）

案由：申请撤销仲裁裁决

二、诉辩争议焦点

连尚公司称（简要），请求撤销北京仲裁委员会（以下简称北仲）作出的(2017)京仲裁字第1815号仲裁裁决。该裁决存在以下情形：第一，仲裁程序与仲裁规则不符；第二，连尚公司由于不属于其所负责的原因而未能陈述意见；第三，北仲受理涉案仲裁案所依据的仲裁条款在涉案仲裁案中并不存在。上述情形符合《中华人民共和国民事诉讼法》第274条的规定，涉案仲裁裁决应予撤销。并且，亿起联公司在涉案仲裁案中不仅隐瞒了足以影响公正裁决的证据，且其提交的作为涉案仲裁裁决根据的主要证据系伪造，而涉案仲裁裁决也违背社会公共利益，即使根据《中华人民共和国仲裁法》第58条之规定，亦应当予以撤销。

亿起联公司称(简要),不同意连尚公司的申请。第一,(2017)京仲裁字第1815号仲裁裁决案不具有国际因素,连尚公司以北仲未适用国际商事仲裁程序为由申请撤销仲裁裁决于法无据。第二,连尚公司多次拖延涉案仲裁程序,其以未获得充分时间陈述为由申请撤销仲裁裁决没有事实依据和法律依据。第三,涉案仲裁程序的管辖权问题已经仲裁机构和法院的确认,连尚公司以仲裁协议不存在为由申请撤销仲裁裁决于法无据。第四,亿起联公司没有隐瞒或伪造任何主要证据。

三、法院裁判意见

经审查查明:2015年12月22日,连尚公司(甲方)与亿起联公司(乙方)签订《推广协议》,约定甲方委托乙方在其平台或其他相应替代或与乙方合作的推广平台/媒体上推广,乙方为甲方提供推广服务,有效期自2015年11月23日起至2016年11月23日止。双方在上述《推广协议》中约定发生争议提交北仲进行仲裁。

2015年12月22日,连尚公司与亿起联公司又签订《Google广告网络推广补充协议》,作为《推广协议》的补充,其中约定双方确认投放信息之后,将享受乙方提供的以下服务:5个工作日内开立Google广告账户……管理并优化广告账户并提供Google广告建议等。该《Google广告网络推广补充协议》约定双方发生争议应提交北仲进行裁决,如果Google对争议解决机构另有特别规定的,依照其规定。

2015年12月22日,连尚公司与亿起联公司还签订了《海外社交平台网络推广补充协议》,作为《推广协议》的补充,其中约定推广平台为Facebook和Twitter。该《海外社交平台网络推广补充协议》约定双方发生争议应提交北仲进行仲裁,如果Facebook或者Twitter对争议解决机构另有特别规定的,依照其规定。

综合上述协议,亿起联公司在该协议项下的主要义务为接受连尚公司的委托,为其在包括Google、Facebook、Twitter在内的三大平台提供推广服务,连尚公司向亿起联公司支付相应的服务费用。双方当事人对上述事项均无异议。

上述合同履行期间,双方发生争议,亿起联公司于2016年10月25日向北仲提出仲裁申请。北仲于2016年11月4日受理了该仲裁案件,编号(2016)京仲案字第2475号,并适用《仲裁规则》的普通程序对该案进行审理。其间,连尚公司于2016年12月1日向北仲提交《申请书》及《管辖权异议申请书》各一份,其中《申请书》申请以下事项:(1)请求确认本案具有国际因素,适用北仲关于国际商事仲裁的相关规则;(2)请求延长连尚公司关于管辖权异议申请的举证期限。连尚公司在《管辖权异议申请书》中主张,《海外社交平台网络推广补充协议》《Google广告网络推广补充协议》作为《推广协议》的补充协议,应以上述两份补充协议约定的方式确定争议管辖机构,而补充协议的特别约定排除了北仲的管辖权,且两份补充协议分别涉及的付款纠纷属于不同协议项下的争议,不应在同一案件中进行审理。北仲经审查,于2017年3月9日作出《关于(2016)京仲案字第2475号仲裁案管辖权异议的决定》,认定本案合同中的仲裁条款有请求仲裁的意思表示,有明确的仲裁事项,有选定的仲裁委员会(北仲),且没有法律规定的无效情形,仲裁条款有效,北仲对该案有管辖权,并决定仲裁程序继续进行。但北仲未对《申请书》作出回应。

2017年5月4日,北京市第三中级人民法院立案受理连尚公司申请确认《推广协议》第11.1条仲裁条款无效、《海外社交平台网络推广补充协议》第5条仲裁条款无效、《Google广告网络推广补充协议》第4条仲裁条款无效一案。经审查,北京市第三中级人民法院查明北仲已经就相关仲裁条款效力作出确认,依据《最高人民法院关于适用〈中华人民共和国仲裁法〉若干问题的解释》第13条之规定,认定该案不属于人民法院的受案范围,于2017年5月23日作出(2017)京03民特184号民事裁定,驳回连尚公司的申请。

此后,仲裁庭决定于2017年6月27日在北京进行开庭审理。正式庭审之前,首席仲裁员曾向双方当事人询问对此前进行的仲裁程序(到询问时为止)双方是否有异议,双方均表示无异议。

仲裁庭于2017年11月17日作出(2017)京仲裁字第1815号裁决:(1)连尚公司支付亿起联公司广告推广费用25 377 732.78元;(2)连尚公司向亿起联公司支付截至2017年11月17日的违约金4 000 000元,并向亿起联公司支付自2017年11月18日起至实际给付之日止、以欠付的广告推广费用25 377 732.78元为基数、按日利率千分之一为标准计算的违约金;(3)连尚公司向亿起联公司支付亿起联公司为本案支出的公证费11 778元及律师费300 000元;(4)本案仲裁费199 920.21元(已由亿起联公司全额预交),由连尚公司承担,连尚公司应直接向亿起联公司支付垫付的仲裁费199 920.21元。

本院认为,《中华人民共和国仲裁法》第58条和第70条分别就撤销国内仲裁裁决以及撤销涉外仲裁裁决作出了不同的规定。本案中相关当事人就涉案(2017)京仲裁字第1815号裁决属于国内仲裁裁决还是涉外仲裁裁决持有不同意见,因此有必要就此先行审查确定,并在此基础上判断本案所适用的法律依据以及审查范围。

《最高人民法院关于适用〈中华人民共和国涉外民事关系法律适用法〉若干问题的解释(一)》第1条规定:“民事关系具有下列情形之一的,人民法院可以认定为涉外民事关系:(一)当事人一方或双方是外国公民、外国法人或者其他组织、无国籍人;(二)当事人一方或双方的经常居所地在中华人民共和国领域外;(三)标的物在中华人民共和国领域外;(四)产生、变更或者消灭民事关系的法律事实发生在中华人民共和国领域外;(五)可以认定为涉外民事关系的其他情形。”《最高人民法院关于适用〈中华人民共和国民事诉讼法〉的解释》第522条规定:“有下列情形之一,人民法院可以认定为涉外民事案件:(一)当事人一方或者双方是外国人、无国籍人、外国企业或者组织的;(二)当事人一方或者双方的经常居所地在中华人民共和国领域外的;(三)标的物在中华人民共和国领域外的;(四)产生、变更或者消灭民事关系的法律事实发生在中华人民共和国领域外的;(五)可以认定为涉外民事案件的其他情形。”具体到本案中,涉案仲裁案件属于合同纠纷,亿起联公司在涉案合同项下的主要义务为接受连尚公司的委托,为其在包括 Google、Facebook、Twitter 在内的三大平台提供推广服务,连尚公司向亿起联公司支付相应的服务费用,而众所周知的事实是三大平台运营业务尚未获得进入内地的批准(或者已经撤出),换言之三大平台的广告受众主要为境外用户,且三大平台运营服务器亦位于中华人民共和国境外,因此应当认定本案中产生民事关系的法律事实(亿起联公司所提供的推广服务)发生在中华人民共和国境外。根据上述法律规定,该案件明显具有涉外因素,虽然双方当事人均为国内企业法人,但仍然应当认定为涉外案件。据此,本院对亿起联公司主张涉案仲裁案件属于国内仲裁裁决的意见不予采信,本院将按照申请撤销涉外仲裁裁决审查程序对本案进行审查处理。

关于涉外仲裁裁决,《中华人民共和国仲裁法》第 70 条规定,当事人提出证据证明涉外仲裁裁决有《中华人民共和国民事诉讼法》第二百五十八条(该法修正后的第二百七十四条)第一款规定的情形之一的,经人民法院组成合议庭审查核实,裁定撤销。《中华人民共和国民事诉讼法》(2017 年修正)第 274 条规定:“对中华人民共和国涉外仲裁机构做出的裁决,被申请人提出证据证明仲裁裁决有下列情形之一的,经人民法院组成合议庭审查核实,裁定不予执行:(一)当事人在合同中没有订有仲裁条款或者事后没有达成书面仲裁协议的;(二)被申请人没有得到指定仲裁员或者进行仲裁程序的通知,或者由于其他不属于被申请人负责的原因未能陈述意见的;(三)仲裁庭的组成或者仲裁的程序与仲裁规则不符的;(四)裁决的事项不属于仲裁协议的范围或者仲裁机构无权仲裁的。人民法院认定执行该裁决违背社会公共利益的，裁定不予执行。”因此本院仅在上述法律规定的审查范围内对涉案仲裁裁决进行审查。

本院审查期间，连尚公司提出仲裁程序与仲裁规则不符，具体指向：(1)仲裁期间未适用《仲裁规则》第八章“国际商事仲裁的特别规定”；(2)仲裁期间连尚公司曾就案件是否具有涉外因素（国际因素）提出异议，但仲裁庭未按照《仲裁规则》第60条第3款规定作出决定；(3)北仲以及仲裁庭就案件管辖权问题的处理违反了《仲裁规则》第6条第4款规定。就此本院认为，涉外仲裁案件具有涉外因素，并不能当然推导出必须应当适用《仲裁规则》第八章“国际商事仲裁的特别规定”，而应当结合当事人约定以及《仲裁规则》的具体规定，最终确定应当适用的规则条款。本案中双方当事人就仲裁适用程序未作出与《仲裁规则》不一致的书面约定，故应当适用《仲裁规则》的相应规定。

《仲裁规则》第八章“国际商事仲裁的特别规定”中第60条“本章适用”第1款规定，“除非当事人另有约定，国际商事案件适用本章规定”，第3款又规定“当事人对案件是否具有国际因素有争议的，由仲裁庭决定”。亿起联公司由此主张，仲裁庭可以决定该案是否具有国际因素以及是否应当适用《仲裁规则》第八章之特别规定。就此本院认为，在当事人有争议的情况下，由仲裁庭决定仲裁案件中是否存在涉外因素（国际因素）并无不当，正如本案中在双方当事人发生争议的情况下由本院进行审查判断，上述判断权属于仲裁庭的职责范围，但《仲裁规则》第60条第3款的规定并不意味着仲裁庭可以无视法律的基本规定而肆意作出决定。本院认为，北仲作出的《仲裁规则》可以规定某一特定情形的案件适用特定规则（特别程序），也可以限定某种特定规则（特别程序）的具体适用范围，在不违反法律明文规定的前提下，只要相应规则是事先制定且被社会公众所知悉的，即可以作为具体仲裁案件中的适用依据。举例言之，假如仲裁规则明确规定某种情形虽然具有涉外因素（国际因素）但并不适用《仲裁规则》第八章“国际商事仲裁的特别规定”,或者某种情形虽然不具有涉外因素(国际因素)但依然应当适用《仲裁规则》第八章“国际商事仲裁的特别规定”,对上述规则本院均应予以尊重并适用。但是,在仲裁规则未作出相反或者排除性规定的情况下,本院认为仲裁庭亦应当按照法律明文规定对案件是否具有涉外因素(国际因素)进行审查判断,在判断结论为肯定项的情况下,必须适应《仲裁规则》第八章“国际商事仲裁的特别规定”,否则即应认定为违反仲裁规则。本案中,仲裁期间在连尚公司明确要求仲裁庭确认该案件具有涉外因素(国际因素)的情况下,仲裁庭未予回应而是径行适用《仲裁规则》规定的普通程序对案件进行审理,未适用《仲裁规则》第八章“国际商事仲裁的特别规定”,违反了仲裁规则的相应规定。

至于连尚公司提出的北仲未按照仲裁规则的规定处理管辖权异议问题,经查,仲裁期间在连尚公司就管辖权提出异议后,北仲已经就管辖权问题进行审查并向当事人作出回应,并未违反《仲裁规则》第6条之规定。连尚公司称北仲无权就管辖权问题进行审查而必须授权仲裁庭审查处理,其主张明显与仲裁规则不符,本院对连尚公司该部分主张不予采信。

在上述论述的基础上,本院还注意到,仲裁开庭期间首席仲裁员曾向双方当事人询问对此前进行的仲裁程序(到询问时为止)双方是否有异议,双方均表示无异议。鉴于仲裁系当事人意思自治原则的体现,双方当事人可以约定具体仲裁程序,连尚公司向仲裁庭表述对此前仲裁程序没有异议的同时即意味着其接受了此前的全部仲裁程序,现其却又以仲裁程序与仲裁规则不符为由申请撤销仲裁裁决,违反了禁止反言的基本诉讼原则。总结以上分析,本院最终意见是对连尚公司关于仲裁程序与仲裁规则不符的主张不予采信。

关于连尚公司提出双方在后续《海外社交平台网络推广补充协议》及《Google 广告网络推广补充协议》中改变了《推广协议》约定的仲裁机构

故而北仲就该案不具备管辖权的意见，本院认为，根据连尚公司提交的证据，不足以认定双方另行约定改变了仲裁机构，因此应当认定北仲对该案具有管辖权。

仲裁期间，连尚公司参与了仲裁程序并出庭应诉，仲裁庭听取了连尚公司的相关意见，因此连尚公司主张“由于不属于其所负责的原因而未能陈述意见”的意见缺乏基本事实依据，本院对此不予采信。

连尚公司另提出，(2017)京仲裁字第1815号裁决违背了社会公共利益。就此本院认为，《中华人民共和国民事诉讼法》(2017年修正)第274条规定的“违背社会公共利益”，主要指向仲裁裁决违反我国法律的基本原则，违反社会善良风俗、危害国家及社会公共安全等情形，应涉及不特定多数人的共同利益，据此判断，(2017)京仲裁字第1815号裁决与违背社会公共利益无关。本院对连尚公司以违背社会公共利益为由申请撤销(2017)京仲裁字第1815号裁决的意见不予采信。

综上所述，连尚公司申请撤销(2017)京仲裁字第1815号裁决的理由不能成立，本院对相应申请不予支持。依照《中华人民共和国仲裁法》第70条、《中华人民共和国民事诉讼法》第274条规定，裁定如下：

驳回上海连尚网络科技有限公司的申请。

026. 提出法律规定以外申请撤销仲裁事由的处理

当事人以不属于《仲裁法》第58条，《民事诉讼法》第237条、第274条规定的事由申请撤销仲裁裁决的，人民法院不予支持。

审查依据：《仲裁法司法解释》第17条；《仲裁法》第58条；《民事诉讼法》第237条、第274条

规范解读：

《仲裁法司法解释》第17条规定：“当事人以不属于仲裁法第五十八条

或者民事诉讼法第二百六十条[①]规定的事由申请撤销仲裁裁决的,人民法院不予支持”。根据法律规定当事人申请人民法院撤销仲裁裁决的事由只有两类,分别为申请撤销国内仲裁裁决事由和申请撤销涉外仲裁裁决事由,前者依据的是《仲裁法》第58条的规定,该事由与《民事诉讼法》第237条所规定不予执行仲裁裁决内容基本一致;后者依据的是《仲裁法》第70条所指向的《民事诉讼法》第274条。对此最高人民法院有明确的意见认为:“如果当事人以这两类事由之外的事由向人民法院申请撤销仲裁裁决,无论是国内仲裁裁决还是涉外仲裁裁决,人民法院都不予支持。”[②]撤销仲裁裁决作为人民法院对仲裁进行司法监督的最为重要的方式之一,其正当行使,直接关系到司法对仲裁所持的态度。为保证仲裁裁决的公正性与合法性,维护仲裁裁决一裁终局的公信力,法律明确规定了撤销仲裁裁决的理由,使司法监督有其边界,法院裁决有其规则,更为选择仲裁的当事人提供了明确的预期,故而撤销仲裁裁决理由的法定性非常重要。最高人民法院上述司法解释的规定,更表明了司法对仲裁采取合理有限监督的原则,保障仲裁的自治性和限制司法的干预,坚决明确对非法律规定的撤销仲裁裁决事由之外的事由不予支持。

特别需要指出,针对撤销涉外仲裁裁决的事由中是否包括适用社会公共利益条款的问题,上述司法解释援引的是《民事诉讼法》第274条,而不是第274条第1款,这与《仲裁法》第70条的规定不同。有的学者研究认为:“对于违反社会公共利益的涉外仲裁裁决,人民法院是否可以撤销,《仲裁法》及其他相关立法没有明确的规定。有学者据此认为,违反社会公共利益不是撤销涉外仲裁裁决的一项事由。”[③]从《仲裁法》第70条的规定分析,其

---

① 《仲裁法司法解释》公布时实施的是1991年《民事诉讼法》,该法已被修改,与该法第260条对应的为现行《民事诉讼法》第274条。

② 沈德咏、万鄂湘主编,最高人民法院研究室、民事审判第四庭编著:《最高人民法院仲裁法司法解释的理解与适用》第2版,人民法院出版社2015年版,第138页

③ 江伟、肖建国主编,谢文哲副主编:《仲裁法》第3版,中国人民大学出版社2016年版,第284页。

仅规定了“当事人提出证据证明涉外仲裁裁决有民事诉讼法第二百五十八条第一款规定的情形之一的,经人民法院组成合议庭审查核实,裁定撤销。”严格上讲没有将《民事诉讼法》第274条第2款“人民法院认定执行该裁决违背社会公共利益的,裁定不予执行”纳入撤销涉外仲裁裁决的事由。从法律原则层面讲,世界各国均有将维护社会公共利益作为司法准则的通例,对于国内或涉外仲裁都不应当违背我国的社会公共利益,因此司法解释弥补了立法层面的不足,规定申请撤销涉外仲裁裁决的事由应包括违反“社会公共利益”的条款,这也是法律应有之义。

027. 以没有仲裁协议为由申请撤销仲裁

没有仲裁协议属于申请撤销仲裁的事由。当事人在合同中没有订立仲裁条款或者事后没有达成书面仲裁协议的,可以向仲裁委员会所在地的中级人民法院申请撤销裁决。

“没有仲裁协议”是指当事人没有达成仲裁协议。仲裁协议被认定无效或者被撤销的,视为没有仲裁协议。

审查依据:《仲裁法》第58条第1款;《民事诉讼法》第237条第2款、第274条第1款;《仲裁法司法解释》第18条

规范解读:

仲裁协议是当事人自愿将他们之间的争议提交仲裁解决的书面形式的文件,仲裁协议作为仲裁制度的基石,体现了当事人遵循意思自治原则自愿选择仲裁作为解决纠纷的方式,因此仲裁协议是否存在是决定仲裁机构取得仲裁权而排除法院管辖的依据,是仲裁合法性与正当性的基础。

没有仲裁协议属于申请撤销仲裁的事由,系指当事人之间没有订立仲裁条款或者事后没有达成书面仲裁协议,其法律依据为《仲裁法》第58条第1款规定,“没有仲裁协议的”;《民事诉讼法》第237条第2款第1项规定,

“当事人在合同中没有订有仲裁条款或者事后没有达成书面仲裁协议的”;《民事诉讼法》第 274 条第 1 款规定,“当事人在合同中没有订有仲裁条款或者事后没有达成书面仲裁协议的”,上述文字表述不完全相同,但实质意思一致。

《仲裁法司法解释》第 18 条第 2 款进一步明确规定“没有仲裁协议”是指当事人没有达成仲裁协议。仲裁协议被认定无效或者被撤销的,视为没有仲裁协议。根据上述司法解释分析,“没有仲裁协议”分为没有达成仲裁协议和视为没有仲裁协议两种情况,根据《仲裁法司法解释》第 18 条的规定,具体可细分为三种情形:(1)当事人没有达成仲裁协议;(2)仲裁协议被认定无效;(3)仲裁协议被依法撤销。第一种情形属于当事人之间根本不存在仲裁协议;第二种和第三种情形均属虽然有仲裁协议,但是最终协议被认定无效或者撤销,导致其法律后果与本没有仲裁协议相一致。

一、当事人没有达成仲裁协议的认定

仲裁协议包括合同中订立的仲裁条款和以其他书面方式在纠纷发生前后达成的仲裁协议,因此当事人之间存在仲裁协议不受时间的限制,也不受单独签订协议还是合同中约定仲裁条款的限制,当事人之间没有达成仲裁协议的判断重点就在于当事人之间是否达成仲裁的合意。在司法审查中我们主要审查以下内容:第一,审查是否在两方以上当事人之间达成仲裁合意。仅有一方当事人有选择仲裁的意思表示,认定为没有仲裁协议。第二,审查有无书面形式仲裁协议。《仲裁法》不承认以口头形式达成的仲裁协议,但是对于各种书面形式,尤其是随着网络科技发展,以电子数据形式签订的合同被得以认可,其形式还在不断发展变化。第三,审查通过互换方式或对话平台方式达成的合意。对此有学者认为“未经当事人签署的书面通讯纪录也可构成仲裁协议。在实践中,存在当事人双方通过传真等互换含有仲裁意向的合同,但缺少一方或者双方当事人原始签名。根据《合同法》有关合同订立的规定,互换本身就表示了相互间意思表示一致的关系,可以认定当事人之间达成了仲裁的合意。”[①]对于上述观点，我们认为符合社会经济发展的实际，审判中我们遇到当事人之间以互换方式签订合同的，在便捷交易中甚至是一方在微信中向另一方发出仲裁协议文本，另一方接受同意并未签字盖章；也有提供网络合同签订平台的，一方在平台上登录选择确认仲裁协议条款，在另一方加入交易时也作出相同的选择，虽然双方并未进行协商和签字盖章，但是其行为表明其选择仲裁的意思，在不同时间分别的意思表示形成合意，该协议订立形式也被认定为书面形式。第四，审查是否存在援引包含仲裁条款的合同或者援引视为选择仲裁的仲裁规则。在协议中虽然没有直接明确约定仲裁条款，但通过相关援引内容可以确认当事人之间有选择仲裁的合意，《联合国国际商事仲裁示范法》第 7 条第 2 款对此有相应的规定，我国最高人民法院的复函中也予以确认。

二、仲裁协议无效的认定

仲裁协议无效的认定应遵循合同无效认定规则，同时基于《仲裁法》作为特别法有特有的认定生效的要件。在合同无效理论上，合同无效指当事人所缔结的合同因严重欠缺生效要件，在法律上不按当事人合意的内容赋予效力。[②] 仲裁协议效力的审查应当根据《仲裁法》规定结合形式要件和实质要件进行，在形式要件上以书面形式为审查重点，包括以合同书、信件和数据电文等形式达成的请求仲裁的协议认定；在实质要件上以请求仲裁的意思表示、仲裁事项、先定的仲裁委员会作为审查的重点。对仲裁协议效力认定在本书前文专章予以论述，在此不再赘述。仲裁协议无效实际上是属于当事人之间有仲裁协议，但根据法律规定，该仲裁协议被人民法院或者仲裁机构认定无效，因此《仲裁法司法解释》第 18 条规定将其视为“没有仲裁协议”，被认定无效的仲裁协议因无效从而当然、自始、确定无效，在认定达成合意具有约束力的法律后果方面与未签订仲裁协议相同。

---

① 江伟、肖建国主编，谢文哲副主编：《仲裁法》第 3 版，中国人民大学出版社 2016 年版，第 277 页。

② 参见韩世远：《合同法总论》第 4 版，法律出版社 2018 年版，第 213 页。

三、仲裁协议被依法撤销的认定

仲裁协议被依法撤销是单独作为合同撤销之诉进行审理后的结果还是法院在申请撤销仲裁协议的司法审查后裁定撤销的结果，对此有观点提出“双方当事人基于达成的有效仲裁协议申请仲裁后，仲裁庭所作出的仲裁裁决被依法撤销，但双方当事人没有依法重新达成仲裁协议，即以原仲裁协议申请仲裁，而仲裁庭也基于此经过审理并作出仲裁裁决。该仲裁裁决被视为在没有仲裁协议的情形下作出的。”①最高人民法院在司法解释的理解与适用的著述中作了不同的解释，认为“仲裁协议作为合同的一种，也当然适用《合同法》有关合同撤销的规定”，②因此根据《民法典》中关于民事法律行为可撤销的规定，对于限制民事行为能力人善意相对人享有撤销权利，对于重大误解时行为人的撤销权、受欺诈方的撤销权，第三人欺诈的撤销权、受胁迫方的撤销权和显失公平时的撤销权，在法定的期限内当事人均可提起撤销之诉。仲裁协议被撤销后，当事人之间不存在仲裁协议的约束，因此法律后果上与没有仲裁协议相同。

四、没有仲裁协议但默认仲裁管辖权的认定

根据《仲裁法》第 20 条的规定，当事人对仲裁协议的效力有异议，应当在仲裁庭首次开庭前提出。此规定是仲裁协议存在的情况下，当事人对其效力有异议提出的时限规定，并非无仲裁协议情况下默示管辖的规定。在《联合国国际商事仲裁示范法》第 7 条第 2 款中规定，仲裁协议应是书面的。协议如载于当事各方签字的文件中，或载于往来的书信、电传、电报或提供协议记录的其他电讯手段中，或在申诉书和答辩书的交换中当事一方声称有协议而当事他方不否认即为书面协议。上述规定中“当事一方声称有协议而当事他方不否认即为书面协议”可以作为默认仲裁机构有仲裁管辖权的依据，但目前我国法律尚无规定。有观点认为，最高人民法院于 2002 年作

---

① 乔欣：《仲裁法学》第 2 版，清华大学出版社 2015 年版，第 142 页。

② 沈德咏、万鄂湘主编，最高人民法院研究室、民事审判第四庭编著：《最高人民法院仲裁法司法解释的理解与适用》第 2 版，人民法院出版社 2015 年版，第 154 页。

出的《最高人民法院关于仲裁协议无效是否可以裁定不予执行的处理意见》是表明认可存在默认仲裁管辖的态度。[①] 对此，应当对照处理意见原文进行分析，最高人民法院在答复中认为“本案的仲裁协议只约定仲裁地点而没有约定具体的仲裁机构，应当认定无效，但仲裁协议无效并不等于没有仲裁协议。仲裁协议无效的法律后果是不排除人民法院的管辖权，当事人可以选择由法院管辖而排除仲裁管辖，当事人未向法院起诉而选择仲裁应诉的，应视为当事人对仲裁庭管辖权的认可。招商银行在仲裁裁决前未向人民法院起诉，而参加仲裁应诉，应视为其对仲裁庭关于管辖权争议的裁决的认可。本案仲裁庭在裁决驳回管辖权异议后作出的仲裁裁决，在程序上符合《仲裁法》和《民事诉讼法》的规定，没有不予执行的法定理由。执行法院不应再对该仲裁协议的效力进行审查。执行法院也不能将‘仲裁协议无效’视为‘没有仲裁协议’而裁定不予执行。”我们认为上述意见恰恰将仲裁协议无效与没有仲裁协议的前提条件做了准确的区分针，答复是在仲裁协议无效的基础上作出的管辖认定，并非没有仲裁协议情况下的默认管辖。

典型案例：原合同中仲裁条款有效作为仲裁管辖依据

一、案件基本信息

案号：(2018)京04民特135号

当事人：申请人北京城建物业管理有限责任公司(以下简称城建物业公司)与被申请人北京市崇文区怡龙别墅业主委员会(以下简称怡龙别墅业委会)

案由：申请撤销仲裁裁决

二、诉辩争议焦点

城建物业公司称，请求撤销北京仲裁委员会(以下简称北仲)(2018)

① 江伟、肖建国主编，谢文哲副主编：《仲裁法》第3版，中国人民大学出版社2016年版，第278页。

京仲裁字第0752号裁决。事实和理由：首先，双方签订的《怡龙别墅社区物业服务合同》（以下简称《物业服务合同》）于2015年3月25日失效，物业服务公司在属地街道及相关政府部门的指导下于2015年5月15日至16日召开临时业主大会，通过投票表决的方式形成有效的《业主大会会议决议》，确定城建物业公司继续为小区提供物业服务。但由于部分业主委员会成员的阻挠，城建物业公司与怡龙别墅业委会未签订新的物业服务合同，只能按照《业主大会会议决议》继续为该小区提供物业服务，至今为无合同事实服务的状态。按照《最高人民法院关于审理物业服务纠纷案件具体应用法律若干问题的解释》之规定，应视为双方存在事实上的物业服务合同关系。因双方从未签订新的物业服务合同或签署原合同的补充协议，城建物业公司从未与怡龙别墅业委会约定《物业服务合同》解除后有关事项的仲裁条款，故怡龙别墅业委会不具备申请仲裁的法定条件。城建物业公司是经小区全体业主认可，按照2015年5月由全体业主作出的《业主大会会议决议》为该小区提供物业服务，而不是履行2015年3月25日已过期的合同。另外，仲裁期间城建物业公司提出了管辖异议，北仲却置之不理。城建物业公司坚持认为北仲不具备管辖权，该仲裁属于无效仲裁。本案因当事人双方没有仲裁协议，北仲不具备管辖权，存在《中华人民共和国仲裁法》第58条规定的应当撤销的情形，特申请撤销北京仲裁委员会（2018）京仲裁字第0752号裁决。

怡龙别墅业委会称，第一，物业服务合同到期后继续履行，仲裁条款继续适用。2015年3月25日合同到期后，双方未签订新的《物业服务合同》，但城建物业公司按照原合同约定的内容继续为怡龙别墅业委会提供物业服务，双方成立事实的物业服务合同关系，应视为原《物业服务合同》的自动延续，仲裁条款应继续适用。第二，仲裁条款约定明确，仲裁前置条件均已满足。第三，仲裁裁决合法有效，有事实依据，符合法律规定。第四，怡龙别墅业委会主体适格。业主大会会议依法选举产生怡龙别墅业委会，并依法到街道办事处办理了备案登记手续。综上，恳请法院驳回城建物业公司申请撤销仲裁裁决的请求。

三、法院裁判意见

法院审查查明，2012 年 3 月 26 日，怡龙别墅业委会与城建物业公司签订《物业服务合同》，合同期限为 3 年，自 2012 年 3 月 26 日至 2015 年 3 月 25 日止。该合同第 12 条第 4 项约定，本合同在履行中如发生争议，双方应协商解决，协商不成时，提请物业管理主管部门调解，调解不成的，提交北仲依法裁决。合同到期后，2015 年 5 月怡龙别墅业委会着手选聘新的物业服务企业。2015 年 5 月 16 日至 18 日，怡龙别墅业委会采用书面征求意见方式召开业主大会，投票确定物业管理公司，最终在入围的四家公司中城建物业公司得票最高。怡龙别墅业委会作出《怡龙别墅小区业主大会会议决议》，其中记载了投票过程及结果，最终意见是根据业主大会投票结果，拟确定城建物业公司为本小区物业服务企业。但此后怡龙别墅业委会并未与城建物业公司签订正式书面合同，城建物业公司亦继续为该小区提供物业服务。

2018 年 2 月 7 日，怡龙别墅业委会根据 2012 年 3 月 26 日签订的《物业服务合同》中的仲裁条款，向北仲申请仲裁，北仲于 2018 年 2 月 11 日受理该案，案件编号为（2018）京仲案字第 0504 号。涉案仲裁适用自 2015 年 4 月 1 日起施行的《北京仲裁委员会仲裁规则》。该案中怡龙别墅业委会仲裁请求为：（1）裁决城建物业公司立即向怡龙别墅业委会履行物业交接义务并撤离怡龙别墅业委会所属小区；（2）确认怡龙别墅业委会与城建物业公司之间的事实服务关系已于 2018 年 1 月 31 日解除，城建物业公司无权再实施服务并收费。

仲裁期间城建物业公司曾向北仲提出《仲裁管辖异议申请书》，认为其与怡龙别墅业委会之间自 2015 年 3 月 25 日以后形成事实物业合同关系，不存在仲裁协议，故怡龙别墅业委会无权就该案申请仲裁。北仲根据仲裁规则的规定，授权仲裁庭对管辖权问题作出决定。仲裁庭经审查认为，怡龙别墅业委会与城建物业公司签订的《物业服务合同》于2015年3月25日到期后，双方未续签新的物业服务合同，但城建物业公司经怡龙别墅业委会认可，继续对小区的物业实行实际的管理，双方之间仍依原物业合同继续履行。本案仲裁条款约定明确，且根据庭审情况及怡龙别墅业委会提交的证据，双方已在有关物业管理部门进行过调解。故，城建物业公司的管辖权异议不能成立，北仲对本案具有管辖权。

在上述认定的基础上，仲裁庭对该案实体事项进行了认定，并于2018年4月20日作出(2018)京仲裁字第0752号裁决：(1)城建物业公司向怡龙别墅业委会履行物业交接义务并撤离怡龙别墅业委会所属小区(坐落于北京市东城区龙潭东路8号怡龙别墅社区)；(2)怡龙别墅业委会与城建物业公司之间的服务关系已于2018年1月31日解除，城建物业公司无权再实施服务并收费；(3)仲裁费用20 550元(已由怡龙别墅业委会全额预付)，全部由城建物业公司承担，城建物业公司应当直接向怡龙别墅业委会支付怡龙别墅业委会代其垫付的仲裁费用20 550元。

法院认为(简要)，本案争议焦点在于怡龙别墅业委会与城建物业公司之间就争议事项是否存在仲裁协议(依据《仲裁法》第16条之规定，合同中的仲裁条款视为独立的仲裁协议)。根据本案目前查明的事实，依据《最高人民法院关于仲裁司法审查案件报核问题的有关规定》第2条第2款之规定，经报请审核，怡龙别墅业委会与城建物业公司签订的《物业服务合同》于2015年3月25日到期后，双方虽未签订新的物业服务合同，但城建物业公司经怡龙别墅业委会认可，继续对小区的物业实行实际的管理，城建物业公司亦未提出任何异议，双方之间仍依原物业合同继续履行，原《物业服务合同》仲裁条款约定明确、有效。据此，城建物业公司申请撤销(2018)京仲裁字第0752号仲裁裁决的理由不成立，对其申请应予驳回。

028. 以仲裁协议无效为由主张撤销仲裁裁决的处理

根据《仲裁法》《民事诉讼法》及相关司法解释，参照本指南第二章的规则能够认定仲裁协议无效，根据当事人在仲裁程序中的行为分别作出处理：

（一）当事人在仲裁程序中未对仲裁协议的效力提出异议，在仲裁裁决作出后以仲裁协议无效为由主张撤销仲裁裁决或者提出不予执行抗辩的，人民法院不予支持。

（二）当事人在仲裁程序中对仲裁协议的效力提出异议，在仲裁裁决作出后又以此为由主张撤销仲裁裁决或者提出不予执行抗辩，经审查符合《仲裁法》第 58 条或者《民事诉讼法》第 237 条、第 274 条规定的，人民法院应予支持。

审查依据：《仲裁法司法解释》第 27 条

规范解读：

仲裁协议无效，即属于当事人提出申请确认仲裁协议效力案件中的事由，也是申请撤销仲裁裁决的事由。从《仲裁法》第 58 条和《民事诉讼法》第 237 条、第 274 条的规定来看，并没有明确规定仲裁协议无效系申请撤销仲裁裁决的事由。相近的规定为“没有仲裁协议”，即《仲裁法》第 58 条第 1 款规定“没有仲裁协议的”；《民事诉讼法》第 237 条第 2 款第 1 项规定“当事人在合同中没有订有仲裁条款或者事后没有达成书面仲裁协议的”；《民事诉讼法》第 274 条第 1 款规定“当事人在合同中没有订有仲裁条款或者事后没有达成书面仲裁协议的”。仲裁协议无效作为撤销仲裁裁决的事由的依据是《仲裁法司法解释》第 18 条中规定“仲裁协议被认定无效或者被撤销的，视为没有仲裁协议”，因此仲裁协议无效作为没有仲裁协议的情形之一，成为撤销仲裁裁决的事由。

在仲裁协议无效的提出上分为两种情况：一是在仲裁程序中未对仲裁

协议效力提出异议,在仲裁裁决作出后,以仲裁协议无效为由申请撤销仲裁裁决;二是当事人在仲裁程序中对仲裁协议的效力已经提出异议,在仲裁裁决作出后又以此为由申请撤销仲裁裁决。

第一种情况是当事人在仲裁程序中未对仲裁协议效力提出异议,在仲裁裁决作出后,以仲裁协议无效为由申请撤销仲裁裁决。因当事人未在法律规定的时限内提出异议,丧失异议权,按照默认仲裁协议有效处理。所以根据《仲裁法司法解释》第 27 条第 1 款规定:“当事人在仲裁程序中未对仲裁协议的效力提出异议,在仲裁裁决作出后以仲裁协议无效为由主张撤销仲裁裁决或者提出不予执行抗辩的,人民法院不予支持。”上述规定对申请撤销国内和涉外仲裁均适用。最高人民法院《第二次全国涉外商事海事审判工作会议纪要》第 75 条规定:“当事人在仲裁程序中未对仲裁庭的管辖权提出异议,在仲裁裁决作出后以仲裁庭无管辖权为由主张撤销或者提出不予执行抗辩的,人民法院不予支持。”特别提示上述司法解释和会议纪要中均规定的是“仲裁程序中”未提出异议,虽然前者规定的是未提出仲裁协议效力异议,而后者规定的是未提出仲裁管辖权异议,两者异议在追求的结果上都是否认仲裁作为解决纠纷的方式。对于“仲裁程序中”未提出异议使效力异议和管辖异议审查的阶段不限于“首次开庭前”,包括了开庭前后的整个仲裁程序,可以理解为从仲裁立案到作出裁决的全部过程中没有提出异议的,就视为异议权的丧失,人民法院对此后再以此为由提出的异议不予支持。

第二种情况是当事人在仲裁程序中对仲裁协议的效力已经提出异议,在仲裁裁决作出后又以此为由申请撤销仲裁裁决。根据《仲裁法司法解释》第 27 条第 2 款规定:“当事人在仲裁程序中对仲裁协议的效力提出异议,在仲裁裁决作出后又以此为由主张撤销仲裁裁决或者提出不予执行抗辩,经审查符合仲裁法第五十八条或者民事诉讼法第二百一十七条、第二百六十条规定的,人民法院应予支持。”因为司法解释规定的范围是在“仲裁程序中”对仲裁协议效力提出异议,从文字上没有对在仲裁庭的首次开庭前,还是开庭以后提出异议进行限制，但实际上在仲裁庭首次开庭前当事人没有对仲裁协议效力提出异议的，即使在首次开庭后又提出异议，也应不予受理。首次开庭前没有对仲裁协议效力提出异议的，适用针对该法律问题的特别规定处理，即《仲裁法司法解释》第 13 条规定："依照仲裁法第二十条第二款的规定，当事人在仲裁庭首次开庭前没有对仲裁协议的效力提出异议，而后向人民法院申请确认仲裁协议无效的，人民法院不予受理。"如果当事人在仲裁庭首次开庭前没有提出异议，而在首次开庭后提出，应按"举重以明轻"的规则处理，即首次开庭前没有提出异议，包括了首次开庭后再提出异议的情况。综上所述，对于当事人在仲裁程序中的首次开庭前没有对仲裁协议的效力提出异议，在首次开庭后提出异议，并在仲裁裁决作出后又以此为由申请撤销仲裁裁决的，人民法院不予支持。

当事人在仲裁庭首次开庭前提出异议的，往往已经向仲裁机构或者法院申请确认仲裁协议无效，由仲裁机构作出决定或者法院作出裁定。只有在仲裁机构和法院都没有认定仲裁协议无效的情况下，仲裁庭才会继续审理案件并作出仲裁裁决，此时当事人再以仲裁协议无效的理由申请撤销仲裁裁决，法院所持的态度是什么呢？最高人民法院在司法解释中明确规定，经审查符合《仲裁法》第 58 条或者现行《民事诉讼法》第 237 条、第 274 条规定的，人民法院应予支持。司法解释的规定符合仲裁司法审查实践中遇到的现实情况，这是因为仲裁协议效力的审查相对复杂，无论仲裁机构还是人民法院在申请确认仲裁协议效力的程序中主要是从形式上进行审查，尤其仲裁机构的审查可能会更倾向于认定仲裁协议有效，其享有管辖权。

对于当事人向仲裁机构申请确认仲裁协议效力后，仲裁机构已经作出仲裁协议有效的决定怎么考虑？我们认为，依据《仲裁法司法解释》第 13 条第 2 款规定："仲裁机构对仲裁协议的效力作出决定后，当事人向人民法院申请确认仲裁协议效力或者申请撤销仲裁机构的决定，人民法院不予受理。"上述规定仅对于仲裁过程中，就申请确认仲裁协议效力或者撤销仲裁机构的决定不予受理，未禁止以此为由申请撤销仲裁裁决。法院从支持仲裁,支持纠纷多元化解决,尽量促使仲裁协议有效的角度,也有确认仲裁协议有效的意愿,法院虽然在该阶段作出有关仲裁协议效力的认定,但主要是从协议效力与仲裁管辖的角度考虑,案件经过仲裁庭审理后会发生诸多新的问题,所以在仲裁裁决后基于实体审理查明的事实可能会作出不同的认定。同时,实践中存在多方当事人签订协议时,有的当事人之间达成仲裁合意,而有的当事人未选择仲裁等情况,造成不能简单认定仲裁协议无效,从而需要在仲裁裁决作出后,再给予当事人一次救济途径,所以司法解释作出上述规定。

典型案例:当事人在仲裁程序中未对仲裁协议的效力提出异议,在仲裁裁决作出后以仲裁协议无效为由主张撤销仲裁裁决的,人民法院不予支持

一、案件基本信息

案号:(2018)京04民特146号之一

当事人:申请人山东鸿兴源食品有限公司(以下简称鸿兴源公司)、王某、陈某与被申请人宿迁钟山天瑞力鼎创业投资中心(有限合伙)(以下简称天瑞公司)、宿迁钟山天瑰力鼎创业投资中心(有限合伙)(以下简称天瑰公司)

案由:申请撤销仲裁裁决

二、诉辩争议焦点

鸿兴源公司、王某、陈某申请称,请求法院依法撤销中国国际经济贸易仲裁委员会(以下简称贸仲)(2017)中国贸仲京裁字第1408号裁决书(以下简称仲裁裁决)。仲裁协议无效或已失效,应视为本案没有仲裁协议。针对协议的履行,天瑞公司、天瑰公司从未告知过鸿兴源公司、王某、陈某有任何争议的发生,未进行过任何形式的协商,更未在争议发生的60日内向贸仲提出仲裁,因此,按照《关于山东鸿兴源食品有限公司的增资扩股协议》(以下简称《增资扩股协议》)第10.1条仲裁协议的约定,天瑞公司、天瑰公司提起仲裁的前提条件不仅不具备，而且提起仲裁时因距申请人自述的争议发生点已超过60日，上述仲裁协议已失效（其他内容略）。

天瑞公司、天瑰公司答辩称，仲裁协议为合法有效，并且始终有效。仲裁协议具备《中华人民共和国仲裁法》（以下简称《仲裁法》）第16条规定的三要件，即请求仲裁的意思表示、仲裁事项以及选定的仲裁委员会，没有证据证明本案的仲裁协议有无效或可撤销情形，仲裁协议合法有效。并且天瑞公司、天瑰公司向贸仲递交仲裁申请书之日，应当看作双方“协商未果”之后的第一天，符合仲裁协议的约定。仲裁协议约定的“60日内”意在督促双方尽早解决纠纷，不能理解为超过60日双方提出仲裁的权利归于消灭，进而否定仲裁协议的效力或者认定仲裁协议已失效。鸿兴源公司等未按照《仲裁法》第6条第4款规定，在仲裁庭首次开庭前书面向仲裁庭提出当事人对仲裁协议及仲裁案件管辖权的异议，错过了提出仲裁协议效力异议的机会（其他内容略）。

三、法院裁判意见

法院审查查明：2013年5月，鸿兴源公司、王某、陈某与天瑞公司、天瑰公司等签订了《增资扩股协议》，其中第10.1条约定了争议解决条款，即任何因本协议的解释或履行而产生的争议，均应通过友好协商方式加以解决，如果协商未果，则任何一方有权在该争议发生后60天内，将争议提交贸仲依据其届时有效的仲裁规则仲裁解决（其他内容略）。

法院认为（简要，其他内容略），关于仲裁协议是否无效或已失效。双方在《增资扩股协议》第10.1条约定的仲裁条款，符合《仲裁法》第16条的规定，该仲裁条款合法有效。该条款中关于“60天内”的约定，究其本意，应为督促双方尽快解决争议，不应仅以争议发生已超过60日再提起仲裁就认定仲裁协议无效或已失效。再者，鸿兴源公司、王某、陈某并未在仲裁庭首次开庭前对仲裁协议的效力提出异议，参加了仲裁庭审，接受了贸仲的仲裁。依据《最高人民法院关于适用〈中华人民共和国仲裁法〉若干问题的解释》第13条“当事人在仲裁庭首次开庭前没有对仲裁协议的效力提出异议,而后向人民法院申请确认仲裁协议无效的,人民法院不予受理”之规定,本院对该项撤销仲裁裁决的理由,不予支持。

典型案例:当事人在仲裁程序中对仲裁协议的效力提出异议,可以在申请撤销仲裁裁决中再次主张

一、案件基本信息

案号:(2019)京04民特161号

当事人:申请人杭州东神进出口有限公司(以下简称东神公司)与被申请人北京北方光电有限公司(以下简称北方公司)

二、诉辩争议焦点

申请人东神公司称(简要),请求人民法院依法撤销北京仲裁委员会于2018年11月1日作出的(2018)京仲裁字第2119号仲裁裁决(以下简称裁决)。事实与理由:东神公司与北方公司之间未签订书面仲裁协议、事后也没有达成书面仲裁协议,北方公司始终未能向仲裁庭提交书面仲裁协议(其他内容略)。

被申请人北方公司称(简要),东神公司关于撤销裁决的申请没有事实依据与法律依据,请求人民法院依法驳回东神公司的申请。北京仲裁委员会《管辖权决定书》与裁决都已经认定了东神公司与北方公司之间存在书面仲裁协议(其他内容略)。

三、法院裁判意见

法院审查查明,2018年11月1日,北京仲裁委员会作出(2018)京仲裁字第2119号仲裁裁决:(1)东神公司向北方公司支付货款800 077.41元;(2)东神公司向北方公司支付代理费14 885.95元;(3)东神公司向北方公司支付北方公司支出的律师代理费95 000元;(4)东神公司向北方公司支付鉴定费用9000元;(5)本案仲裁费为36 796.48元(已由北方公司全额预交),由北方公司承担20%即7359.3元,由东神公司承担80%即29 437.18元,东神公司直接向北方公司支付北方公司代其垫付的仲裁费29 437.18元;(6)驳回北方公司的其他仲裁请求。

北京仲裁委员会于2018年5月9日收到了东神公司提交的落款日期为2018年5月7日的《管辖权异议申请书》,北方公司于2018年5月15日向北京仲裁委员会提交了落款日期为2018年5月14日的《管辖权异议答辩书》。北京仲裁委员会在审查双方提交的材料后,认为对于案件管辖权的认定应当经过实体审理,故决定授权仲裁庭对案件管辖权作出决定。仲裁庭经2018年5月31日和2018年7月12日两次开庭,于2018年10月12日对案件管辖权作出决定。仲裁庭认为,双方已经通过数据电文就《进口代理合同》达成一致,其中包括仲裁条款。因该仲裁条款具备《中华人民共和国仲裁法》(以下简称《仲裁法》)第16条第2款规定的仲裁协议应当具有的内容,因此,仲裁庭认为,北方公司和东神公司之间存在有效的仲裁协议,北京仲裁委员会对案件具有管辖权。

法院认为(简要,其他内容略),关于东神公司与北方公司之间是否存在合法有效的仲裁协议。经查,仲裁庭根据北京仲裁委员会授权,在通过两次开庭对案件进行实体审理之后,作出《管辖权决定书》,该决定书认为,北方公司与东神公司已经通过电文形式就《进口代理合同》达成一致,包括该合同中约定的仲裁条款。由于仲裁条款具备仲裁法规定的仲裁协议应当具有的内容,应当认定北方公司和东神公司之间存在有效的仲裁协议,北京仲裁委员会对案件具有管辖权。根据北方公司与东神公司通过电文形式达成的《进口代理合同》约定的仲裁条款,本院认定东神公司与北方公司之间存在合法有效的仲裁协议,东神公司的该项申请理由不能成立。

029. 国内撤销仲裁中，不属于仲裁协议的范围或者仲裁委员会无权仲裁的撤销仲裁事由的认定

（一）裁决的事项超出仲裁协议约定的范围；

（二）裁决的事项属于依照法律规定或者当事人选择的仲裁规则规定的不可仲裁事项；

（三）裁决内容超出当事人仲裁请求的范围；

（四）作出裁决的仲裁机构非仲裁协议所约定。

审查依据：《仲裁法》第58条第1款第2项；《最高人民法院关于人民法院办理仲裁裁决执行案件若干问题的规定》第13条

29.1 裁决的事项超出仲裁协议约定的范围认定提示

裁决的事项是仲裁协议明确约定的内容，仲裁管辖权的基础是仲裁协议，当事人明示授权，仲裁方取得处理纠纷的权利，因此确定仲裁事项需对当事人真实意思表示进行合理分析。仲裁庭对不属于仲裁协议约定范围内的事项进行裁决，违背当事人真实意愿，属于超裁，对超裁裁决应通过司法审查程序予以撤销。

超裁是在当事人存在有效的仲裁协议情况下，仲裁庭对当事人没有约定仲裁的事项进行仲裁。

29.2 认定超裁应当考虑的因素

仲裁司法审查中对超裁的认定应当慎重考虑以下相关因素：

1. 当事人概括约定仲裁事项时，不宜简单以没有明确约定仲裁事项而认定超裁，应当结合所约定内容和争议事项确定合理的仲裁范围，遵循并正确理解《仲裁法司法解释》第2条所确立的司法审查理念。该司法解释规定，当事人概括约定仲裁事项为合同争议的，基于合同成立、效力变

更、转让、履行、违约责任、解释、解除等产生的纠纷都可以认定为仲裁事项。

2. 当事人约定仲裁所产生的争议较多或者涉及事实较复杂时，仲裁庭为查明或论证案情涉及对相关争议和事实的认定，一方当事人以相关争议和事实不属于约定的仲裁范围而主张超裁时，应结合实际情况进行判断，综合考虑纠纷形成的复杂性以及查明认定事实的不可分性，尽量避免以仲裁审理涉及内容而认定超裁，关键审查仲裁裁决项是否超裁。

3. 在仲裁事项认定时，仲裁司法审查有必要就可仲裁性严格按法律规定内容进行审查，不得进行扩大解释。对于非合同争议或者与合同有关的侵权等纠纷，在有约定的情况下应当受合同中有效仲裁条款的约束，不认定为超裁。

29.3　部分超裁的处理

当事人以仲裁裁决事项超出仲裁协议范围为由申请撤销仲裁裁决，经审查属实的，人民法院应当撤销仲裁裁决中的超裁部分。但超裁部分与其他裁决事项不可分的，人民法院应当撤销仲裁裁决。

审查依据：《仲裁法司法解释》第19条

29.4　主从合同超裁的处理

当事人签订主从合同时，首先需认定主从合同的关系。在主合同中签订仲裁条款，但从合同中未签订仲裁条款时，分两种情况进行判断：一是审查从合同有无明确表示解决争议的方式依据主合同条款确定，在此情况下视为选择仲裁途径解决纠纷；二是从合同没有仲裁条款，没有约定解决争议的方式依据主合同条款，亦无其他书面形式证明其选择仲裁途径解决纠纷，则认定主合同仲裁条款对从合同无约束力，仲裁裁决从合同属于超裁。

29.5 仲裁追加第三人的处理

仲裁庭追加当事人之外的第三人进行仲裁，首先，依仲裁规则审查追加第三人的依据和程序；其次，审查被追加第三人是否有明确接受仲裁的意思表示，以及同意接受该仲裁庭仲裁；最后，审查涉仲裁的当事人是否均同意第三人通过仲裁方式并在该仲裁庭仲裁，符合上述情形的不以超裁为理由撤销仲裁。

规范解读：

一、不属于仲裁协议的范围或者仲裁委员会无权仲裁的理解

根据《仲裁法》第58条第1款的规定，有证据证明有下列情形的可以向仲裁委员会所在地的中级人民法院申请撤销裁决，其中情形之一为“裁决的事项不属于仲裁协议的范围或者仲裁委员会无权仲裁的”。上述情形可再分为“裁决的事项不属于仲裁协议的范围”与“裁决的事项仲裁委员会无权仲裁”两种情况，对该情形撤销仲裁裁决理由的审查重点在于如何判断“裁决的事项”系合意仲裁所选择的范围和“裁决的事项”系提交有仲裁权的仲裁委员会进行裁决。

（一）裁决的事项不属于仲裁协议的范围

在确认仲裁协议的司法审查中，“仲裁事项”是仲裁协议有效的三项实质要件之一。仲裁理论认为“所谓仲裁事项就是双方当事人在仲裁协议中约定的提请仲裁解决的争议范围……按照国际上通行的做法，当事人只有把仲裁协议中约定的事项所产生的争议提请仲裁时，仲裁机构才能受理。”[①]仲裁协议中所约定的仲裁事项，即提交仲裁所解决的争议事项，决定了仲裁的审理范围。我们认为，当事人申请的仲裁请求事项，仲裁机构受理并审理的争议事项，以及仲裁机构作出裁决解决的争议事项，都应当在仲裁协议所明确约定的仲裁事项中判断其范围。当事人的请求超出仲裁协议范围，应

---

① 杨秀清、史飚：《仲裁法学》第3版，厦门大学出版社2019年版，第122页。

当被仲裁机构驳回,而仲裁机构裁决中支持当事人超范围的请求,或者作出超出协议范围的裁决,均应认定为超裁。“仲裁事项”与“裁决事项”范围本应一致,但在超裁的情况下,“裁决事项”会超出“仲裁事项”的范围。

“裁决的事项不属于仲裁协议的范围”这一撤销仲裁裁决的事由,排除了没有仲裁协议和因仲裁协议无效、被撤销而视为没有仲裁协议的情形,是建立在有仲裁协议的基础上对约定范围的认定。司法实践中,对于“裁决的事项不属于仲裁协议的范围”主要有两种情形:第一种情形是当事人之间有仲裁协议,但对提交仲裁的事项没有签订仲裁协议。比如,双方当事人之间有借款合同与买卖合同,或者是两笔买卖合同,其中一份合同约定了仲裁,而另一份没有约定仲裁,如果当事人请求仲裁机构裁决没有约定仲裁的合同争议事项,就应认定不属于仲裁协议范围的情况。第二种情形是当事人之间对争议事项签有仲裁协议,但是仅对其中部分内容争议约定了仲裁。有的情形是对争议的法律关系类型,比如合同的效力、合同的履行、合同的解除,甚至可能更为具体到合同的某项违约责任;也可能是在可区分的事项上进行约定,比如多层嵌套合同中的某一环节,或者整体工程中的某一部分工程,虽然审理中不可避免涉及相关事实的查明,但在仲裁裁决的裁决项中一旦作出,则应认定上述情形不属于仲裁协议范围。基于现实情况,产生的相关问题更为复杂。比如,当事人之间存在多份合同,当事人仅对部分合同产生的争议签有仲裁协议,但仲裁机构依一方当事人申请一并解决所有相关争议。还有如当事人之间签有仲裁协议,协议明确限制了仲裁解决争议事项的范围,履行合同引发其他争议事项时,仲裁机构一并作出裁决。

(二)仲裁事项仲裁委员会无权仲裁

仲裁委员会无权仲裁,是指仲裁机构在仲裁事项上没有当事人合意选择仲裁的基础,或者当事人未将该仲裁事项提交仲裁机构,或者仲裁机构裁决内容不具有法律许可的可仲裁性,或者仲裁机构并非当事人约定的仲裁机构。根据《最高人民法院关于人民法院办理仲裁裁决执行案件若干问题的规定》第 13 条规定:“下列情形经人民法院审查属实的,应当认定为民事诉讼法第二百三十七条第二款第二项规定的'裁决的事项不属于仲裁协议的范围或者仲裁机构无权仲裁的'情形:(一)裁决的事项超出仲裁协议约定的范围;(二)裁决的事项属于依照法律规定或者当事人选择的仲裁规则规定的不可仲裁事项;(三)裁决内容超出当事人仲裁请求的范围;(四)作出裁决的仲裁机构非仲裁协议所约定。"其中除第1项外,第2、3、4项都属于认定仲裁事项"仲裁委员会无权仲裁"的事由。

第一,裁决的事项属于依照法律规定或者当事人选择的仲裁规则规定的不可仲裁事项。争议事项应具有可仲裁性,意味着裁决事项应遵循相同的规则,必须是《仲裁法》允许仲裁的事项,抑或是当事人选择的仲裁规则允许进行的仲裁事项。争议事项的可仲裁性首先取决于国家法律的规定,这是各国仲裁制度中极为重要的问题,我国《仲裁法》对于争议事项的可仲裁性采取了肯定性与否定性相结合的方式进行规定,具体为《仲裁法》第2条和第3条,第2条从概括性肯定的角度规定,平等主体的公民、法人和其他组织之间发生的合同纠纷和其他财产权益纠纷,属于可仲裁范围;第3条从例举否定的角度规定,婚姻、收养、监护、扶养、继承纠纷和依法应当由行政机关处理的行政争议,不属于可仲裁范围。除此之外,对于不可仲裁范围的认定,还应根据《民法典》《破产法》《劳动法》等法律进行判断,如劳动争议不能进行商事仲裁;《公司法》《破产法》中涉及如破产、强制清算等人民法院专属审理范围的,不具有可仲裁性。对于"当事人选择的仲裁规则规定的不可仲裁事项",现有国内仲裁机构的仲裁规则中对不予仲裁事项往往都是照抄法律规定,很少自行在仲裁规则中明确仲裁法律规定以外的事项,在部分仲裁委员会的指南中涉及诸如农业集体经济组织内部的农业承包合同纠纷不予受理或另行规定等内容。

第二,裁决内容超出当事人仲裁请求的范围。民事活动中当事人对选择何种纠纷解决机制以及提出何种请求享有自治权和处分权。"不告不理"作为《民事诉讼法》的重要原则,同样也适用作为纠纷解决机制的仲裁,该原则是尊重当事人自主处分行为的重要体现。依据"不告不理"原则,法院或者仲裁机构必须依照当事人提出的事实、理由和请求，进行审理和裁判，对于当事人的主张和请求不能随意变更、超出或者减少。当事人的仲裁请求应得到尊重，仲裁机构不得超出其请求范围作出裁决，具体包括两层含义：(1)当事人有权申请仲裁或者撤回仲裁申请，也包括当事人申请撤回或变更仲裁请求，比如撤回全部请求，撤回某项请求，或者变更某项请求，此时仲裁机构应当准许，不得违背当事人的自决权，在审理中也应按其撤回或变更的情况审理，不得超出当事人请求事项范围进行裁决；(2)仲裁裁决的范围应与申请人申请仲裁事项的范围相一致，仲裁机构不得对申请人未提出请求的事项进行裁决。

第三，作出裁决的仲裁机构非仲裁协议所约定的仲裁机构。当事人之间签订有效仲裁协议，根据《仲裁法》规定仲裁协议应当约定请求仲裁的意思表示、仲裁事项、选定的仲裁委员会。一般情况下当事人选定的仲裁机构明确时，不会出现作出裁决的仲裁机构非仲裁协议所约定的仲裁机构的情况，出现上述情况主要是约定仲裁机构不明确所导致，当然也有仲裁机构发生变化导致认定时出现困难。主要有以下情况：(1)当事人未约定仲裁机构的具体名称，仅约定某地仲裁机构仲裁，一方当事人申请仲裁时对选定的仲裁机构理解错误；(2)当事人约定某仲裁机构仲裁，该仲裁机构发生分立等变化；(3)当事人约定的仲裁机构名称不准确，造成一方当事人没有向有权仲裁机构申请，而向无权仲裁的机构申请仲裁。

仲裁机构规则、名称、机构设制等发生变化从而引发众多纠纷的事例：因中国国际经济贸易仲裁委员会(以下简称中国贸仲)于 2012 年 5 月 1 日施行修订后的仲裁规则以及原中国国际经济贸易仲裁委员会华南分会(现已更名为华南国际经济贸易仲裁委员会，同时使用深圳国际仲裁院的名称，以下简称华南贸仲)、原中国国际经济贸易仲裁委员会上海分会(现已更名为上海国际经济贸易仲裁委员会，同时使用上海国际仲裁中心的名称，以下简称上海贸仲)变更名称并施行新的仲裁规则，致使部分当事人对相关仲裁协议的效力以及上述各仲裁机构受理仲裁案件的权限、仲裁的管辖、仲裁的执行等问题产生争议，向人民法院请求确认仲裁协议效力、申请撤销或者不予执行相关仲裁裁决，引发诸多仲裁司法审查案件。经上海、江苏、广东高院报请请示，最高人民法院作出《最高人民法院关于对上海市高级人民法院等就涉及中国国际经济贸易仲裁委员会及其原分会等仲裁机构所作仲裁裁决司法审查案件请示问题的批复》（法释〔2015〕15 号），自 2015 年 7 月 17 日起施行，批复规定：

1. 当事人在华南贸仲更名为华南国际经济贸易仲裁委员会、上海贸仲更名为上海国际经济贸易仲裁委员会之前签订仲裁协议约定将争议提交“中国国际经济贸易仲裁委员会华南分会”或者“中国国际经济贸易仲裁委员会上海分会”仲裁的，华南贸仲或者上海贸仲对案件享有管辖权。当事人以华南贸仲或者上海贸仲无权仲裁为由请求人民法院确认仲裁协议无效、申请撤销或者不予执行仲裁裁决的，人民法院不予支持。

当事人在华南贸仲更名为华南国际经济贸易仲裁委员会、上海贸仲更名为上海国际经济贸易仲裁委员会之后（含更名之日）本批复施行之前签订仲裁协议约定将争议提交“中国国际经济贸易仲裁委员会华南分会”或者“中国国际经济贸易仲裁委员会上海分会”仲裁的，中国贸仲对案件享有管辖权。但申请人向华南贸仲或者上海贸仲申请仲裁，被申请人对华南贸仲或者上海贸仲的管辖权没有提出异议的，当事人在仲裁裁决作出后以华南贸仲或者上海贸仲无权仲裁为由申请撤销或者不予执行仲裁裁决的，人民法院不予支持。

当事人在本批复施行之后（含施行起始之日）签订仲裁协议约定将争议提交“中国国际经济贸易仲裁委员会华南分会”或者“中国国际经济贸易仲裁委员会上海分会”仲裁的，中国贸仲对案件享有管辖权。

2. 仲裁案件的申请人向仲裁机构申请仲裁的同时请求仲裁机构对案件的管辖权作出决定，仲裁机构作出确认仲裁协议有效、其对案件享有管辖权的决定后，被申请人在仲裁庭首次开庭前向人民法院提起申请确认仲裁协议效力之诉的，人民法院应予受理并作出裁定。

申请人或者仲裁机构根据《最高人民法院关于确认仲裁协议效力几个问题的批复》(法释〔1998〕27 号)第 3 条或者《最高人民法院关于适用〈中华人民共和国仲裁法〉若干问题的解释》(法释〔2006〕7 号)第 13 条第 2 款的规定主张人民法院对被申请人的起诉应当不予受理的,人民法院不予支持。

3. 本批复施行之前,中国贸仲或者华南贸仲、上海贸仲已经受理的根据本批复第一条规定不应由其受理的案件,当事人在仲裁裁决作出后以仲裁机构无权仲裁为由申请撤销或者不予执行仲裁裁决的,人民法院不予支持。

4. 本批复施行之前,中国贸仲或者华南贸仲、上海贸仲受理了同一仲裁案件,当事人在仲裁庭首次开庭前向人民法院申请确认仲裁协议效力的,人民法院应当根据本批复第一条的规定进行审理并作出裁定。

本批复施行之前,中国贸仲或者华南贸仲、上海贸仲受理了同一仲裁案件,当事人并未在仲裁庭首次开庭前向人民法院申请确认仲裁协议效力的,先受理的仲裁机构对案件享有管辖权。

二、认定超裁应考虑的因素与部分超裁的处理

超裁是当事人存在有效的仲裁协议情况下,仲裁庭对当事人没有约定仲裁的事项进行仲裁。仲裁裁决是否超裁的关键在于仲裁事项是否为仲裁协议明确约定的内容,但在不同语境下意思表示往往会产生歧义或需要解释,这就导致在判断超裁时应结合实际情况,考虑诸多因素,探究当事人的真实意思表示,从而作出合理的认定。仲裁庭对不属于仲裁协议约定范围内的事项进行裁决,实际上是违背当事人真实意愿,属于超裁,对超裁裁决应通过司法审查程序予以撤销。

仲裁司法审查中对超裁的认定和处理应当从以下几个层面考虑:

第一,当事人概括约定仲裁事项时,不宜简单以没有明确约定仲裁事项而认定超裁。概括性约定仲裁事项往往体现了当事人全面将争议交付仲裁解决的意愿,社会经济活动千变万化,许多事件的发生难以在签订合同时予以穷尽,而具体表述常会有所遗漏,于是当事人会使用内涵更多、外延更广的概括约定。在进行仲裁协议的解释时,需要我们正确理解《仲裁法司法解释》第2条的规定，即当事人概括约定仲裁事项为合同争议的，基于合同成立、效力、变更、转让、履行、违约责任、解释、解除等产生的纠纷都可以认定为仲裁事项。

第二，当事人约定仲裁所产生的争议较多或者涉及事实较复杂时，仲裁庭裁决中为查明或论证案情涉及对相关争议和事实的认定，不能因此而判断超裁。我们在审理仲裁司法审查案件时，常常遇到当事人以仲裁裁决超裁，主张仲裁审理的相关争议和事实不属于约定的仲裁范围，应予以撤销。我们认为判断时应结合实际情况分析：首先，任何争议事项都不孤立的存在，必然涉及相关的事实与法律关系；其次，任何已经发生争议或者将要引发争议的事实都属于历史，查明发生在过去的事实本就需要借助于对相关各种情况与事实的了解，从而全面进行判断；最后，诸多事实和法律关系的认定往往必须以其他事实或法律关系的认定为前提，一定情形下查明案件事实和认定法律关系，都与仲裁事项以外的因素具有关联性与不可分性。综合上述考虑，我们认为在仲裁审理和裁决中涉及相关非仲裁事项的事实和法律关系的认定时，无论是否合理都属于仲裁庭的实体裁量权，司法不应当进行干涉和监督，所以要尽量避免以仲裁审理涉及内容而认定超裁。对于仲裁裁决是否超裁的审查关键在于仲裁裁决项，即仲裁裁决写明裁决事由后，依据所适用法律，裁决如下之后回应仲裁申请请求部分的内容。一般情况下，法院应当只审查仲裁裁决项是否超出当事人约定仲裁事项范围。

第三，在仲裁事项认定时，仲裁司法审查有必要就可仲裁性进行审查。上述可仲裁性审查既可依当事人申请审查，也可依职权进行审查，法律规定禁止提交商事仲裁的事项，属于违反法律行政法规强制性规定的仲裁协议无效，而且是自始当然无效，在司法审查中不因当事人之间约定属于仲裁的范围，就认定其有效。当然，对于可仲裁性的审查应当严格依法进行，不得扩大其适用范围或作广义解释。对于非合同争议或者与合同有关的侵权等纠纷，只要当事人之间有约定，就应当受合同中有效仲裁条款的约束，不认定为超裁。

第四，对超裁的处理应作全部超裁与部分超裁的区分，并依法按其是否具有可分性而采用不同的处理方式。根据《仲裁法司法解释》第19条规定："当事人以仲裁裁决事项超出仲裁协议范围为由申请撤销仲裁裁决，经审查属实的，人民法院应当撤销仲裁裁决中的超裁部分。但超裁部分与其他裁决事项不可分的，人民法院应当撤销仲裁裁决。"上述规定对可以与其他裁决事项可分的超裁部分进行撤销的同时，认可了未超裁部分裁决事项的效力，既符合当事人选择仲裁的意思自治，又有利于维护仲裁一裁终局高效率解决纠纷的成果。如何判断裁决事项的可分性法律和司法解释尚未作出明确规定，实践掌握主要有事实的不可分与法律关系的不可分两类情形。事实的不可分系指裁决事项基于同一事实，该事项既有约定的仲裁范围内事项，也涉及约定仲裁范围外事项，无法分别认定处理，比如，在建筑工程中超裁部分没有单独列出，只能包含在总价款中进行认定，而工程各项造价如果可以单独计算，则属于可分的情况。法律关系的不可分是指裁决事项涉及多重法律关系，多层嵌套、环环相扣不能分别审理，需要被整体裁决，以保证法律适用的完整性、审理的公正性与整体利益的平衡性。

三、仲裁涉及主从合同与第三人（被申请人）的法律问题

（一）仲裁涉及主从合同的法律问题

主从合同之间存在制约关系，从合同以主合同的存在为前提，同时又往往是促成主合同订立并保障主合同履行的重要因素。涉及主从合同的仲裁事项问题时，主要考虑以下内容：一是审查从合同有无明确表示解决争议的方式依据主合同条款确定，此时意味着从合同在争议解决方式上与主合同相同，从合同当事人无论如何否认仲裁管辖，都应判断其已经选择仲裁途径解决纠纷；二是从合同没有仲裁条款，没有约定解决争议的方式依据主合同条款，亦无其他书面形式证明其选择仲裁途径解决纠纷，此时不能当然推定从合同受主合同约束，应当认定主合同仲裁条款对从合同无约束力，仲裁裁决从合同当事人承担责任属于超裁，但在审理仲裁案件查明事实和适用法律时涉及从合同并不属于超裁。

(二)仲裁追加第三人(被申请人)的法律问题

在仲裁案件中,除申请人与被申请人之外,未参加仲裁的当事人可称为第三人(被申请人),其经追加后在仲裁案件中的地位可以是被申请人或者第三人。在《民事诉讼法》有追加被告的程序,也有第三人制度,依当事人申请或者人民法院认为有必要,可以追加案外民事主体为第三人,案外民事主体认为自己有独立请求权或者案件的处理与自己有利害关系时,也可以申请法院追加其为第三人参加诉讼。《仲裁法》没有建立第三人制度,其原因在于仲裁机构对案件有管辖权来自当事人的合意与授权,没有依法追加第三人的权利。有的仲裁机构在仲裁规则中设有追加当事人的内容,该内容并未明确可追加第三人,如《中国国际经济贸易仲裁委员会仲裁规则》(2014年修订)第18条第1款规定:"在仲裁程序中,一方当事人依据表面上约束被追加当事人的案涉仲裁协议可以向仲裁委员会申请追加当事人。在仲裁庭组成后申请追加当事人的,如果仲裁庭认为确有必要,应在征求包括被追加当事人在内的各方当事人的意见后,由仲裁委员会作出决定。"《北京仲裁委员会仲裁规则》(2019年版)第14条规定:"(一)仲裁庭组成前,经本会同意,当事人可以依据相同仲裁协议在案件中申请追加当事人。……(三)仲裁庭组成后,除非申请人、被申请人及被追加的当事人均同意,否则不再接受追加当事人的申请。"上述仲裁规则中追加当事人内容主要指的是追加被申请人,而非第三人。从尊重裁判规律、方便查明案件事实和一次性解决纠纷的角度出发,仲裁庭可以追加当事人之外的第三人进行仲裁,而此处的第三人应理解为原不在仲裁案件中的案外人,追加后可以确定为被申请人,也可以确定为第三人。法院进行监督时主要审查以下几方面:第一,审查追加第三人(被申请人)的依据和程序;第二,审查被追加第三人(被申请人)是否有明确接受仲裁的意思表示,以及同意接受该仲裁庭仲裁;第三,审查涉仲裁的当事人是否均同意第三人(被申请人)通过仲裁方式并在该仲裁庭仲裁,符合上述情形的不以超裁为理由撤销仲裁。

典型案例:侵权与违约责任竞合情形下,仲裁庭对当事人主张违约责任不属于超裁

一、案件基本信息

案号:(2018)京04民特102号

当事人:申请人北京波士顿动力电池有限公司(以下简称波士顿公司)与被申请人北京新能源汽车股份有限公司(以下简称新能源公司)申请撤销仲裁裁决

二、诉辩争议焦点

申请人波士顿公司称:(1)请求人民法院依法撤销北京仲裁委员会(以下简称北仲)于2018年4月3日作出的(2018)京仲裁字第0458号仲裁裁决(以下简称裁决);(2)新能源公司承担本案的诉讼费和律师费。具体事实与理由如下:第一,裁决事项不属于仲裁条款约定的范围。本案新能源公司的仲裁请求系基于产品质量产生的侵权损害赔偿,双方未对侵权产生的纠纷在合同中约定争议解决方式,且事后亦未达成仲裁协议,故波士顿公司与新能源公司就本案争议未达成仲裁协议或仲裁条款,裁决事项不属于仲裁条款的范围。第二,仲裁违反法定程序,本案与(2018)京04民特102号和(2018)京04民特103号案件所涉仲裁分属三个案件,仲裁庭仅对上述三案中的一案开庭审理,违反仲裁程序。第三,在仲裁案件审理过程中,仲裁庭与仲裁当事人均前往现场勘验报废车辆,但仲裁庭未将上述情况记入仲裁笔录。

被申请人新能源公司称:请求人民法院依法驳回波士顿公司的申请。理由如下:第一,本案所涉仲裁的申请请求为波士顿公司赔偿因提供不合格电池对新能源公司造成的损失,不属于侵权损害赔偿范畴,本案并未超裁。第二,仲裁庭对(2018)京04民特102、103、104号三案所涉仲裁案件在形式上合并审理,且已取得波士顿公司同意,不属于违反仲裁法定程序。第三,法律并未规定现场勘查情况必须在庭审笔录中有所反映。

三、法院裁判意见

法院审查查明,2018 年 4 月 3 日,北京仲裁委员会作出(2018)京仲裁字第 0435 号裁决:(1)波士顿公司向新能源公司赔偿损失 11 150 174.35 元;(2)波士顿公司向新能源公司赔偿因本案支出的律师代理费 95 855 元;(3)波士顿公司向新能源公司赔偿保全费用支付 16 500 元;(4)仲裁费 125 479.21 元(已由新能源公司全额预交),由新能源公司承担 20%,即 25 095.84 元,由波士顿公司承担 80%,即 100 383.37 元,波士顿公司应直接向新能源公司支付新能源公司代其垫付的仲裁费用 100 383.37 元。

新能源公司就其与北京电控新能源科技有限公司、波士顿公司签订的《合作协议》向北京仲裁委员会申请仲裁,请求裁定:(1)波士顿公司赔偿因 86 台 C70GB 电池质量问题给新能源公司造成的动力模块损失 15 874 773.36 元;(2)波士顿公司承担新能源公司因本案支付的律师费 95 855 元、保全所造成的损失 16 500 元及案件仲裁费。

《合作协议》第 5 条第 1 项约定:"三方因履行或解释本协议所产生的争议,应通过友好协商解决,协商不成时,三方一致同意将争议提交北京仲裁委员会通过仲裁解决。"

法院认为,人民法院在对申请撤销仲裁裁决的案件进行司法审查时,应以《中华人民共和国仲裁法》(以下简称《仲裁法》)第 58 条的规定作为撤销仲裁裁决的法定事由。本案中,波士顿公司提出的申请理由可归纳为以下两点:(1)裁决超裁;(2)仲裁违反法定程序。本院将予以综合评析。

(1)关于裁决是否超裁。本院认为,仲裁协议是仲裁管辖权的基础,当事人意思自治是仲裁的首要原则。仲裁必须要有当事人授权,如果仲裁事项超出了授权范围,当事人可以依据《仲裁法》第 58 条之规定申请人民法院予以撤销。超裁包含两种情况:一是仲裁庭对仲裁协议之外的事项进行仲裁,二是仲裁庭对当事人未提出的仲裁事项进行仲裁。波士顿公司提出的由于合同未约定产品质量侵权损害的解决方式,北仲对产品质量侵权损害所作出的裁决属于超裁的主张,系超裁的第一种情况,本院将对此予以分析。首先,《合作协议》对产品质量和违约责任进行了明确约定,对于由货物缺陷引起的任何损坏和损失波士顿公司应向其承担赔偿责任。波士顿公司提供不符合质量要求的电池,已违反《合作协议》的约定,其应承担相应赔偿责任。新能源公司向北仲提起仲裁,事实依据为波士顿公司提供不符合质量要求的电池,合同依据为《合作协议》对于产品质量和争议解决方式的约定,并未超出其与波士顿公司就《合作协议》达成的合意,不应认定为超裁。其次,波士顿公司提供不符合质量要求的电池在事实上侵犯了新能源公司的合法权益,属于《中华人民共和国侵权责任法》第五章关于产品责任的内容。与此同时,波士顿公司的上述行为也违反了合同约定,应依据《中华人民共和国合同法》第七章的规定承担违约责任。在侵权责任与违约责任竞合的情况下,以依据《中华人民共和国民法总则》第186条的规定处理,即"因当事人一方的违约行为,损害对方人身权益、财产权益的,受损害方有权选择请求其承担违约责任或者侵权责任。"本案中,新能源公司选择请求波士顿公司承担违约责任,具有明确的法律依据,且未超出当事人授权的范畴,不应认定为超裁。综上所述,北仲受理新能源公司与波士顿公司因电池质量所致纠纷有事实依据与合同依据,并未超出当事人在《合作协议》中达成的合意,不能认定为超裁,波士顿公司提出的该项申请理由不能成立。

(2)关于仲裁是否违反法定程序。首先,本案与(2018)京04民特102号案件和(2018)京04民特103号案件所涉合同虽不相同,但上述三案所涉合同中的电池需求方均为新能源公司,所依据的事实均为供应方向新能源公司提供了不符合质量要求的电池,由于新能源公司使用上述三案所涉不符合质量要求的电池所生产的汽车不具有完全可区分性,故在仲裁中,仲裁庭将上述三案共涉及的206块不符合质量要求的电池所对应的动力模块整体对待,只是在确定责任和损失时按照每个案件中的请求范围予以确定。故仲裁庭将上述三案合并审理具有明确的法律依据与事实依据,且仲裁庭对三案所涉证据分别质证,当事人及其代理人对上述三案分别发表意见,并未违反法律规定和仲裁规则,波士顿公司的上述申请理由没有事实及法律依据,本院不予采纳。其次,关于仲裁阶段仲裁庭与双方代理人前往涉案车辆停放场地进行现场勘查,波士顿公司认为仲裁庭庭审笔录中未记录上述情况,系违反《最高人民法院关于人民法院通过互联网公开审判流程信息的规定》第10条的规定,属于仲裁违反法定程序的情形。上述审判流程公开规定适用于人民法院司法审判,不包括仲裁机构审理仲裁案件,波士顿公司的该点申请理由没有法律依据,不能成立。综上,仲裁程序符合《仲裁法》与《民事诉讼法》的相关规定,波士顿公司提出的仲裁违反法定程序的申请理由不能成立。

综上,北京波士顿动力电池有限公司的申请不符合《中华人民共和国仲裁法》第58条规定的撤销仲裁裁决事由,应予以驳回。

030. 撤销国内仲裁中,仲裁庭的组成或者仲裁的程序违反法定程序的认定和处理

仲裁庭的组成或者仲裁的程序“违反法定程序”,是指违反《仲裁法》规定的仲裁程序和当事人选择的仲裁规则可能影响案件正确裁决的情形。

违反法定程序的审查限定于违反《仲裁法》和当事人选择的仲裁规则的有关程序规定,不得任意扩大审查范围。“违反法定程序”并不必然导致撤销仲裁裁决,审查中要对当事人的权利没有实质性影响进行判断,在达到足以认定“违反法定程序”可能影响到对案件的公正正确裁决时,方可撤销仲裁裁决。

在审查“违反法定程序”时，主要审查以下几方面内容：包括仲裁庭的组成、仲裁员选任、送达、披露、回避、通知、答辩及合理答辩期、举证质证、出示证据、调查取证、鉴定、开庭、中止申请、陈述与辩论、仲裁员意见表达。

审查依据：《仲裁法》第 58 条第 1 款第 3 项；《仲裁法司法解释》第 20 条；《最高人民法院关于人民法院办理仲裁裁决执行案件若干问题的规定》第 14 条

30.1 仲裁庭的组成、仲裁员选任中违反法定程序的认定

仲裁司法审查程序中对仲裁庭的组成、仲裁员选任中违反法定程序的审查主要有以下内容：

1. 仲裁委员会是否提供仲裁员名册、发送仲裁通知，仲裁庭的组成情况书面通知，以及给予按仲裁规则规定的选定、委托指定仲裁员的时间；

2. 仲裁庭仲裁员组成、人数、首席仲裁员设定是否存在违反当事人约定或仲裁规则规定的情形；

3. 仲裁员组成仲裁庭时，当事人共同选定或者共同委托主任指定仲裁员、首席仲裁员，当事人推荐仲裁员、仲裁委员会提供候选仲裁员、主任指定仲裁员、重新选任仲裁员的程序是否违反《仲裁法》、仲裁规则以及当事人选任仲裁员的权利是否得到合理保障；

4. 仲裁委员会对当事人没有约定仲裁庭的组成方式或者选定仲裁员情形的认定，以及指定仲裁庭组成方式、程序是否合法。

审查依据：《仲裁法》第 25 条、第 30～33 条

30.2 披露违反法定程序的认定

仲裁员信息披露是保证仲裁员独立性与公正性的法定义务，仲裁员应就当事人可能对其公正性和独立性引起正当怀疑的任何事由进行披露

和说明。仲裁员未予合理披露的，经申请人以未披露而违反法定程序申请撤销仲裁的，法院可核实相关情况，并可要求仲裁委员会、仲裁员进行说明，以判断未披露信息是否会影响仲裁员的公正性和独立性，是否构成违反法定程序，是否可能影响案件的正确裁决。

30.3 仲裁员信息披露审查主要内容

审查仲裁员对以下信息是否披露：

1. 仲裁员与当事人及代理人之间现在存在或者曾经存在人身、财产等利害关系；

2. 仲裁员与案件存在利害关系；

3. 仲裁员与涉及利益的第三方存在可能影响仲裁裁决的关系；

4. 仲裁员在仲裁前、仲裁过程中以及仲裁后存在与涉及案件当事人、代理人、利益相关人的不当接触、交往等行为，该行为可能影响仲裁的公正性与独立性。

30.4 涉及仲裁员披露信息的事项

对司法审查实践中涉及仲裁员披露信息的事项进行例举：

1. 仲裁员是仲裁案件的当事人，或者当事人的近亲属；

2. 仲裁员与当事人现在或者曾经是师生、同学、同事、朋友关系以及存在较为密切的社会交往关系；

3. 仲裁员现在或者曾经是当事人的法定代表人、负责人、高级管理人员；

4. 仲裁员现在或者曾经与涉案单位存在用人关系，包括人事关系、劳动关系、聘用关系、劳务关系等；

5. 仲裁员为非上市公司当事人的股东、实际控制人、利益关系人或者系上市公司当事人的具有重大利益的股东；

6. 仲裁员与当事人存在纠纷，现在或者曾经进行诉讼、仲裁；

7. 仲裁员现在或者曾经是当事人的代理人；

8. 仲裁员现在或者曾经与当事人存在经济往来的交易行为；

9. 仲裁员现就职单位与当事人有重大利益关系，如律师事务所的重要客户，大学的重要资助者，公司的重要经营对象或竞争对手；

10. 仲裁员与前述人员是近亲属；

11. 仲裁员参加以资助法律案件为主营业务的专业投资机构、组织或具有利益关系；

12. 仲裁员参加法学会、律师事务所等相关机构组织的可能对个案仲裁产生重大影响的学会、协会、会议、研讨、活动；

13. 仲裁案件的裁决结果对仲裁员具有重大的经济利益影响或直接的名誉影响；

14. 仲裁员违反《仲裁法》和仲裁规则私自会见当事人、代理人及为当事人谋求利益的人或组织；

15. 仲裁员在仲裁过程中存在与涉及案件当事人、代理人、利益相关人的不当接触、交往，表现为接受当事人、代理人、利益相关人的请客送礼或者获得其他利益。

30.5　回避违反法定程序的处理

仲裁员根据《仲裁法》或仲裁规则的规定应当回避而未回避，可能影响公正裁决，经审查属实的，人民法院应当支持。

30.6　回避违反法定程序的认定

回避违反法定程序主要依据：

1. 仲裁员是本案当事人或者当事人、代理人的近亲属；

2. 仲裁员与本案有利害关系；

3. 仲裁员与本案当事人、代理人有其他关系，可能影响公正仲裁的；

4. 仲裁员私自会见当事人、代理人，或者接受当事人、代理人的请客送礼的；

5. 违反仲裁规则中有关回避的规定，足以引起对仲裁的公正性、独立性的怀疑并可能影响案件正确裁决的。

审查依据：《仲裁法》第 34 ~ 37 条

30.7　申请人以仲裁委员会对回避申请处理不当主张撤销仲裁裁决的处理

仲裁委员会有权依据《仲裁法》及仲裁规则对回避申请作出处理，在处理过程中存在程序不当或瑕疵并不必然导致撤销仲裁裁决，关键在于该程序不当或瑕疵是否构成"违反法定程序"可能影响到对案件的公正正确裁决。

30.8　仲裁程序中通知违反法定程序的认定与处理

仲裁委员会对当事人的通知分为影响当事人仲裁权利的重要通知和程序性一般通知，仲裁委员会、仲裁庭没有依法履行对影响当事人仲裁权利的重要通知义务，造成"违反法定程序"可能影响到对案件的公正正确裁决，依当事人申请应撤销仲裁，在审查中需结合仲裁审理的实际情况，并可向仲裁委员会核实慎重认定。

30.9　仲裁程序中送达违反法定程序的认定与处理

当事人主张未按照《仲裁法》或仲裁规则规定的方式送达法律文书导致其未能参与仲裁，可能影响公正裁决，经审查属实的，人民法院应当支持。

对仲裁送达是否违反法定程序的判断，除依据《仲裁法》、仲裁规则的方式，还应审查仲裁庭是否采取有效送达方式以保障当事人参与仲裁的权利，人民法院可对包括送达地址、送达途径、送达方式、送达期限、送达材料、送达后的确认工作等内容进行核实。

当事人以送达程序违反《民事诉讼法》相关规定为由，主张认定违反法定程序，人民法院不予支持。

30.10　涉及证据规则违反法定程序的认定和处理

对证据的调查取证、鉴定、证据保全和举证、质证、认证等程序均属于仲裁庭行使仲裁程序性权利，在认定“违反法定程序”时，应严格依照《仲裁法》、仲裁规则进行认定，在上述程序违法且未充分保障当事人程序权利，导致可能影响到对案件的公正正确裁决时，可撤销仲裁裁决。

对于违反《仲裁法》、仲裁规则法定程序规定应正确理解，结合实践提供以下参考意见：

1.《仲裁法》规定证据应当在开庭时出示，但根据仲裁规则、仲裁庭释明，在庭前或庭后进行证据出示、交换，能够保障当事人举证、质证并给予充分发表意见的途径不属于“违反法定程序”。

2. 当事人以申请调查证据或鉴定未得到准许或未得到结果为由主张“违反法定程序”，而是否调查取证、是否鉴定，以及采取何种方式查明事实，属于仲裁庭裁量权范围，不应认定“违反法定程序”。

30.11　陈述、答辩、辩论违反法定程序的认定与处理

仲裁程序中应保障当事人享有陈述、答辩、辩论的权利，对于未保障当事人上述权利，且导致可能影响到对案件的公正正确裁决时，可撤销仲裁裁决。

30.12　仲裁员意见表达违反法定程序的认定与处理

仲裁员不能正当表达意见或者未按多数意见作出裁决，属于“违反法定程序”，可能影响到对案件的公正正确裁决时，可撤销仲裁裁决。

30.13 仲裁庭笔录、文书错误、瑕疵等问题的处理

当事人以仲裁庭笔录、文书存在错误、瑕疵，包括文字表述、计算错误等而主张撤销仲裁，人民法院不予支持。

对补正的裁决书仅涉及文字、计算等错误、瑕疵且不属于裁决结果项的内容，裁决书仍自作出之日发生法律效力，当事人自收到裁决书之日起6个月内申请撤销仲裁，但如果补正的裁决书涉及当事人重大权益，且对裁决结果项内容进行增减或变更，包括遗漏事项的补正，则应自裁决书补正之日发生法律效力，当事人可在收到补正裁决书之日起6个月内申请撤销仲裁。

30.14 以仲裁员签名为由撤销仲裁的处理

对于当事人以仲裁员未签名或代签名等为由主张撤销仲裁裁决的，经核实系仲裁员真实意见时，可由仲裁员进行合理解释说明，理由正当的，上述情况不构成“违反法定程序”撤销仲裁的事由。

30.15 特别提示后仍参加仲裁程序的处理

适用的仲裁程序或仲裁规则经特别提示，当事人知道或者应当知道法定仲裁程序或选择的仲裁规则未被遵守，但仍然参加或者继续参加仲裁程序且未提出异议，在仲裁裁决作出之后以违反法定程序为由申请撤销仲裁裁决的，人民法院不予支持，但对该特别提示方式以及对当事人知情权的保障，应结合案件具体情况予以审查判定。

规范解读：

一、仲裁庭的组成或者仲裁的程序违反法定程序的理解

《仲裁法》第58条第1款第3项规定的“仲裁庭的组成或者仲裁的程序违反法定程序的”申请撤销仲裁事由，是当事人在申请撤销仲裁案件中主张最多的事由之一，也是法院进行仲裁监督的重点内容。根据《仲裁法司法解

释》第20条的规定,《仲裁法》第58条规定的"违反法定程序",是指违反《仲裁法》规定的仲裁程序和当事人选择的仲裁规则可能影响案件正确裁决的情形。因此,"违反法定程序"从类型上分为违反《仲裁法》规定的仲裁程序和违反当事人选择的仲裁规则两种情形。司法实践中对"违反法定程序"的理解与认定中主要存在以下问题:第一,对于"违反法定程序"应从广义上理解,还是有所限定的理解;第二,"违反法定程序"的范围和类型如何认定;第三,在认定"违反法定程序"时价值判断应从宽还是从严掌握,是否只要"违反法定程序"都应当撤销仲裁裁决;第四,"违反法定程序"有没有补救措施或者当事人知晓违法但未提出异议继续参加仲裁时的处理。以下我们对涉及"违反法定程序"理解与认定的相关问题予以分析。

(一)"违反法定程序"的理解与认定规则

在仲裁庭的组成或者仲裁程序"违反法定程序"的理解与认定中,违反的"法定程序"指向哪些法律规范?我们理解上述规定的"法定程序"指的是程序规范,而非实体规范,进一步从法律适用层面理解,应当是《仲裁法》中的程序规范,《民事诉讼法》中涉及仲裁的程序规范,以及相关司法解释中的程序规范。对于法律之外的仲裁规则是否包括在"法定程序"之中,有观点认为法的内涵明确,其只能是法律,不包括仲裁规则在内。另有观点认为,基于仲裁是独立于诉讼程序之外的一种解决民事纠纷的制度,以当事人的仲裁协议为其管辖权基础,仲裁程序也充分体现了当事人的意志。当事人选择的仲裁规则,与仲裁法规下的仲裁程序对仲裁审理及当事人来说同等重要,最高人民法院在司法解释的理解与适用的著述中就支持后一种观点。①

2006年公布实施的《仲裁法司法解释》第20条的规定虽然已经明确将"违反法定程序"解释为:违反仲裁法规定的仲裁程序和当事人选择的仲裁

① 参见沈德咏、万鄂湘主编,最高人民法院研究室、民事审判第四庭编著:《最高人民法院仲裁法司法解释的理解与适用》第2版,人民法院出版社2015年版,第174~175页。

规则两种情形，但随着实践的发展，当事人选择在《仲裁法》和仲裁规则均不禁止的情况下，对仲裁程序进行特别的约定，这些程序约定系当事人真实意思表示，如就仲裁庭的人数、仲裁地点、仲裁程序进行特别的约定，这并非直接适用仲裁规则，许多仲裁规则也提供了较为宽泛的选择，因此当事人特别约定的仲裁程序在不违反法律强制性规定时，就是有效的，协议各方当事人和仲裁庭都应当遵循，不得违反。因为有上述实践需求，在2018年公布实施的《最高人民法院关于人民法院办理仲裁裁决执行案件若干问题的规定》第14条第1款规定，“违反仲裁法规定的仲裁程序、当事人选择的仲裁规则或者当事人对仲裁程序的特别约定，可能影响案件公正裁决，经人民法院审查属实的，应当认定为民事诉讼法第二百三十七条第二款第三项规定的‘仲裁庭的组成或者仲裁的程序违反法定程序的’情形”。上述司法解释及时地填补了原立法与司法解释的遗留问题，对“仲裁庭的组成或者仲裁的程序违反法定程序的”作了概括式规定，即“违反仲裁法规定的仲裁程序、当事人选择的仲裁规则或者当事人对仲裁程序的特别约定，可能影响案件公正裁决”的，应当认定为仲裁庭的组成或者仲裁的程序违反法定程序的情形。上述司法解释是在《仲裁法司法解释》第20条规定的两种情况的基础上，增加了违反“当事人对仲裁程序的特别约定”这一新的情形。增加的内容即反映实践中较多的当事人在仲裁协议中会对仲裁程序事项进行特别约定，将不违反法律强制性规定的约定转化成仲裁规则的一部分，从而凸显仲裁意思自治特点。同时，其解释也是深刻理解《仲裁法》规定的内涵与精神，体现法律解释当有之意，维护与尊重当事人在仲裁制度下的规则选择权。

（二）“违反法定程序”的范围与主要类型

在审查仲裁庭组成或者仲裁程序“违反法定程序”时，其审查范围应当覆盖全部仲裁程序，包括从仲裁受理阶段开始一直到作出仲裁裁决。如在仲裁程序的受理阶段，根据《仲裁法》第25条规定：“仲裁委员会受理仲裁申请后，应当在仲裁规则规定的期限内将仲裁规则和仲裁员名册送达申请人，并将仲裁申请书副本和仲裁规则、仲裁员名册送达被申请人。”如果仲裁委员会没有在仲裁规则规定的期限内将仲裁规则和仲裁员名册送达申请人，将仲裁申请书副本和仲裁规则、仲裁员名册送达被申请人，因而导致当事人无法依据仲裁规则行使权利，未在规定期限内先定仲裁员，最终影响案件公正正确的裁决，就可仲裁机构的仲裁存在违反法定程序情形撤销仲裁裁决。

从概括的角度理解，《仲裁法司法解释》“违反法定程序”主要审查以下几方面内容：包括仲裁庭的组成、仲裁员选任、送达、披露、回避、通知、答辩及合理答辩期、举证质证、出示证据、调查取证、鉴定、开庭、中止申请、陈述与辩论、仲裁员意见表达。《最高人民法院关于人民法院办理仲裁裁决执行案件若干问题的规定》的理解与适用著述中，将仲裁违反法定程序的具体情形分为以下几种：(1)违反《仲裁法》、仲裁规则关于仲裁庭人数或者组成的规定，以及当事人关于仲裁庭人数或者组成的其他特别约定；(2)未给当事人选定或者共同选定仲裁员的机会；(3)仲裁员应当回避而没有回避；(4)向被申请人送达仲裁申请书副本、仲裁规则和仲裁员名册，违反《仲裁法》、仲裁规则或者当事人约定的期限、方式等内容；(5)未按照仲裁规则的规定，给予被申请人相应的答辩期；(6)当事人约定开庭审理而未开庭审理；(7)未按照仲裁规则或者当事约定的方式通知当事人参加庭审；(8)当事人有正当理由申请延期开庭而未予准许，该当事人未能出庭；(9)证据未出示且未经对方当事人质证；(10)未给予当事人陈述和辩论的机会；(11)仲裁庭未形成多数意见时，未按照首席仲裁员的意见裁决；(12)除依照《仲裁法》第 54 条的规定可不签名的情形外，仲裁员未在仲裁裁决上签名；(13)仲裁中未进行调解，也未达成和解协议，即作出调解书或者基于调解协议、和解协议的仲裁裁决。①

(三)“违反法定程序”与撤销仲裁的价值判断

“违反法定程序”是撤销仲裁的法定事由，但并不必然导致撤销仲裁裁

① 参见刘贵祥、孟祥、何东宁、林莹：《〈关于人民法院办理仲裁裁决执行案件若干问题的规定〉理解与适用》，载《人民司法》2018 年第 13 期。

决。经查明存在违反法定程序的事实,只是具备撤销仲裁的可能性,《仲裁法》的程序规定和仲裁规则内容丰富,加之当事人对仲裁程序的特别约定,在众多程序规范中具有实质影响的规定或约定,也有无足轻重的规定或约定,这些程序规范的违反并非导致撤销仲裁裁决的法律后果。违反法定程序对仲裁裁决公正性有无影响,对当事人的权利有无实质影响才是进行认定的关键。

首先,从仲裁程序和司法审查撤销仲裁程序的制度价值判断,保证仲裁的效率与公正,体现了仲裁与司法共同的价值追求。《仲裁法》第 1 条规定:“为保证公正、及时地仲裁经济纠纷,保护当事人的合法权益,保障社会主义市场经济健康发展,制定本法”,其中规定“保证公正、及时地仲裁经济纠纷”就体现了仲裁对效率与公正兼顾的立法精神。试想所有出现的程序问题,无论问题大小,对裁决有无影响,都被认定为撤销仲裁的事由,使当事人浪费已经在仲裁过程付出的时间与经济成本,也不符合当事人选择仲裁希望高效及时解决纠纷的意愿,而且对仲裁程序过多的司法干涉也会严重限制仲裁庭独立行使裁量权,破坏仲裁一裁终局的制度优势。

其次,从《仲裁法司法解释》的规定分析,违反法定程序限定依法审查的程序规定范围,并且只有达到可能影响案件公正裁决的程度才具备撤销仲裁裁决的标准。认定仲裁“违反法定程序”的多个条件限制与从严掌握的标准,我们可以从以下司法解释中分析。《仲裁法司法解释》第 20 条的规定:“仲裁法第五十八条规定的‘违反法定程序’,是指违反仲裁法规定的仲裁程序和当事人选择的仲裁规则可能影响案件正确裁决的情形。”《最高人民法院关于人民法院办理仲裁裁决执行案件若干问题的规定》第 14 条第 1 款规定:“违反仲裁法规定的仲裁程序、当事人选择的仲裁规则或者当事人对仲裁程序的特别约定,可能影响案件公正裁决,经人民法院审查属实的,应当认定为民事诉讼法第二百三十七条第二款第三项规定的‘仲裁庭的组成或者仲裁的程序违反法定程序的’情形”。上述司法解释确立的条件可从两方面理解:第一,违反法定程序的审查限定于违反《仲裁法》和当事人选择的仲裁规则的有关程序规定，在理解上还包括当事人对仲裁程序的特别约定，因此不得任意扩大审查范围，比如，不得在仲裁司法审查中适用《民事诉讼法》非涉仲裁的程序规定判断是否违法。第二，"违反法定程序"并不必然导致撤销仲裁裁决，分析违反法定程序的事由与当事人权利保障和裁决公正性之间的关系，尤其在审查中要对当事人的权利没有实质性影响进行判断，在达到足以认定"违反法定程序"可能影响到对案件的公正正确裁决时，方可撤销仲裁裁决。

（四）"违反法定程序"时当事人放弃异议情形下，不撤销仲裁的例外规则

《最高人民法院关于人民法院办理仲裁裁决执行案件若干问题的规定》第14条第3款是关于"违反法定程序"认定的例外规定，该条规定"适用的仲裁程序或仲裁规则经特别提示，当事人知道或者应当知道法定仲裁程序或选择的仲裁规则未被遵守，但仍然参加或者继续参加仲裁程序且未提出异议，在仲裁裁决作出之后以违反法定程序为由申请不予执行仲裁裁决的，人民法院不予支持"。按正常审理撤销仲裁裁决案件的思路，符合"违反法定程序"撤销仲裁理由的案件，人民法院应当对仲裁裁决予以撤销，但是存在当事人放弃异议权的例外情形时，人民法院不支持撤销仲裁裁决。适用上述司法解释规定的例外情形必须同时符合以下条件：第一，上述规定适用的前提是人民法院在司法审查中已经查明，仲裁庭的组成或者仲裁程序违反了《仲裁法》规定的仲裁程序、当事人选择的仲裁规则，或者当事人对仲裁程序的特别约定，并且可能影响案件的公正正确裁决。第二，适用的仲裁程序或仲裁规则经特别提示。仲裁机构的仲裁规则中往往有相应的提示，根据《中国国际经济贸易仲裁委员会仲裁规则》（2014年修订）第10条规定"放弃异议一方当事人知道或理应知道本规则或仲裁协议中规定的任何条款或情事未被遵守，仍参加仲裁程序或继续进行仲裁程序而且不对此不遵守情况及时地、明示地提出书面异议的，视为放弃其提出异议的权利。"《北京仲裁委员会仲裁规则》（2019年版）第3条规定："放弃异议权当事人知道

或者理应知道本规则或仲裁协议中规定的任何条款或条件未被遵守,但仍参加或者继续参加仲裁程序且未对上述不遵守情况及时向本会或仲裁庭提出书面异议的,视为其放弃提出异议的权利。”上述提示实际上相当于格式条款的提示说明,对仲裁当事人放弃异议权法律后果的告知提示。第三,仲裁当事人对违反法定程序事由的明知。只有在当事人知道或者应当知道法定仲裁程序或选择的仲裁规则未被遵守时,才可以适用司法解释的例外规则。弃权行为的前提是仲裁当事人知晓权利存在,以及程序违法可能造成的相应后果,而且有条件行使权利。如仲裁当事人未经仲裁机构合法送达,在缺席情况下收到仲裁裁决,发现存在“违反法定程序”的事由,此时不能认定为当事人“知道或者应当知道法定仲裁程序或选择的仲裁规则未被遵守”。第四,仲裁当事人在上述三个条件具备的情况下“仍然参加或者继续参加仲裁程序且未提出异议”,在此需要特别解释仅“参加或者继续参加仲裁程序”尚不足以认定符合适用例外规则的构成要件,必须是仲裁当事人“未提出异议”才行。比如,仲裁当事人知道“违反法定程序”的事由后,一边继续参加仲裁程序,另一边向仲裁庭提出书面异议,此时就不符合司法解释对例外规则适用的条件。仲裁当事人在“违反法定程序”情形下,符合上述例外规则时,仲裁裁决作出后再以违反法定程序为由申请不予执行的,不应支持。该司法解释所确立的规则,既符合当前仲裁程序追求快捷高效的制度要求,也在司法实践中充分肯定和支持当事人遵循诚实信用原则。

二、涉及仲裁庭组成与仲裁员选任、披露、回避违反法定程序的司法审查问题

(一)仲裁庭组成与选任的程序问题

仲裁庭是由当事人选定和仲裁机构指定的仲裁员组成,对仲裁案件按照《仲裁法》和仲裁规则规定的仲裁程序或者当事人对仲裁程序的特别约定,进行审理并作出裁决的仲裁组织。仲裁庭与仲裁委员会有显著的区别,根据我国《仲裁法》规定,仲裁委员会是我国对常设性民间仲裁机构的称谓。仲裁机构(仲裁委员会)是为了解决有仲裁协议当事人之间的民商事纠纷而

依法设立的管理机构,仲裁庭则是由当事人选定或仲裁机构指定的对案件进行审理、调解、裁决的临时性组织。从各国仲裁立法和仲裁规则看,仲裁庭的组成形式通常有两种,即合议制仲裁庭和独任制仲裁庭,我国《仲裁法》也采取了上述仲裁庭的组成形式。仲裁庭的组成具有以下特征:(1)仲裁庭是行使仲裁权的主体;(2)仲裁庭具有高度独立性;(3)仲裁庭存在具有临时性特点;(4)仲裁庭组成具有意思自治性。如果说仲裁协议的存在系仲裁的基石,仲裁申请是仲裁程序启动的关键,那么仲裁庭的组成则是进入实质性裁判程序的前提。

根据《仲裁法》第30条规定:"仲裁庭可以由三名仲裁员或者一名仲裁员组成。由三名仲裁员组成的,设首席仲裁员。"仲裁庭的组成首先要确定组成形式,即仲裁庭由几名仲裁员组成的模式。具体而言,独任仲裁庭由一名仲裁员组成,合议仲裁庭由三名仲裁员组成。当事人可以约定仲裁庭的组成形式。在仲裁司法审查中主要审查以下程序:(1)仲裁庭组成是否符合《仲裁法》规定,即三名仲裁员或者一名仲裁员组成,在三名仲裁员组成的仲裁庭中设首席仲裁员。(2)根据《仲裁法》和仲裁规则,仲裁庭的组成形式可由当事人约定,审查当事人是否收到仲裁机构的仲裁规则和仲裁员名册,并对仲裁庭的组成形式进行约定,当事人是否在仲裁规则规定的时间内确定仲裁庭组成形式,仲裁机构是否尊重当事人选择的仲裁形式。(3)仲裁当事人是否无法对仲裁庭的组成达成一致意见,或者没有在仲裁规则规定的期限内约定仲裁庭的组成形式,仲裁机构是否根据《仲裁法》的规定由仲裁委员会主任指定仲裁庭组成形式。

对仲裁员的选任是确定仲裁庭组成人员的重要内容,确定仲裁员直接关系到争议案件的审理和当事人的切身利益。根据《仲裁法》第31条规定:"当事人约定由三名仲裁员组成仲裁庭的,应当各自选定或者各自委托仲裁委员会主任指定一名仲裁员,第三名仲裁员由当事人共同选定或者共同委托仲裁委员会主任指定。第三名仲裁员是首席仲裁员。当事人约定由一名仲裁员成立仲裁庭的,应当由当事人共同选定或者共同委托仲裁委员会主任指定仲裁员。”因此,我国选任仲裁员的方式是由当事人选定和仲裁机构指定两种方式结合。在仲裁司法审查中主要审查以下程序:(1)审查是否保障当事人选定仲裁员的权利,即仲裁机构提供仲裁规则、仲裁员名册和按仲裁规则给当事人选定仲裁员的权利并按选定仲裁员组成仲裁庭。(2)审查当事人共同选定仲裁员时的程序,独任仲裁庭是由当事人共同选定一名仲裁员,合议庭是由当事人共同选定第三名仲裁员,并由第三名仲裁员担任首席仲裁员。(3)审查在合议庭形式仲裁中,当事人分别或者委托仲裁机构选定一名仲裁员的程序。(4)审查仲裁机构依职权指定仲裁员的程序,是否系当事人无法达成一致,或者当事人未在仲裁规则规定的期限内选定仲裁员,仲裁机构依据仲裁规则,由仲裁委员会主任指定仲裁员。上述程序的规则在于当事人有约定从其约定,《仲裁法》和仲裁规则允许当事人选定的无论是共同选定还是分别选定,尊重当事人意见,在当事人委托或无法达成一致,或者在仲裁规则规定期限内未约定仲裁庭组成方式或先定仲裁员的,一律由仲裁委员会主任指定。当事人未约定或选定情况下依据《仲裁法》第32条规定:“当事人没有在仲裁规则规定的期限内约定仲裁庭的组成方式或者选定仲裁员的,由仲裁委员会主任指定。”

(二)仲裁披露与回避程序问题

仲裁回避制度,是了保证仲裁案件公正审理而设立的一项制度,其能够保证案件独立公正审理,避免案外因素干扰,有利于消除当事人对独立公正审理案件产生的合理怀疑,维护仲裁裁决的公信力。仲裁员回避,是指承办案件的仲裁员在具有法定情形,可能影响对案件的公正审理与裁决时,退出该案仲裁活动的制度。[①] 有学者认为,仲裁实践中当事人很难行使回避申请权,因为当事人很难查明仲裁员是否存在回避事由。认为建立仲裁员信息披露制度有助于当事人行使回避申请权。[②] 仲裁员信息披露制度已经成为

---

① 参见宋朝武:《仲裁法学》,北京大学出版社2013年版,第129页。

② 参见江伟、肖建国主编,谢文哲副主编:《仲裁法》第3版,中国人民大学出版社2016年版,第93页。

国际社会通行的制度。我国目前仅在《仲裁法》中建立了回避制度，尚未建立披露制度。在仲裁程序中，仲裁员的独立性与公正性是保证仲裁程序正义的必要条件。仲裁员是否与案件当事人或者案件本身存在利害关系或者存在相关可能引发合理怀疑的事由，将影响到仲裁庭能否独立公正作出仲裁裁决，能否获得当事人的信任与社会的认可。可以说，仲裁员信息披露是有效回避制度的基础和前提，虽然披露并不必然导致仲裁员退出仲裁活动，但是却能够保证仲裁庭行使仲裁权的独立性与公正性。对此，有学者明确提出，回避是仲裁中的一项极为重要的制度，能对仲裁案件审理中可能出现的徇私舞弊、枉法裁判起到提前预防作用。然而，回避制度作用的发挥却必须借助于信息披露的全面和有效。正是由于回避与披露的密切关联性，国外法律在规定回避制度的同时基本也规定了披露制度。①

1. 仲裁中的披露义务

仲裁员信息披露义务，是指仲裁员知悉其与案件本身、涉案当事人或者代理人、同一仲裁庭其他仲裁员存在可能导致当事人对其独立性、公正性产生合理怀疑的情形，全面翔实地向当事人、仲裁机构披露可能会影响其独立性、公正性的信息。在仲裁司法审查中，仲裁员对哪些事项进行披露，披露应遵循何种规则，都需要予以明确。对此，我们研究认为，应从以下几个层面确立仲裁中关于仲裁员披露义务的审查规则。

(1)仲裁员信息披露的法定义务与审查方法。

仲裁员信息披露是保证仲裁员独立性与公正性的法定义务。理论界与实务界的通说认为，仲裁员披露是一种义务，有学者认为，仲裁员披露是一种法定的强制性义务，当事人不能通过约定将其排除。② 但因为我国立法仅就仲裁回避制度作了规定，对未对披露义务明确规定，造成其适用的法律依据有所欠缺，但我们认为仲裁员信息披露义务，在现有法律规定下是回避制

---

① 参见李广辉、林泰松：《仲裁法学》，中国法制出版社 2019 年版，第 145 页。
② 参见张圣翠：《论国际商事仲裁员披露义务规则》，载《上海财经大学学报》2007 年第 3 期。

度得以有效执行的应有之义，同时各仲裁机构的仲裁规则中大都规定了披露义务，基于仲裁意思自治原则，仲裁规则确定的义务应当作为审查“违反法定程序”的事由。参考国际立法规范，在《联合国国际商事仲裁示范法》第12条中有此规定。各国立法中，如《德国民事诉讼法典》第1036条第1款规定，一个即将从事仲裁员职务的人，应将一切足以令人怀疑其公正与独立的情况披露与人。仲裁员在其被指定后直到仲裁程序结束，应将此类情况及时向当事人披露，但已预先告知当事人的不在此限。《法国民事诉讼法典》第1452条规定，仲裁员意识到自己有可能被质疑的情况时应该向当事人披露。在这种情况下，只有当事人同意后他或她才可以接受委任。还有《荷兰民事诉讼法典》《瑞典仲裁法》都有披露义务的明确规定。

如何定义披露义务，我们认为，仲裁员应就当事人可能对他的公正性和独立性引起正当怀疑的任何事由进行披露和说明。对于仲裁员未予合理披露的，经申请人以未披露而违反法定程序为由申请撤销仲裁的，实际上是适用《仲裁法》回避相关的法律规定。对此未予合理披露的情况并不一定达到应回避而未回避的条件，也未必达到影响独立公正的仲裁程序的程度，因此在司法审查中需要进一步核实查明。在审查方法上，法院可核实相关情况，并可要求仲裁委员会、仲裁员进行说明，以判断未披露信息是否会影响仲裁员的公正性和独立性，未披露信息情形是否构成违反法定程序可能影响案件的正确裁决。

(2)仲裁员信息披露的程度与审查标准。

仲裁员履行信息披露义务，应当“就当事人可能对他的公正性和独立性引起正当怀疑的任何事由”进行披露和说明，所以仲裁员对于所有公开的或者潜在的，已知的和可能涉及的，可能使其独立性、公正性受到合理怀疑的关系、事实、利益都尽量努力查明、调查和掌握，并尽可能公开上述信息，以供当事人进行判断。实践中，有的仲裁员过于自信，深信自己能够公正无私的审理和裁决案件，因此疏于核实各种关系与利益因素，反而造成“可能”影响独立公正仲裁的信息未被掌握与披露。也有的仲裁员担心不披露造成的后果,而进行过分披露。上述的这些问题,都是从仲裁员的角度考虑,要求仲裁员尽可能披露各种存在影响可能性的利益或关系。一方面事项是否披露仍取决于仲裁员的主观判断,另一方面缺乏判断的客观标准与操作规则。对此,我们认为需要通过确定披露的程度与规定操作标准予以解决。

第一,确定披露义务的程度。确定披露义务的程度,就是从第三方客观标准上进行判断,仲裁员在接受选任前,应当披露任何已知的、应当查知的,一个理性人认为可能影响仲裁程序中独立性和公正性的,引发产生偏私或者不公正的合理怀疑的所有信息,这种披露义务是持续性和全程序的,即包括接受选任前后,也包括任何情形下获知的事由。

披露的方式和时间应当符合全面、翔实、及时的要求。有观点指出,披露制度与回避制度是相辅相成的,被选定或被指定的仲裁员如果与案件有利害关系的,应当秉持诚信原则、无所保留地自行向仲裁机构和当事人主动予以披露,否则当事人很难知悉仲裁员与案件之间的关系。[①] 因此,披露就是要求仲裁员无所隐瞒地将有关事由告知当事人及仲裁机构,从而满足披露的全面与翔实的要求。在披露的形式方面,法律没有明确规定,但尽量以书面告知或谈话告知并记录的形式为妥。在披露的时间方面,从当事人角度上应当是知晓应披露信息后及时披露,从仲裁员角度应是随时发现随时披露。仲裁员还应当负有持续披露的义务,当仲裁员在选任前对已知事由未意识到其属于需披露的情形,或在仲裁程序中发现了新的影响其独立性和公正性的关系和利益,都应当予以披露。

第二,确定仲裁员信息披露审查主要内容。在仲裁员信息披露的审查中,确定审查仲裁员对以下信息是否进行了披露:(1)仲裁员与当事人及代理人之间现在存在或者曾经存在人身、财产等利害关系;(2)仲裁员与案件存在利害关系;(3)仲裁员与涉及利益的第三方存在可能影响仲裁裁决的关系;(4)仲裁员在仲裁前、仲裁过程中以及仲裁后存在与涉及案件当事人、代

---

① 参见刘晓红、袁发强:《国际商事仲裁法案例教程》,北京大学出版社 2018 年版,第 120 页。

理人、利益相关人的不当接触、交往等行为，该行为可能影响仲裁的公正性与独立性。披露不同于回避，披露系基于引发合理怀疑的信息，所以审查内容更为广泛。比如，在仲裁员与涉及利益的第三方存在可能影响仲裁裁决的关系时，我们结合实践情况，考虑当前出现的新模式中类似于第三方资助仲裁中的利益关系，以盈利为目的的第三方资助机构与仲裁员之间的关系虽然不直接形成回避中的利害关系，或者较为隐蔽，但其可能影响仲裁的独立性与公正性，可能引发合理怀疑，因此我们予以关注。

第三，确定涉及仲裁员披露信息的事项。我们总结实践中遇到的问题，对司法审查实践中涉及仲裁员披露信息的事项进行例举，这些例类内容并不是必然需要披露的内容，完全查清这些内容也不太符合经济效率原则，我们无意于给仲裁员增加负担，只是对所涉及类型进行归纳，并作为提示：(1)仲裁员是仲裁案件的当事人，或者当事人的近亲属；(2)仲裁员与当事人现在或者曾经是师生、同学、同事、朋友关系以及存在较为密切的社会交往关系；(3)仲裁员现在或者曾经是当事人的法定代表人、负责人、高级管理人员；(4)仲裁员现在或者曾经与涉案单位存在用人关系，包括人事关系、劳动关系、聘用关系、劳务关系等；(5)仲裁员为非上市公司当事人的股东、实际控制人、利益关系人或者系上市公司当事人的具有重大利益的股东；(6)仲裁员与当事人存在纠纷，现在或者曾经进行诉讼、仲裁；(7)仲裁员现在或者曾经是当事人的代理人；(8)仲裁员现在或者曾经与当事人存在经济往来的交易行为；(9)仲裁员现就职单位与当事人有重大利益关系，如律师事务所的重要客户，大学的重要资助者，公司的重要经营对象或竞争对手；(10)仲裁员与前述人员是近亲属；(11)仲裁员参加以资助法律案件为主营业务的专业投资机构、组织或具有利益关系；(12)仲裁员参加法学会、律师事务所等相关机构组织的可能对个案仲裁产生重大影响的学会、协会、会议、研讨、活动；(13)仲裁案件的裁决结果对仲裁员具有重大的经济利益影响或直接的名誉影响；(14)仲裁员违反《仲裁法》和仲裁规则私自会见当事人、代理人及为当事人谋求利益的人或组织；(15)仲裁员在仲裁过程中存在与涉及案件当事人、代理人、利益相关人的不当接触、交往，表现为接受当事人、代理人、利益相关人的请客送礼或者获得其他利益。

对于上述规定涉及仲裁员披露信息的事项内容较多，在实践中为方便操作，我们确定以下判断准则供参考：第一，仲裁员信息披露义务的知悉标准，即以仲裁员知悉存在可能导致当事人对其独立性、公正性产生合理怀疑的情形作为判断违反义务的前提；第二，仲裁员信息披露义务的合理评判标准，即以第三方理性人认为可能引发偏私或者不公正的合理怀疑的事由来评判是否属于应当披露范围；第三，仲裁员信息披露义务的内容标准，对于所有公开的或者潜在的，已知的和可能涉及的，可能使其独立性、公正性受到合理怀疑的关系、事实、利益都尽量努力查明、调查和掌握，并予以公布；第四，仲裁员信息披露义务的方式时间标准，尽可能全面、翔实、及时地向当事人和仲裁委员会披露信息，且以书面通知或者谈话记录等可证明的方式进行，其披露义务在时间上具有持续性；第五，仲裁员信息披露义务不影响公正标准。任何人在社会活动中都难免进行人与人的交往或接触，但在没有达到法律上足以影响公正的关系，或者仲裁员并不知悉这种关系的情况下，不能认定仲裁员违反信息披露义务，也不能认定违反回避的程序规定。对此，我们特别强调在司法审查的实践中，人民法院持谨慎态度，尽量避免对违反信息披露义务的扩大解释。

例如，在北京市第四中级人民法院审理的申请人中山久丰股权投资中心（有限合伙）（以下简称久丰投资中心）与被申请人北京光汉律师事务所（以下简称光汉律所）申请撤销仲裁裁决案件中，法院所作裁定正印证司法实践采取的慎重态度。法院认为，仲裁员应当披露的事项，应为仲裁员知悉存在可能导致当事人对其独立性、公正性产生合理怀疑的事项，如果不主动披露，当事人就可能无法及时知晓。人民法院在对仲裁案件进行司法审查时，对于是否属于应当披露的事项，以及是否可能导致当事人产生合理怀疑，应当把握合理的判断标准。本院认为，因工作、生活、学习等社会活动需要，人与人之间的交往不可避免，仲裁员在工作、生活、学习中都会与人接触、交往,也会与人产生同单位、同校的关系,上述情况的存在并不一定构成回避规则中规定的利害关系或其他影响公正仲裁的关系。在仲裁司法审查中,对于利害关系认定的关键在于仲裁员是否知悉可能导致当事人对其独立性、公正性产生合理怀疑,以及仲裁员是否有意不主动披露上述相关情况。最终法院认为,仲裁员已就其与某律师曾经共事于北京市某律师事务所的相关情况以及接受作为本案仲裁员选任的相关情况作出了说明,表示并不知悉存在需要披露的情形,并且承诺客观公正、尊重事实、严守法律,没有任何不公允的行为。结合上述法律规定和情况说明,仲裁员与某律师系同校不同级的学生,在同一律师事务所共事时间久远,某律师系涉仲裁律师事务所主任而非当事人。本院基于对仲裁员所作出的说明与承诺内容的确信,在没有证据证明其存在因不依法披露信息而导致影响公正仲裁的情形时,本院认为仲裁庭组成程序以及本案仲裁程序符合《仲裁法》和仲裁规则的规定。综上所述,本案不具有《仲裁法》规定的仲裁裁决可以依法撤销之情形。

2. 仲裁中的回避制度

根据我国《仲裁法》的规定,回避制度内容包括回避事由、回避的方式与时间、回避的决定权及法律效果。

第一,回避事由的认定。根据《仲裁法》第 34 条规定:"仲裁员有下列情形之一的,必须回避,当事人也有权提出回避申请:(一)是本案当事人或者当事人、代理人的近亲属;(二)与本案有利害关系;(三)与本案当事人、代理人有其他关系,可能影响公正仲裁的;(四)私自会见当事人、代理人,或者接受当事人、代理人的请客送礼的。"除上述法律规定的内容外,我们认为,因仲裁规则是程序依据,因此补充一项回避事由,即在违反仲裁规则中有关回避的规定,足以引起对仲裁的公正性、独立性的怀疑并可能影响案件正确裁决的。该事由与审查仲裁员披露信息义务的履行有密切关联性,违法未披露信息导致足以影响仲裁独立性和公正性的,可作为撤销仲裁裁决的事由。

第二,回避的方式与时间。回避的方式包括自行回避与当事人申请回避,前者是仲裁员发现有回避事由,主动申请回避,后者是当事人以《仲裁法》规定的理由申请回避。当事人提出回避申请,应当说明理由,并且在首次开庭前提出。对于当事人在首次开庭后知道回避事由的,可以在最后一次开庭终结前提出。

第三,回避的决定权及法律效果。根据《仲裁法》第36条规定:"仲裁员是否回避,由仲裁委员会主任决定;仲裁委员会主任担任仲裁员时,由仲裁委员会集体决定。"回避的决定权由仲裁委员会主任行使,在仲裁委员会主任担任仲裁员时,由仲裁委员会集体决定。回避的法律效果有三方面:其一,仲裁员因回避或者其他原因不能履行职责的,应当依照《仲裁法》的规定重新选定或者指定仲裁员。因回避而重新选定或者指定仲裁员后,当事人可以请求已进行的仲裁程序重新进行,是否准许,由仲裁庭决定;仲裁庭也可以自行决定已进行的仲裁程序是否重新进行。其二,当仲裁员违反职业道德甚至有违法仲裁行为,符合《仲裁法》第34条第4项规定的情形,即私自会见当事人、代理人,或者接受当事人、代理人的请客送礼且情节严重的,或者有《仲裁法》第58条第6项规定的仲裁员在仲裁该案时有索贿受贿,徇私舞弊,枉法裁决行为的情形的,应当依法承担法律责任,仲裁委员会应当将其除名。其三,仲裁程序中对回避申请未予支持的或者在仲裁裁决作出后发现应回避未回避的,当事人可向人民法院申请撤销仲裁。仲裁委员会有权依据《仲裁法》及仲裁规则对回避申请作出处理,在处理过程中存在程序不当或瑕疵的并不必然导致撤销仲裁,关键在于该程序不当或瑕疵是否构成足以认定"违反法定程序"可能影响到对案件的公正正确裁决。

三、涉及仲裁送达、审理中违反法定程序的司法审查问题

(一)仲裁送达中的违反法定程序问题

仲裁送达是仲裁机构依照《仲裁法》、仲裁规则规定的方式或者当事人约定的方式,将仲裁法律文书送交当事人及其他仲裁参与人,从而保障当事人准确获得仲裁通知、规则和进程信息,参与仲裁程序行使权利的行为。仲裁送达是保障仲裁程序合法进行的重要环节,也是使当事人获知仲裁程序

进程信息并参与仲裁的前提。对仲裁送达所涉及的主要内容可分为以下几类情况:(1)仲裁机构受理案件通知的送达;(2)仲裁申请书副本和仲裁规则、仲裁员名册送达;(3)在仲裁规则规定的期限内将答辩书副本送达;(4)仲裁庭的组成情况书面通知;(5)开庭通知的送达;(6)证据的送达;(7)对方当事人提交的涉案程序与实体书面意见的送达;(8)仲裁机构或仲裁庭作出的决定、调解、裁决法律文书的送达。

以仲裁送达违反法定程序而申请撤销仲裁,在实践中有当事人依据《民事诉讼法》及司法解释的相关规定提出仲裁送达程序违法,实质上我国仲裁在送达方面并不依据《民事诉讼法》的规定进行审查,现行的《仲裁法》没有规定明确的送达方式及程序的内容,仅对需要送达和通知的相关事项作了规定,比如仲裁申请书副本和仲裁规则、仲裁员名册的送达、合议庭组成通知的送达,但没有明确规定送达方式。因此对于送达程序的规定,依据是仲裁规则和当事人约定,而上述《仲裁法》对需要送达和通知事项的规定、仲裁机构的仲裁规则和当事人约定的送达相关内容都必须得到遵守。

在仲裁司法审查中对送达是否"违反法定程序",主要从四方面进行判断:第一,审查送达内容。依据《仲裁法》、仲裁规则或当事人的约定必须进行送达的法律文件,这些文件从性质上讲都直接影响当事人的仲裁权利,当事人没有及时有效获得法律文件,将无法保障其参与仲裁和行使权利。如仲裁规则、仲裁庭组成通知、开庭通知必须送达,作为仲裁程序事项的重要法律文件,是否及时有效送达直接影响当事人提出回避、对仲裁规则提出异议、按时开庭等权利。第二,审查送达方式。仲裁机构采取何种方式进行送达,比如公证送达、委托送达和留置送达,是否发送至收件人的营业地、注册地、住所地、惯常居住地或通讯地址,以及合理查询上述地点,是否在尽量按照仲裁规则或当事人约定的地址和方式进行送达后,才以推定送达方式作为补充。第三,审查送达的合理性。仲裁庭向当事人送达是否按仲裁规则确定的期限进行,其不仅是当事人对仲裁的进程有合理预期,也保障当事人有合理时间进行相关事项的安排,比如,仲裁机构的仲裁规则规定"开庭审理的案件，仲裁庭应当于开庭10日前将开庭日期通知当事人”，那么违反该规则只在开庭前5日送达，就属于送达不合理。第四，审查送达违反法定程序造成的后果。作为撤销仲裁考虑违反程序的程度，判断违法送达是否导致出现可能影响公正裁决的后果。比如，送达的仅是双方当事人提出的补充书面意见，该意见在仲裁庭开庭时已经提出，该补充书面意见未送达或者延误送达对仲裁公正裁决的影响几乎可以忽略，而如果因仲裁机构原因没有有效送达，比如，仲裁机构的秘书将原本应送达给被申请人的开庭通知，错误重复送达给申请人，导致被申请人没有参加开庭，丧失通过出庭陈述、举证等权利，此时就应认定因送达程序影响公正裁决。

因为送达程序是否违法的审查事关重大，所以法院在审查中一方面根据送达对当事仲裁权利的影响进行判断，对确实影响公正裁决的予以撤销；另一方面确认只要当事人主张未按照《仲裁法》或仲裁规则规定的方式送达法律文书导致其未能参与仲裁，可能影响公正裁决，予以撤销。对于送达问题，根据《最高人民法院关于人民法院办理仲裁裁决执行案件若干问题的规定》第14条第2款规定：“当事人主张未按照仲裁法或仲裁规则规定的方式送达法律文书导致其未能参与仲裁，或者仲裁员根据仲裁法或仲裁规则的规定应当回避而未回避，可能影响公正裁决，经审查属实的，人民法院应当支持；仲裁庭按照仲裁法或仲裁规则以及当事人约定的方式送达仲裁法律文书，当事人主张不符合民事诉讼法有关送达规定的，人民法院不予支持。”上述司法解释的规定明确了因未依法送达法律文书而导致未能参与仲裁可以作为法院支持撤销仲裁的事由。在实践中，人民法院为慎重起见，就送达问题会通过调查、发函询问等方式向仲裁机构进行认真核实，以确认送达的实际情况。对仲裁送达是否违反法定程序的判断，除依据《仲裁法》、仲裁规则的方式，还应审查仲裁庭是否采取有效送达方式以保障当事人参与仲裁的权利，人民法院可对送达地址、送达途径、送达方式、送达期限、送达材料、送达后的确认工作等内容进行核实。

（二）仲裁审理中违反法定程序

“仲裁审理违反法定程序”在本书中主要指在仲裁开庭审理过程中到作出裁决这一阶段，涉及开庭、陈述、答辩、辩论、举证、质证、认证、调查取证、鉴定、证据保全、仲裁员意见形成、笔录、文书、签字等与仲裁程序有关的内容，审查其是否违反法定程序，达到可能影响案件正确公正裁决的程度，判断是否构成撤销仲裁事由。根据不同程序事项对仲裁庭形成公正正确仲裁裁决的影响，可分为以下几类：

1. 涉及证据规则违反法定程序的认定和处理

《仲裁法》对证据的规定大部分都较为概括，但仍可从中确立一般性的证据规则，比如，根据《仲裁法》第 43 条规定，当事人应当对自己的主张提供证据。仲裁庭认为有必要收集的证据，可以自行收集。上述法条规定了“谁主张，谁举证”规则和仲裁庭有权调查取证的规则。其中第 45 条常引发争议，该条规定“证据应当在开庭时出示，当事人可以质证”。有些仲裁庭在审理仲裁案件时并未将所有的证据都在庭上出示，如仲裁庭开庭时，一方当事人提出另有证据，经仲裁庭确认双方在庭后补充证据，并由仲裁庭进行交换不再开庭，各自提交书面意见，此时实际上双方已经就证据在庭后交换出示和质证达成新的规则，而在仲裁裁决后另一方当事人再以此为由申请撤销仲裁，则有悖于诚信原则和当事人意思自治选定的举证质证方式。这是因为仲裁证据规则更为自由，并且双方当事人可以通过合意限制或者变更仲裁证据规则，仲裁庭可以接受的证据材料包括但不限于证据的法定类型，当事人可以对仲裁证据规则进行约定，仲裁庭对证据的接受和认可比法院更为灵活、自由。①

仲裁证据是仲裁案件审理活动的基础，因我国《仲裁法》未对仲裁证据种类和仲裁证据规则予以明确，故而相关内容由仲裁规则和当事人约定作

---

① 参见江伟、肖建国主编，谢文哲副主编：《仲裁法》第 3 版，中国人民大学出版社 2016 年版，第 181 页。

出安排。因证据规则涉及举证、质证、认证等形式与程序,也涉及调查取证、鉴定、证据保全等内容,上述内容均属于当事人重要的程序性权利,比如仲裁庭未经当事人同意,未将证据在开庭时出示,也未在开庭后采取其他当事人选择或同意的方式出示,而该证据属于认定案件基本事实的主要证据,影响对案件作出公正正确的仲裁裁决。此时依照《仲裁法》、仲裁规则进行审查,可认定上述情形属于"违反法定程序",从而撤销仲裁裁决。

对于仲裁证据违反《仲裁法》、仲裁规则法定程序的规定应正确理解,并不是但凡涉及证据问题都可以撤销仲裁裁决,严格将仲裁证据规则与诉讼证据规则相区别,仲裁证据规则以仲裁规则和当事人约定为审核标准,尊重当事人通过合意变通、灵活、自由地选择,尊重仲裁庭的裁量权。结合实践经验,有以下参考意见:(1)根据《仲裁法》证据应当在开庭时出示,但根据仲裁规则、仲裁庭释明,在庭前或庭后进行证据出示、交换,能够保障当事人举证、质证的权利并给予充分发表意见的途径不属于"违反法定程序"。上述意见就是在仲裁庭主持和释明情况下,当事人有明确意思表示或者释明明知情况下不表示反对,则认为是合意所确认的变更仲裁证据规则,在司法审查中不属于"违反法定程序"事由。(2)当事人以申请调查证据或鉴定未得到准许或未得到结果为由主张"违反法定程序",对于是否调查取证、是否鉴定,以及采取何种方式查明事实,属于仲裁庭裁量权范围,不应认定"违反法定程序"。上述意见是为强调仲裁庭享有裁量权,虽然调取证据和鉴定都属于通过证据查明事实的范畴,但是如何查明事实属于仲裁庭的裁量权,不属于"违反法定程序"应当审查的范围。

2. 陈述、答辩、辩论违反法定程序的认定与处理

仲裁审理程序是整个《仲裁法》中非常重要和关键的组成部分,仲裁庭按照《仲裁法》以及仲裁规则规定的程序和方式,对当事人之间发生的争议通过审理作出仲裁裁决。仲裁庭进行审理时,法庭调查、法庭辩论、最后陈述等环节都涉及保障当事人表达意见的权利,其具体包括申请人与被申请人的陈述(申请人的申请陈述与被申请人的答辩)、仲裁庭的辩论和最后陈

述。仲裁审理的原则中，以开庭审理为主，书面审理为补充，当事人可以协议选择不开庭。根据《仲裁法》第 39 条规定："仲裁应当开庭进行。当事人协议不开庭的，仲裁庭可以根据仲裁申请书、答辩书以及其他材料作出裁决。"对此如当事人未协议选择不开庭，则仲裁应当开庭，否则未保障当事人的开庭权利，导致当事人未能在仲裁庭上进行陈述、答辩、辩论，属于仲裁"违反法定程序"。《仲裁法》第 47 条规定："当事人在仲裁过程中有权进行辩论。辩论终结时，首席仲裁员或者独任仲裁员应当征询当事人的最后意见。"上述规定是对当事人辩论权和最后意见陈述权的法律规定，未经当事人同意而任意剥夺辩论权和最后陈述权，都可认定为仲裁"违反法定程序"。在仲裁程序中存在上述情况，即未保障当事人陈述、答辩、辩论的权利，且可能影响到对案件的公正正确裁决时，可撤销仲裁裁决。

3. 仲裁员意见表达、签名的认定与处理

《仲裁法》第 53 条规定："裁决应当按照多数仲裁员的意见作出，少数仲裁员的不同意见可以记入笔录。仲裁庭不能形成多数意见时，裁决应当按照首席仲裁员的意见作出。"仲裁庭可由 1 名仲裁员或 3 名仲裁员组成，其中 3 名仲裁员组成的仲裁庭设首席仲裁员。在 3 名仲裁员的仲裁庭中意见有分歧的，适用"少数服从多数"原则，即 3 人中 2 人形成多数意见，以 2 人的意见为准。如果 3 名仲裁员不能形成多数意见，则以首席仲裁员的意见为准，在适用上述原则时，仲裁员应享有独立表达意见的权利。仲裁员表达意见的权利分两个层面：第一是应当不受干涉地独立表达对仲裁案件的意见；第二是表达的意见能够按照《仲裁法》规定的原则最终形成裁决。如果仲裁员不能正当表达意见或者未按多数意见作出裁决，则属于"违反法定程序"，在可能影响到对案件的公正正确裁决时，可撤销仲裁裁决。

裁决的形式是指《仲裁法》规定的裁决内容的表现方式。根据《仲裁法》第 54 条的规定，裁决书应当写明仲裁请求、争议事实、裁决理由、裁决结果、仲裁费用的负担和裁决日期。当事人协议不愿写明争议事实和裁决理由的，可以不写。裁决书由仲裁员签名，加盖仲裁委员会印章。对裁决持不同意见的仲裁员,可以签名,也可以不签名。据此裁决在形式上应符合两方面要求:一是裁决应当以书面形式作出,并包括仲裁请求、争议事实、裁决理由、裁决结果、仲裁费用的负担和裁决日期。二是裁决必须经仲裁员签名,加盖仲裁委员会印章。在签字方面对裁决持不同意见的仲裁员,可以选择签名或者不签名。实践中,存在因一些原因仲裁员确未签名或者经查由他人代签名的情形。从《仲裁法》规定的内容分析,同意裁决书意见的仲裁员应当签名,而持不同意见的可以签名。对于签名原则上应由本人进行,但签名的目的在于证明系仲裁员的真实意见,因此当事人以仲裁员未签名或代签名等为由主张撤销仲裁裁决的,经过核实能够证明确系仲裁员真实意见时,不易以该签名的形式瑕疵而认定"违反法定程序",可以由仲裁员进行合理解释说明,对意见进行确认予以弥补。

4. 仲裁庭笔录、文书错误、瑕疵等问题的处理

《仲裁法》第 56 条规定:"对裁决书中的文字、计算错误或者仲裁庭已经裁决但在裁决书中遗漏的事项,仲裁庭应当补正;当事人自收到裁决书之日起三十日内,可以请求仲裁庭补正。"实践中,仲裁委员会的仲裁规则对裁决书的补正规则进行了细化,从而与《仲裁法》的上述规定共同形成仲裁裁决补正规则。如《中国国际经济贸易仲裁委员会仲裁规则》(2014 年修订)第 53 条规定"裁决书的更正"和第 54 条规定"补充裁决",通过两条仲裁规则基本明确了仲裁裁决进行更正与补正的规则。该仲裁规则第 53 条规定:"(一)仲裁庭可以在发出裁决书后的合理时间内自行以书面形式对裁决书中的书写、打印、计算上的错误或其他类似性质的错误作出更正。(二)任何一方当事人均可以在收到裁决书后 30 天内就裁决书中的书写、打印、计算上的错误或其他类似性质的错误,书面申请仲裁庭作出更正;如确有错误,仲裁庭应在收到书面申请后 30 天内作出书面更正。(三)上述书面更正构成裁决书的组成部分,应适用本规则第四十九条第(四)至(九)款的规定。"第 54 条规定:"(一)如果裁决书中有遗漏事项,仲裁庭可以在发出裁决书后的合理时间内自行作出补充裁决。(二)任何一方当事人可以在收到裁决书后

30天内以书面形式请求仲裁庭就裁决书中遗漏的事项作出补充裁决；如确有漏裁事项，仲裁庭应在收到上述书面申请后30天内作出补充裁决。（三）该补充裁决构成裁决书的一部分，应适用本规则第四十九条第（四）至（九）款的规定。”不难看出，上述两条规则有各自解决问题的领域，第53条实际是解决裁决书中的书写、打印、计算上的错误或其他类似性质的错误，第54条则是解决仲裁漏裁事项，上述两种仲裁错误在补正后都构成裁决书的一部分。在其他的仲裁委员会规则中基本也规定了30天申请补充裁决和补充裁决构成裁决书一部分的内容。对此引发两个问题：

第一个问题是仲裁规则中30天的性质是什么？如果当事人超过30天发现漏裁事项等，或者仲裁庭自己发现错误，有漏裁事项等，有没有再行补充仲裁的救济途径。对此没有明确成熟的意见，仅有两种理论上的观点：第一种意见认为，如果将30天作为有约束力的仲裁规则，其应视为是当事人行使权利的期限，超过期限则不予处理，其唯有通过申请撤销仲裁的途径进行救济，此时要区分是一般性文字类错误还是严格影响公正的漏裁等错误。第二种意见认为，对30天的规定仅是督促当事人发现错误积极行使权利，并没有规定超过30天不再进行补正处理和补充裁决，所以有错误仍然可以纠正，但如果时间过长，比如裁决作出后超过6个月又进行补充裁决，可能对另一方当事人不公平，也会使仲裁秩序与稳定受损。本书更倾向于第一种意见，30天期限的仲裁规则对当事人有约束力，这也是维护仲裁裁决一裁终局的体现，避免仲裁裁决作出很长时间后再次改变裁决内容。对于仲裁庭是否可以在当事人提出后或发现问题后自行纠正，作出补正处理和补充裁决，我们认为应当准许。《最高人民法院关于人民法院办理仲裁裁决执行案件若干问题的规定》第4条关于仲裁文书的文字、计算错误以及仲裁庭已经认定但在裁决主文中遗漏的事项，可以补正或说明后继续执行的规定，正是对上述仲裁庭有权补正的确认。

第二个问题是补充仲裁作出后，其作为仲裁裁决的构成部分，仲裁裁决的作出和送达时间如何起算？对此后申请撤销仲裁有无影响？仲裁补正的裁决有可能涉及当事人重大权益,比如对遗漏事项的补充裁决,有可能让当事人承担在原裁决书没有的责任,而且补充裁决作为裁决的构成部分,只有其作出后,才与原裁决共同构成完整的有效裁决,因此在补充裁决作出并向当事人送达后,才可以计算申请撤销仲裁的起算时间。补正的裁决书涉及当事人重大权益,且对裁决结果项内容进行增减或变更,包括遗漏事项的补正,则应自裁决书补正之日发生法律效力,当事人可在收到补正裁决书之日起 6 个月内申请撤销仲裁。对于对补正的裁决书仅涉及文字、计算等错误、瑕疵且不属于裁决结果项的内容,裁决书仍自作出之日发生法律效力。同时,仲裁中可能在笔录、文书等方面存在错误、瑕疵,包括文字表述、计算错误等,对此当事人主张撤销仲裁,应当不予以支持,但如果其计算错误是在仲裁裁决可执行的内容项,比如,金钱给付具体数额错误或者计算方法错误,导致当事人重大权益受损则必须予以纠正。而仲裁庭未补充裁决,亦未同意重新仲裁的,法院可以撤销仲裁。在当事人申请撤销仲裁裁决时,因仲裁的文字、计算错误或者仲裁庭已经认定但在裁决主文中遗漏的事项,如果能够通过仲裁庭主动补正或说明或者经法院告知后补正或说明,法院可尽量维持仲裁裁决效力。对此,参照《最高人民法院关于人民法院办理仲裁裁决执行案件若干问题的规定》第 4 条规定:"对仲裁裁决主文或者仲裁调解书中的文字、计算错误以及仲裁庭已经认定但在裁决主文中遗漏的事项,可以补正或说明的,人民法院应当书面告知仲裁庭补正或说明,或者向仲裁机构调阅仲裁案卷查明。仲裁庭不补正也不说明,且人民法院调阅仲裁案卷后执行内容仍然不明确具体无法执行的,可以裁定驳回执行申请。"

典型案例:仲裁员披露义务的认定

一、案件基本信息

案号:(2018)京 04 民特 409 号

当事人:申请人中山久丰股权投资中心(有限合伙)(以下简称久丰投资中心)与被申请人北京光汉律师事务所(以下简称光汉律所)

案由:申请撤销仲裁裁决

二、诉辩争议焦点

申请人久丰投资中心称,请求人民法院依法撤销北京仲裁委员会于2018年9月10日作出的(2018)京仲裁字第1714号仲裁裁决(以下简称裁决)。事实与理由:《中华人民共和国仲裁法》(以下简称《仲裁法》)第34条规定:"仲裁员有下列情形之一的,必须回避,当事人也有权提出回避申请:……(三)与本案当事人、代理人有其他关系,可能影响公正仲裁的……"久丰投资中心在收到裁决后得知,本案仲裁员并未按照《仲裁法》相关规定回避,仲裁程序违法。北京市中咨律师事务所官方网站显示,仲裁员杨某于1997~2006年在北京市建元律师事务所担任合伙人律师职务,教育背景为中国政法大学;北京市天睿律师事务所官方网站显示,郭某律师于1999~2001年在北京市建元律师事务所任职,教育背景为中国政法大学学士、硕士,工作背景为曾就职于中国政法大学(讲师)。根据上述信息,仲裁员杨某与本案光汉律所负责人、代理人律师所在律师团队负责人(直属领导)郭某律师系同学、同事关系,存在应当回避之情形,且郭某律师为久丰投资中心委托事项(久丰投资中心与张某、珠海拓普智能电器股份有限公司股权转让纠纷案)团队负责人,出庭律师为团队其他人员。仲裁员杨某没有按照规定依法主动披露、依法回避,仲裁程序违反法律规定,本案存在可能影响公正裁决之情形。北京仲裁委员会《仲裁员守则》第5条规定:"仲裁员接受选定或指定时,有义务书面披露可能引起当事人对其公正性或独立性产生合理怀疑的任何事由,包括但不限于:……(七)与当事人或代理人有同事、代理、雇佣、顾问关系的……(十一)其他可能影响公正仲裁的情形。在仲裁过程中,如果发生可能引起此类怀疑的新情况,仲裁员应继续履行披露义务,未履行披露义务,将视为该仲裁员违反本守则,即使未予披露的事由本身并不构成不宜担任仲裁员的情形。"《仲裁法》第58条规定:"当事人提出证据证明裁决有下列情形之一的，可以向仲裁委员会所在的中级人民法院申请撤销裁决……（三）仲裁庭的组成或者仲裁的程序违反法定程序的……”为维护当事人合法权益，请人民法院根据《仲裁法》第58条规定，撤销裁决。

被申请人光汉律所称，请求人民法院依法驳回久丰投资中心的申请，裁决不存在可依法撤销之情形。（1）杨学芳仲裁员不存在法定回避情形，光汉律所作为久丰投资中心代理人时出庭的代理律师是张某和米某，本案仲裁阶段出庭的代理律师是张某、米某、李某，光汉律所以及上述三位代理律师与杨某仲裁员不存在任何关系，因此杨某仲裁员无须回避。郭某律师于1999年至2001年在北京市建元律师事务所任职期间，与杨某律师分属不同合伙人团队。此后至2017年，郭某与杨某不是同事或者其他关系。郭某为中国政法大学1979级学生，杨某为中国政法大学1980级学生，郭某与杨某也不是同学关系。故本案不存在仲裁法与《北京仲裁委员会仲裁规则》（以下简称仲裁规则）中规定的回避情形。此外，《仲裁员守则》属于仲裁员道德准则，不是仲裁规则的组成部分，久丰投资中心不能引用《仲裁员守则》来主张仲裁员违反仲裁规则。且《仲裁员守则》第5条第7项规定的“同事关系”是指现任同事，杨某和郭某也不符合上述情形。（2）仲裁庭在组庭前和开庭审理时，已明确向久丰投资中心提出是否行使回避的权利，久丰投资中心提交的网页证据早就在网上存在，如果久丰投资中心对杨某有异议，可以在仲裁庭送达组庭通知或者开庭时提出，但事实上久丰投资中心没有申请回避。根据《仲裁法》的规定，如果回避事由是在首次开庭后得知，可以在最后一次开庭终结前申请回避。久丰投资中心以上述理由认为仲裁庭组庭不合法是滥用诉讼权利的行为，也是不诚信的行为。

三、法院裁判意见

法院审查查明，2018年9月10日，北京仲裁委员会作出（2018）京仲裁字第1714号仲裁裁决：（1）久丰投资中心向光汉律所支付律师费992 068

元;(2)久丰投资中心向光汉律所支付上述费用的利息,以992 068元为基数,按照中国人民银行同期贷款利率的标准,从2017年7月31日起至实际付清之日,暂计算至2018年3月30日为28 730.56元;(3)本案仲裁费用35 599.65元(已由光汉律所向本会全额预交),由光汉律所承担10%,即3559.97元;由久丰投资中心承担90%,即32 039.68元,久丰投资中心应直接向光汉律所支付光汉律所代其垫付的仲裁费32 039.68元;(4)驳回光汉律所的其他仲裁请求。

2018年11月5日,北京仲裁委员会向本院提交《关于北京光汉律师事务所与中山久丰股权投资中心仲裁案件的情况说明》(以下简称情况说明),仲裁员杨某作出下列情况说明:"一、郭某与我(杨某)并非同届同学,在校期间不认识。二、我(杨某)与郭某在建元律师事务所期间不熟悉。三、我(杨某)本人在接受本案申请人(光汉律所)选定仲裁员时并不知道郭某又转至北京光汉律师事务所工作。四、本案审理期间我(杨某)与郭某以及天睿律师所、光汉律师所没有任何联系。五、本案办理过程中我(杨某)本着客观公正的原则审理案件。上述情况说明,我(杨某)在本案中虽为申请人(光汉律所)选定的仲裁员,但是能够做到客观公正、尊重事实、严守法律,在某种程度上还是尽量考虑到了维护被申请人(久丰投资中心)的合法权益,没有任何不公允的行为。"

法院认为,人民法院对仲裁案件进行司法审查,应当以《仲裁法》第58条规定的事项作为撤销仲裁裁决的法定事由。本案中,久丰投资中心的申请理由为:仲裁违反法定程序,仲裁庭在组庭时,仲裁员未按照法律规定及时披露,本案存在不公正裁决之情形。本院将予以综合分析。首先,根据《仲裁法》第35条规定,当事人提出回避申请,应当说明理由,在首次开庭前提出。回避事由在首次开庭后知道的,可以在最后一次开庭终结前提出。上述规定既是当事人提出回避的法律依据,也为当事人提出回避明确了程序要求。为确保仲裁秩序的稳定性,当事人可以通过相关途径获知信息后,应当及时合理地提出回避申请。本案中,根据久丰投资中心的介绍,其在网站上查询到杨某仲裁员与郭某律师的相关情况,如果其对于杨某仲裁员的选任持有异议,应当在《仲裁法》规定的期限内提出,且仲裁庭在组庭前和开庭审理时,也已经充分保障了久丰投资中心提出回避的权利,久丰投资中心未能在仲裁庭首次开庭前甚至整个仲裁程序依法提出回避申请,系基于其自身原因怠于行使权力。

其次,《仲裁法》第34条规定:“仲裁员有下列情形之一的,必须回避,当事人也有权提出回避申请:(一)是本案当事人或者当事人、代理人的近亲属;(二)与本案有利害关系;(三)与本案当事人、代理人有其他关系,可能影响公正仲裁的;(四)私自会见当事人、代理人,或者接受当事人、代理人的请客送礼的。”根据仲裁规则第21条“仲裁员信息披露”第(二)项规定:“仲裁员知悉与案件当事人或者代理人,可能导致当事人对其独立性、公正性产生合理怀疑的情形的,应当书面披露。”本院认为,仲裁员应当披露的事项,应为仲裁员知悉存在可能导致当事人对其独立性、公正性产生合理怀疑的事项,如果不主动披露,当事人就可能无法及时知晓。对于是否属于应当披露的事项,以及是否可能导致当事人产生合理怀疑,人民法院在对仲裁案件进行司法审查时,应当把握合理的判断标准。本院认为,因工作、生活、学习等社会活动需要,人与人之间的交往不可避免,仲裁员在工作、生活、学习中都会与人接触、交往,也会与人产生同单位、同校的关系,上述情况的存在并不一定构成回避规则中规定的利害关系或其他影响公正仲裁的关系。在仲裁司法审查中,对于利害关系认定的关键在于仲裁员是否知悉可能导致当事人对其独立性、公正性产生合理怀疑,以及仲裁员是否有意不主动披露上述相关情况。本案中,杨某仲裁员已就其与郭某律师曾经共事于北京市建元律师事务所的相关情况以及接受作为本案仲裁员选任的相关情况作出了说明,表示并不知悉存在需要披露的情形,并且承诺客观公正、尊重事实、严守法律,没有任何不公允的行为。

结合上述法律规定和情况说明，杨某仲裁员与郭某律师系同校不同级的学生，在同一律师事务所共事时间久远，郭某律师系涉仲裁律师事务所主任而非当事人。本院基于对杨某仲裁员所作出的说明与承诺内容的确信，在没有证据证明其存在因不依法披露信息而导致影响公正仲裁的情形时，本院认为仲裁庭组成程序以及本案仲裁程序符合《仲裁法》和仲裁规则的规定。综上所述，本案不具有《仲裁法》规定的仲裁裁决可以依法撤销之情形，久丰投资中心的申请不能成立，应予驳回。依照《中华人民共和国仲裁法》第60条规定，裁定如下：驳回中山久丰股权投资中心（有限合伙）的申请。

典型案例：仲裁法或仲裁规则就某一程序性事项赋予仲裁庭决定权，仲裁庭对该事项行使决定权不违反法定程序

一、案件基本信息

案号：（2018）京04民特285号

当事人：申请人际高建业有限公司（以下简称际高公司）与被申请人北京绿创环保集团有限公司（以下简称绿创公司）

案由：申请撤销仲裁裁决

二、诉辩争议焦点

际高公司称（简要），申请依法撤销北京仲裁委员会（以下简称北仲）作出的（2018）京仲裁字第0026号裁决。事实和理由如下：涉案裁决存在《中华人民共和国仲裁法》第58条第3款、第5款的情形，故申请撤销。仲裁审理期间，际高公司根据双方的举证质证的情况及各自的事实陈述，为了补强证据，按照程序向仲裁庭提交了《调查取证申请书》《请求被申请人出示书证申请书》和《司法鉴定申请书》，但是仲裁庭均未按照证据事项程序进行决定。仲裁庭不予支持《调查取证申请书》的理由是本案合同约定“乙方已按甲方规定的要求编制好竣工图表资料后，即可向甲方提交竣工验收申请报告，并附上竣工图表资料”及《国家建设工程文件归档整理规范》作为施工单位应当长期保留工程质量验收记录、竣工验收证明书、竣工验收报告等竣工验收文件。因此际高公司的调查取证申请行为是应当履行的合同义务和遵守的行业规范，也是际高公司的举证责任并非仲裁庭的职责，故不予支持。仲裁庭不同意《司法鉴定申请书》的理由是因绿创公司不同意鉴定，经审阅双方当事人全部材料，结合庭审情况，仲裁庭认为本合同下的工程为交钥匙工程，进行造价鉴定确定际高公司获得全部工程结算款，需以交付合格的空调系统工程且达到合同约定的运行效果为前提，认为际高公司获得全部工程款的条件不具备，故根据仲裁规则的规定不予同意。仲裁庭对《请求被申请人出示书证申请书》不予同意，既没有给予任何理由，也没有在裁决书中有任何文字的描述。际高公司认为，仲裁庭违反《中华人民共和国仲裁法》第四章“仲裁程序”中第43条仲裁庭认为有必要收集的证据和第44条程序的规定，同时仲裁庭违反《北京仲裁委员会仲裁规则》（以下简称《仲裁规则》）第33条和第34条程序的规定。《仲裁法》的规定与上述两条仲裁规则虽属于授权性的规则，但应当遵守最低正当程序的要求，仲裁庭没有遵守最低正当程序的要求。首先，仲裁庭应当以案件审理之必要的标准，决定是否自行调查和司法鉴定。其次，仲裁庭要考虑若不进行自行调查和司法鉴定是否对当事人不公平，即要遵守最低正当程序的要求。再次，仲裁庭关于《国家建设工程文件归档整理规范》作为施工单位应当长期保留工程质量验收记录、竣工验收证明书、竣工验收报告等竣工验收文件的说法貌似有理，但前提是发包人首先遵守竣工验收资料的形成的惯例。最后，仲裁庭关于际高公司申请调查和司法鉴定是际高公司的举证责任而不是仲裁庭职责的理由，又一次地突破最低正当程序的底线。仲裁庭所谓不是自己职责的理由没有恪守最低正当程序的要求，属于违反仲裁规则的做法，击穿了仲裁机构审理案件的底线,影响了案件的正确裁决。

绿创公司称,请求法院驳回际高公司的请求。案件的基本事实是2009年8月双方就涉案空调工程签订承包合同,约定际高公司作为承包单位承包了该项目。工程因为设计存在缺陷不断更改,2013年11月才基本完成,在验收调试过程中发现工程质量存在很多问题。这个工程作为施工方并没有完全地完成,交付的是一个不合格的工程,后续施工方又不予配合,多次通知仍不进行维修,给绿创公司造成了巨大的损失。际高公司提起仲裁,在仲裁中双方提交了证据,仲裁庭也进行了审理,绿创公司还提出了反请求,仲裁庭也充分听取了双方的意见,在仲裁裁决书中对于际高公司的要求已经充分地进行了阐述,绿创公司认为仲裁裁决程序没有问题,是依法进行的,结果也是公正的。

三、法院裁判意见

法院审查查明:仲裁申请人际高公司依据与仲裁被申请人绿创公司签订的《北京绿创环保集团B号大楼地源空调工程承包合同》中仲裁条款的约定,向北仲提出书面仲裁申请。北仲受理该案后,适用2015年4月1日起施行的《仲裁规则》,并于2018年2月7日作出(2018)京仲裁字第0026号裁决:(1)驳回际高公司的仲裁请求;(2)驳回绿创公司的仲裁反请求;(3)本案本请求仲裁费65 830.66元(已由际高公司全额预付),由际高公司自行承担;本案反请求仲裁费62 931.72元(已由绿创公司全额预付),由绿创公司自行承担。

仲裁期间,际高公司曾经向仲裁庭提交《调查取证申请书》,申请仲裁庭前往北京市规划委员会昌平分局城建档案管理中心调取涉案空调工程完整的竣工验收资料。际高公司还提交了《请求被申请人出示书证申请书》,申请仲裁庭责令绿创公司出示涉案工程的竣工验收资料或出面协同际高公司向北京市规划委员会昌平分局城建档案管理中心调档阅卷。仲裁庭经审查认为,际高公司上述申请系其自身应履行的合同义务和应遵守的行业规范,同时也是其在本案中应证明其自身履行了合同义务的举证责任,并非仲裁庭的职责,故仲裁庭对上述申请不予支持。

际高公司另向仲裁庭提交《司法鉴定申请书》,申请就工程造价进行鉴定。仲裁庭对际高公司鉴定申请未予同意。

法院认为(简要),际高公司引用了《中华人民共和国仲裁法》第 58 条第 1 款第 3 项及第 5 项作为申请撤销(2018)京仲裁字第 0026 号裁决的法律依据。虽然其在后续陈述中主要围绕《中华人民共和国仲裁法》第 58 条第 1 款第 3 项涉及的“仲裁的程序违反法定程序”展开,但为最大限度保护当事人权益,本院针对上述两项均进行审查,分述如下:

关于仲裁程序是否违反法定程序。本院认为,《最高人民法院关于适用〈中华人民共和国仲裁法〉若干问题的解释》第 21 条规定,“仲裁法第五十八条规定的‘违反法定程序’,是指违反仲裁法规定的仲裁程序和当事人选择的仲裁规则可能影响案件正确裁决的情形。”该规定是审查仲裁程序是否违反法定程序的判断标准。本案中,际高公司认为其提出的调查取证申请、请求绿创公司出示证据的申请以及司法鉴定申请均未得到仲裁庭的支持,违反《中华人民共和国仲裁法》第 43 条、第 44 条之规定,同时违反《仲裁规则》第 33 条、第 34 条的规定。本院注意到,《中华人民共和国仲裁法》第 43 条规定,“当事人应当对自己的主张提供证据。仲裁庭认为有必要收集的证据,可以自行收集。”该法第 44 条规定,“仲裁庭对专门性问题认为需要鉴定的,可以交由当事人约定的鉴定部门鉴定,也可以由仲裁庭指定的鉴定部门鉴定。根据当事人的请求或者仲裁庭的要求,鉴定部门应当派鉴定人参加开庭。当事人经仲裁庭许可,可以向鉴定人提问。”上述法律规定均属于授权性规范,将就相关事项进行审查并最终决定的权力赋予仲裁庭行使,并未规定当事人申请调查取证或者鉴定仲裁庭必须予以准许。因此,仲裁庭经过审查,无论最终是否准许当事人的申请,均符合法律规定的仲裁程序,不构成“违反法定程序”。经本院审查,《仲裁规则》第 33 条"仲裁庭自行调查事实、收集证据"规定,"(一)当事人申请且仲裁庭认为必要,或者当事人虽未申请,但仲裁庭根据案件审理情况认为必要时,仲裁庭可以自行调查事实、收集证据。仲裁庭调查事实、收集证据时,认为有必要通知当事人到场的,应当及时通知。经通知,当事人未到场,不影响仲裁庭调查事实和收集证据"。《仲裁规则》第 34 条"鉴定"规定,"(一)当事人申请鉴定且仲裁庭同意,或者当事人虽未申请鉴定但仲裁庭认为需要鉴定的,可以通知当事人在仲裁庭规定的期限内共同选定鉴定人。当事人不能达成一致意见的,由仲裁庭指定鉴定人"。上述规则同样属于授权性规范,是否准许当事人的调查取证或者鉴定申请属于仲裁庭的职权,无论仲裁庭如何决定,均不构成"违反法定程序"。至于际高公司提出仲裁庭应遵循"最低正当程序要求"的意见,本院认为,仲裁庭所应遵循的"最低正当程序"就是依照法律规定及仲裁规则的要求,公平对待双方当事人,及时解决相关纠纷,至于仲裁庭是否准许当事人在仲裁期间提出的各类申请,应当由仲裁庭根据案件审理需要进行决定,际高公司所述事项与"最低正当程序"无关。

本院还注意到,际高公司称其向仲裁庭提出《请求被申请人出示书证申请书》后,仲裁庭未予准许,亦未给出任何理由。就此本院认为,经核实涉案裁决书,仲裁庭在引述际高公司《调查取证申请书》以及《请求被申请人出示书证申请书》具体申请事项后,一并以相同理由作出回应,最终决定对际高公司前述申请不予支持。由此可见,仲裁庭对际高公司《请求被申请人出示书证申请书》并非不闻不问,而是审查后不予准许,并解释了具体理由。际高公司由此主张仲裁庭违反仲裁程序,明显属于对裁决书的错误解读,本院对际高公司该部分意见不予采信。

关于绿创公司在仲裁期间是否"隐瞒证据"。际高公司在申请书中虽然引用了《中华人民共和国仲裁法》第 58 条第 1 款第 5 项,但未就此详细进行论述。本院审查期间,经本院询问,际高公司称绿创公司在仲裁期间隐瞒的证据具体指向"所有竣工验收的资料"。本院认为,《最高人民法院关于人民法院办理仲裁裁决执行案件若干问题的规定》第16条规定,"符合下列条件的,人民法院应当认定为民事诉讼法第二百三十七条第二款第五项规定的'对方当事人向仲裁机构隐瞒了足以影响公正裁决的证据的'情形:(一)该证据属于认定案件基本事实的主要证据;(二)该证据仅为对方当事人掌握,但未向仲裁庭提交;(三)仲裁过程中知悉存在该证据,且要求对方当事人出示或者请求仲裁庭责令其提交,但对方当事人无正当理由未予出示或者提交。当事人一方在仲裁过程中隐瞒己方掌握的证据,仲裁裁决作出后以己方所隐瞒的证据足以影响公正裁决为由申请不予执行仲裁裁决的,人民法院不予支持"。虽然本案系撤销仲裁裁决审查程序而并非不予执行仲裁裁决审查程序,但《中华人民共和国民事诉讼法》第237条第2款关于不予执行国内仲裁裁决的规定与《中华人民共和国仲裁法》第58条关于撤销国内仲裁裁决的规定基本一致,故最高人民法院前述司法解释亦可以在撤销国内仲裁裁决案件中参照适用。具体到本案中,根据施工规范,相应竣工验收资料应由施工单位际高公司向建设单位绿创公司提交,际高公司亦主张其曾经向绿创公司提交了相关资料,只是称绿创公司盖章后未返还际高公司。就此本院认为,竣工验收资料初始由际高公司提交绿创公司,际高公司至少应持有相应备份文件,因此际高公司主张绿创公司隐瞒证据的主张不符合前述司法解释之规定,本院对此不予采信。

综上,际高公司申请撤销(2018)京仲裁字第0026号裁决的理由均不能成立,本院对其申请不予支持。依照《中华人民共和国仲裁法》第58条、第60条规定,裁定如下:驳回际高建业有限公司的申请。

031. 撤销国内仲裁中，裁决所根据的证据是伪造的认定与处理

撤销国内仲裁司法审查中，符合下列条件的，可以认定裁决所依据的证据是伪造的：(1)该证据已被仲裁裁决采信；(2)该证据属于认定案件基本事实的主要证据；(3)该证据经查明确属通过捏造、变造、提供虚假证明等非法方式形成或者获取的，违反证据的客观性、关联性、合法性要求。

人民法院认为裁决所根据的证据是伪造，可以由仲裁庭重新仲裁的，通知仲裁庭在一定期限内重新仲裁，并裁定中止撤销程序。仲裁庭在人民法院指定的期限内开始重新仲裁的，人民法院应当裁定终结撤销程序；未开始重新仲裁的，人民法院应当裁定恢复撤销程序，并裁决撤销仲裁裁决。

审查依据：《仲裁法》第 58 条第 1 款第 4 项、第 61 条；《民事诉讼法》第 237 条第 2 款第 4 项；《仲裁法司法解释》第 21 条、第 22 条；《最高人民法院关于人民法院办理仲裁裁决执行案件若干问题的规定》第 15 条

规范解读：

仲裁案件事实的查明及认定，有赖于当事人提供真实有效的证据，通过当事人的举证、质证，仲裁庭对证据的核实与认证，最终获得法律事实作为适用法律作出裁决的基础。仲裁证据具有客观性、关联性、合法性，仲裁证据的客观性要求仲裁证据应当是真实的，即作为认定案件事实依据的事实材料必须客观真实存在，不存在伪造、篡改的情形。根据《仲裁法》第 58 条规定，“当事人提出证据证明裁决有下列情形之一的，可以向仲裁委员会所在地的中级人民法院申请撤销裁决：……（四）裁决所根据的证据是伪造的”。作为撤销仲裁裁决的事由之一，该条包含两层意思：一是证据是伪造的，即证据为假，并非客观形成的能够证明案件事实的证据，而是经故意制造的虚假证据材料，包括模仿真实证据而制造假证据，或者凭空捏造虚假证据，对原有真实证据加以改造。伪造证据可能使事实认定出现困难，甚至是

影响查明真正的案件事实,导致仲裁庭作出错误的判断。二是证据是仲裁裁决的依据,只有仲裁庭采集并运用伪造的证据,而且伪造证据对案件基本事实认定具有重要作用,或者说是认定基本事实的重要证据,此时才符合“裁决所根据的证据”标准。

《最高人民法院关于人民法院办理仲裁裁决执行案件若干问题的规定》明确了认定“裁决所根据的证据是伪造的”相关具体情形,该法第 15 条规定:“符合下列条件的,人民法院应当认定为民事诉讼法第二百三十七条第二款第四项规定的‘裁决所根据的证据是伪造的’情形:(一)该证据已被仲裁裁决采信;(二)该证据属于认定案件基本事实的主要证据;(三)该证据经查明确属通过捏造、变造、提供虚假证明等非法方式形成或者获取,违反证据的客观性、关联性、合法性要求。”在认定“裁决所根据的证据是伪造的”时,实践中常遇到以下两个关键性问题:

第一,证据是否属于认定案件基本事实的主要证据。参照《民事诉讼法》第 63 条规定,证据的种类分为:(1)当事人的陈述;(2)书证;(3)物证;(4)视听资料;(5)电子数据;(6)证人证言;(7)鉴定意见;(8)勘验笔录。《国际律师协会国际商事仲裁取证规则》中规定证据类型分为文件证据、事实证言、专家证言、勘验笔录。我国《仲裁法》对仲裁证据未作规定,因仲裁所具有的自主性,并不严格的遵循证据各类法定主义,在仲裁规则中常采取证据或者其他证明文件的表述方式,彰显仲裁证据不同民事诉讼的证据,在提供与认定方面具有广泛性与灵活性,不受形式的限制。证据是用以证明案件事实的材料,理论通说认为证据应具有证明力,在《民诉法司法解释》《最高人民法院关于民事诉讼证据的若干规定》中都有关于证明力的规定。《民诉法司法解释》第 105 条规定,人民法院应当按照法定程序,全面、客观地审核证据,依照法律规定,运用逻辑推理和日常生活经验法则,对证据有无证明力和证明力大小进行判断,并公开判断的理由和结果。《最高人民法院关于民事诉讼证据的若干规定》第 85 条规定人民法院应当以证据能够证明的案件事实为根据依法作出裁判。审判人员应当依照法定程序,全面、客观地审核证据，依据法律的规定，遵循法官职业道德，运用逻辑推理和日常生活经验，对证据有无证明力和证明力大小独立进行判断，并公开判断的理由和结果。有学者提出，证据证明力是指证据材料在证明待证事实方面所起的作用。所有的证据都具有证明案件事实的作用，但证据不同，其证明作用力的大小也有所不同，即证据证明力的强弱有所不同。[①] 实践中也有一些证据可能与涉案事实无关，或者被认为不真实，不具有合法性，其虽然在广义上属于一方当事人提供的证据，但因为存在法律规定的排除条件，使其不具备证据能力或证据资格，而未被采信。在仲裁证据涉及伪造情形时，我们关注的焦点在于“伪造证据”已经被仲裁庭采信时，其是否具有较强的证明力，而且该证明力达到属于认定案件基本事实的主要证据，比如在借贷案件中证明借贷关系存在的证据和证明履行借款义务与还款义务的证据。在认定时，我们认为可采取法律关系基本事实的判断方法，即能够影响法律关系的产生、变更、消灭或者权利受到妨害的事实认定的证据，都属于“认定案件基本事实的主要证据”。

第二，经查明确属通过捏造、变造、提供虚假证明等非法方式形成或者获取的证据，违反证据的客观性、关联性、合法性要求。证据和证据能力、证明力是密切相关的概念，证据能力又被称为证据资格，学者认为是大陆法系证据法律制度习惯使用的概念，而在英美证据法律制度中，证据能力被概括为证据的“可采性”，并且认为可采性与证明力的判断是确定应当如何具体使用证据的两大基本任务。[②] 如何界定证据能力和证明力的作用，基本划分是证据能力是证据符合法律规定的条件，仲裁员应当接受和采纳，这意味着该证据按照法律规定具有证据的资格，未被非法排除，而证明力则是仲裁员对可采纳的证据进一步判断其是否能够证明或者与其他证据结合证明案件的事实。仲裁员对具有证据能力或资格的证据应当采纳，而对该证据是否

---

① 参见廖永安主编，王国征、李蓉副主编：《诉讼证据法学》，高等教育出版社 2017 年版，第 12 页。

② 参见何家弘、刘品新：《证据法学》第 5 版，法律出版社 2013 年版，第 111 ~112 页。

具有证明力以及证明力大小具有裁量权。对此，我们可以借鉴诉讼法上的证据规则，《民诉法司法解释》第104条第1款规定："人民法院应当组织当事人围绕证据的真实性、合法性以及与待证事实的关联性进行质证，并针对证据有无证明力和证明力大小进行说明和辩论。"第2款规定，"能够反映案件真实情况、与待证事实相关联、来源和形式符合法律规定的证据，应当作为认定案件事实的根据"。上述条文中第1、2款涉及真实性、合法性以及与待证事实的关联性的内容均属于证据能力（证据资格）的采纳规则，而对证据有无证明力和证明力大小则以"进行说明和辩论"的表述赋予法官裁量权。在判断证据是否系"伪证"时，从证据能力（资格）角度分析，实质上其违背的是证据三种属性：客观性、关联性、合法性。根据《民事诉讼法》第63条规定，证据必须查证属实，才能作为认定事实的根据。通过捏造、变造、提供虚假证明等非法方式形成或者获取的证据，因其虚假、不真实，不属于客观存在的事物，故不符合证据能力（资格）客观性标准；将本与案件无关之内容伪造成与案件事实有联系的状态，因而违反证据能力（资格）关联性标准；因进行捏造、变造、虚假证明等手段均属于非法方式，所以形成的证据不符合证据能力（资格）合法性标准。

典型案例：伪造证据的认定

一、案件基本信息

案号：(2019)京04民特118号

当事人：申请人王某与被申请人冯某、六艺星空（北京）文化传播有限公司（以下简称六艺星空公司）、周某、许某、米某

案由：申请撤销仲裁裁决

二、诉辩争议焦点

王某称，申请撤销北京仲裁委员会（以下简称北仲）于2018年11月21日作出的(2018)京仲裁字第2273号仲裁裁决。事实和理由：(1)本案没有仲裁协议或仲裁条款。冯某向北仲提交的《借款合同》无论从实际履

行、欠款的往来流转还是从实际的法律关系来看，该借款合同实际是冯某与周某之间达成的借款合意，属于新的合同法律关系，与六艺星空公司及王某等人无关，且王某等人对该借款合同毫不知情，故该借款合同对六艺星空公司、王某等人不产生法律效力。因此，王某等人也就无须承担保证责任。同时，由于该借款合同约定的仲裁条款属于无效约定。北仲依据无效且未实际履行的《借款合同》来确定具有管辖权并审理本案是错误的。(2)裁决所根据的证据是伪造的。冯某向北仲提交的《借款合同》无论从合同的真实意思表示，还是从合同的纸张等材质及装订情况来看，该《借款合同》明显是冯某与周某为了谋取不当利益进行伪造的(其他内容略)。

冯某称：王某申请撤销仲裁裁决的理由不成立。王某所提出的事实与理由都是毫无依据的辩解，是为了逃避责任的托词，请求法院查明案件事实，依法驳回王斌的申请。

三、法院裁判意见

法院审查查明(简要)：仲裁申请人冯某以六艺星空公司、周某、许某、王某、米某为仲裁被申请人，向北仲提出书面仲裁申请。仲裁期间，冯某提交了其与六艺星空公司、周某、许某、王某、米某共同签订的《借款合同》，该合同第10.2条约定“……如果在一方向其他方发出要求协商解决的书面通知后30天之内争议仍然得不到解决，则任何一方均可将有关争议提交给北京仲裁委员会，由该会按照其届时有效的仲裁规则仲裁解决……”合同签字页分为三页：第一页为贷款人冯某签字，第二页为借款人六艺星空公司签章，第三页为担保人周某、许某、王某、米某签字，每一页签字页抬头均有“有鉴于此，各方已自行或使得经其授权的代表于文首所述日期签署了本借款合同并即生效，以昭信守”字样。在涉案仲裁以及本院审查期间，王某对上述合同的真实性不予认可，但对自己签字的真实性予以认可。王某主张其签字页与合同正文内容不配套，称冯某篡改了合同正文内容并冒用王某在其他合同中的签字作为本案合同中签字页。

但王某就其所述未能提交其应当自行持有的合同原本，亦未能提交其他证据。

法院认为（简要），本案中王某主张涉案仲裁“没有仲裁协议或仲裁条款”以及对方当事人“伪造证据”，其实际指向均是仲裁期间冯某出示的《借款合同》的真实性。经询，王某对于合同签字页其签名真实性予以认可，但主张签字页与合同正文不配套，是冯某伪造了合同正文内容。本院注意到，周某、许某、王某、米某共同签字页抬头有“有鉴于此，各方已自行或使得经其授权的代表于文首所述日期签署了本借款合同并即生效，以昭信守”字样，足以证明王某系针对某份借款合同进行签字，但经仲裁庭以及本院核实，王某始终未能出示其应当持有的合同文本，亦未能提交其他证据证明冯某伪造了合同内容，因此根据现有证据不足以证明王某主张的事实。涉案《借款合同》第 10.2 条明确约定发生争议提交北仲进行裁决，上述约定合法有效，故北仲对于相应纠纷享有管辖权。

另需指出，撤销仲裁裁决程序是人民法院在法律规定的范围内对仲裁程序的有限监督，而并非仲裁案件的二审程序。本案审查期间，王某提出的涉案借款合同并未真实履行、涉案法律关系应当是股权转让合同而非价款合同、借款主体不是六艺星空公司而是周某个人等事项，均指向仲裁庭依据职权对案件事实的认定以及法律适用，与撤销仲裁裁决审查程序无关，不属于本案审查范围。综上所述，王某申请撤销（2018）京仲裁字第 2273 号裁决的理由不能成立，本院对相应申请不予支持。

032. 撤销国内仲裁中，对方当事人向仲裁机构隐瞒了足以影响公正裁决的证据的认定与处理

在撤销国内仲裁司法审查中，符合下列条件的，可以认定对方当事人向仲裁机构隐瞒了足以影响公正裁决的证据：（1）该证据属于认定案件基

本事实的主要证据;(2)该证据仅为对方当事人掌握,但未向仲裁庭提交;(3)仲裁过程中知悉存在该证据,且要求对方当事人出示或者请求仲裁庭责令其提交,但对方当事人无正当理由未予出示或者提交。

当事人一方在仲裁过程中隐瞒己方掌握的证据,仲裁裁决作出后以己方所隐瞒的证据足以影响公正裁决为由申请撤销仲裁裁决的,人民法院不予支持。

人民法院认为当事人向仲裁机构隐瞒了足以影响公正裁决的证据,可以由仲裁庭重新仲裁的,通知仲裁庭在一定期限内重新仲裁,并裁定中止撤销程序。仲裁庭在人民法院指定的期限内开始重新仲裁的,人民法院应当裁定终结撤销程序;未开始重新仲裁的,人民法院应当裁定恢复撤销程序,并裁决撤销仲裁裁决。

审查依据:《仲裁法》第 58 条第 1 款第 5 项、第 61 条;《民事诉讼法》第 237 条 2 款第 5 项;《仲裁法司法解释》第 21 条、第 22 条;《最高人民法院关于人民法院办理仲裁裁决执行案件若干问题的规定》第 15 条

规范解读:

目前,我国在撤销国内仲裁与撤销涉外仲裁上最为主要的区别就是对实体问题是否进行司法审查,因为我国仲裁司法监督模式实行“双轨制”,所以国内仲裁裁决的司法审查涉及实体问题,即《仲裁法》第 58 条规定的关于仲裁裁决依据的证据系伪造与当事人隐瞒足以影响公正裁决证据。涉外仲裁的司法审查除公共政策或公共利益之外,均不涉及实体问题。根据《仲裁法》第 58 条第 1 款第 5 项规定“对方当事人隐瞒了足以影响公正裁决的证据的”,属于撤销国内仲裁的法定事由。仲裁查明事实依赖于当事人提供证据,当事人为自己的利益隐瞒拒不提供关键证据,甚至可能采取毁灭证据的方式妨碍查明事实,对此理论上称为证明妨害,或者举证妨害。最高人民法院在民事诉讼司法解释的著述中指出证明妨害,是指因不负有举证责任的当事人一方的行为致使其持有的对证明待证事实具有相当证明意义的证据

未能在诉讼中提供、损毁灭失或者丧失证明价值，使待证事实无证据可资证明，导致待证事实处于真伪不明状态时，在事实认定上，法律就负有举证责任当事人的事实主张，作出对其有利的调整。[①] 证明妨害在主观上是实施妨害行为的当事人具有主观故意或者过失，在客观上实施了积极或者消极的证明妨害行为，如隐藏或毁灭证明事实的账簿、记账原始凭证等，在理解上可以参考《民事诉讼法》司法解释及证据规则的相关内容。根据《民诉法司法解释》第112条规定："书证在对方当事人控制之下的，承担举证证明责任的当事人可以在举证期限届满前书面申请人民法院责令对方当事人提交。申请理由成立的，人民法院应当责令对方当事人提交，因提交书证所产生的费用，由申请人负担。对方当事人无正当理由拒不提交的，人民法院可以认定申请人所主张的书证内容为真实。"上述规定是对发现当事人隐瞒证据，构成证据妨害情形下的责令当事人提交，以及拒不提交时承担认定对方主张真实的不利后果。对于构成证据妨害的具体认定可分两方面进行：第一，对是否构成证据妨害进行判断并责令提供。在判断是否构成证据妨害时当事人提交书证的类型可参照《最高人民法院关于民事诉讼证据的若干规定》第47条规定："下列情形，控制书证的当事人应当提交书证：（一）控制书证的当事人在诉讼中曾经引用过的书证；（二）为对方当事人的利益制作的书证；（三）对方当事人依照法律规定有权查阅、获取的书证；（四）账簿、记账原始凭证；（五）人民法院认为应当提交书证的其他情形。"在实际操作中可采取以下方式，当事人申请仲裁庭责令对方当事人提交书证的，申请书应当载明所申请提交的书证名称或者内容、需要以该书证证明的事实及事实的重要性、对方当事人控制该书证的根据以及应当提交该书证的理由。对方当事人否认控制书证的，应当根据法律规定、习惯等因素，结合案件的事实、证据，对于书证是否在对方当事人控制之下的事实作出综合判断。对当事人

---

① 参见沈德咏主编：《最高人民法院民事诉讼法司法解释理解与适用》，人民法院出版社2015年版，第370页。

提交书证的申请进行审查时,应当听取对方当事人的意见,必要时可以要求双方当事人提供证据、进行辩论。当事人申请提交的书证不明确、书证对于待证事实的证明无必要、待证事实对于裁判结果无实质性影响、书证未在对方当事人控制之下或者不符合上述证据规则第 47 条情形的,不予准许。当事人申请理由成立的,仲裁庭应当责令对方当事人提交书证。第二,已经构成证据妨害、造成事实真伪不明的推定证据内容不利持有人。在仲裁庭认定已经构成证据妨害情形下,包括证据持有人无正当理由拒绝提供证据或者毁灭证据,仲裁庭可以认定对方当事人主张的证据内容所证明的事实为真实。

在申请撤销国内仲裁裁决的司法审查中,涉及申请人提出"对方当事人向仲裁机构隐瞒了足以影响公正裁决的证据的"理由,此时法院在认定时需依据《最高人民法院关于人民法院办理仲裁裁决执行案件若干问题的规定》第16 条规定进行审查,该司法解释条文第1 款规定:"符合下列条件的,人民法院应当认定为民事诉讼法第二百三十七条第二款第五项规定的'对方当事人向仲裁机构隐瞒了足以影响公正裁决的证据的'情形:(一)该证据属于认定案件基本事实的主要证据;(二)该证据仅为对方当事人掌握,但未向仲裁庭提交;(三)仲裁过程中知悉存在该证据,且要求对方当事人出示或者请求仲裁庭责令其提交,但对方当事人无正当理由未予出示或者提交"。上述规定中除"该证据属于认定案件基本事实的主要证据"的判断与伪造证据的规则保持一致外(参见前一条规范解读),尚有两条非常关键的判断条件,即"该证据仅为对方当事人掌握,但未向仲裁庭提交;仲裁过程中知悉存在该证据,且要求对方当事人出示或者请求仲裁庭责令其提交,但对方当事人无正当理由未予出示或者提交"。在司法审查中判断是否构成因隐瞒证据而撤销有两个例外情形:第一种是虽然对方当事人掌握,但可以通过其他途径获取该证据的除外;第二种是仲裁过程中当事人已经知悉存在该证据,但未要求对方当事人出示或者未请求仲裁庭责令其提交的除外。实践中有当事人向仲裁庭请求责令对方提交证据,仲裁庭责令对方当事人提交而未提交的情况下,仲裁庭认定申请人所主张的证据内容所证明的事实为真实,推定证据内容不利于持有人,此后申请人对仲裁庭作出的责任承担仲裁裁决不服,又以"对方当事人向仲裁机构隐瞒了足以影响公正裁决的证据的"为由申请撤销仲裁。对此,我们倾向于认为属于仲裁庭的裁量权范畴,不可作为撤销仲裁的理由。在此需要注意的是对隐瞒证据一方是否可以以此为由申请撤销仲裁,我们认为这违反诚信原则,根据《最高人民法院关于人民法院办理仲裁裁决执行案件若干问题的规定》第16条第2款规定:"当事人一方在仲裁过程中隐瞒己方掌握的证据,仲裁裁决作出后以己方所隐瞒的证据足以影响公正裁决为由申请不予执行仲裁裁决的,人民法院不予支持。"

典型案例:国内撤销仲裁裁决隐瞒证据事由的认定

一、案件基本信息

案号:(2018)京04民特72号

当事人:申请人北京创艺年华环境艺术有限公司(以下简称创艺年华公司)与被申请人吴某

案由:申请撤销仲裁裁决

二、诉辩争议焦点

创艺年华公司称,请求撤销北京仲裁委员会(2017)京仲裁字第1634号裁决。事实和理由:(1)吴某隐瞒了足以影响公正裁决的证据。①吴某隐瞒与案外人张某的有关借款合同诉讼案件的证据材料,致使创艺年华公司代吴某向张某支付的50万元未被仲裁庭认可。②吴某恶意隐瞒了与案外人苏某的劳动雇佣关系等证据,致使仲裁庭对创艺年华公司的部分付款凭证未予认定。③其他吴某隐瞒的证据。在工程建设当中,吴某屡屡违反合同以及工程甲方的要求,导致工程进展不利,期间应吴某请求,创艺年华公司多次向案外人艾某、杨某、顾某、陈某等人代付款项。吴某隐瞒了与上述人等关系的相关证据,致使仲裁庭作出错误认定,本案不宜由仲裁庭重新仲裁,具有通过诉讼途径解决的必要性(其他内容略)。

吴某称,关于吴某与创艺年华公司的纠纷,仲裁庭已经作出裁决,对于裁决的事实吴某没有异议,对于创艺年华公司申请撤销仲裁裁决的请求吴某不予认可。本案中不具有撤销仲裁裁决的事由,吴某没有隐瞒证据,更没有隐瞒影响公正裁决的证据,创艺年华公司主张的理由不成立(其他内容略)。

三、法院裁判意见

法院审查查明:吴某依据与创艺年华公司于2013年4月9日签订的《五矿万科如园项目一期4#室内精装修工程项目分包合同》中的仲裁条款,就该合同项下的争议向北京仲裁委员会申请仲裁。北京仲裁委员会于2016年11月23日受理上述案件,适用自2015年4月1日起施行的《北京仲裁委员会仲裁规则》。仲裁期间双方就已付工程款数额存在争议,创艺年华公司主张就如园项目4#楼,已经向吴某付款合计9 191 199.73元,并就其主张提交了相应证据。吴某则仅认可其中3 022 517.3元。仲裁庭经审核,对于双方存在争议的付款逐笔进行了审查认定,并最终认定创艺年华公司已付款为7 158 462.6元。2017年12月11日,北京仲裁委员会作出(2017)京仲裁字第1634号裁决:(1)创艺年华公司向吴某支付工程款2 132 834.97元;(2)创艺年华公司向吴某支付暂计至2017年1月25日的欠付工程款利息270 659.1元,以及自2017年1月26日起至实际支付之日以2 132 834.97元为基数,按照中国人民银行同期贷款利率计算的欠付工程款利息;(3)创艺年华公司向吴某支付律师费损失200 000元;(4)本案仲裁费84 782.68元,由吴某自行承担42 391.34元,创艺年华公司承担42 391.34元,创艺年华公司应直接向吴某支付吴某代其垫付的仲裁费42 391.34元。

法院认为(简要,其他内容略),创艺年华公司提出的撤销仲裁裁决的核心理由为仲裁期间吴某隐瞒了关键证据致使仲裁庭作出错误裁决。针对创艺年华公司上述意见,本院认为,《最高人民法院关于人民法院办理仲裁裁决执行案件若干问题的规定》第16条规定："符合下列条件的，人民法院应当认定为民事诉讼法第二百三十七条第二款第五项规定的'对方当事人向仲裁机构隐瞒了足以影响公正裁决的证据的'情形：(一)该证据属于认定案件基本事实的主要证据；(二)该证据仅为对方当事人掌握，但未向仲裁庭提交；(三)仲裁过程中知悉存在该证据，且要求对方当事人出示或者请求仲裁庭责令其提交，但对方当事人无正当理由未予出示或者提交。当事人一方在仲裁过程中隐瞒己方掌握的证据，仲裁裁决作出后以己方所隐瞒的证据足以影响公正裁决为由申请不予执行仲裁裁决的，人民法院不予支持。"虽然本案系撤销仲裁裁决审查程序而并非不予执行仲裁裁决审查程序，但《中华人民共和国民事诉讼法》第237条第2款关于不予执行国内仲裁裁决的规定与《中华人民共和国仲裁法》第58条关于撤销国内仲裁裁决的规定基本一致，故最高人民法院前述司法解释亦可以在撤销国内仲裁裁决案件中参照适用。创艺年华公司提出吴某在仲裁期间隐瞒与案外人张某有关借款合同诉讼案件的证据材料、隐瞒了与案外人苏某的劳动雇佣关系等证据以及隐瞒了创艺年华公司代吴某向案外人艾某、杨某、顾某、陈某等人代付款项的证据，但没有证据证明仲裁期间创艺年华公司曾要求吴某出示或者请求仲裁庭责令吴某提交上述证据材料。事实上，创艺年华公司就此提出的意见，其根本指向在于仲裁庭审查认定证据的标准以及认证结论，而相关问题不属于人民法院撤销仲裁裁决案件的审查范围。据此，本院认为创艺年华公司主张吴某在仲裁期间隐瞒证据的意见不符合前述司法解释之规定，本院对此不予采纳。

至于创艺年华公司提出该案不宜重新仲裁一节，本院认为，《中华人民共和国仲裁法》第61条规定，"人民法院受理撤销裁决的申请后，认为可以由仲裁庭重新仲裁的，通知仲裁庭在一定期限内重新仲裁，并裁定中止撤销程序。仲裁庭拒绝重新仲裁的，人民法院应当裁定恢复撤销程序"。《最高人民法院关于适用〈中华人民共和国仲裁法〉若干问题的解释》第21条第1款规定,“当事人申请撤销国内仲裁裁决的案件属于下列情形之一的,人民法院可以依照仲裁法第六十一条的规定通知仲裁庭在一定期限内重新仲裁:(一)仲裁裁决所根据的证据是伪造的;(二)对方当事人隐瞒了足以影响公正裁决的证据的”。因此,重新仲裁应以仲裁裁决依法可能被撤销为前提。如前所述,本院已经分析认定创艺年华公司主张吴某隐瞒证据的意见不应被采信,不存在重新仲裁之基本前提。

综上所述,创艺年华公司申请撤销(2017)京仲裁字第1634号裁决的理由不符合法律规定,本院对其请求不予支持。依照《中华人民共和国仲裁法》第58条、第60条规定,裁定如下:驳回北京创艺年华环境艺术有限公司的申请。

033. 撤销国内仲裁中,仲裁员在仲裁该案时有贪污受贿,徇私舞弊,枉法裁决行为的认定与处理

仲裁员在仲裁该案时有索贿受贿,徇私舞弊,枉法裁决行为,是指已经由生效刑事法律文书或者纪律处分决定所确认的行为。仲裁员有上述行为的应当撤销仲裁裁决。

审查依据:《仲裁法》第58条第1款第5项、第61条;《民事诉讼法》第237条第2款第5项;《最高人民法院关于审理仲裁司法审查案件若干问题的规定》第18条

规范解读:

在仲裁程序中,仲裁庭由仲裁员组成,仲裁员是当事人申请仲裁解决争议案件的实际审理者与裁决者。仲裁员参与审理争议案件并作出裁决时应当保持独立与中立,不受任何机关、社会团体或者个人的干预,居中公正地进行仲裁。为保证仲裁员公正、公平、独立、依法解决当事人之间的争议案件,各国法律制度对仲裁员都有资格方面的要求。我国《仲裁法》对仲裁员

资格具体条件为符合五个条件之一,如从事律师工作满 8 年的,曾任法官满 8 年的,从事法律研究、教学工作并具有高级职称的等条件。实行仲裁员名册制度,即仲裁委员会按照不同专业设仲裁员名册,并把候选仲裁员的姓名及其专长,经验阅历等编制成册,供当事人、仲裁机构或指定机构选择从而确定仲裁庭的仲裁员制度。我国目前多数仲裁机构的仲裁员是以法学教授、专家、经贸专业人士、律师、退休法官等为主体组成的。世界各国仲裁机构在名册制度上做法不一,有的实行封闭名册制,即无论是当事人选定仲裁员还是仲裁机构指定仲裁员,都必须从仲裁机构提供的名册中选择,如按照《联合国国际贸易法委员会仲裁规则》进行仲裁,美国仲裁协会仲裁等;也有实行开放名册制的,即当事人可以在仲裁机构提供的名册中选择仲裁员,也可在名册之外选任仲裁员,如新加坡和我国香港特别行政区仲裁机构。我国目前实行的是封闭名册制,由当事人选择和仲裁委员会主任直接指定相结合。正因仲裁员来自于社会各个领域或行业,不可避免地存在各自的利益与社交人际关系,这显然对仲裁员的道德行为规范提出了更高的要求。《仲裁法》第 13 条明确规定,仲裁委员会应当从公道正派的人员中聘任仲裁员。上述规定虽然是选任资格方面的要求,实际上也是对仲裁员在仲裁中的职业行为规范要求。

我们认为对仲裁员职业道德方面有三个层面的要求:第一个层面是仲裁员在仲裁中应当保持独立性和中立性(公正性)。仲裁员的独立性和中立性是仲裁公正的前提与保障,也是仲裁员应具备的基本规范。首先,仲裁员独立于任何机关、社会团体或者个人,不受其任何干涉;其次,独立于仲裁机构,仲裁员拥有仲裁权,独立仲裁不受仲裁机构的干涉和限制;再次,独立于当事人,无论是当事人选定的仲裁员还是仲裁机构指定的仲裁员,均不代表当事人的利益;最后,独立于仲裁庭的其他人员,在组成仲裁庭时,每个仲裁员都应独立地对案件进行分析判断和发表意见。第二个层面是仲裁员在仲裁中凡涉及利害关系可能影响公正的情形均应自觉披露和主动回避。依据《仲裁法》的规定仲裁员有以下情形之一的必须回避:是本案当事人或者当事人、代理人的近亲属；与本案有利害关系；与本案当事人、代理人有其他关系，可能影响公正仲裁的；私自会见当事人、代理人，或者接受当事人、代理人的请客送礼的。仲裁员信息披露被普遍接受并遵守，商事仲裁程序中对可能影响公正性或引起不公正怀疑的事项向当事人和仲裁机构进行披露，目的在于保证仲裁的公正性与公信力，自觉进行信息披露有助于当事人行使回避申请权。披露义务与回避制度相辅相成，共同筑成仲裁员独立与公正进行仲裁的基石，能够对仲裁案件审理中可能出现的利益关系、徇私舞弊、枉法裁判发挥提前预防功能。第三层面是仲裁员不得违反仲裁道德与法律规定，不得存在索贿受贿、徇私舞弊、枉法裁决行为。我国《刑法》规定了枉法仲裁罪，对仲裁员在仲裁中故意枉法裁决情节严重的行为追究刑事责任。《仲裁法》第 38 条规定："仲裁员有本法第三十四条第四项规定的情形，情节严重的，或者有本法第五十八条第六项规定的情形的，应当依法承担法律责任，仲裁委员会应当将其除名。"上述《仲裁法》第 34 条第 4 项规定的是仲裁员私自会见当事人、代理人，或者接受当事人、代理人的请客送礼的情形；第 58 条第 6 项规定的是仲裁员在仲裁该案时有索贿受贿、徇私舞弊、枉法裁决行为的情形。可见上述表现在外在行为的私自会见、请客送礼、索贿受贿，以及表现在对仲裁影响的徇私舞弊、枉法仲裁，均为法律所明确禁止，情节严重的更可能承担刑事责任。对在上述情形下作出的仲裁裁决，可以申请撤销仲裁裁决。

《仲裁法》第 58 条明确规定："当事人提出证据证明裁决有下列情形之一的，可以向仲裁委员会所在地的中级人民法院申请撤销裁决：……（六）仲裁员在仲裁该案时有索贿受贿，徇私舞弊，枉法裁决行为的。"作为申请撤销仲裁裁决的法定事由，在理解上如何界定存在争议。当事人提出仲裁员有"索贿受贿，徇私舞弊，枉法裁决行为"，可实践中难以判断，许多内容往往并非民事审判依据证据能够作出认定的事实，比如，什么是"徇私舞弊"，其认定标准是什么难以把握，实践将认定的权力交由民商事法官在仲裁司法审查中认定，难免会造成宽严失当、裁量尺度不一。因此，最高人民法院出台司法解释进行了规范,《最高人民法院关于审理仲裁司法审查案件若干问题的规定》第 18 条规定:“《中华人民共和国仲裁法》第五十八条第一款第六项和《中华人民共和国民事诉讼法》第二百三十七条第二款第六项规定的仲裁员在仲裁该案时有索贿受贿,徇私舞弊,枉法裁决行为,是指已经由生效刑事法律文书或者纪律处分决定所确认的行为。”根据《刑法》规定,依法承担仲裁职责的人员,在仲裁活动中故意违背事实和法律作枉法裁决,情节严重的,处 3 年以下有期徒刑或者拘役;情节特别严重的,处 3 年以上 7 年以下有期徒刑。在生效刑事法律文书中对枉法仲裁罪的认定,可直接作为仲裁司法审查中认定“仲裁员在仲裁该案时有索贿受贿,徇私舞弊,枉法裁决行为”的依据,纪律处分决定也具有相同的效力。

034. 撤销仲裁中,裁决违背社会公共利益的认定与处理

仲裁裁决违背社会公共利益的,应当裁定撤销。违背社会公共利益的判断应当注重对“社会”与“公共”的解释,仲裁裁决所涉及内容不得违背公共秩序与善良风俗,不得违背全体社会成员共同的利益,违背社会公共利益常见于违背我国法律的基本制度与准则、违背社会和经济生活的基本原则等事项,对于违背社会公共利益应当慎重认定。

审查依据:《仲裁法》第 58 条第 1 款第 5 项、第 61 条;《民事诉讼法》第 237 条第 2 款第 5 项、第 274 条第 2 款;《仲裁法司法解释》第 17 条

规范解读:

维护社会公共利益是世界各国的通例,也是我国的重要司法准则。人民法院在审查仲裁裁决是否违背社会公共利益时,可依职权予以审查,也可基于当事人的要求。仲裁裁决违反社会公共利益属于法定的撤销仲裁裁决事由。根据《仲裁法》第 58 条规定:“人民法院认定该裁决违背社会公共利益的,应当裁定撤销。”上述规定系《仲裁法》关于撤销国内仲裁事由的内容,

仲裁裁决违背社会公共利益是否属于认定撤销涉外仲裁裁决的法定事由，《仲裁法》并无明确规定。在《仲裁法》第 70 条规定，“当事人提出证据证明涉外仲裁裁决有民事诉讼法第二百五十八条第一款规定的情形之一的，经人民法院组成合议庭审查核实，裁定撤销”。《民事诉讼法》第 274 条第 1 款并未规定“社会公共利益”内容，因此《仲裁法》在立法时确实没有将《民事诉讼法》第 274 条第 2 款“人民法院认定执行该裁决违背社会公共利益的，裁定不予执行”写入撤销仲裁事由的范围内。但这并不意味着我国涉外仲裁的撤销事由不包括“社会公共利益”。学者指出“公共利益条款是各国司法对仲裁实施监督的前提条件，无论国内仲裁立法，还是国际仲裁公约，都将其作为撤销仲裁裁决的理由之一。”[①]有学者对《仲裁法》进行体系性解读，其认为按照《仲裁法》第 65 条规定的精神，人民法院认定涉外仲裁裁决违背社会公共利益的，也可以依职权裁定撤销该涉外仲裁裁决”[②]《仲裁法》第 65 条规定，涉外经济贸易、运输和海事中发生的纠纷的仲裁，适用本章规定。本章没有规定的，适用本法其他有关规定。在《仲裁法司法解释》第 17 条中，对上述问题以司法解释的方式弥补了立法的不足，该条文明确规定，当事人以不属于《仲裁法》第 58 条或者《民事诉讼法》第 260 条（现行《民事诉讼法》第 274 条）规定的事由申请撤销仲裁裁决的，人民法院不予支持。上述司法解释条文中将现行《民事诉讼法》第 274 条全文引用，所以包括了“社会公共利益”条款。

社会公共利益作为保护各国基本的社会、政治、法律制度以及道德价值原则的准则，在解释上具有不确定性和模糊性，目前各国局限自已的解释上，没有普遍接受统一的解释。有学者将之称为公共秩序，提出“各国对‘公共秩序’内涵包括程序问题和实体问题的规定，却是基本一致的。即当承认和执行仲裁裁决是以违反公共秩序为代价时，无论其属于程序事项还是实

① 乔欣：《仲裁法学》第 2 版，清华大学出版社 2015 年版，第 146 页。
② 宋朝武：《仲裁法学》，北京大学出版社 2013 年版，第 165 页。

体事项，法院均有权撤销该仲裁裁决或不予承认和执行该仲裁裁决。”[①]在我国，之前的《民法通则》《合同法》都采用“社会公共利益”概念，而《民法总则》第8条规定：“民事主体从事民事活动，不得违反法律，不得违背公序良俗”，用传统民法和大陆法系其他国家和地区的民事立法用语的“公序良俗”代替了“社会公共利益”，《民法总则》第153条第2款规定：“违背公序良俗的民事法律行为无效。”《民法典》第153条第2款沿用了这一规定，未作修改。公序良俗包括公共秩序和善良风俗两方面，公共秩序是反映和维护国家根本利益的强制性规范，表现为国家对社会生活的积极干预，包括政治公共秩序和经济公共秩序。善良风俗很难定义，往往随时代价值观念不断变化，一般认为违背善良风俗属于严重违反道德、伦理等行为。《仲裁法》目前仍然使用“社会公共利益”的概念，但实际上其理解应与“公序良俗”一致，为在表述上符合现有法律，我们本书仍然使用“社会公共利益”。如何理解“社会公共利益”，我们认为社会公共利益应是关系到社会全体成员的利益，为社会公众所享有，为整个社会发展存在所需要，具有公共性和社会性，其不等同于个人利益、团体利益、局部利益，通常是指我国法律的基本制度与准则、违背社会和经济生活的基本原则。上述解释仍然比较抽象，结合公序良俗进行理解和适用，我们将公共秩序所指的社会法律秩序与善良风俗所指的法律秩序之外的道德结合，从社会公共角度观察，在涉及维护重大国家核心利益与秩序、公共基本权利，维护经济市场与金融安全等社会管理秩序、基本伦理道德秩序等内容时，可以作为违反公序良俗，即社会公共利益的类型予以考虑。

---

① 杨秀清、史飚：《仲裁法学》第3版，厦门大学出版社2019年版，第252页。

典型案例:申请撤销仲裁裁决社会公共利益事由的认定

一、案件基本信息

案号:(2018)京04民特372号

当事人:申请人大唐能源化工有限责任公司(以下简称大唐能源公司)与被申请人华融证券股份有限公司(以下简称华融证券公司)

案由:申请撤销仲裁裁决

二、诉辩争议焦点

申请人大唐能源公司称,请求人民法院依法撤销北京仲裁委员会(以下简称北仲)于2018年9月4日作出的(2018)京仲裁字第1536号仲裁裁决(以下简称裁决)。事实与理由:(1)仲裁程序违法。一是仲裁庭未追加本案所涉合同中的平安银行股份有限公司广州分行(以下简称平安银行)作为仲裁当事人。本案仲裁中,大唐能源公司多次向仲裁庭提出追加申请,请求将平安银行追加进仲裁程序,但仲裁庭未予准许。因平安银行是涉案合同签订主体,应当受合同中仲裁条款的约束,且其有实际的权利行使和义务履行,对于本案的权益有实质性影响,应当加入仲裁程序。二是仲裁庭未将大唐能源公司于庭后提交的证据6和证据7重新开庭质证。三是仲裁庭不应将委托贷款合同和担保合同合并审理。四是大唐能源公司向仲裁庭提出了中止审理的申请和事由,但是仲裁庭未予准许,本案裁决与大唐能源公司所涉债务重组过渡时期的方案不一致,影响了大唐能源公司的权益。(2)裁决违反社会公共利益。目前,大唐能源公司所涉债务重组工作已开展近一年,裁决会对重组结果产生实质性重大影响。如债务重组因大唐能源公司履行清偿责任而无法顺利进行,则根据测算,大唐能源公司在实施破产清算后对普通债权的清偿率会降低,无法偿还金融机构债权人的本金。上述情况会进一步导致金融债权管理危机,扰乱经济金融秩序,并阻碍实体经济发展,引发企业债务危机和金融风险,同时还将导致国有资产大量流失,不利于国家能源安全战略实施。

被申请人华融证券公司称，请求人民法院依法驳回大唐能源公司的申请，裁决不存在可依法撤销之情形。(1)仲裁并未违反法定程序。第一，仲裁庭未追加平安银行是符合法定程序的，委托贷款合同仅约定平安银行的合同义务为发放贷款和协助收回贷款，放款风险由华融证券公司承担，故合同纠纷的解决与平安银行无关。且虽然大唐能源公司提出了追加申请，但并未对其提出实质请求，故北仲可依据《北京仲裁委员会仲裁规则》(以下简称《仲裁规则》)第13条规定，不追加平安银行作为仲裁当事人。第二，北仲未对大唐能源公司于庭后提交的两份补充证据进行质证符合仲裁规则的规定，《仲裁规则》第36条第3款规定，对于当事人开庭后提交的证据材料，仲裁庭决定接受但不再开庭审理的，可以要求当事人在一定期限内提交书面质证意见。本案在2018年4月11日开庭时，仲裁庭在询问了当事人的意见后，规定了举证期限并明确表示如不再开庭则应对补充证据提交书面质证意见，且当事人均表示同意。仲裁庭对大唐能源公司庭后提交的证据进行了原件核对，华融证券公司也提交了书面质证意见。故仲裁庭未剥夺当事人对于庭后提交证据的质证权，裁决第14页第一段中明确表明，仲裁庭认为上述二份证据因没有原件核对而不能认定其真实性。第三，将委托贷款合同和保证担保合同在一个案件中审理，符合仲裁规则和法定程序的要求。第四，本案不符合仲裁规则中对中止规定的情形，仲裁符合仲裁规则和法定程序。(2)裁决未违反社会公共利益。社会公共利益指的是属于社会全体成员或者大多数人的整体利益，涉及整个社会的最根本法律和一般性道德利益。本案是涉及三个平等主体之间的普通民商事纠纷，裁决结果仅关系到三个主体之间的利益，并不涉及第三方利益或者社会大多数人的利益，也未对社会公共利益造成影响。

三、法院裁判意见

法院审查查明，2018年9月4日，北京仲裁委员会作出(2018)京仲裁字第1536号仲裁裁决(其他内容略)。

法院认为,人民法院对仲裁案件进行司法审查,应当以《中华人民共和国仲裁法》(以下简称《仲裁法》)第58条规定的事项作为撤销仲裁裁决的法定事由。对于当事人提出的不符合上述规定的申请理由,不能作为撤销仲裁裁决的依据。本案中,大唐能源公司提出了两项申请理由:一是仲裁违反法定程序;二是仲裁违反社会公共利益。本院将分别予以评析。

1. 关于仲裁是否违反法定程序。大唐能源公司就该项申请理由提出了四点意见,一是仲裁庭未追加平安银行加入仲裁程序,二是仲裁庭未对大唐能源公司于庭后提交的证据重新开庭质证,三是仲裁庭将委托贷款合同和担保合同合并审理,四是仲裁庭未依据大唐能源公司的申请中止审理。经查,上述第一、三、四项意见均属于仲裁庭依法行使仲裁权的范畴,并非人民法院对仲裁案件进行司法审查的范围,故本院不予采纳。对于上述第二项意见,经查,《仲裁规则》第36条第3规定:"对于当事人当庭或者开庭后提交的证据材料,仲裁庭决定接受但不再开庭审理的,可以要求当事人在一定期限内提交书面质证意见。"故仲裁庭未对大唐能源公司庭后提交的证据重新开庭质证,并未违反《仲裁规则》的规定,不属于违反法定程序的情形。

2. 关于仲裁是否违反社会公共利益。本院认为,首先,社会公共利益应是关系到全体社会成员的利益,为社会公众所享有,为整个社会发展存在所需要,具有公共性和社会性,不同于合同当事人的利益。本案中,委托贷款合同和担保合同系民事主体自愿订立的合同,其内容未违反法律和行政法规的强制性规定,故本案争议应为受《中华人民共和国合同法》约束的关于平等民事主体间的合同争议,处理结果仅影响合同当事人,不涉及社会公共利益。其次,虽然本案双方当事人均为国有企业,但国有企业利益并不当然等同于社会公共利益,所以对于本案当事人订立的合同,仅能认定为具有主体相对性的民商事法律关系,不能认定为社会公共利益。最后，仲裁庭根据本案证据和所涉法律审理案件，所作出的裁决属于适用仲裁权的范畴，不能因仲裁庭依法认定双方责任而认为裁决内容违反社会公共利益。故本案裁决不存在违反社会公共利益的情形。

035. 撤销涉外仲裁中，当事人在合同中没有订立仲裁条款或者事后没有达成书面仲裁协议的认定与处理

申请撤销涉外仲裁中，当事人在合同中没有订立仲裁条款或者事后没有达成书面仲裁协议属于可以撤销仲裁的事由。以下情形属于上述撤销仲裁认定范围：(1)当事人之间在合同中没有任何具有选择仲裁解决纠纷意思表示的仲裁条款；(2)当事人之间没有达成合同之外的任何书面仲裁协议；(3)当事人之间虽有涉及仲裁的仲裁条款或协议，但被认定无效或者被撤销。

在进行上述撤销仲裁事由的认定时，应当结合涉外仲裁国际条约、仲裁适用法律的规定，包括仲裁方式，仲裁地，仲裁机构等各方面内容，以尽量使仲裁约定有效和仲裁裁决不撤销为原则，判断仲裁裁决是否可撤销。

审查依据：《仲裁法》第 70 条；《民事诉讼法》第 274 条第 1 项；《仲裁法司法解释》第 18 条

规范解读：

涉外仲裁又称国际商事仲裁，对于涉外或国际因素的标准各国不尽相同，对于“商事”一词也具有不同的解释。我国在加入 1958 年《承认及执行外国仲裁裁决公约》时对商事关系认定作出了商事保留声明，《最高人民法院关于执行我国加入的〈承认及执行外国仲裁裁决公约〉的通知》明确规定，根据我国加入该公约时所作的商事保留声明，我国仅对按照我国法律属于契约性和非契约性商事法律关系所引起的争议适用该公约。所谓“契约性和非契约性商事法律关系”，具体是指由于合同、侵权或者根据有关法律规

定而产生的经济上的权利义务关系，例如，货物买卖、财产租赁、工程承包、加工承揽、技术转让、合资经营、合作经营、勘探开发自然资源、保险、信贷、劳务、代理、咨询服务和海上、民用航空、铁路、公路的客货运输以及产品责任、环境污染、海上事故和所有权争议等，但不包括外国投资者与东道国政府之间的争端。上述通知对商事法律关系的解释采取了较为狭义的解释，是人民法院对何种类型商事纠纷可达成涉外仲裁协议认定的依据。

涉外仲裁协议或者国际商事仲裁协议，是当事人之间达成的，旨在通过国际商事契约或协议解决商事纠纷的书面文件。一项有效的仲裁协议是确定管辖权的基本依据，也是法院承认与执行依此协议作出的裁决的必要前提。[①] 涉外仲裁协议系当事人各方约定将有关争议提交仲裁解决的意思表示，虽然我国实行仲裁撤销司法审查的“双轨制”，但在审查达成合意的外在形式与真实意思方面与国内撤销仲裁基本一致。

首先，在涉外撤销仲裁事由中，涉及涉外仲裁协议的审查法律依据与国内撤销仲裁不同。《仲裁法》第 70 条规定：“当事人提出证据证明涉外仲裁裁决有民事诉讼法第二百五十八条第一款规定的情形之一的，经人民法院组成合议庭审查核实，裁定撤销。”《民事诉讼法》第 274 条规定：“对中华人民共和国涉外仲裁机构作出的裁决，被申请人提出证据证明仲裁裁决有下列情形之一的，经人民法院组成合议庭审查核实，裁定不予执行：(一)当事人在合同中没有订有仲裁条款或者事后没有达成书面仲裁协议的。”基于上述法律规定，对于当事人申请仲裁的基础，即仲裁条款或协议没有时间上的限制，无论纠纷产生之前达成仲裁条款，或者纠纷发生后达成仲裁协议，均不构成撤销仲裁理由。我们认为只要当事人之间订立有效的协议，则对双方当事人具有法律上的拘束力，并排除法院的管辖权。

其次，涉外仲裁协议的形式审查必不可少。仲裁学者认为，早期的国际条约对仲裁协议的形式并没有明确的要求，如 1923 年的日内瓦《仲裁条款

---

① 参见赵秀文：《国际商事仲裁法》第 3 版，中国人民大学出版社 2012 年版，第 55 页。

议定书》和 1927 年的日内瓦《关于执行外国仲裁裁决的公约》，对商事仲裁协议的形式均没有作出明确的规定，而是要求各缔约国根据其国内法确定商事形式上的有效性。随着国际商事仲裁的发展和商事国际统一化的不断加强，对仲裁协议的形式要求发生变化。仲裁协议必须采取书面形式已成为现代仲裁制度中公知的事实，为大多数国家所确认，并且成为现代商事仲裁法的一项统一要求。[①] 在《承认及执行外国仲裁裁决公约》中明确规定了仲裁协议的书面形式，为 100 多个国家确立了仲裁协议应采取书面形式的强制标准。《国际商事仲裁示范法》在第 7 条"仲裁协议的定义和形式"中规定："（1）'仲裁协议'是指当事各方同意将在他们之间确定的无论是契约性或非契约性的法律关系上已经发生或可以发生的一切或某些争议提交仲裁的协议。仲裁协议可以采取合同中的仲裁条款形式或单独的协议形式。（2）仲裁协议应是书面的。协议如载于当事各方签字的文件中，或载于往来的书信、电传、电报或提供协议记录的其他电讯手段中，或在申诉书和答辩书的交换中当事一方声称有协议而当事他方不否认即为书面协议。在合同中提出参照载有仲裁条款的一项文件即构成仲裁协议，如果该合同是书面的而且这种参照足以使该仲裁条款构成该合同的一部分的话。"我国对涉外仲裁协议也确立了书面形式的要求，在仲裁司法审查中没有书面仲裁协议的可以撤销仲裁裁决。

再次，在对当事人之间是否存在书面形式的仲裁协议进行具体审查时，应着重把握三项内容：第一，查明当事人之间在合同中是否没有任何具有选择仲裁解决纠纷意思表示的仲裁条款。在涉外商事合同中，当事人之间可能签订多个文件，需对比和审查不同文件中的条款有无仲裁的意思表示，实践中也有多种文字的合同文本，有的有仲裁条款，有的则没有或者表述不清，查明系翻译原因还是其他原由，通过综合所有合同文字对仲裁条款进行认定，而不简单地否认仲裁条款。第二，当事人之间没有达成合同之外的任

---

① 参见杨秀清、史飚：《仲裁法学》第 3 版，厦门大学出版社 2019 年版，第 113 ~ 114 页。

何书面仲裁协议。对书面仲裁协议的理解应当更为广泛，在排除口头形式之外，其他以电子数据等形式存在的协议均可认定为书面形式。第三，当事人之间虽有涉及仲裁的仲裁条款或协议，但被认定无效或者被撤销。根据《仲裁法司法解释》第 18 条规定，“没有仲裁协议”是指当事人没有达成仲裁协议。仲裁协议被认定无效或者被撤销的，视为没有仲裁协议。虽然在认定涉外仲裁协议效力上与国内仲裁协议判断标准有所不同，尤其在涉及适用外国法律等情形下对效力作出不同认定，但凡被认定无效或撤销的涉外仲裁协议，应视为没有仲裁协议，仲裁庭对此应无权仲裁，作出的仲裁裁决应当予以撤销。

最后，在审查涉外仲裁协议的撤销仲裁事由时，应当有更广阔的视野，特别要结合考察涉外仲裁国际条约，可能涉及的仲裁适用法律，包括仲裁方式、仲裁地、仲裁机构等各方面内容，了解国际商事仲裁发展趋势，以尽量使仲裁约定有效和仲裁裁决不撤销为原则，尊重当事人选择仲裁的意思表示，支持选择仲裁方式解决纠纷。

典型案例：申请撤销仲裁裁决社会公共利益事由的认定

一、案件基本信息

案号：(2018)京 04 民特 179 号

当事人：申请人正成石油投资有限公司(以下简称正成石油)与被申请人阳光国际公司(以下简称阳光国际)、原仲裁第二被申请人吉利企业有限公司(以下简称吉利公司)

案由：申请撤销仲裁裁决

二、诉辩争议焦点

正成石油申请称(简要)，请求撤销中国国际经济贸易仲裁委员会(以下简称贸仲)作出的〔2017〕中国贸仲京裁字第 1448 号裁决书(以下简称仲裁裁决)。事实与理由：正成石油与阳光国际没有签订仲裁条款，或者事后达成书面仲裁协议。具体而言，本案中存在买卖合同和保证合同两个法律关系，前者是主合同，后者是从合同。正成石油与阳光国际、吉利公司于2014年12月1日先签订了《合同主体变更三方协议》，将既有合同2014年5月7日的合同主体予以变更，由吉利公司、阳光国际作为合同相对方，正成石油作为保证人承担连带保证责任；该合同约定由CNPC（中国石油集团）作为争议解决机构。其后阳光国际与吉利公司签订了主合同，该合同约定了由贸仲受理合同争议。因此，《合同主体变更三方协议》约定的由中国石油集团解决争议，仅是协议各方自愿将该企业作为协调解决纠纷的一般商业约定，不具有司法强制效力，应视为对解决争议的机构无任何约定，且正成石油没有参加主合同签订，作为保证人不应参加贸仲的仲裁程序。

阳光国际答辩称，阳光国际与正成石油签订的合同中约定了仲裁条款。首先，双方于2014年5月7日签订的合同中虽未约定仲裁条款，但通过补充协议第5.1条双方已经约定了贸仲解决争议的仲裁条款。因此，上述补充协议关于仲裁条款的约定适用于双方所引发的争议的解决。其次，《合同主体变更三方协议》中明确约定“阳光国际与正成石油于2014年5月7日签订的合同为既有合同”，且第3条还约定“除本协议约定情形外，既有合同其他内容不变”。该协议并未对仲裁条款进行废止或变更，除明确变更的条款外，其他条款仍依既有合同约定。最后，为主从合同约定不同的争议解决方式既不符合合同目的，也不符合逻辑和常识。综上，正成石油提出的关于撤销仲裁裁决的主张没有事实和法律依据，请求法院依法驳回。

吉利公司答辩称，同意正成石油的申请，仲裁裁决应予撤销。

三、法院裁判意见

法院审查查明（简要）：2014年5月7日，阳光国际与正成石油签订合同号为CISIT/2014020/BJWM的《合同》，约定正成石油向阳光国际购买一定数量的活动板房，其中第17.1条约定，与本合同或执行相关的任何争端都应通过友好协商予以解决,若是无法通过协商解决,则应提交 CNPC 相关单位进行处理。2014 年 6 月 10 日,双方又签订了《关于编号 CISIT/2014020/BJWM 买卖合同的补充协议》,其中第 5.1 条约定,所有与本合同有关的或因履行本合同引起的争议,双方应友好协商解决,如协商不成,则应将争议提交到贸仲,依据其仲裁规则仲裁;第 6.3 条还约定,原合同与本合同不一致的地方,以本协议为准,原合同其他条款继续保持有效。

2014 年 12 月 1 日,阳光国际、正成石油与吉利公司签订了《合同主体变更三方协议》,其中约定,阳光国际与正成石油于 2014 年 5 月 7 日签订的合同号 CISIT/2014020/BJWM 的《合同》为"既有合同",现三方协商一致就主体变更及保证条款的相关事宜达成本协议,由吉利公司取代正成石油成为既有合同的一方即买方,正成石油对吉利公司基于本协议和既有合同对阳光国际所负的一切债务提供连带保证责任;第 3 条约定,除本协议约定情形外,既有合同其他内容不变。

正成石油称此后,阳光国际作为卖方与吉利公司作为买方重新签订了合同编号同为 CISIT/2014020/BJWM 的《合同》,其中第 17.1 条约定,与本合同或执行相关的任何争端都应通过友好协商予以解决,若是无法通过协商解决,则提交贸仲进行解决。该合同载明签订日期仍为 2014 年 5 月 7 日。

2016 年 8 月 8 日,阳光国际作为申请人根据其与正成石油签订的《关于编号 CISIT/2014020/BJWM 买卖合同的补充协议》、《合同主体变更三方协议》、重新签订的合同编号为 CISIT/2014020/BJWM 的《合同》中的仲裁条款,以正成石油、吉利公司为被申请人向贸仲提交仲裁申请书,贸仲受理了该仲裁案,并于 2017 年 12 月 4 日作出仲裁裁决。

法院认为(简要):本案阳光国际、正成石油及吉利公司均系在域外注册成立的企业,仲裁裁决系仲裁委员会按涉外仲裁程序审理作出的涉外裁决。关于涉外仲裁裁决,《中华人民共和国民事诉讼法》(2012 年修正)第 274 条规定:“对中华人民共和国涉外仲裁机构作出的裁决,被申请人提出证据证明仲裁裁决有下列情形之一的,经人民法院组成合议庭审查核实,裁定不予执行:(一)当事人在合同中没有订有仲裁条款或者事后没有达成书面仲裁协议的……”上述规定是人民法院撤销涉外仲裁裁决的法定事由。

针对正成石油提出的前述撤销仲裁裁决理由,本院分析认定如下:关于正成石油与阳光国际之间是否存在有效的仲裁协议。通过在案的当事人签订的多份合同可知,正成石油与阳光国际签订的补充协议中约定了贸仲作为买卖合同项下争议的解决机构,双方达成了合法有效的仲裁协议。其后签订的《合同主体变更三方协议》不仅没有对上述仲裁条款进行变更,也没有对争议解决条款作出其他约定,相反还明确“既有合同其他内容不变”,阳光国际与吉利公司重新签订的买卖合同同样约定了贸仲作为买卖合同项下争议的解决机构,因此,本案中的仲裁协议应约束正成石油、阳光国际和吉利公司三方。仲裁庭关于正成石油提出的管辖权异议不成立的认定正确。正成石油以其与阳光国际之间没有仲裁协议为由申请撤销仲裁裁决,没有事实和法律依据,本院不予支持。

036. 撤销涉外仲裁中,被申请人没有得到指定仲裁员或者进行仲裁程序的通知的认定与处理

仲裁委员会受理仲裁申请后,应当将仲裁申请书副本和仲裁规则、仲裁员名册送达被申请人,仲裁委员会依据《仲裁法》和仲裁规则通知被申请人指定仲裁员或者进行仲裁程序,对于被申请人提出没有得到上述通知的,可向仲裁委员会进行核实,存在因仲裁委员会的过错造成被申请人丧失上述权利的,可以撤销仲裁。

审查依据:《仲裁法》第 25 条、第 33 条、第 41 条;《民事诉讼法》第 274 条

规范解读:

《民事诉讼法》第 274 条规定:“对中华人民共和国涉外仲裁机构作出的裁决,被申请人提出证据证明仲裁裁决有下列情形之一的,经人民法院组成合议庭审查核实,裁定不予执行:……(二)被申请人没有得到指定仲裁员或者进行仲裁程序的通知,或者由于其他不属于被申请人负责的原因未能陈述意见的。”上述条款旨在保障被申请人参与仲裁的权利,具体可分为两种情形,前者是被申请人得到仲裁委员会指定仲裁员或者仲裁庭进行仲裁程序的通知,属于对当事人应当知悉仲裁程序的法律保护;后者是被申请人陈述意见的权利,属于对当事人参与仲裁程序行使权利的法律保护。我们在此部分内容中分析“被申请人没有得到指定仲裁员或者进行仲裁程序的通知”作为撤销仲裁理由的司法审查内容。

首先,仲裁机构将指定仲裁员或者进行仲裁程序通知被申请人属于法定程序。仲裁机构对被申请人的通知十分重要,其直接影响被申请人获知重要仲裁程序的知悉权。《承认及执行外国仲裁裁决公约》第 5 条,拒绝承认和执行裁决的事由(乙)规定:“受裁决援用之一造未接获关于指派仲裁员或仲裁程序之适当通知,或因他故,致未能申辩者”,即作为仲裁裁决当事人,没有被给予指定仲裁员或者进行仲裁程序的适当通知,缔约国法院可拒绝和执行仲裁裁决。在我国《仲裁法》中有明确的关于仲裁机构将指定仲裁员与进行仲裁程序通知被申请人的规定。根据《仲裁法》第 25 条第 1 款规定:“仲裁委员会受理仲裁申请后,应当在仲裁规则规定的期限内将仲裁规则和仲裁员名册送达申请人,并将仲裁申请书副本和仲裁规则、仲裁员名册送达被申请人。”该法第 33 条规定:“仲裁庭组成后,仲裁委员会应当将仲裁庭的组成情况书面通知当事人。”进行仲裁程序的通知应当包括除上述指定仲裁员之外的所有仲裁程序,其重点是通知被申请人参加包括开庭在内的仲裁审理程序,如《仲裁法》第 41 条规定:“仲裁委员会应当在仲裁规则规定

的期限内将开庭日期通知双方当事人。当事人有正当理由的,可以在仲裁规则规定的期限内请求延期开庭。是否延期,由仲裁庭决定。”这关系到保障当事人享有参加仲裁庭审理,进行陈述、举证质证、辩论以及请求延期开庭等权利。

其次,仲裁机构通知内容应符合《仲裁法》及仲裁规则。我国《仲裁法》明确规定仲裁委员会受理仲裁申请后,应当将仲裁申请书副本和仲裁规则、仲裁员名册送达被申请人。这是当事人指定仲裁员的前提,也是有效进行指定仲裁员通知的一部分,被申请人只有获知对方的仲裁申请书内容,仲裁规则(在仲裁规则中有详细的指定仲裁员及仲裁庭组成的内容)和仲裁员名册(据此可选定仲裁员),才可能行使选定仲裁员的权利。在此特别指出《民事诉讼法》第274条中规定的“被申请人没有得到指定仲裁员”其中的“指定”应作广义理解,即包括当事人选定仲裁员,也包括仲裁委员会主任指定。如在《联合国国际商事仲裁示范法》第11条规定:“仲裁员的指定……(3)如未达成这种协议:(A)在仲裁员为三名的仲裁中,当事每一方均应指定一名仲裁员,这样指定的两名仲裁员应指定第三名仲裁员;如果当事一方未在收到当事他方提出这样做的要求三十天内未指定仲裁员或两名仲裁员在被指定后三十天内未就第三名仲裁员达成协议,则经当事一方请求,应由第六条规定的法院或其他机构指定:(B)在独任仲裁员的仲裁中,如果当事各方不能就仲裁员达成协议,则应由第六条规定的法院或其他机构指定。”上述示范法规定在指定仲裁员时首先区分当事人达成协议和未达成协议的情况,在未达成协议时规定当事人指定程序或者规定一定条件下可请求法院或其他机构指定。

我国《仲裁法》规定了仲裁委员会应当在仲裁规则规定的期限内将开庭日期通知双方当事人,即原则上规定了开庭仲裁程序通知义务,又将通知的具体规则交由仲裁规则规定,其他涉及仲裁程序通知的规则也在仲裁规则中予以规定。开庭后,仲裁庭应通过办案秘书将开庭日期通知当事人,向当事人通知开庭是重要环节,其有利于切实保障当事人参加权利,并使当事人按时参加仲裁审理程序。因此审查是否“进行仲裁程序的通知”，必须结合仲裁规则，同时向仲裁机构核实其实际通知情况。在此我们选择两家仲裁委员会的仲裁规则进行例举：

《中国国际经济贸易仲裁委员会仲裁规则》（2014 年修订）第 37 条规定：“开庭通知（一）开庭审理的案件，仲裁庭确定第一次开庭日期后，应不晚于开庭前 20 天将开庭日期通知双方当事人。当事人有正当理由的，可以请求延期开庭，但应于收到开庭通知后 5 天内提出书面延期申请；是否延期，由仲裁庭决定。（二）当事人有正当理由未能按上述第（一）款规定提出延期开庭申请的，是否接受其延期申请，由仲裁庭决定。（三）再次开庭审理的日期及延期后开庭审理日期的通知及其延期申请，不受上述第（一）款期限的限制。”在国内仲裁的特别规定中，该规则第 69 条规定：“开庭通知（一）对于开庭审理的案件，仲裁庭确定第一次开庭日期后，应不晚于开庭前 15 天将开庭日期通知双方当事人。”

《北京仲裁委员会仲裁规则》（2019 年版）第 31 条规定：“开庭通知（一）开庭审理的案件，仲裁庭应当于开庭 10 日前将开庭日期通知当事人；经商当事人同意，仲裁庭可以提前开庭。当事人有正当理由请求延期开庭的，应当在开庭 5 日前提出；是否延期，由仲裁庭决定。（二）再次开庭以及延期后开庭日期的通知，不受 10 日期限限制。”《北京仲裁委员会仲裁规则》（2019 年版）专门设立第 8 章“国际商事仲裁的特别规定”，其规定的提前通知时间更长，该规则第 66 条规定：“开庭通知（一）开庭审理的案件，仲裁庭应当于开庭 30 日（符合本规则第五十四条规定的案件为 10 日）前将开庭日期通知当事人；经商当事人同意，仲裁庭可以提前开庭。”

从上述两份仲裁规则中可以看出，《中国国际经济贸易仲裁委员会仲裁规则》规定，仲裁庭对涉外仲裁确定第一次开庭日期后，应不晚于开庭前 20 天将开庭日期通知双方当事人，而对国内仲裁则规定提前 15 天通知；北京仲裁委员会对涉外仲裁规定提前 30 天通知，而对国内仲裁则规定提前 10 天通知。在审理涉外仲裁案件时，应充分考虑保障当事人庭前准备与行程安排，但如果没有按仲裁规则规定提前30天或20天通知,则违反该规则,除非当事人明确表示同意,否则可能触发撤销仲裁裁决事由。

再次,仲裁机构应当按仲裁规则有效通知被申请人。仲裁机构向当事人进行有效通知必须采取合法的送达方式。国际上《联合国国际商事仲裁示范法》以及1996年《英国仲裁法》等重要法律规范均采取仲裁中的送达不适用于诉讼的原则,并规定了推定送达。如《联合国国际商事仲裁示范法》第3条规定:"收到书面信件(1)除非当事各方另有协议:(A)任何书面信件,如经当面递交收件人,或投递到收件的营业地点、惯常住所或通信地址,或经合理查询仍不能找一上述任一地点而以挂号信或能提供作过投递企图的记录的其他任何方式投递到收件人最后一个为人所知的营业地点、惯常住所或通信地址,即应视为已经收到;(B)信件应被视为已于以上述方式投递之日收到。"我国《仲裁法》及《民事诉讼法》都没有对仲裁的送达规则作出明确规定,许多仲裁委员会在制定仲裁规则时采取了与国际接轨的送达规则。同时近年来不少仲裁机构的仲裁规则在仲裁的送达方面作出了有益的创新,采取推定送达、电子送达等方式。在此我们以《中国国际经济贸易仲裁委员会仲裁规则》(2014年修订)为例,该规则第8条规定:"送达及期限(一)有关仲裁的一切文书、通知、材料等均可采用当面递交、挂号信、特快专递、传真或仲裁委员会仲裁院或仲裁庭认为适当的其他方式发送。(二)上述第(一)款所述仲裁文件应发送当事人或其仲裁代理人自行提供的或当事人约定的地址;当事人或其仲裁代理人没有提供地址或当事人对地址没有约定的,按照对方当事人或其仲裁代理人提供的地址发送。(三)向一方当事人或其仲裁代理人发送的仲裁文件,如经当面递交收件人或发送至收件人的营业地、注册地、住所地、惯常居住地或通讯地址,或经对方当事人合理查询不能找到上述任一地点,仲裁委员会仲裁院以挂号信或特快专递或能提供投递记录的包括公证送达、委托送达和留置送达在内的其他任何手段投递给收件人最后一个为人所知的营业地、注册地、住所地、惯常居住地或通讯地址,即视为有效送达。(四)本规则所规定的期限,应自当事人收到或应当收到仲裁委员会仲裁院向其发送的文书、通知、材料等之日的次日起计算。”

最后,如何在司法审查中判断通知采取有效的方式进行送达。通知的有效送达,实际是结合仲裁规则审查合理的通知“送达及期限”,在司法审查中主要关注以下几方面:(1)仲裁送达方式。如在《北京仲裁委员会仲裁规则》(2019年版)第71条规定:“有关仲裁的文书、通知、材料等可以当面送达或者以邮寄、专递、传真、电子邮件的方式或者本会或仲裁庭认为适当的其他方式送达当事人或者其代理人”。《中国国际经济贸易仲裁委员会仲裁规则》(2014年修订)第8条规定:“有关仲裁的一切文书、通知、材料等均可采用当面递交、挂号信、特快专递、传真或仲裁委员会仲裁院或仲裁庭认为适当的其他方式发送。”对比可知北京仲裁委员会仲裁规则采取了“电子邮件”的方式,因此虽然不禁止中国国际经济贸易仲裁委员会使用电子邮件方式送达,但在产生争议上有规则为依据的送达方式更能避免争议。随着科学技术的发展,实际上应当对电子数据方式的送达在规则中加以规定、解释和运用。(2)仲裁送达地址。对通知应到收件人的营业地、注册地、住所地、惯常居住地或通信地址是否准确进行审核,尤其是当事人是否明确约定送达地址,提供送达地址一方是否隐瞒情形,仲裁机构人员是否对送达地址进行认真的查询与确认。实践中,我们发现有将地址填错,或者将本应送达一方的通知,寄给另一方造成当事人失权。(3)合理送达程序。送达程序有先后顺位,我们以《中国国际经济贸易仲裁委员会仲裁规则》(2014年修订)第8条确定的送达规则进行分析。当仲裁机构向一方当事人或其仲裁代理人发送仲裁文件,按上述仲裁规则,第一步,应当采取当面递交收件人,或者发到收件人的营业地、注册地、住所地、惯常居住地或通信地址;第二步,经对方当事人合理查询来确定送达地址,并进行有效送达;第三步,如果不能找到上述任一地点时,才可以采取挂号信或特快专递或能提供投递记录的包括公证送达、委托送达和留置送达在内的其他任何手段投递给收件人最后一个为人所知的营业地、注册地、住所地、惯常居住地或通信地址,即视为有效送达。所以如果仲裁机构没有采取前两种方式送达,而直接向最后一个为人所知的营业地等送达,并直接视为有效送达,则应认定其送达存在程序问题。(4)合理送达期限。合理的送达期限亦是有效通知的组成部分,其合理性包括起算时间的合理性和在途与准备时间的合理性。起算时间合理性应当考虑假期、收到等因素。如《北京仲裁委员会仲裁规则》(2019 年版)第 70 条规定:“期限的计算(二)如果期限开始之次日为送达地公共假日或者非工作日,则从其后的第一个工作日开始计算。期限内的公共假日和非工作日应计算在期限内。期限届满日是公共假日或者非工作日的,以其后的第一个工作日为期限届满日。”《中国国际经济贸易仲裁委员会仲裁规则》(2014 年修订)第 8 条规定:“……(四)本规则所规定的期限,应自当事人收到或应当收到仲裁委员会仲裁院向其发送的文书、通知、材料等之日的次日起计算。”在途与准备时间合理性在涉外案件中尤其重要,如向国外送达在途时间可能很长,而收到后还要考虑其合理准备期限,所以在途时间一般会规定,而准备时间则要结合实际予以考虑。比如,《北京仲裁委员会仲裁规则》(2019 年版)第 70 条规定:“……(三)期限不包括在途时间,仲裁文书、通知、材料在期限届满前交邮、交发的,不算过期。(四)当事人因不可抗力或者其他正当理由耽误期限的,在障碍消除后 10 日内,可以申请顺延;是否准许,由本会或者仲裁庭决定。(五)本规则规定的属于本会管理性质的期限(包括但不限于本规则第九条第一款、第十条、第十一条第二款、第十二条第四款、第二十一条中规定的期限),经本会秘书长批准后,可以根据实际情况予以延长。”上述期限的规定即考虑了仲裁效率因素,又对当事人可能受到的影响予以合理考量。

典型案例:对撤销涉外仲裁被申请人没有得到指定仲裁员或者进行仲裁程序的通知的审查

一、案件基本信息

案号:(2017)京 04 民特 47 号

当事人：申请人普华优科（北京）科技有限公司（以下简称普华优科公司）与被申请人以莱克系统（香港）有限公司（以下简称以莱克公司）

案由：申请撤销仲裁裁决

二、诉辩争议焦点

普华优科公司称（简要），申请撤销中国国际经济贸易仲裁委员会（以下简称贸仲）〔2017〕中国贸仲京裁字第0606号裁决。事实和理由：普华优科公司与以莱克公司以及以莱克公司的关联公司深圳市华际电子系统有限公司（以下简称华际公司）自2011年开始有业务往来，以莱克公司以及华际公司的实际控制人均为张某。而华际公司于2014年9月就一起软件采购合同纠纷将普华优科公司起诉至北京市海淀区人民法院（以下简称海淀法院），该案于2016年6月以华际公司撤诉方式结案。普华优科公司最后一个为人所知的住所地为北京市海淀区北四环西路52号方正国际大厦1106室，华际公司在前述采购合同纠纷中以此地址送达，普华优科公司收到起诉材料并出庭应诉。此后华际公司又于2016年7月就同一事实以企业借贷纠纷为由将普华优科公司起诉至海淀法院，该案于2017年3月15日及2017年6月22日进行两次开庭审理，直到第二次开庭审理时，华际公司才将〔2017〕中国贸仲京裁字第0606号裁决书作为证据第一次提交给法庭，至此普华优科公司才第一次知道该仲裁案件。在此之前，普华优科公司从未接到过贸仲或者以莱克公司的告知电话，也未接到过有关仲裁案件的申请书、证据以及裁决书等书面文件。以莱克公司并未依据仲裁规则就普华优科公司的实际办公地址或送达地址进行基本的查询，同时贸仲所谓的送达地址也非普华优科公司最后一个为人所知的住所地，因此仲裁案件的送达均为无效送达。现依据《中华人民共和国仲裁法》第58条之规定，申请撤销〔2017〕中国贸仲京裁字第0606号裁决，望准予支持。

以莱克公司称（简要），普华优科公司所述事实部分与实际不符。以莱克公司与华际公司确有相同的股东,但彼此是两个独立法人。华际公司于2014年曾在海淀法院起诉普华优科公司,直到2016年6月,因为需要追加当事人等问题,华际公司申请撤诉并在次月重新起诉。但是,重新起诉之后,再也无法联系到普华优科公司,最后海淀法院对该案采用了公告送达,公告期满后普华优科公司突然自行应诉了。这段时间恰恰是以莱克公司提起仲裁的期间,以莱克公司在仲裁申请书上也写了普华优科公司的实际办公地址和注册地址,贸仲也向这两个地址寄送了相关材料但是都被退回,此后贸仲进行了缺席审理。因此,普华优科公司所主张的理由均不成立。

三、法院裁判意见

法院审查查明:仲裁申请人以莱克公司依据与仲裁被申请人普华优科公司于2011年12月12日签订的《合同》中仲裁条款的约定,于2016年4月12日向贸仲提出书面仲裁申请。贸仲受理该案件后,适用2015年1月1日起施行的《中国国际经济贸易仲裁委员会仲裁规则》。经审理,贸仲于2017年5月10日作出〔2017〕中国贸仲京裁字第0606号裁决:(1)普华优科公司向以莱克公司支付拖欠的货款893 994.7美元;(2)普华优科公司向以莱克公司支付以1 284 402美元为基数、自2012年4月13日起至实际还款日止按日千分之三计算的违约金;(3)驳回以莱克公司的其他仲裁请求;(4)本案仲裁费用人民币170 287元,全部由普华优科公司负担。本案仲裁本费用已由以莱克公司全额预交,因此普华优科公司应向以莱克公司支付人民币170 287元以补偿以莱克公司代其垫付的仲裁费。

仲裁期间,贸仲于2016年8月29日以特快专递方式向普华优科公司寄送仲裁通知、仲裁申请书等材料,寄送地址为"北京市海地区北四环西路52号方正国际大厦1106室",并填写收件人电话010－51280199。后该特快专递因"无此公司,号码不对"被退回。此后贸仲于2016年9月2日再次以特快专递方式向普华优科公司寄送仲裁通知、仲裁申请书等材料，寄送地址为“北京市怀柔区庙城镇庙城十字街南320号”，并填写收件人电话010－51280199。该特快专递因“收件人名址有误”被退回。此后，贸仲根据以莱克公司书面确认的普华优科公司送达地址“北京市怀柔区庙城镇庙城十字街南320号”，以委托送达方式向普华优科公司送达相关仲裁文件。本院审理期间，经询，普华优科公司认可“方正国际大厦1106室”系该公司2014年至2016年年底实际办公地址，“北京市怀柔区庙城镇庙城十字街南320号”系该公司沿用至今的工商登记注册地址，“010－51280199”系该公司办公电话。

法院认为，《中华人民共和国仲裁法》第58条及该法第70条分别就撤销国内仲裁裁决以及撤销涉外仲裁裁决作出了不同的规定。具体到本案中，以莱克公司系在中华人民共和国香港特别行政区注册登记的企业法人，根据《最高人民法院关于适用〈中华人民共和国民事诉讼法〉的解释》第551条的规定，“人民法院审理涉及香港、澳门特别行政区和台湾地区的民事诉讼案件，可以参照适用涉外民事诉讼程序的特别规定”，涉案〔2017〕中国贸仲京裁字第0606号裁决属于涉港仲裁裁决，故本院应参照撤销涉外仲裁裁决程序对本案进行审查。

本院审查期间，普华优科公司称其未接收到仲裁程序的相关通知，但经本院核实，贸仲曾经两次以特快专递方式向普华优科公司寄送仲裁通知及仲裁申请书等材料，寄送地址分别为普华优科公司实际办公地址以及工商登记地址（本院注意到贸仲寄送地址之一“北京市海地区北四环西路52号方正国际大厦1106室”存在笔误，其中“海地区”显然应为“海淀区”，但根据一般生活经验，本院相信上述笔误对送达效果不构成实质影响），且留有该公司办公电话。普华优科公司因其自身原因未能接收到进行仲裁程序的通知，应自行承担不利法律后果。且，在上述两封特快专递被退回后，贸仲曾多次向普华优科公司工商登记地址“北京市怀柔区庙城镇庙城十字街南320号”寄送相关仲裁文件，如果普华优科公司在该地址正常办公,只要接收到其中一份文件,即可以知晓存在仲裁案件并及时向仲裁庭陈述其意见。但是,因普华优科公司未在其注册登记地址实际办公,导致错过了上述机会。本院认为,根据企业注册登记相关规定,法人登记具有公示公信效力,普华优科公司未在其注册登记地址实际办公导致未能接收到相应仲裁文件,应当认定其自身具有重大过错。因此,本院对普华优科公司以“未接收到仲裁程序的相关通知”为由申请撤销〔2017〕中国贸仲京裁字第0606号裁决的意见不予采信。

关于普华优科公司称以莱克公司相关工作人员未及时通知其仲裁事宜一节,本院认为,双方当事人既然选定发生争议由贸仲进行裁决,且未约定排除或部分排除适用贸仲仲裁规则,应视为双方当事人全面接收贸仲仲裁规则具体规定。根据《中国国际经济贸易仲裁委员会仲裁规则》第8条“送达及期限”之规定,贸仲采用机构送达制度而非当事人送达制度,因此根据仲裁规则以莱克公司不负有通知普华优科公司参加仲裁程序的基本义务。

综上所述,普华优科公司申请撤销〔2017〕中国贸仲京裁字第0606号裁决的理由不符合法律规定,本院对其申请不予支持。依照《中华人民共和国仲裁法》第70条规定,裁定如下:驳回普华优科(北京)科技有限公司的申请。

037. 撤销涉外仲裁中,由于其他不属于被申请人负责的原因未能陈述意见的认定与处理

仲裁中被申请人享有陈述意见的权利,因不属于被申请人负责的原因导致上述权利未得以保障的,可向仲裁委员会进行核实,仲裁委员会拒绝说明原因或者未证明属于被申请人负责的原因时,可以撤销仲裁。

审查依据:《仲裁法》第39条、第45条、第47条;《民事诉讼法》第274条

规范解读:

仲裁中应当保障当事人陈述意见,这是当事人的一项基本权利,因不属于被申请人负责的原因,导致陈述意见的权利未得以保障,根据《民事诉讼法》第274条的规定,属于撤销涉外仲裁裁决的法定事由之一。《承认及执行外国仲裁裁决公约》第5条(乙)规定为:“受裁决援用之一造未接获关于指派仲裁员或仲裁程序之适当通知,或因他故,致未能申辩者”,公约中“未能申辩”与“未能陈述意见”所指的涵义相同,由此可以大致判断“未能陈述意见”所保护的权利与保障的范围。对被申请人而言,陈述或申辩是基本权利,无法陈述或申辩意味着选择仲裁解决纠纷却无法向仲裁庭陈述事实与主张,使被申请人一方受到不公平的仲裁审理,难以维护自身权益。陈述意见的范围应以被申请人的申辩为主,包括答辩、辩论、最后陈述等发表意见的各个环节。实际上,对于未保障当事人陈述意见权利,与仲裁机构未履行通知义务,仲裁的程序与仲裁规则不符在认定时,难免会有些交叉领域,比如,因未进行有效的开庭通知送达,既属于仲裁机构未履行通知义务,也因此未保障当事人出庭陈述意见的权利,其所采取的仲裁程序与仲裁规则必然也存在不符。在上述撤销仲裁事由情形同时具备时,我们认为应将选择权交由当事人,即当事人可以选择其中理由之一主张,也可以将各理由一并主张申请撤销仲裁裁决。比如,《联合国国际商事仲裁示范法》第24条“开庭和书面审理程序”规定:“(1)除当事各方有任何相反协议外,仲裁庭应决定是否进行口头审理,以便提出证据或进行口头辩论,或者是否应以文件和其他材料为基础进行仲裁程序。然而,除非当事各方商定不开庭,仲裁庭应在进行仲裁程序的适当阶段开庭,如果当事一方如此要求的话。(2)任何开庭和仲裁庭为了检查货物、其他财产或文件而举行的任何会议,均应充分提前通知当事各方。(3)当事一方向仲裁提供的一切陈述书、文件或其他资料均应送交当事他方,仲裁庭可能据以作出决定的任何专家报告或证据性文件也应送交当事各方。”上述示范法规定对于开庭或非开庭陈述意见、涉及证据的开庭或会议陈述意见、当事人提供书面材料陈述意见这三种情况制定了规则，其实际目的就在于确定当事人可能在仲裁过程中陈述意见的形式，这三种形式恰恰属于我们常见的涉及仲裁庭是否保障被申请人陈述意见权利的认定。例如，仲裁规则没有规定仲裁庭有权决定是否开庭，而仲裁庭在未征求被申请人同意情况下未开庭，对此可以认定仲裁程序违反仲裁规则，同时也符合“由于其他不属于被申请人负责的原因未能陈述意见”的规定。再如，仲裁庭与申请人一方举行会议检查货物、核实证据材料，未通知被申请人参加会议，发表陈述意见；或者申请人一方提交陈述书的意见被采信，但仲裁庭未将该陈述书同时发给被申请人，导致被申请人无法有针对性地进行申辩；再或者仲裁庭采信的专家意见，却未让被申请人获知并陈述意见，上述情况均符合“由于其他不属于被申请人负责的原因未能陈述意见”的规定，可以导致撤销仲裁裁决。

典型案例：仲裁委员会未按仲裁规则进行有效送达，且在答辩期内作出裁决，导致当事人在仲裁过程中由于不属于其负责的原因未能陈述意见

一、案件基本信息

案号：（2017）京04民特30号

当事人：申请人海企纺织（坦桑尼亚）有限公司（以下简称海企纺织）与被申请人江苏汇鸿国际集团同泰贸易有限公司（以下简称同泰公司）、江苏大宏纺织集团股份有限公司（以下简称大宏公司）、盐城市宏铭达纺织有限公司（以下简称宏铭达公司）

案由：申请撤销仲裁裁决

二、诉辩争议焦点

海企纺织称，请求撤销中国国际经济贸易仲裁委员会（以下简称贸仲）作出的〔2017〕中国贸仲京裁字第0059号仲裁裁决（以下简称0059号裁决）。事实和理由：（1）海企纺织没有签署仲裁协议。裁决书依据2014年7月15日《还款协议》中仲裁条款作为仲裁管辖权的依据，该《还款协议》落款处显示有海企纺织的“印章”,内容为海企纺织曾用名“DAHONG TEXTILE(TANZANIA) CO. LTD.”。但该印章不能代表海企纺织的意思表示,理由为:①海企纺织系在坦桑尼亚注册成立的公司,在中国境内没有依法刻制的公司印章,《还款协议》上的印章不是中国境内依法刻制的公章。②海企纺织在坦桑尼亚国内刻有印章,但是与中国的公司公章法律含义不同。坦桑尼亚法律制度中没有公司印章的审批、备案等监管规定,与中国法律制度下公司公章不同,不具有法定性,因而印章不具有当然代表公司意志的作用。③海企纺织对《还款协议》上印章的真实性及仲裁协议的意思表示不予认可。海企纺织对使用这枚“印章”订立所谓《还款协议》毫不知情,没有参与也不知道《还款协议》的签署。根据公司章程,除非董事会特别授权,使用印章的时候(除非不用印章),需要有两名董事签字或由一名董事会同公司秘书一起签字,用印才有效。④《还款协议》落款处除了该“印章”,没有海企纺织其他任何代表的签字,印章本身无法形成表见代理。综上,该“印章”不能代表海企纺织的意思表示,不应以此认定海企纺织与同泰公司之间存在仲裁协议。(2)海企纺织没有得到指定仲裁员或者进行仲裁程序的通知,未能陈述意见。①贸仲在仲裁通知和选定仲裁员的通知等材料送达海企纺织以前,就组建了仲裁庭,海企纺织没有也无法行使选定仲裁员的程序权利。2017 年 1 月 9 日,海企纺织收到贸仲于 2016 年 7 月 28 日寄出的“仲裁申请书”和“仲裁通知书”,该通知书第 3 条第 2 段和第 3 段中要求海企纺织在接到通知书之日起 15 日内选定仲裁员,并提出首席仲裁员推荐人选。但是,贸仲在 2016 年 10 月 27 日就已经组成仲裁庭。②仲裁没有满足“视为送达”的条件,2016 年 10 月 27 日组成仲裁庭违反仲裁规则。海企纺织在 2017 年 1 月 9 日才收到“仲裁通知书”,贸仲送达工作没有满足《仲裁规则》第 8 条第 3 项关于“视为送达”的条件。③后续仲裁文件没有送达,违反仲裁规则。仲裁庭在 2017 年 2 月 14 日作出裁决,但是在此之前海企纺织没有收到任何参与仲裁程序的通知，包括开庭通知，仲裁庭剥夺了海企纺织陈述案件事实、进行申辩等一系列权利。④海企纺织未能参与仲裁程序，未能陈述意见，完全出于不属于仲裁被申请人的原因。海企纺织没有接到开庭通知，未能陈述意见。

同泰公司称，海企纺织与同泰公司的仲裁协议真实、合法、有效，贸仲送达程序正确，不同意海企纺织要求撤销0059号裁决的请求，具体理由为：(1)海企纺织与同泰公司之间的仲裁协议真实有效。海企纺织在更名前名称为“DAHONG TEXTILE(TANZANIA) CO. LIMITED”时起，即与同泰公司存在合作关系，在同泰公司提交的双方之间多份合同中，双方均只有印章没有签字，因为海企纺织系中国企业实施走出去战略时设立的国外公司，其形成渊源属于中国，因此同泰公司有理由相信这一做法是为了与中国企业交易习惯保持一致的自由选择。同泰公司基于合理的信任，同海企纺织签订的一系列协议均不违背我国法律的强制性规定，且双方盖章的行为应视为对仲裁协议的认可，该协议合法有效，系双方当事人真实意思表示。海企纺织在协议生效后，却质疑仲裁协议的存在与否，并且仅提交其内部公司章程，试图以公司章程中的内部规定挑战仲裁协议效力，众所周知，公司章程仅对公司内部具有约束力，海企纺织从未向同泰公司或贸仲出示过该公司章程，同泰公司也无法核实该章程的真实性，因此不能以该章程对抗同泰公司乃至挑战仲裁协议，海企纺织主张仲裁协议不存在的理由不能成立。(2)同泰公司申请仲裁时提交的海企纺织地址正确。同泰公司在向贸仲提起仲裁程序时，注明的海企纺织地址与其现在认可的地址完全一致。(3)贸仲送达过程及仲裁程序没有错误。①送达地址正确。贸仲几次送达地址均与海企纺织认可的地址一致，因此贸仲送达地址正确。②送达程序正确。贸仲向海企纺织送达材料时，首先于2016年7月28日通过EMS邮政专递的方式向海企纺织寄送了仲裁通知书及相应附件。2016年8月23日，贸仲采取公证送达的方式再次向海企纺织寄送了仲裁通知书及相应附件，此后贸仲均采用公证送达的方式完成了该案的送达程序。根据《中国国际经济贸易仲裁委员会仲裁规则》（以下简称《仲裁规则》）第8条的规定，贸仲有权对送达方式进行选择，该案中贸仲采用特快专递和公证送达方式向海企纺织进行送达，方式正确。在贸仲采用公证送达方式进行送达后，于2016年10月27日组成仲裁庭，仲裁程序亦合法。（4）海企纺织对其通信地址的风险应当预料。海企纺织作为中国企业走出去战略中设立的坦桑尼亚企业，应当对其通信地址的收发、接收等风险均熟悉且明知，其通信地址在公司印章上有所体现，通信地址所附载的风险应由海企纺织自行承担。此外，即使如海企纺织所述，其于2017年1月收到仲裁通知，此时仲裁程序尚未完结，海企纺织应当通知贸仲参加仲裁程序，但其置之不理，直至仲裁结束均未通知贸仲，因此在未能参加答辩的原因上存在过错，应当视为其放弃答辩，海企纺织未能参与仲裁程序、未能陈述意见系由于其自身过错，相应法律后果应由其自行承担。

大宏公司和宏铭达公司未向本院陈述意见。

三、法院裁判意见

法院审查查明：

（一）仲裁案件审理概况

贸仲根据同泰公司与大宏公司、宏铭达公司、海企纺织于2014年7月15日签订的《还款协议》中仲裁条款的约定，以及同泰公司于2016年6月29日向贸仲提交的书面仲裁申请，受理了该案件。仲裁程序适用自2015年1月1日起施行的《仲裁规则》。

根据该案裁决书记载，2016年7月28日，贸仲以特快专递方式向双方当事人分别寄送本案仲裁通知、《仲裁规则》和《仲裁员名册》，同时向大宏公司、宏铭达公司、海企纺织寄送了同泰公司提交的仲裁申请书及其附件。寄给同泰公司的邮件妥投，寄送大宏公司、宏铭达公司的邮件因“倒闭”被退回，但裁决书中未记载寄送海企纺织的邮件是否有效送达或者退回。此后，根据《仲裁规则》第8条有关“视为送达”的规定并“鉴于海企纺织通信地址的特殊情况”，贸仲分别于2016年8月23日、30日以公证送达的方式（平信）向海企纺织及大宏公司、宏铭达公司送达了仲裁通知及附件。由于仲裁被申请人系多方且未在规定期限内选定或者委托仲裁委员会主任指定仲裁员，仲裁委员会主任根据《仲裁规则》之规定指定三名仲裁员并从中指定首席仲裁员，于2016年10月27日组成仲裁庭。贸仲于2016年11月1日以公证送达方式（平信）向大宏公司、宏铭达公司、海企纺织寄送了组庭通知及其附件。仲裁庭决定于2016年11月29日在北京开庭审理本案，于2016年11月1日以公证送达方式（平信）向大宏公司、宏铭达公司、海企纺织寄送开庭通知。2016年11月29日，仲裁庭在北京对案件进行了开庭审理，同泰公司委派仲裁代理人参加了庭审，大宏公司、宏铭达公司、海企纺织未出庭，仲裁庭决定对案件进行缺席审理。2016年12月14日同泰公司提交“补充证据清单”及其附件，贸仲于2016年12月20日以公证送达方式（平信）将上述材料转寄大宏公司、宏铭达公司、海企纺织，函告庭审情况，同时告知如大宏公司、宏铭达公司、海企纺织对同泰公司提交的上述文件、对案件的程序和实体问题有任何意见或异议，或要求再次开庭，均应于规定期限内书面提交。

仲裁庭于2017年2月14日作出0059号裁决：（1）海企纺织向同泰公司支付所欠合同货款20 030 000元。（2）海企纺织向同泰公司支付以20 030 000元为基数，按年利率6%，自2015年4月1日起至实际支付之日止的利息。（3）大宏公司、宏铭达公司、海企纺织向同泰公司补偿律师代理费180 000元。（4）本案的仲裁费用356 003元，全部由大宏公司、宏铭达公司、海企纺织承担。

（二）贸仲寄送海企纺织相关邮件的实际送达情况

海企纺织提交的证据（经过公证、认证）显示，其于2017年1月9日实际收到贸仲于2016年7月28日寄出的仲裁通知、《仲裁规则》、《仲裁员名册》、仲裁申请书及附件(特快专递),于2017年4月21日同时收到贸仲于2016年11月1日寄出的组庭通知及附件(平信)、贸仲于2016年11月1日寄出的开庭通知(平信)、贸仲于2016年12月20日寄出的同泰公司庭后提交的补充材料等文件(平信)、贸仲于2017年2月16日寄出的裁决书(平信)。

本院审查期间,海企纺织表示,其于2017年1月9日收到贸仲以特快专递方式寄出的仲裁通知及相关材料,才首次得知仲裁事宜,随即联系律师筹备应诉,但其委托的律师于2017年3月与贸仲沟通期间才得知仲裁庭已经作出了裁决并寄出裁决书,遂向坦桑尼亚联合共和国当地邮政机构查询,实际于2017年4月21日收到贸仲以平信方式寄出的部分邮件,但裁决书中记载的贸仲于2016年8月23日寄出的文件始终未查询到下落。

本院审查期间,曾就涉及海企纺织送达情况向贸仲发函进行核实。贸仲回函,仲裁院于2016年7月29日根据仲裁申请书中的地址,向海企纺织以特快专递的方式寄送了本案仲裁通知及附件,后邮政公司查后告知该地址"无法经特快专递送达",经同泰公司确认,该地址为海企纺织最后一个为人所知的地址,仲裁院即根据《仲裁规则》第8条之规定,在此后仲裁程序中以公证送达的方式向海企纺织送达仲裁文件。贸仲随函将《国际特快专递查询单》复印提交本院,相应查询单显示,"延误/丢失/其它原因:此件地址为邮政信箱,无法经特快专递送达,邮政信箱地址仅限于邮政航空信寄出的邮件"。该查询单加盖2017年10月10日邮戳。

(三)关于仲裁协议签订及海企纺织印章相关情况

海企纺织系在坦桑尼亚联合共和国注册成立的企业法人,曾用名"DAHONG TEXTILE(TANZANIA) CO. LIMITED"。

同泰公司据以提起仲裁的《还款协议》显示,由甲方同泰公司、乙方大宏公司、丙方宏铭达公司、丁方海企纺织[时名 DAHONG TEXTILE(TANZANIA) CO. LIMITED]共同签订,该协议中约定“本协议应适用中华人民共和国法律,若产生争议,四方协商解决,协商不成,由中国国际经济贸易仲裁委员会仲裁”。协议尾部签章处甲乙丙丁四方分别加盖一枚印章,无其他人员签章,其中丁方加盖圆形印章,印文为外圈英文“DAHONG TEXTILE(TANZANIA) CO. LTD. ★SHINYANGA★”,内圈英文“P. O. Box 381”(即该公司邮政信箱号码)。经询,海企纺织认可上述《还款协议》中印章为该公司曾经使用的印章。

本院审查期间,海企纺织与同泰公司就关于海企纺织印章效力问题应适用的准据法以及《还款协议》中相应印章能否代表海企纺织的意思表示存在重大争议。

法院认为,本案申请人海企纺织系在坦桑尼亚联合共和国注册成立的企业法人,故 0059 号裁决属于涉外仲裁裁决。关于涉外仲裁裁决,《中华人民共和国仲裁法》第 70 条规定:“当事人提出证据证明涉外仲裁裁决有民事诉讼法第二百五十八条第一款规定的情形之一的,经人民法院组成合议庭审查核实,裁定撤销。”(现《民事诉讼法》第 274 条)《中华人民共和国民事诉讼法》(2017 年修正)第 274 条规定:“对中华人民共和国涉外仲裁机构做出的裁决,被申请人提出证据证明仲裁裁决有下列情形之一的,经人民法院组成合议庭审查核实,裁定不予执行:(一)当事人在合同中没有订有仲裁条款或者事后没有达成书面仲裁协议的;(二)被申请人没有得到指定仲裁员或者进行仲裁程序的通知,或者由于其他不属于被申请人负责的原因未能陈述意见的;(三)仲裁庭的组成或者仲裁的程序与《仲裁规则》不符的;(四)裁决的事项不属于仲裁协议的范围或者仲裁机构无权仲裁的。人民法院认定执行该裁决违背社会公共利益的,裁定不予执行。”本院将依据上述法律规定对本案进行审查。

总结海企纺织在本案中提出的申请撤销仲裁裁决事由,主要有两点:

(1)当事人之间没有仲裁协议(海企纺织没有签署包含仲裁条款在内的《还款协议》);(2)未得到进行仲裁程序的通知,未能陈述意见(主要事实均集中于送达环节)。

针对海企纺织提出的上述主张,本院认为:关于仲裁期间的送达程序。本案事实是,仲裁期间贸仲于2016年7月28日以特快专递方式第一次向海企纺织送达仲裁通知等材料,但裁决书中并未记载该特快专递是否有效送达或者退回(但该裁决书同时记载了向大宏公司以及宏铭达公司寄送特快专递均因"倒闭"被退回)。此后,贸仲"鉴于海企纺织通信地址的特殊情况"(转引自裁决书),自第一次寄送仲裁文件后不足一个月的时间,适用《仲裁规则》第8条有关"视为送达"的规定,于2016年8月23日委托公证机关采用平信方式向海企纺织第二次寄送仲裁通知等材料,此后贸仲均采用相同的公证送达方式向海企纺织送达相关仲裁文件。但本院审查期间海企纺织提交的证据显示,其实际于2017年1月9日首次收到贸仲寄送的仲裁文件(2016年7月28日寄出的特快专递)。

经本院向贸仲进行核实,贸仲回函表示因邮政公司告知其海企纺织的地址"无法经特快专递送达",故采用公证送达的方式进行送达。但是,一方面相应《国际特快专递查询单》显示的邮戳时间2017年10月10日晚于2016年8月23日贸仲第一次公证送达(事实上邮戳时间亦晚于裁决作出时间2017年2月14日),另一方面《国际特快专递查询单》并未表示海企纺织的地址"无法送达",而是"无法经特快专递送达,邮政信箱地址仅限于邮政航空信寄出的邮件",也就是说,可以通过投递邮政航空信的方式进行送达。

经查,贸仲所依据的《仲裁规则》中"视为送达"之规定,具体应当为《仲裁规则》第8条"送达及期限"第3款规定:"向一方当事人或其仲裁代理人发送的仲裁文件,如经当面递交收件人或发送至收件人的营业地、注册地、住所地、惯常居住地或通讯地址,或经对方当事人合理查询不能找到上述任一地点,仲裁委员会仲裁院以挂号信或特快专递或能提供投递记录的包括公证送达、委托送达和留置送达在内的其他任何手段投递给收件人最后一个为人所知的营业地、注册地、住所地、惯常居住地或通讯地址,即视为有效送达。”本院认为,《仲裁规则》第8条第3款实际规定了三种送达方式:①直接送达(“经当面递交收件人”);②邮寄送达(“发送至收件人的营业地、注册地、住所地、惯常居住地或通讯地址”,此处“发送至”应解释为收件人实际收到);③推定送达(“经对方当事人合理查询不能找到上述任一地点,仲裁委员会仲裁院以挂号信或特快专递或能提供投递记录的包括公证送达、委托送达和留置送达在内的其他任何手段投递给收件人最后一个为人所知的营业地、注册地、住所地、惯常居住地或通讯地址”)。对于《仲裁规则》中上述规定之理解,应以相关仲裁文件能够有效到达当事人为基本前提,只有在实际送达存在困难时,才能以其他方式推定送达作为补充。事实上按照文意解释,《仲裁规则》第8条第3款亦规定,只有在“经对方当事人合理查询不能找到上述任一地点(即收件人的营业地、注册地、住所地、惯常居住地或通讯地址)”,贸仲才可以采用推定送达方式向当事人进行送达。具体到本案中,即便不考虑事后证明的特快专递可以实际送达海企纺织这一因素,在邮政公司明确表示可以通过邮政航空信进行送达的情况下,贸仲未尝试采取相应邮寄方式,而是直接断定该地址“无法送达”进而对后续仲裁文件采取“视为送达”,不符合《仲裁规则》关于送达之相关规定。

此外,本院注意到,仲裁期间于2016年11月29日开庭(首次)进行审理,而贸仲于2016年11月1日经公证以平信方式向海企纺织寄送开庭通知。结合《仲裁规则》第37条第1款之规定,“开庭审理的案件,仲裁庭确定第一次开庭日期后,应不晚于开庭前20天将开庭日期通知双方当事人”,可以计算出贸仲对于开庭通知仅预留了8天在途时间。《仲裁规则》第8条第4款规定,“本规则所规定的期限,应自当事人收到或应当收到仲裁委员会仲裁院向其发送的文书、通知、材料等之日的次日起计算。"海企纺织住所地位于坦桑尼亚联合共和国，正如裁决书中所述，该公司通讯地址存在"特殊情况"，根据日常生活经验可以判断，自中华人民共和国北京市向坦桑尼亚联合共和国寄送平信预留 8 天时间远远不够。事实也证明，8 天之内该邮件没有送达海企纺织。本院认为，即便适用"视为送达"之规则，亦应以最大可能送达收件人之善良方式进行，《仲裁规则》既然规定当事人"应当收到"贸仲发送的材料之次日起计算相关期限，那么预留合理的送达在途时间自然为题中应有之意。贸仲在明知面临"特殊情况"的前提下，对于开庭通知预留的送达在途时间不足以完成正常送达工作，应当推定贸仲相应送达工作不符合《仲裁规则》第 37 条规定的首次开庭提前 20 天通知当事人的程序要求。

海企纺织于 2017 年 1 月 9 日首次收到仲裁通知等文件，按照《仲裁规则》第 15 条第 1 款以及贸仲的通知，其享有 45 天答辩期。但贸仲于 2017 年 2 月 14 日即作出 0059 号裁决，此时海企纺织享有的答辩期尚未届满。

基于以上分析，可以认定涉案仲裁期间贸仲就送达工作出现程序错误，导致海企纺织在仲裁过程中由于不属于其负责的原因未能陈述意见，因此涉案 0059 号裁决应予撤销。

此外，因本院已经认定涉案仲裁裁决应予撤销，故海企纺织提出的当事人之间不存在仲裁协议的意见在本案中不再具有审查意义，本院对此不作审查。

经报最高人民法院审核批准，本院根据《中华人民共和国民事诉讼法》第 274 条第 1 款第 2 项、《中华人民共和国仲裁法》第 70 条规定，裁定如下：撤销中国国际经济贸易仲裁委员会（2017）中国贸仲京裁字第 0059 号裁决。

038. 撤销涉外仲裁中，仲裁庭的组成或者仲裁的程序与仲裁规则不符的认定与处理

在涉外仲裁中，当事人以仲裁庭的组成或者仲裁的程序与仲裁规则不符为由申请撤销仲裁时，人民法院应以仲裁规则为依据进行审查，确实与仲裁规则不符并可能影响到对案件的公正正确裁决的，可以撤销仲裁。

审查依据：《民事诉讼法》第 274 条

规范解读：

仲裁规则是如何进行仲裁程序的规则。它所调整的是仲裁机构、仲裁庭和与仲裁有关的当事人之间的关系。[①] 有学者指出，在仲裁程序中，仲裁机构、仲裁庭、仲裁员、当事人及其他仲裁参与人都应当遵循和适用仲裁规则，以保证仲裁程序的有序进行。[②]《仲裁法》与仲裁规则虽然均系规定仲裁程序的规范，但两者有所区别：(1)两者制定的机构不同。《仲裁法》是国家制定和颁行的，而仲裁规则则由仲裁机构、有关组织制定，广义上还包括当事人特别约定的仲裁规则与程序。(2)两者的法律性质不同。《仲裁法》具有强制性，由国家强制力保障实施、普遍适用，仲裁规则具有契约性质，由当事人选择适用。(3)两者的实施范围不同。《仲裁法》在全国范围得以适用，所有的仲裁机构、当事人都必须遵守，而仲裁规则的适用范围仅限于选定适用的仲裁机构和具体案件。(4)两者的内容不同。《仲裁法》规定基本的原则与仲裁程序规范，内容主要确定仲裁的制度构架与划定法律界线，而仲裁规则制定更为具体、细化的程序规范，同时具有任意性与选择性特点。仲裁规则的制定不得与仲裁地或仲裁机构所在地的仲裁法相冲突，如有冲突，依据仲裁法的规定。《联合国国际贸易法委员会仲裁规则》第 1 条规定，仲裁规则的任何规定如与双方当事人必须遵守的适用于仲裁的法律规定相抵触

---

① 参见赵秀文：《国际商事仲裁法》第 3 版，中国人民大学出版社 2012 年版，第 139 ~ 140 页。

② 参见乔欣：《仲裁法学》第 2 版，清华大学出版社 2015 年版，第 62 页。

时,应服从法律的规定。《仲裁法》也规定,中国仲裁协会和仲裁委员会依照本法和《民事诉讼法》的有关规定制定仲裁规则。

从仲裁规则的作用分析,其作为仲裁程序规范为当事人提供仲裁程序的指引和预期,为仲裁委员会、仲裁庭在受理、审理和裁决纠纷时提供程序规则,也为仲裁员提供程序上的审理规范,最后其为法院的司法审查提供支持与监督的依据。《民事诉讼法》第 274 条第 1 款第 3 项规定"仲裁庭的组成或者仲裁的程序与仲裁规则不符的"作为撤销涉外仲裁裁决理由之一,其司法审查重点首先依据的仲裁规则如何规定的,对该仲裁规则如何理解,尤其结合仲裁案件如何判断仲裁规则是否被违反。根据上述法律规定可将审查的内容分为"仲裁庭的组成"与"仲裁的程序",理论认为仲裁程序包括仲裁庭的组成,比如,我国《仲裁法》的结构中就将"仲裁庭的组成"作为第四章"仲裁程序"的第 2 节内容,但从准确理解上述法律规定来讲,将"仲裁庭的组成"单独区分并予以强调,更突出了仲裁制度以仲裁庭与仲裁员为中心的特点。

(一)"仲裁庭的组成"是否与仲裁规则不符

在《仲裁法》第二章规定了"仲裁庭的组成",具体有 9 个法条,主要规定的是如何组成仲裁庭,选定与指定仲裁员,仲裁员的回避,仲裁员不能履职的重新选定或指定等规范。我们在适用《民事诉讼法》第 274 条第 1 款第 3 项审查撤销仲裁裁决事由构成时,上述《仲裁法》的规定并不是依据该条文审查的内容,当然其提供了"仲裁庭的组成"所要审查的范围,以及在仲裁规则中必然会遵守《仲裁法》的规定制定下位的具体规则,所以一般情况下违反仲裁规则,也必然违反《仲裁法》,但仲裁规则的内容更多、范围更广。因为各仲裁机构规定的具体仲裁规则中涉及"仲裁庭组成"的内容较多,从便于理解和审查的角度,我们将其进行类型化地归纳,主要有以下具体类型的规则属于审查范围:

1. 仲裁庭组成规则、仲裁员名册与选定指定规则的通知程序

该内容会与另一撤销涉外仲裁裁决事由"被申请人没有得到指定仲裁

员或者进行仲裁程序的通知”相交叉，对此由当事人选择作为哪一项撤裁事由予以单独或一并主张。

2. 仲裁庭组成人员规则

仲裁规则规定仲裁庭由三名仲裁员或是一名仲裁员组成，对此应结合当事人约定，仲裁适用简易或普通程序的规则综合判断。比如，《北京仲裁委员会仲裁规则》(2019 年版)第 20 条规定：“仲裁庭的组成(一)除非当事人另有约定或本规则另有规定，仲裁庭由三名仲裁员组成。”在第七章简易程序中规定第 55 条规定：“仲裁庭的组成(一)适用简易程序的案件，由独任仲裁员审理。”除上述规定外，如果非简易程序案件适用简易程序从而由一名仲裁员组成仲裁庭审理案件也违反仲裁规则，当然除非当事人表示同意。对此判断时，就要结合其仲裁规则第 54 条全部规定予以审核，该条规定：“简易程序的适用(一)除非当事人另有约定，凡案件争议金额不超过 500 万元(指人民币，下同)的，适用简易程序。(二)当事人约定由一名仲裁员(独任仲裁员)组成仲裁庭审理案件的，适用简易程序，除非当事人就适用程序另有约定。(三)案件争议金额不超过 500 万元，当事人约定由三名仲裁员组成仲裁庭审理案件的，适用普通程序，除非当事人就适用程序另有约定。(四)案件争议金额超过 500 万元，当事人约定或者同意的，也可适用简易程序，仲裁费用予以减收。(五)案件争议金额不超过 500 万元，当事人约定适用普通程序的，承担由此增加的仲裁费用。(六)本规则第八章对简易程序作出特别规定的，适用第八章的有关规定。”

3. 仲裁员的选定和指定程序

主要审查仲裁规则中以下内容，规定当事人收到仲裁通知后选定仲裁员的期限规则；到期未选定由仲裁委员会主任指定的规则；共同选定或者共同委托主任指定首席仲裁员；何种条件下由仲裁委员会主任指定首席仲裁员规则；在追加当事人的情况下选定或指定仲裁员规则等内容。

4. 仲裁员回避与披露规则

对于《仲裁法》规定的回避制度内容，各仲裁机构在制定仲裁规则和仲裁庭进行仲裁时均应遵守。仲裁规则中包括仲裁员回避规则以及仲裁员披露义务规则均可作为仲裁司法审查内容。回避制度同时属于国内或涉外撤销仲裁裁决审查内容,且被归入“仲裁庭的组成或者仲裁的程序”审查范围,区别规定则是撤销国内仲裁裁决依据《仲裁法》第58条第1款第3项规定为“违反法定程序的”,而撤销涉外仲裁依据则是《民事诉讼法》第274条第1款第3项规定“与仲裁规则不符的”,由此可见撤销涉外仲裁裁决的司法审查以仲裁规则为依据。对于回避制度和披露义务的具体审查事项与规则,参见本书关于“30.撤销国内仲裁中,仲裁庭的组成或者仲裁的程序违反法定程序的认定和处理”中的内容。

5.仲裁员的重新选定或指定规则

主要审查以下内容:(1)仲裁庭组成后简易程序变更为普通程序的。比如,《北京仲裁委员会仲裁规则》(2019年版)第58条规定,简易程序变更为普通程序……(四)仲裁庭组成后简易程序变更为普通程序的,当事人应当自收到程序变更通知之日起5日内,按照本规则的规定各自选定或者各自委托主任指定一名仲裁员。除非当事人另有约定,原独任仲裁员作为首席仲裁员。(2)仲裁员拒绝接受当事人的选定,当事人重新选定仲裁员的规则。(3)仲裁员因可能影响正常履行仲裁员职责的原因不能参加案件审理的,当事人重新选定仲裁员的规则。(4)仲裁员因死亡或者健康原因不能从事仲裁工作,需要更换仲裁员的规则。(5)仲裁员因可能引起不公平怀疑等原因主动退出案件审理,或者主任决定其回避时更换仲裁员的规则。(6)各方当事人一致要求仲裁员退出案件审理更换仲裁员的规则。(7)仲裁委员会认为仲裁员在法律上或者事实上不能履行职责或者没有按照仲裁规则的要求履行职责时,更换仲裁员的规则。审查上述规则时还应注意更换仲裁员后另两名仲裁员参与仲裁程序的规则,仲裁委员会主任主动更换仲裁员时征求意见规则等。

(二)“仲裁的程序”是否与仲裁规则不符

仲裁程序是指仲裁庭、当事人以及其他仲裁参与人进行仲裁活动所遵循的方式、步骤和时限等要素的总和。仲裁程序是仲裁活动得以有效展开的保障,它在很大程度上影响甚至决定着仲裁的质量。[①] 当事人在仲裁协议中对仲裁适用的仲裁规则进行约定,或者根据所选择仲裁机构能够确定所选择仲裁规则,在仲裁程序中该仲裁规则对仲裁庭、当事人均具有约束力,仲裁庭的仲裁程序不符合该仲裁规则有时可能导致撤销仲裁裁决。在对仲裁程序与仲裁规则进行审查时,主要涉及以下几个方面的内容,对于仲裁庭的组成以及仲裁员回避等问题在前文已经论述,故不作为仲裁程序的内容分析:

1. 仲裁程序的启动,即仲裁的申请与受理程序

当事人根据业已达成的仲裁协议申请仲裁,作为仲裁程序的开始,即仲裁的申请,按照仲裁规则在当事人提出仲裁申请后,仲裁机构审查判断是否符合申请仲裁条件而作出受理与否的决定,仲裁受理产生法律后果,并且依仲裁规则开展相关工作。仲裁规则在该程序中往往会规定仲裁受理的形式与实质审查条件,受理日期与仲裁程序开始时间,发送受理通知和答辩通知等仲裁通知相关材料。

2. 仲裁答辩与反请求程序

在仲裁程序中,被申请人享有对申请人在仲裁申请书中提出的仲裁请求及依据的事实、理由、法律适用等进行答辩的权利。仲裁反请求,是指在业已启动的仲裁程序中,被申请人基于申请人主张的事实及请求,按程序提出独立的反请求,该请求与申请人的仲裁请求在事实、理由和法律上具有牵连性。

3. 仲裁对适用普通与简易程序的确定程序

仲裁简易程序是根据在仲裁规则中规定的条件,如争议金额不超过一定数额,或者仲裁规则规定基于当事人意思自治选择,如当事人约定或者均同意适用简易程序,从而适用简便高效的仲裁程序。仲裁程序具有灵活性、

---

① 参见江伟、肖建国主编,谢文哲副主编:《仲裁法》第3版,中国人民大学出版社2016年版,第150页。

经济性、快捷性和选择性，仲裁规则制定适用程序规则充分体现尊重当事人意愿的原则，以更贴合当事人选择仲裁解决纠纷的意愿。适用仲裁简易程序或普通程序，以及在审理过程进行程序的变更都应严格按仲裁规则规定进行。在司法审查中，根据当事人的申请，除审查当事人的意思表示、仲裁机构对当事人的征求意见与通知外，对于程序变更后的仲裁庭组织、时间的起算、审理程序是否重新进行等事项均应纳入审查范围。

4. 仲裁审理程序

仲裁审理程序是仲裁程序的中心环节，其主要任务是组织开庭或者书面审理，围绕请求的事实、理由与法律适用听取或读取陈述、答辩意见；确定开庭或者书面方式进行审理；审查、核实当事人提供证据；组织进行举证、质证；组织法庭辩论与最后陈述；组织仲裁庭了解案件事实的会议或程序；组织当事人在庭外提交材料、证据等；合议仲裁庭评议程序。

5. 仲裁庭作出重要决定的程序

仲裁庭在仲裁程序进行过程中涉及重要问题或特殊情况时，需要作出影响当事人权利或仲裁程序的重要决定，作出决定的程序应严格遵守仲裁规则。在此强调法院在仲裁司法审查中，主要对作出重要决定的程序是否符合仲裁规则予以监督。仲裁庭作出重要决定的程序主要包括：

（1）仲裁程序中止。在仲裁过程中基于当事人申请或者仲裁庭认为出现合理事由，需要中止仲裁程序，如涉及刑事案件的判决。

（2）撤销案件程序。在仲裁过程中，基于特定事由导致无法继续仲裁，由仲裁委员会或仲裁庭决定结束仲裁程序的制度，比如仲裁请求和反请求全部撤回，仲裁申请人死亡。《中国国际经济贸易仲裁委员会仲裁规则》（2014 年修订）第 46 条规定："撤回申请和撤销案件……（三）仲裁请求和反请求全部撤回的，案件可以撤销。在仲裁庭组成前撤销案件的，由仲裁委员会仲裁院院长作出撤案决定；仲裁庭组成后撤销案件的，由仲裁庭作出撤案决定。"上述内容就属于撤销案件程序的仲裁规则。

（3）合并审理或合并仲裁程序。合并审理系仲裁机构将两件以上的同类型或者关联案件合并进行审理的制度；合并仲裁则是仲裁机构经一方当事人申请并且认为确有必要，根据仲裁规则将两个及以上的多起仲裁案件合并为一起仲裁案件进行审理的制度。两者的区别在于合并仲裁并不以同类型或者关联案件作为合并的前提，而是以确有必要性为考量依据。对此，我们可以考察北京仲裁委员会关于合并审理与合并仲裁的规则。《北京仲裁委员会仲裁规则》（2019 年版）第 29 条规定："合并审理（一）在满足以下各项条件时，仲裁庭可以将两个或两个以上的仲裁案件合并审理：1. 裁标的为同一种类或者有关联；2. 经一方当事人申请并征得其他当事人同意；3. 仲裁庭组成均相同。（二）仲裁庭可以根据情况决定合并审理的具体程序。"第 30 条规定："合并仲裁（一）经各方当事人同意，或者一方当事人申请且本会认为必要，本会可以决定将根据本规则进行的两个或两个以上的仲裁案件合并为一个仲裁案件进行审理。除非当事人另有约定，合并的仲裁案件应合并于最先开始仲裁程序的仲裁案件中。（二）在决定是否进行上述合并时，本会将考虑相关仲裁案件所依据的仲裁协议的具体情况、案件之间的关联性、案件程序进行的阶段以及已经组成仲裁庭的案件仲裁员的指定或者选定等情况。"

（4）追加当事人程序。在仲裁程序中追加当事人必须遵守仲裁规则，法院的司法审查内容均依据仲裁规则进行。在此我们例举中国国际经济贸易仲裁委员会关于追加当事人的规则。《中国国际经济贸易仲裁委员会仲裁规则》（2014 年修订）第 18 条规定："追加当事人（一）在仲裁程序中，一方当事人依据表面上约束被追加当事人的案涉仲裁协议可以向仲裁委员会申请追加当事人。在仲裁庭组成后申请追加当事人的，如果仲裁庭认为确有必要，应在征求包括被追加当事人在内的各方当事人的意见后，由仲裁委员会作出决定。仲裁委员会仲裁院收到追加当事人申请之日视为针对该被追加当事人的仲裁开始之日。（二）追加当事人申请书应包含现有仲裁案件的案号，涉及被追加当事人在内的所有当事人的名称、住所及通讯方式，追加当事人所依据的仲裁协议、事实和理由，以及仲裁请求。当事人在提交追加当事人申请书时,应附具其申请所依据的证据材料以及其他证明文件。(三)任何一方当事人就追加当事人程序提出仲裁协议及/或仲裁案件管辖权异议的,仲裁委员会有权基于仲裁协议及相关证据作出是否具有管辖权的决定。(四)追加当事人程序开始后,在仲裁庭组成之前,由仲裁委员会仲裁院就仲裁程序的进行作出决定;在仲裁庭组成之后,由仲裁庭就仲裁程序的进行作出决定。(五)在仲裁庭组成之前追加当事人的,本规则有关当事人选定或委托仲裁委员会主任指定仲裁员的规定适用于被追加当事人。仲裁庭的组成应按照本规则第二十九条的规定进行。在仲裁庭组成后决定追加当事人的,仲裁庭应就已经进行的包括仲裁庭组成在内的仲裁程序征求被追加当事人的意见。被追加当事人要求选定或委托仲裁委员会主任指定仲裁员的,双方当事人应重新选定或委托仲裁委员会主任指定仲裁员。仲裁庭的组成应按照本规则第二十九条的规定进行。(六)本规则有关当事人提交答辩及反请求的规定适用于被追加当事人。被追加当事人提交答辩及反请求的期限自收到追加当事人仲裁通知后起算。(七)案涉仲裁协议表面上不能约束被追加当事人或存在其他任何不宜追加当事人的情形的,仲裁委员会有权决定不予追加。”可以看到,中国国际经济贸易仲裁委员会对如何追加当事人的条件以及追加当事人后权利保障的程序进行了详细的规定。”

典型案例:撤销涉外仲裁裁决的事项仲裁庭的组成或者仲裁的程序与仲裁规则不符的认定

一、案件基本信息

案号:(2018)京04民特348号

当事人:申请人埃及盖特汽车制造公司(Automotive Gate Egypt for Car Manufacturing)、埃及盖特汽车生产公司(Automotive Gate Egypt for Car Production)、埃及盖特汽车进出口公司(Automotive Gate Egypt for Imports and Exports)(以下共同简称三个埃及公司)与被申请人河北中兴汽车制造有限公司(以下简称中兴公司)

案由:申请撤销仲裁裁决

二、诉辩争议焦点

三个埃及公司称(简述与本条内容相关争点),请求撤销中国国际经济贸易仲裁委员会(以下简称贸仲)〔2017〕中国贸仲京裁字第 1085 号仲裁裁决。仲裁庭的组成和仲裁程序与贸仲《仲裁规则》不符。(1)多份重要程序文件未按照贸仲《仲裁规则》的要求送达三个埃及公司;(2)仲裁制度的基石为当事人双方的意思自治及法律规定,在仲裁过程中,所涉四份《销售合同》当事人并不完全相同,而并案审理既无当事人的合意,又无贸仲《仲裁规则》具体规则可作为依据,更无《中华人民共和国仲裁法》相关条文可作为支撑,故并案审理属于严重违反贸仲《仲裁规则》;(3)贸仲滥用职权,构成对贸仲《仲裁规则》中仲裁员的指定与仲裁语言相关规定内在要求的实质性违反;(4)贸仲未对中止仲裁申请作出决定,甚至未作任何答复或解释;(5)贸仲未对三个埃及公司针对新情况提出的仲裁员回避申请作出决定;(6)涉案裁决书中未对重要争议点说明理由,违反《中华人民共和国仲裁法》第 54 条及贸仲《仲裁规则》第 47 条的规定;(7)涉案裁决书对《销售合同》中英文版的问题处理违反了贸仲《仲裁规则》和其他法定要求(其他内容略)。

中兴公司称,三个埃及公司提出的撤销仲裁裁决理由均不成立,涉案仲裁亦不存在与贸仲《仲裁规则》不符的情形(其他内容略)。

三、法院裁判意见

法院审查查明:2017 年 9 月 5 日,贸仲作出〔2017〕中国贸仲京裁字第 1085 号裁决:第一,中兴公司与三个埃及公司签署的(1)日期为 2008 年 3 月 4 日的 ZX－AG－2008－D062－01－67 号合同;(2)日期为 2008 年 3 月 4 日的 ZX－AG－D062－02－420 号合同;(3)日期为 2008 年 4 月 12 日的 ZX－AG－D062－03－660 号合同;以及(4)日期为 2008 年 7 月 24 日的 ZX－AG－D062－5－540 号合同,合法有效。第二,本案仲裁费为人民币633 039元,全部由三个埃及公司承担。该费用已由中兴公司向仲裁委员会预缴等额仲裁预付金予以冲抵,故,三个埃及公司应向中兴公司支付人民币633 039元,以补偿中兴公司代其垫付的仲裁费。第三,驳回中兴公司的其他仲裁请求。

法院认为(简要,其他内容略):本案申请人三个埃及公司均系在阿拉伯埃及共和国注册成立的公司,本案所涉1085号裁决系贸仲按涉外仲裁程序审理作出的涉外裁决。……关于三个埃及公司所提仲裁庭的组成、仲裁的程序与贸仲《仲裁规则》不符的问题。首先,仲裁庭将开庭通知等相关材料均按照法定程序向中兴公司知晓的三个埃及公司的最后一个地址进行邮寄送达,未违反贸仲《仲裁规则》的规定。三个埃及公司亦正常参与仲裁程序且未对送达地址提出任何异议。其次,贸仲《仲裁规则》并无对仲裁员国籍进行规制的条款。根据贸仲《仲裁规则》对于当事人提交的各种文书和证明材料中的语言的选择,仲裁庭有其自由裁量权,其认为有必要时可以要求当事人提供相应的中文译本或其他语言译本;仲裁庭的组成亦符合贸仲《仲裁规则》第27条的规定。最后,贸仲对仲裁时三个埃及公司的中止仲裁申请和仲裁员回避申请均作出回复。故三个埃及公司的该项申请理由缺乏事实及法律依据,本院不予支持。

039. 撤销涉外仲裁中,裁决的事项不属于仲裁协议的范围或者仲裁机构无权仲裁的认定与处理

(一)裁决的事项超出仲裁协议约定的范围;

(二)裁决的事项属于依照法律规定或者当事人选择的仲裁规则规定的不可仲裁事项;

(三)裁决内容超出当事人仲裁请求的范围;

(四)作出裁决的仲裁机构非仲裁协议所约定。

审查依据:《民事诉讼法》第 274 条

规范解读:

根据《民事诉讼法》第 274 条第 1 款第 4 项规定“裁决的事项不属于仲裁协议的范围或者仲裁机构无权仲裁的”属于可申请撤销涉外仲裁裁决的事由。该规定与《仲裁法》第 58 条第 1 款第 2 项所规定的内容基本一致。该撤销涉外仲裁的事由可细分为以下四类情形:(1)裁决的事项超出仲裁协议约定的范围;(2)裁决的事项属于依照法律规定或者当事人选择的仲裁规则规定的不可仲裁事项;(3)裁决内容超出当事人仲裁请求的范围;(4)作出裁决的仲裁机构非仲裁协议所约定。对于上述情形如何进行司法审查作以下分析。

一、裁决的事项不属于仲裁协议的范围

仲裁协议被认为是仲裁制度的基石,基于仲裁协议的契约性,签订协议的各方当事人约定将特定的争议提请仲裁,因此该协议对仲裁机构和当事人都产生约束力,即当事人只能将协议所约定的争议事项提请仲裁解决,仲裁机构及仲裁庭也依据当事人协议授权所约定的争议事项行使仲裁权,仲裁裁决事项不得超出协议约定的范围。出现仲裁裁决事项不属于仲裁协议范围情形时,一般被称为“超裁”,即可理解为仲裁庭裁决内容超出了仲裁协议约定的界限。对于裁决事项的司法审查主要限于裁决的主项,即不包括事实查明、证据分析、法律适用、裁决论述等内容,而是裁决最后部分围绕请求事项作出的判项。实践中,仲裁庭裁决时为查明或论证案情,可能会涉及对其他非争议本身的事实的认定,甚至超出当事人主张范围之外,包括对法律关系的评判与认定也可能超出当事人争议范围,但是因为对这些事实的认定或者法律关系的认定有助于仲裁庭全面地审查案件,从另一种意义上讲仲裁庭有权进行充分的查明与论证,这属于仲裁权的范围,所以法院不应对此进行评判,在仲裁司法审查中应保持克制,不得干预仲裁庭的仲裁权。除非,仲裁庭在查明和论证后对超出仲裁协议约定范围的仲裁事项作出裁决。无论是当事人将不属于仲裁协议范围的事项提交仲裁并得到仲裁庭支持,还是仲裁庭在审理中将不属于仲裁协议范围的事项进行仲裁,都违反了当事人意思自治原则和协议仲裁制度。在国际商事仲裁中对于仲裁裁决的事项不属于仲裁协议范围的均认为应当撤销仲裁裁决或不予承认。如《承认及执行外国仲裁裁决公约》第 5 条第 1 款规定:“裁决唯有于受裁决援用之一造向声请承认及执行地之主管机关提具证据证明有下列情形之一时,始得依该造之请求,拒予承认及执行。”该条款(丙)规定:“裁决所处理之争议非为交付仲裁之标的或不在其条款之列,或裁决载有关于交付仲裁范围以外事项之决定者,但交付仲裁事项之决定可与未交付仲裁之事项划分时,裁决中关于交付仲裁事项之决定部分得予承认及执行。”上述公约中规定的“裁决所处理之争议非为交付仲裁之标的或不在其条款之列”,即仲裁裁决事项不属于仲裁协议的范围,其从争议约定的仲裁标的和仲裁约定条款内容对协议仲裁范围进行界定。

二、仲裁机构无权仲裁

仲裁机构无权仲裁是指仲裁机构在没有法律规定,当事人约定或者请求的依据情况下行使仲裁权,包括未得到当事人协议仲裁的授权,其裁决事项依据法律或仲裁规则的规定属于不可仲裁事项,或者仲裁机构对当事人未提出的仲裁请求进行仲裁。对于仲裁机构无权仲裁的司法审查内容具体可分为三种情形:

1. 依据法律或仲裁规则规定对仲裁事项的可仲裁性审查

国际商事仲裁协议项下的事项能否通过仲裁的方式解决,目前尚不存在统一的国际立法,国际公约和示范法等均未作出规定,其内容由各国法律自行界定。如在《承认及执行外国仲裁裁决公约》第 2 条第 1 款规定:“当事人以书面协定承允彼此间所发生或可能发生之一切或任何争议,如关涉可以仲裁解决事项之确定法律关系,不论为契约性质与否,应提交仲裁时,各缔约国应承认此项协定。”第 5 条第 2 款第 1 项规定:“……二、倘声请承认及执行地所在国之主管机关认定有下列情形之一,亦得拒不承认及执行仲裁裁决:(甲)依该国法律,争议事项系不能以仲裁解决者。”所以在进行该项可仲裁性审查时依据的法律规定系我国《仲裁法》,对可仲裁性的审查,主要根据《仲裁法》第 2 条、第 3 条的规定从正反两方面认定,即从正面理解平等主体的公民、法人和其他组织之间发生的合同纠纷和其他财产权益纠纷,可以仲裁。从反面理解,婚姻、收养、监护、扶养、继承纠纷,依法应当由行政机关处理的行政争议纠纷不能仲裁。除此之外根据我国其他法律规定结合纠纷性质认定不应仲裁的纠纷。在涉外仲裁裁决可仲裁性审查中除依据法律规定进行审查,还可依据当事人选择的仲裁规则规定进行审查,裁决的事项属于依照当事人选择的仲裁规则规定的不可仲裁事项的,可以撤销仲裁裁决。现实中,仲裁机构制定的仲裁规则虽涉及仲裁事项,但很少有规定哪些属于不可仲裁事项,往往都原则性规定可仲裁范围,比如,《中国国际经济贸易仲裁委员会仲裁规则》(2014 年修订)仅在受案范围中对仲裁事项有规定,该规则第 3 条规定:"仲裁委员会根据当事人的约定受理契约性或非契约性的经济贸易等争议案件。"《北京仲裁委员会仲裁规则》(2019 年版)没有关于受案范围的规定,仅在机构介绍中有相关内容,该规则第 1 条规定:"北京仲裁委员会(以下称'本会')系在中国北京登记注册的解决平等主体的自然人、法人和其他组织之间发生的合同纠纷和其他财产权益纠纷的仲裁机构。"由此可见仲裁机构在制定仲裁规则时采取开放性态度,没有或减少对仲裁事项或仲裁范围的规定意味着获得更大的发展空间,又把受理范围的解释权留给自己,因此依据仲裁规则确定不可仲裁事项并撤销仲裁的案件极少。

2. 仲裁裁决内容与请求范围的审查,裁决事项是否属于超出当事人仲裁请求的范围

《联合国国际商事仲裁示范法》第 34 条规定:"申请撤销作为对仲裁裁决唯一的追诉……(2)仲裁裁决只有在下列情况下才可以被第六条规定的法院撤销:……(c)裁决处理了不是提交仲裁的条款所考虑的或不是其范围以内的争议,或裁决包括有对提交仲裁以外的事项作出的决定,但如果对提交仲裁的事项所作的决定与对未提交仲裁的事项所作出的决定能分开的

话，只可以撤销包括有对未提交仲裁的事项作出决定的那一部分裁决。”其中“或裁决包括有对提交仲裁以外的事项作出的决定”指的就是仲裁裁决事项超出当事人仲裁请求的范围。在我国审理撤销仲裁司法审查中也遵循相同的原则。当事人向仲裁机构申请仲裁时有其确定的请求范围，这是当事人行使请求权，实际也是根据当事人享有自治与处分自身权利的原则而确定。虽然仲裁协议约定的仲裁事项范围较大，但申请仲裁意味着在仲裁协议的基础上进行第二次明确的仲裁授权，仲裁机构只能在该授权范围内行使仲裁权，所以仲裁裁决不得超出当事人申请仲裁的请求范围。

3. 仲裁机构协议仲裁授权审查，作出仲裁裁决的仲裁机构是否未获得当事人在仲裁协议中约定的仲裁授权

当事人签订的仲裁协议或仲裁条款一般会对选择的仲裁机构予以明确，或者根据选择的仲裁规则能够判断有权仲裁的仲裁机构。实践中也存在依据仲裁协议难以明确认定选择的仲裁机构或者对仲裁机构是否获得仲裁授权产生不同理解。比如，多份合同约定不同的仲裁机构，各合同是否可以分别提起仲裁还是应当归于一家仲裁机构仲裁，仲裁机构名称不准确时能否判断认定，仲裁机构发生变更、分立由哪家仲裁机构进行仲裁。

对于仲裁司法审查案件中涉及“裁决的事项不属于仲裁协议的范围或者仲裁机构无权仲裁的”，在处理时可以参照《涉外商事海事审判实务问题解答（一）》第 90 条的规定：“人民法院能否部分撤销我国涉外仲裁裁决？答：如果我国涉外仲裁裁决处理了仲裁协议范围之外或者依法不能申请仲裁的事项，并且上述事项与仲裁裁决的其他事项是可分的，人民法院可以基于当事人的申请，在审查核实后裁定撤销超裁或者不能仲裁部分的裁决。”

典型案例：涉外仲裁裁决的事项不属于仲裁协议的范围或者仲裁机构无权仲裁的认定

一、案件基本信息

案号：（2017）京 04 民特 32 号

当事人：申请人 Equipaggiamenti Elettronici Industriali S. P. A.（以下简称 EEI 公司）、意利埃新能源科技（天津）有限公司（以下简称意利埃公司）与被申请人北京万源工业有限公司（以下简称万源公司）

案由：申请撤销仲裁裁决

二、诉辩争议焦点

EEI 公司、意利埃公司共同向本院申请称：请求法院撤销中国国际经济贸易仲裁委员会（以下简称贸仲）作出的〔2017〕中国贸仲京裁字第 0578 号裁决（以下简称第 0578 号裁决）第 1 项、第 2 项、第 3 项、第 4 项、第 5 项、第 7 项、第 9 项、第 10 项和第 11 项，事实和理由如下：

仲裁机构受理案件时没有要求万源公司提交 EEI S. R. L 的公司注册登记文件，没有核实 EEI S. R. L 是否仍然具备仲裁主体资格，贸仲第 0578 号裁决是以不存在的仲裁第二被申请人主体资格为裁决对象作出的裁决，构成《中华人民共和国民事诉讼法》第 274 条第 1 款第 3 项仲裁的程序违反法定程序的情形，因此该裁决应当被全部撤销；申请人 EEI 公司与万源公司没有订立过《采购合同》，《采购合同》的所有条款包括仲裁条款仅约束买卖双方，EEI 公司也没有签署《采购合同》，仲裁条款对 EEI 公司没有约束力；4 月 5 日的担保函是一份独立于《采购合同》之外的单务合同，是保证人为被担保人履行《采购合同》的卖方义务提供的单方履约担保承诺，该单方意思表示仅明确了为保证人提供履约担保的意思表示，没有做出任何意欲与万源公司达成通过仲裁解决担保法律纠纷的任何意思表示，万源公司提出担保函作为附件七是《采购合同》的组成部分，该主张仅能指向 2011 年 3 月 9 日《采购合同》签订当日的《附件七担保函格式》，但 3 月 9 日 EEI 公司既没有指派任何代表参加《采购合同》签约仪式，也没有签署《附件七担保函格式》，更没有签署《采购合同》，因此，《采购合同》的第十二章“仲裁”约定仅能约束买卖双方，不能约束为卖方履约行为提供担保的担保方。仲裁委员会无权根据《采购合同》的仲裁条款受理万源公司对EEI公司提出的承担履约保证责任的仲裁请求，仲裁庭根据《采购合同》的仲裁条款裁决EEI公司承担连带保证责任缺乏仲裁依据，也超出了万源公司与意利埃公司《采购合同》的仲裁协议范围。以上情形符合《中华人民共和国民事诉讼法》第274条第1款第1项和第4项；此外，贸仲对EEI公司的管辖权异议仅作出了管辖权初步决定而始终没作出管辖权的最终决定，而仲裁庭对EEI公司向仲裁庭提出的两次管辖权异议，在裁决书中既没有写明针对EEI公司管辖权异议的裁决理由，也没有作出最终裁决结果，也就是说，本案贸仲和仲裁庭在对EEI公司的管辖权异议没有作出最终裁决结果的情况下，直接作出了针对EEI公司担保法律责任的裁决，该仲裁程序与仲裁适用的2012年5月1日起施行的《中国国际经济贸易仲裁委员会仲裁规则》（以下简称《仲裁规则》）严重不符，符合《中华人民共和国民事诉讼法》第274条第1款第3项情形；仲裁和诉讼在管辖方面是有区别的，诉讼中从合同的管辖适用主合同的约定，而仲裁则从合同必须有仲裁的意思表示，不能直接适用主合同的约定；贸仲第0578号裁决违反了1995年1月1日起生效的《中华人民共和国和意大利共和国关于民事司法协助的条约》第6条和第12条的规定，同时也违反了《最高人民法院关于涉外民事或商事案件司法文书送达问题若干规定》第6条之规定，仲裁送达应采用两国的民事司法协助条约规定的方式送达，不应采用仲裁规则的邮寄送达，因此贸仲的仲裁程序违法，依法应当予以撤销；贸仲管辖权决定里提到了EEI公司提出的涉及实际问题的异议由仲裁庭实体审理后决定，EEI公司在管辖权异议里提到保证责任适用法律不应当是中国法，对这一点贸仲授权仲裁庭进行实体审理决定，EEI公司在裁决书中并没有看到仲裁庭对于由2011年4月5日担保函引发的保证责任到底适用中国法还是意大利法作出评议和认定，没有将保证责任和买卖合同关系分开认定到底保证责任适用哪国法，这个实体争议没有经过仲裁庭认定，EEI公司认为仲裁程序不符合仲裁庭适用的《仲裁规则》，构成《中华人民共和国民事诉讼法》第 274 条第 3 项规定的情形;仲裁裁决违法解除《采购合同》,裁决意利埃公司承担赔偿巨额损失的违约责任,在实体上明显不公,利益失衡,严重侵害了意利埃公司的合法权益。

万源公司辩称:(1)EEI S. R. L 的名称变更不影响仲裁裁决的效力。《采购合同》附件七中公司盖章处明确名称为 EEI S. R. L,万源公司依据《采购合同》附件七显示的名称提起仲裁并无不当。其次,EEI 公司参加仲裁程序从未向万源公司或仲裁庭说明过其公司名称发生变更的情况,亦未主动要求仲裁庭在仲裁程序及仲裁文件中修改公司名称,反而是应诉、以仲裁案件"第二被申请人"参与仲裁程序,并充分行使着仲裁案件当事人的权利,EEI 公司在仲裁案件中提交的数份答辩文件中使用的仍旧是 EEI S. R. L 这一名称。EEI 公司现在才以所谓名称变更为由否定其系仲裁案件裁决对象,要求撤销仲裁裁决,有违诚信。S. R. L 与 S. P. A 是意大利最常见的两种公司组织形式,变更前后只是公司组织形式发生变化,公司名称指向的都是同一主体,该主体一直存续,公司组织形式变更不影响其责任的承担,更不应影响本案仲裁裁决的效力。(2)担保函真实、合法、有效。2011 年 4 月 5 日,EEI S. R. L 的董事长 Narciso Balbo 先生在担保函上签名并加盖了公司印章,经 EEI S. R. L 签章的担保函作为《采购合同》附件七,与《采购合同》正文及其他附件一起,被万源公司一并提交作为仲裁案件的证据。仲裁程序中,万源公司向 EEI 公司说明可出示担保函原件,并且在两次开庭时都携带了证据原件,而其却并不查看原件,可见其提出的对担保函的真实性质疑只是一个借口。(3)担保函是《采购合同》的组成部分,适用《采购合同》中仲裁条款。《采购合同》和担保函本身不是主从合同关系,从《采购合同》第 13.5 条可以明确看出来本合同附件是合同不可分割的一部分,与合同具有同等效力,也就是担保函和《采购合同》是一个合同的部分和整体的关系,并不是主从合同关系。(4)贸仲已就管辖权问题作出有终局效力的管辖权决定,确定 EEI S. R. L 应受本案仲裁条款约束，受贸仲管辖。(5)贸仲《仲裁规则》第8条规定，有关仲裁一切文书、通知、材料均可采用当面递交、挂号信邮寄等方式发送。通过公约送达不是仲裁程序的一般做法，也不是必需的做法，符合仲裁规则，送达就是有效的。实际上EEI公司参与了仲裁程序，收到了送达文书，其在整个仲裁程序中没有对送达提出异议。(6)仲裁庭对于法律的适用问题是实体问题，实体问题的审查不属于法院在撤销仲裁裁决阶段应当审查的问题。本案适用法律仲裁庭注意到《采购合同》第13.10条约定，“除非另有规定，本合同中的一切条款的解释按照中国有关法律、法规的规定”，因此本案适用中国法，而不是《采购合同》适用中国法，第二段则明确说了担保函是《采购合同》的一部分，所以仲裁庭作出了决定。综上，万源公司认为本案所涉仲裁并不存在《中华人民共和国民事诉讼法》第274条的情形，不应被撤销。请求法院驳回EEI公司和意利埃公司要求撤销仲裁裁决的请求，并裁定其承担本案申请费。

三、法院裁判意见

法院审查查明：万源公司与意利埃公司于2011年3月9日签订BWIC－P－2MW－11007号《采购合同》，约定万源公司向意利埃公司购买2.0MW航天直驱风机变流器以及与合同产品有关的技术文件、技术服务和技术培训。第十二章“仲裁”第12.1条约定，所有与本合同有关的或在执行本合同时产生的纠纷，将通过合同双方的友好协商解决。如果通过协商不能解决，则需提交仲裁解决。第12.2条约定，仲裁应由中国国际经济贸易仲裁委员会按其仲裁规则和程序在北京进行。除非双方另行同意，仲裁的官方语言应为中文和英文。当日的《采购合同》中附件七担保函格式上没有EEI S.R.L方的签字盖章。

2011年4月5日，EEI S.R.L签署了附件七担保函，承诺为《采购合同》的履行担保，与意利埃公司承担同样的责任。

贸仲根据仲裁申请人万源公司与被申请人意利埃公司签订的《采购

合同》中的仲裁条款及上述合同附件七的规定,以及万源公司于2014年8月19日提交的以意利埃公司(仲裁第一被申请人)、EEI S. R. L(仲裁第二被申请人)为仲裁被申请人的书面仲裁申请,受理了双方当事人因履行上述合同产生的争议仲裁案。2014年9月24日,贸仲秘书局以中国邮政特快专递(EMS)的方式分别向双方当事人寄送了本案仲裁通知、《仲裁规则》和《仲裁员名册》,并向被申请人寄送了申请人提交的仲裁申请书及其附件。两被申请人收到了上述材料。2014年12月1日,EEI公司向贸仲秘书局提交了仲裁管辖权异议申请书。2015年4月30日,贸仲作出管辖权决定:(1)本案合同中的仲裁条款合法有效;(2)仲裁委员会对本案具有管辖权,第二被申请人应受本案仲裁条款的约束;(3)本案仲裁程序在申请人和两被申请人之间继续进行。

2017年5月12日,贸仲作出第0578号裁决,裁决如下:(1)被申请人返还申请人为尚未交付的74套变流器已支付的合同产品价格25%的预付款人民币17 297 500元。(2)被申请人向申请人支付其因未返还17 297 500元预付款而给申请人造成的利息损失。该利息损失按6.8%的年利率计算,自合同解除之次日即自2014年3月30日起算,计至被申请人实际返还74套变流器的预付款17 297 500元之日。(3)被申请人自担费用接受安装在甘肃景泰风场74#风机的故障变流器退货,并应退还申请人已经支付的该变流器的货款人民币888 250元。(4)被申请人在裁决之日起三个月内对已交付的除第(3)项所述产品之外的其余25套合同产品进行一次全面的检修,使其达到采购合同约定的标准,并对经检修不能达到合同标准的合同产品进行更换。(5)被申请人对已经交付的产品在剩余质保期(至少36个月)内继续承担质保责任。剩余质保期自仲裁裁决生效之日起算。(6)第一被申请人返还自申请人处借用的零部件并将其装回原位。(7)被申请人向申请人支付迟延交付合同产品的违约金共计4 796 550元人民币。(8)申请人向第一被申请人支付已交付26套产品的剩余5%的货款,金额为人民币 1 215 500 元。(9)被申请人补偿申请人为本案支付的律师费共计人民币 790 800 元。申请人应补偿第一被申请人为本案支出律师费共计人民币 13 万元整。(10)本案本请求的仲裁费为人民币 608 220 元,由申请人承担人民币 243 288 元,由被申请人承担人民币 364 932 元。鉴于申请人已经预缴全部仲裁费,被申请人应向申请人支付人民币 364 932 元,以补偿申请人为其垫付的仲裁费。(11)本案反请求仲裁费为人民币 783 593 元,已经全部由第一被申请人预交。被申请人指定仲裁员的费用为 80 000 美元,已经全部由被申请人预交。申请人应向第一被申请人偿付反请求仲裁费的 20%,即人民币 156 718.6 元,向被申请人支付指定仲裁员费用的 10%即 8000 美元。(12)驳回申请人的其他仲裁请求。(13)驳回第一被申请人的其他仲裁反请求。上述第(1)至(3)项,第(6)至(11)项,申请人或被申请人应自本裁决作出之日起 30 日内,向对方履行。

2012 年 12 月 19 日,EEI S. R. L 从有限责任公司转成联合股份公司即 EEI 公司。在本案审理中,EEI 公司亦当庭认可与 EEI S. R. L 是同一主体。

法院认为,EEI 公司是在意大利共和国注册成立的公司,故第 0578 号裁决属于涉外仲裁裁决。关于涉外仲裁裁决,《中华人民共和国仲裁法》第 70 条规定:“当事人提出证据证明涉外仲裁裁决有民事诉讼法第二百五十八条第一款规定的情形之一的,经人民法院组成合议庭审查核实,裁定撤销。”(该法 2017 年修正后的第二百七十四条。)《中华人民共和国民事诉讼法》(2017 年修正)第 274 条规定:“对中华人民共和国涉外仲裁机构作出的裁决,被申请人提出证据证明仲裁裁决有下列情形之一的,经人民法院组成合议庭审查核实,裁定不予执行:(一)当事人在合同中没有订有仲裁条款或者事后没有达成书面仲裁协议的;(二)被申请人没有得到指定仲裁员或者进行仲裁程序的通知,或者由于其他不属于被申请人负责的原因未能陈述意见的;(三)仲裁庭的组成或者仲裁的程序与仲裁规则不符的;(四)裁决的事项不属于仲裁协议的范围或者仲裁机构无权仲裁的。人民法院认定执行该裁决违背社会公共利益的,裁定不予执行。”上述规定是撤销涉外仲裁裁决的法律依据,故本院将依据上述法律规定对本案进行审查。

本案申请人EEI公司与意利埃公司提出多项申请撤销仲裁裁决的事由,包括:(1)贸仲裁决是以不存在的仲裁第二被申请人主体资格为裁决对象作出的裁决,仲裁程序存在违反法定程序的情形;(2)《采购合同》的仲裁条款仅能约束买卖双方,不能约束为卖方履约行为提供担保的担保方,仲裁条款对EEI公司没有约束力;(3)仲裁和诉讼在管辖方面是有区别的,诉讼从合同的管辖按主合同走,而仲裁则从合同必须有仲裁的意思表示,不能直接跟主合同走;(4)贸仲在对EEI公司的管辖权异议没有作出最终裁决结果的情况下,直接作出了针对EEI公司担保法律责任的裁决,该仲裁程序与仲裁适用的《仲裁规则》严重不符;(5)仲裁送达应采用两国的民事司法协助条约规定的方式送达,不应采用仲裁规则的邮寄送达,因此贸仲的仲裁程序违法;(6)裁决书中仲裁庭对保证责任到底适用中国法还是意大利法没有作出认定,该实体争议没有经过仲裁庭认定,仲裁程序不符合《仲裁规则》;(7)仲裁裁决违法解除《采购合同》,裁决意利埃公司承担赔偿巨额损失的违约责任,在实体上明显不公,严重侵害了其合法权益。针对EEI公司和意利埃公司提出的上述主张,本院认为:

关于《采购合同》的仲裁条款对EEI公司是否具有约束力。本院认为,当事人通过仲裁方式解决纠纷应当有明确约定。本案中,EEI公司(原名称为EEI S. R. L)并未参加2011年3月9日当天《采购合同》的签订,其于2011年4月5日签署的合同附件七担保函,担保函中载明EEI公司为此合同的履行提供担保,与意利埃公司承担同样的责任。该担保函在EEI公司与万源公司之间形成担保法律关系。而对于该担保的争议解决方式,担保函中并未进行约定,同时相关法律亦无主合同约定仲裁条款,担保合同亦应适用仲裁的规定。因而在EEI公司与万源公司未就担保的争议解决方式达成仲裁合意的情况下,贸仲认为《采购合同》中的仲裁条款应同样适用于该担保函的管辖处理意见,缺乏合同依据和法律依据。

虽然《采购合同》中约定:"本合同的附件是合同不可分割的一部分,与合同具有同等效力。"但该约定仅是指明了《采购合同》与其附件之间的关联关系,《采购合同》中双方关于争议解决方式的约定并不必然适用其附件。首先,附件七担保函的签署并不是在《采购合同》签订的双方之间,而是出现了第三方EEI公司,《采购合同》中万源公司与意利埃公司关于争议解决方式的约定并不能约束第三方EEI公司;其次,《最高人民法院关于适用〈中华人民共和国担保法〉若干问题的解释》第129条关于主合同和担保合同发生纠纷提起诉讼的,应当根据主合同确定案件管辖的规定,解决的是法院间诉讼案件的管辖问题,并非解决纠纷的主管问题,现万源公司以意利埃公司和EEI公司为被申请人向贸仲提起仲裁,而非向法院提起诉讼,故不具备适用该规定的前提条件;最后,仲裁条款或仲裁协议是双方当事人选择仲裁程序解决争议的合意结果,体现了当事人对于争议解决程序的合意选择和处分,这一合意是仲裁程序得以启动的前提和基础,必须有当事人间的明确约定,即明确的合意表示,而不能以默示或以推定的形式得出。本案中,担保函中并未约定有仲裁条款,亦未有EEI公司愿意以仲裁方式解决担保纠纷的明确意思表示,贸仲以该担保函应被视为合同的组成部分,担保函项下的争议是与本合同有关的争议为由,推出本案《采购合同》中的仲裁条款应适用于该担保函的结论,违背了仲裁的合意基础,欠缺当事人间关于选择仲裁程序解决纠纷的明确合意表示,故没有法律依据。因此EEI公司关于《采购合同》仲裁条款对其没有约束力、贸仲无权根据该仲裁条款裁决EEI公司承担连带保证责任的撤销仲裁裁决理由成立,本案所涉的第0578号裁决违反《中华人民共和国民事诉讼法》第274条第1款第1项、第4项的规定,应予撤销。

此外，因本院已经认定涉案仲裁裁决应予撤销，故 EEI 公司和意利埃公司提出其他撤销仲裁裁决的意见在本案中不再具有审查意义，本院对此不作审查。

经报最高人民法院审核批准，本院根据《中华人民共和国民事诉讼法》第 274 条第 1 款第 1 项、第 4 项，《中华人民共和国仲裁法》第 70 条规定，裁定如下：

撤销中国国际经济贸易仲裁委员会〔2017〕中国贸仲京裁字第 0578 号裁决。

040. 法院在撤销仲裁案件中应当依法审查

法院在对撤销仲裁案件进行司法审查时，应当依法律规定的内容进行审查，不能超出法律规定的范围对仲裁裁决中事实认定、适用法律等实体处理内容进行审查，保证仲裁依法独立进行和仲裁一裁终局的制度。

审查依据：《仲裁法司法解释》第 17 条

规范解读：

撤销仲裁裁决，是指仲裁裁决作出和生效后，如具备法律规定的条件和事由，当事人或利害关系人有权提起诉讼请求法院撤销该裁决以维护其合法权益的程序法律制度。[①]《联合国国际商事仲裁示范法》以及美国、法国、德国、日本等国家均有撤销仲裁裁决的制度。我国在《仲裁法》第五章中专门设立"申请撤销裁决"制度。

在仲裁司法审查中适用撤销仲裁裁决制度时，首先应当理解国家立法对仲裁的司法支持与监督的原则，我国《仲裁法》立法意旨在于保证仲裁的

---

① 参见江伟、肖建国主编，谢文哲副主编：《仲裁法》第 3 版，中国人民大学出版社 2016 年版，第 265 页。

独立性与实现仲裁一裁终局制度，同时在具有法定撤销情形时通过司法监督给予当事人司法救济，保证仲裁权正当独立行使的同时，避免仲裁权滥用导致不公正。正确理解仲裁司法审查撤销仲裁裁决制度的立法本意，关键在于把握"依法审查"和"仲裁权"两个重要内容。

一、在仲裁司法审查中如何"依法审查"

1. 撤销仲裁裁决主体的审查

向法院提出撤销仲裁裁决申请的主体必须是仲裁当事人。仲裁当事人是指根据有效的仲裁协议或仲裁条款，以自己的名义参加到仲裁程序并受仲裁裁决约束的平等主体，包括公民、法人和其他组织。[①] 仲裁当事人一般指签订仲裁协议约定以仲裁方式解决纠纷的各方民事主体，在具体涉及仲裁中往往会有变更情况，如当事人死亡后的继承，法人的分立合并，合同转让。在仲裁中还涉及因申请人申请而参加仲裁程序的多方被申请人，或者在仲裁开始后追加的被申请人。我国《仲裁法》对第三人未作规定，但在不违反《仲裁法》以及符合仲裁规则的条件下，如果第三人参加仲裁，并且仲裁裁决对其具有约束力，则其亦属于仲裁当事人，上述当事人均可申请撤销仲裁裁决，除此之外的主体均无权向法院申请撤销仲裁裁决。仲裁当事人之外的其他主体是否可以申请撤销仲裁裁决，根据现有《仲裁法》及相关司法解释规定，我们认为没有相关依据。根据最高人民法院的解答及复函，其对利害关系人或者案外人提起撤销仲裁裁决持否定态度。《最高人民法院关于对崇正国际聪明集团有限公司申请撤销仲裁裁决人民法院应否受理的复函》[（2001）民立他字第36号]答复："《仲裁法》第70条规定的'当事人'是指仲裁案件的申请人或被申请人，崇正国际聪明集团有限公司并非V19990351号仲裁案件的申请人或被申请人，该公司不具备申请撤销该仲裁裁决的主体资格，故对该申请人民法院不予受理。"最高人民法院民事审判第四庭发布《涉外商事海事审判实务问题解答（一）》第69条规定："利害关

① 参见李广辉、林泰松：《仲裁法学》，中国法制出版社2019年版，第199页。

系人能否申请撤销我国涉外仲裁裁决？利害关系人不能申请撤销我国涉外仲裁裁决，因为该利害关系人不是该仲裁案件的任何一方当事人。”

对于仲裁案件当事人可能存在恶意或者虚假仲裁侵犯仲裁案件外当事人合法权益如何救济，我们认为不属于申请撤销仲裁制度解决的范围。出现上述情况，根据《最高人民法院关于人民法院办理仲裁裁决执行案件若干问题的规定》第2条第3款规定：“被执行人、案外人对仲裁裁决执行案件申请不予执行的，负责执行的中级人民法院应当另行立案审查处理。”在执行程序中，案外人通过申请不予执行对自己的合法权利予以救济，其必须符合《最高人民法院关于人民法院办理仲裁裁决执行案件若干问题的规定》第9条规定所确定的条件，即：“案外人向人民法院申请不予执行仲裁裁决或者仲裁调解书的，应当提交申请书以及证明其请求成立的证据材料，并符合下列条件：（一）有证据证明仲裁案件当事人恶意申请仲裁或者虚假仲裁，损害其合法权益；（二）案外人主张的合法权益所涉及的执行标的尚未执行终结；（三）自知道或者应当知道人民法院对该标的采取执行措施之日起三十日内提出。”

2. 撤销依申请受理及申请期限审查

《仲裁法》第59条规定：“当事人申请撤销裁决的，应当自收到裁决书之日起六个月内提出。”上述法条对申请的提起和时限作出了明确规定。首先，提起撤销仲裁裁决程序必须依当事人申请，当事人行使申请撤销权，企图通过司法审查程序改变仲裁庭已经作出的裁决，使当事人之间业已通过选择纠纷解决机制处理的问题再次处于不确定状态，因此该程序必须依申请启动。其次，当事人行使撤销权往往系对仲裁裁决的结果不满，虽然可能其提出的原因是程序问题，因此需要督促其及时行使权利，所以在撤销仲裁裁决制度中会规定提起的时间限制。在国际以及各国的规定中也有相关内容，如《联合国国际商事仲裁示范法》第34条规定：“……（3）提出申请的当事一方自收到裁决书之日起，三个月后不得申请撤销；如根据第33条提出了请求，则从该请求被仲裁庭处理完毕之日起三个月后不得申请撤销。”第33

条是关于裁决的改正、解释和追加裁决规定。在《美国联邦仲裁法》《荷兰仲裁法》《法国民事诉讼法》《德国民事诉讼法》《奥地利民事诉讼法》中均有1~3个月不等的时间限制规定。

3. 撤销仲裁裁决的法定事由审查

撤销仲裁裁决的事由只能由法律规定,在法院的仲裁司法审查中必须依法进行仲裁监督,不得超出法律规定或者任意扩大解释进行裁判。根据《仲裁法司法解释》第17条规定:“当事人以不属于仲裁法第五十八条或者民事诉讼法第二百七十四条规定的事由申请撤销仲裁裁决的,人民法院不予支持。”因此人民法院审理申请撤销仲裁案件应依《仲裁法》的法定事由进行审查,不能超出法律规定的范围对仲裁裁决进行审查。对此最高人民法院在司法解释的理解与适用中明确“如果当事人以这两类事由之外的事由向人民法院申请撤销仲裁裁决,无论是国内仲裁裁决还是涉外仲裁裁决,人民法院都不予支持”。[①]

4. 撤销仲裁裁决的客体范围审查

仲裁裁决是仲裁庭对当事人的仲裁请求事项作出的决定。[②] 仲裁裁决可以按不同标准划分为多种类型。一般分为以下几类:中间裁决、部分裁决和最终裁决;合意裁决与非合意裁决;对席裁决与缺席裁决;原仲裁裁决与补正仲裁裁决。仲裁裁决分类基于不同的标准,重点在于区分哪些属于法院审理撤销仲裁裁决案件的范围,即哪些类型的仲裁裁决可以被撤销,哪些仲裁庭作出的裁决不属于被撤销的客体范围。

(1)中间(临时)裁决、部分裁决、最终裁决的可撤销范围分析。

以仲裁裁决内容和时间为标准,分为中间(临时)裁决、部分裁决、最终裁决。中间裁决是仲裁过程中对部分审理清楚的争议事项,仲裁庭在作出最终裁决前所作的临时性裁决,属于非终局性裁决,包括有关管辖权、法律

---

① 参见沈德咏、万鄂湘主编,最高人民法院研究室、民事审判第四庭编著:《最高人民法院仲裁法司法解释的理解与适用》第2版,人民法院出版社2015年版,第138页。

② 参见赵秀文:《国际商事仲裁法》第3版,中国人民大学出版社2012年版,第311页。

适用、财产保全、程序性问题等内容。部分裁决是仲裁庭在审理案件过程中对已经查明的部分事实，在确有必要情形下作出的具有效力和执行力的实质性裁决，该裁决处理实体争议，并对该部分争议已经作出终局性裁决。如我国《仲裁法》第55条规定："仲裁庭仲裁纠纷时，其中一部分事实已经清楚，可以就该部分先行裁决。"最终裁决是仲裁庭在对仲裁案件进行审理后，依据仲裁规则完成全部审理程序，最终对当事人全部仲裁请求作出的终局性裁决。我国《仲裁法》第57条规定："裁决书自作出之日起发生法律效力。"该条文就体现了裁决的终局性。从上述分类可以看出，中间裁决不具有终局性和强制执行内容，其主要针对程序性问题作出，并不解决争议的实体问题，即使在管辖权或者协议效力的中间裁决中涉及实体认定，但因有确认仲裁协议效力的司法审查救济，以及一定条件下仍可申请撤销仲裁裁决，所以中间裁决在仲裁庭审理完案件，形成最终裁决后，不属于法院撤销仲裁裁决审查的范围。部分裁决和最终裁决则不同，两种裁决均属于实体性裁决，对部分或全部争议具有终局性、强制执行性、排除其他解决机制和实质性解决纠纷的特征。因此，部分裁决和最终裁决均属于人民法院撤销仲裁裁决案件的审查范围。

(2)仲裁调解书是否属于撤销仲裁裁决范围分析。

仲裁调解是在仲裁程序中，将仲裁与调解两种解决民事纠纷方式相结合的纠纷解决模式。根据《仲裁法》第49条、第51条规定，在仲裁程序中当事人可以自行和解，并请求仲裁庭根据和解协议作出裁决书，也可由仲裁庭主持调解，调解达成协议后，仲裁庭制作调解书或者根据协议的结果制作裁决书。调解书与裁决书具有同等法律效力。对仲裁调解书能否撤销法律及司法解释没有明确规定，但在仲裁执行的司法解释中有相关规定。《仲裁法司法解释》第28条规定："当事人请求不予执行仲裁调解书或者根据当事人之间的和解协议作出的仲裁裁决书的，人民法院不予支持。"《最高人民法院关于人民法院办理仲裁裁决执行案件若干问题的规定》第17条规定："被执行人申请不予执行仲裁调解书或者根据当事人之间的和解协议、调解协议作出的仲裁裁决，人民法院不予支持，但该仲裁调解书或者仲裁裁决违背社会公共利益的除外。”根据上述规定，仲裁调解书在违背社会公共利益时可以申请不予执行。当然除此之外案外人有证据证明仲裁案件当事人恶意申请仲裁或者虚假仲裁，损害其合法权益，在规定期限内及尚未执行终结的情况下也可申请不予执行仲裁调解书。

对于《仲裁法》规定与仲裁裁决书具有同等效力的仲裁调解书，是否可以撤销有两种不同的观点。一种观点认为，因仲裁调解书与仲裁裁决书具有同等效力，因此应当同等予以司法监督，撤销损害当事人合法权益的调解书应当有司法救济途径，所以仲裁调解书属于撤销仲裁裁决的司法审查范围。在《关于申请人南方国际租赁有限公司申请撤销深圳仲裁委员会〔2007〕深仲调字第 20 - 1 号补正调解书一案的请示的复函》[（2010）民四他字第 45 号]中最高人民法院认为“对于涉外和涉港澳台的仲裁调解书，可以按照《仲裁法》第七十条的规定撤销。”在《关于人民法院应否受理撤销仲裁调解书申请的复函》[（2013）民四他字第 39 号]中最高人民法院认为，根据《仲裁法》第 58 条第 1 款的规定，当事人可以向人民法院申请撤销仲裁裁决，该法第 51 条第 2 款又规定，仲裁调解书与仲裁裁决书具有同等法律效力，这就意味着，仲裁调解书也应纳入司法审查的范围。依上述复函意见，涉外和国内仲裁的仲裁调解书均可参照仲裁裁决的程序和事由予以审查。

另一种观点认为，仲裁调解与仲裁裁决不同，调解系当事人意思自治达成的对私权的处分，司法不应干涉，《仲裁法》只规定了撤销仲裁裁决，司法监督有限，故不得作扩大解释。

《最高人民法院研究室关于人民法院应否受理当事人提起的申请撤销仲裁调解书之诉问题的研究意见》中，最高人民法院研究室认为，人民法院不应受理当事人提起的申请撤销仲裁调解书之诉。主要是基于以下考虑：

第一，人民法院受理当事人申请撤销仲裁调解书并无法律依据。人民法院应否受理某类案件的问题，涉及人民法院司法权力的行使，应当有明确的法律依据。虽然《仲裁法》第 51 条第 2 款规定了仲裁调解书与裁决书具有同等的法律效力,但是《仲裁法》第58条规定人民法院裁定撤销的只能是仲裁裁决书,法院无权裁定撤销仲裁调解书或裁定不予执行仲裁调解书。人民法院作为行使国家司法权的主体,其审判权力必须依据法律进行。有关诉讼程序方面的规定,应属强制性规定的范畴,不可轻易扩张解释。法律未授权人民法院行使撤销仲裁调解书的权利,人民法院就不得超越法律规定行使。

第二,从减少对当事人意思自治的职权干预,坚持仲裁司法监督有限原则而言,人民法院也不应受理当事人提起的申请撤销仲裁调解书之诉。仲裁司法监督有限原则是合理处理司法权与仲裁权的一项重要原则。将司法对仲裁的监督限制在一定范围内,避免审判权对于仲裁的干预过大,体现了对当事人意思自治的保护,有利于仲裁事业的发展。最高人民法院也一贯坚持仲裁司法监督有限原则。法律之所以未规定法院对仲裁调解书的撤销与不予执行的权力,不仅体现了司法对仲裁的支持,也符合仲裁调解的特征:在公正与效率价值的选择中,仲裁在注重公正的前提下,更强调效率。在仲裁调解中,自愿原则贯穿始终,当事人对争议的处分权是仲裁调解的基础,当事人达成调解协议是双方当事人意思表示一致的结果,当事人既然依法签收了调解协议及调解书,从合同必须履行及效率原则出发,调解书就必须得到执行。当事人选择仲裁程序来处理纠纷,是其意思自治的表现,当事人之间达成仲裁调解书,更是当事人处分自己的私权、平等协商形成合意的结果,司法权作为国家公权力不可过多干预。

第三,从制度衔接机制上看,人民法院也不宜受理当事人提起的申请撤销仲裁调解书之诉。从制度设计上看,《仲裁法》第52条规定了当事人在仲裁调解书签收前可以反悔,当事人反悔的,仲裁庭应当及时作出裁决。在仲裁调解书的内容违反社会公共利益的情况下,人民法院可以依照《仲裁法》第58条第3款的规定对该仲裁调解书裁定予以撤销,或者依照《民事诉讼法》第237条第2款的规定,对该仲裁调解书裁定不予执行。《仲裁法》《民事诉讼法》通过上述规定,不仅实现了仲裁调解与诉讼的有机衔接,而且实现了充分救济当事人与维护仲裁作为独立纠纷解决方式的效率性要求的平衡。若再增加其他撤销仲裁调解书的情形,法院的司法权将会更多地渗透到仲裁领域,这无疑会打破上述平衡,削弱仲裁的优势及权威性。

实践中,许多法院认为《仲裁法》只规定了当事人有申请撤销仲裁裁决的权利,而没有规定当事人有申请撤销仲裁调解书的权力,同时法律也未赋予人民法院行使撤销仲裁调解书的权力,所以往往对申请撤销仲裁调解书的申请不予支持。

(3)仲裁决定等区别性质判断分析。

仲裁决定主要是仲裁委员会或仲裁庭为解决仲裁程序性事务而作出的决定,一般包括受理决定、答辩时间延长决定、延期开庭决定、管辖权决定、仲裁协议效力决定、临时措施决定、合并审理决定、合并仲裁决定、回避决定、仲裁员更换决定、中止和恢复仲裁程序的决定、撤销案件决定等。仲裁程序性事务的决定不属于撤销仲裁裁决的范围,当然如果仲裁程序性事务决定违反仲裁程序,可以作为申请撤销仲裁的事由提出。在对撤销案件决定认定时应当区别性质进行判断,撤销案件往往基于三种情况:第一种情况是当事人撤回申请时,作出撤销案件的决定;第二种情况是仲裁委员会或仲裁庭作出无管辖权决定后,作出撤销案件的决定;第三种情况是仲裁委员会或仲裁庭认为有原因不需要或者不应继续审理仲裁案件,作出撤销案件的决定。前两种情况根据其性质均属于解决程序性问题,不应作为撤销仲裁裁决的审查范围。但是对于第三种情况,仲裁委员会或者仲裁庭作出的决定,虽然名为决定,但实质上可能是经过实体审理,对当事人主体资格或相关权利义务作出的实质性裁决,因此有可能涉及撤销仲裁裁决的审查。比如,《北京仲裁委员会仲裁规则》(2019 年版)第 42 条规定,仲裁请求和反请求(如有)全部撤回的,案件可以撤销。仲裁庭组成前,撤销案件的决定由仲裁委员会作出;仲裁庭组成后撤销案件的决定由仲裁庭作出。除上述情况外,因为任何其他原因使仲裁程序不需要或者不可能继续进行的,仲裁委员会或者仲裁庭可以作出撤销案件的决定。其中"因为任何其他原因使仲裁程序不需要或者不可能继续进行的”作出撤销案件的决定,实质上有可能涉及撤销仲裁裁决审查。实践中,有仲裁委员会在受理案件后,经过对相关案件事实进行审理,适用法律作出具有实体权利影响的决定或者其他裁判形式,其本质上都具有仲裁裁决的效力。比如,经仲裁庭审理认为被申请人不属于适格主体,并作出撤销仲裁裁决的决定,该决定性质就属于终局性的裁决。因此当仲裁机构通过审理查明事实,作出适格主体的决定或裁决时,无论其名称如何表述,实际上已经进入案件实体审理,通过对陈述、证据分析、适用法律最终得出的结论。因此上述类型的仲裁决定系仲裁裁决的一类,属于当事人可依据《仲裁法》的规定申请撤销仲裁裁决的范围,对于能否撤销仲裁则依据法定事由进行认定,法院仍应遵循司法监督仲裁的谦抑原则和依法审查的规定处理。

二、在仲裁司法审查中如何保障“仲裁权”

如何界定仲裁权与司法监督的边界是十分复杂的问题,涉及仲裁权的范围,以及仲裁权行使中哪些情况应接受司法监督,哪些情况不属于司法监督范围。有学者指出仲裁庭的权力是指在仲裁程序中,为解决当事人提交争议案件所行使的权力。其本质上是对仲裁权的具体运用。仲裁庭的权力主要包括审理权、调解权以及仲裁裁决权。[①] 一般认为仲裁权的权利来源是当事人授权和法律授权,当事人授权是仲裁委员会和仲裁庭获得仲裁权的基础,同时仲裁权必须受到法律的确认与限制,即法律的授权。仲裁权的内容大致可分四个方面,程序上的仲裁权、事实认定的仲裁权、适用法律的仲裁权、对仲裁事项涉及当事人实体权利义务关系裁决的仲裁权。如果按上述划分理解仲裁权,那么司法审查应当与哪些类型的仲裁权有关,或者审查的程度是否会有所不同。

首先,对于程序上的仲裁权,学者认为,在撤销仲裁裁决中,法院只审查

---

① 参见乔欣:《仲裁法学》第 2 版,清华大学出版社 2015 年版,第 47 页。

程序不审查实体是一项为绝大多数国家普遍接受和遵循的基本原则。[①] 除公共利益一项既涉及实体又涉及程序外,我国撤销涉外仲裁的审查范围仅限于程序,撤销国内仲裁的审查在证据方面涉及实体审查。

其次,对于事实认定的仲裁权和适用法律的仲裁权,除证据问题既涉及事实认定又涉及适用与证据相关的法律外,在我国《仲裁法》中没有将事实认定和适用法律作为撤销仲裁裁决的事由。因此这意味着,虽然仲裁裁决可能认定事实错误或者适用法律出现问题,比如将有效合同认定为未生效、无效等,但均不属于法院仲裁司法审查的范围。

最后,对于仲裁事项涉及当事人实体权利义务关系裁决的仲裁权,它是仲裁裁决的结果,如果能够认定仲裁裁决符合法定的撤销仲裁事由,那么在撤销仲裁裁决时裁决结果当然不发生法律效力,如果不符合撤销仲裁事由,即使仲裁裁决结果出现错误,比如错误计算数额等,均应由仲裁机构通过补正裁决等方式纠正,不属于法院仲裁司法审查的范围。

由于撤销仲裁裁决是仲裁监督中最为严厉的手段,直接导致仲裁裁决因被撤销而归于无效,因此法院在仲裁监督中须严格把握撤销仲裁裁决的审查范围,不得超越界限干涉仲裁委员会或仲裁庭的仲裁权。在仲裁司法审查中严格依据《仲裁法司法解释》第 17 条规定审理,即当事人以不属于《仲裁法》第 58 条或者现行《民事诉讼法》第 274 条规定的事由申请撤销仲裁裁决的,人民法院不予支持。

三、在仲裁司法审查中对新类型仲裁的审查

仲裁作为多元化纠纷解决机制中的重要手段之一,因为具有意思自治、灵活高效、独立保密、一裁终局等特点和优势,在现代经济社会生活中,越来越多的商事主体选择将争议提交仲裁解决。仲裁机构为适应社会发展要求,不断创新和发展仲裁制度,为仲裁当事人提供更优质的纠纷解决途径。

---

① 参见江伟、肖建国主编,谢文哲副主编:《仲裁法》第 3 版,中国人民大学出版社 2016 年版,第 275 页。

如部分仲裁机构为顺应新形势开展了网上仲裁业务，应当说网上仲裁有其经济、便捷、高效等优势，但网上仲裁也带来了新的司法审查问题。比如“先予仲裁”模式引发争议甚至违反《仲裁法》规定。本文所指的“先予仲裁”系实践中发现当事人在签订合同并未发生纠纷时，即同时申请仲裁机构仲裁，仲裁机构根据协议先予作出具有约束力和执行力的仲裁裁决书或调解书等法律文书。

2018 年 6 月 7 日，最高人民法院发布的《关于仲裁机构“先予仲裁”裁决或者调解书立案、执行等法律适用问题的批复》内容如下：

“当事人申请人民法院执行仲裁机构根据仲裁法作出的仲裁裁决或者调解书，人民法院经审查，符合民事诉讼法、仲裁法相关规定的，应当依法及时受理，立案执行。但是，根据仲裁法第二条的规定，仲裁机构可以仲裁的是当事人间已经发生的合同纠纷和其他财产权益纠纷。因此，网络借贷合同当事人申请执行仲裁机构在纠纷发生前作出的仲裁裁决或者调解书的，人民法院应当裁定不予受理；已经受理的，裁定驳回执行申请。

你院请示中提出的下列情形，应当认定为民事诉讼法第二百三十七条第二款第三项规定的‘仲裁庭的组成或者仲裁的程序违反法定程序’的情形：一、仲裁机构未依照仲裁法规定的程序审理纠纷或者主持调解，径行根据网络借贷合同当事人在纠纷发生前签订的和解或者调解协议作出仲裁裁决、仲裁调解书的；二、仲裁机构在仲裁过程中未保障当事人申请仲裁员回避、提供证据、答辩等仲裁法规定的基本程序权利的。前款规定情形中，网络借贷合同当事人以约定弃权条款为由，主张仲裁程序未违反法定程序的，人民法院不予支持。

人民法院办理其他合同纠纷、财产权益纠纷仲裁裁决或者调解书执行案件，适用本批复。”

上述批复对网上仲裁提出三方面重要的司法审查要求：（1）依据《仲裁法》只有当事人之间业已发生的合同或其他财产权益纠纷才可以作为仲裁的内容，仲裁机构不能在未发生纠纷时先予作出裁决。（2）在审查是否具有

“仲裁庭的组成或者仲裁的程序违反法定程序”的情形时，应依照《仲裁法》规定判断：第一，仲裁机构未依照《仲裁法》规定的程序审理纠纷或者主持调解，径行根据网络借贷合同当事人在纠纷发生前签订的和解或者调解协议作出仲裁裁决、仲裁调解书的；第二，仲裁机构在仲裁过程中未保障当事人申请仲裁员回避、提供证据、答辩等《仲裁法》规定的基本程序权利的。上述情形均属于判断程序违法的事由。（3）仲裁当事人约定弃权条款无效，《仲裁法》规定涉及基本仲裁权利和法定程序的内容应当约束仲裁机构、仲裁当事人，除非《仲裁法》明确规定当事人有权放弃或者通过约定变更程序，否则法院在仲裁司法审查中应予以纠正。

典型案例：“一裁终局”的认定参照民诉法解释关于重复起诉的规定判断

一、案件基本信息

案号：（2018）京04民特298号

当事人：申请人徐某、王某与被申请人北京君德财富投资管理股份有限公司（以下简称君德财富公司）

案由：申请撤销仲裁裁决

二、诉辩争议焦点

徐某、王某称（简要），申请依法撤销北京仲裁委员会（以下简称北仲）作出的（2018）京仲裁字第1440号裁决。事实和理由：（1）本案仲裁违反法定程序。北仲已在（2017）京仲裁字第1623号裁决书中驳回了君德财富公司的仲裁请求。（2018）京仲裁字第1440号裁决违反了《仲裁法》第9条的规定。由于在（2017）京仲裁字第1623号裁决书中，北仲已对本案实体进行了审理，驳回了君德财富公司的仲裁请求，君德财富公司基于同一事实与纠纷再次申请仲裁，北仲应不予受理，而北仲的再次仲裁已违反了仲裁一裁终局的基本法律规则，应予以撤销。（2）君德财富公司的损失无法确定且故意扩大损失。

君德财富公司称（简要），请求依法驳回徐某、王某的申请。（1）北仲于2017年10月23日作出的(2017)京仲裁字第1623号仲裁裁决中认定:“目标公司向信泰人寿返还继续率补偿金659 948.5元,属于被申请人(即徐某、王某)《保证书》承诺的‘被申请人对股权转让事宜完成前发生的债权债务各自承担连带责任’的范围,申请人(即君德财富公司)为此项诉讼支付的一、二审诉讼费也应纳入被申请人《保证书》承诺的责任范围。但在被申请人、申请人、目标公司及人保北京分公司之间没有达成一致的情况下,应按照《保险代理人职业责任险保险单》约定的司法途径解决。”北仲已经对君德财富公司的申请进行了认定,但需要君德财富公司先通过司法途径解决。据此,目标公司遂向法院提起民事诉讼,法院作出判决。君德财富公司依《合同法》等相关法律规定及已经生效的判决、裁决的内容,再次向北仲提起仲裁,不存在违反一裁终局的情形。(2)(2018)京仲裁字第1440号裁决开庭时,君德财富公司提交了变更仲裁请求申请书,仲裁员已经征求徐某、王某的意见,是否需要答辩期和举证期限,徐某、王某当庭明确表示不需要,表示继续答辩,不存在剥夺其享有的答辩期的诉讼权利情形。(3)关于徐某、王某认为君德财富公司损失无法确定且任意扩大损失的主张,其所述不实,曲解法律。

三、法院裁判意见

法院审查查明:仲裁申请人君德财富公司依据2014年9月12日签订的《股权转让协议》中仲裁条款的约定,以徐某、王某为仲裁被申请人,向北仲提交书面仲裁申请。北仲于2018年4月2日受理该案,适用2015年4月1日起施行的《北京仲裁委员会仲裁规则》。该案编号为(2018)京仲案字第0839号。经审理,北仲于2018年7月27日作出(2018)京仲裁字第1440号裁决:(1)徐某、王某向君德财富公司支付赔偿金659 948.5元;(2)驳回君德财富公司的其他仲裁请求;(3)仲裁费29 212.46元(已由君德财富公司全额预交),由君德财富公司承担40%即11 684.98元,徐某、王某承担60%即17 527.48元。上述徐某、王某应向君德财富公司履行的义务,徐某、王某应自本裁决书送达之日起 10 日内履行完毕。逾期履行的,应当按照《中华人民共和国民事诉讼法》第 253 条的规定处理。

另查,在上述仲裁案件之前,仲裁申请人君德财富公司曾经于 2017 年 5 月依据同一《股权转让协议》,以徐某、王某为仲裁被申请人,向北仲申请进行仲裁,该案编号为(2017)京仲案字第 1267 号。该案中君德财富公司的仲裁请求为:裁决徐某、王某向君德财富公司支付赔偿金 659 948.5 元、一审案件受理费 9594 元,二审案件受理费 10 399 元,共计 679 941.5 元。经审理,仲裁庭认为根据法院终审判决,目标公司需向信泰人寿返还继续率补偿金 659 948.5 元,"该项债务属于被申请人(即徐某、王某)《保证书》承诺的'被申请人对股权转受让事宜完成前发生的债权债务各自承担连带责任'的范围,申请人(即君德财富公司)为此项诉讼支付的一、二审诉讼费也应当纳入被申请人《保证书》承诺的责任范围。然而,本案中,目标公司曾经向人保北京分公司投保了保险代理人职业责任保险,法院终审判决确定的目标公司向信泰人寿返还 659 948.5 元继续率补偿金的债务,是否应当由目标公司投保的保险代理人职业责任保险承担,在被申请人、申请人、目标公司及人保北京分公司之间没有达成一致意见的情况下,应按照《保险代理人职业责任保险保险单》约定的司法途径解决,本仲裁庭对此无法认定。而在人保北京分公司就其承保的目标公司的保险代理人职业责任保险是否应当承担保险责任最终确定之前,申请人请求被申请人赔偿 659 948.5 元继续率补偿金的债务是不确定的,因此,对于申请人请求被申请人向其支付 659 948.5 元赔偿金的仲裁请求,本仲裁庭不予支持。"2017 年 10 月 23 日,北仲作出(2017)京仲裁字第 1623 号裁决:(1)驳回君德财富公司的全部仲裁请求。(2)本案仲裁费用 28 148.84 元(已由君德财富公司全额预交),全部由君德财富公司承担。

(2017)京仲裁字第 1623 号裁决作出后,目标公司向北京铁路运输法院提起民事诉讼,请求判令人保北京公司按照《保险代理人职业责任保险保险单》约定承担保险理赔责任，北京铁路运输法院经审理认定目标公司向信泰人寿返还继续率补偿金不属于保险合同约定的保险人承担保险责任的范围，人保北京公司不应承担保险责任，故驳回了目标公司诉讼请求。目标公司不服一审判决向本院提起上诉，本院终审驳回上诉维持原判。

再查，(2018)京仲案字第0839号案件中，君德财富公司初始仲裁请求为：(1)请求仲裁庭裁决徐某、王某向君德财富公司支付：①信泰人寿与目标公司保险代理纠纷一案赔偿金659 948.5元、一审案件受理费9594元、二审案件受理费10 399元；②目标公司与人保北京分公司理赔纠纷一案一审案件受理费5345元、二审案件受理费10 689元。以上共计695 975.5元。(2)请求仲裁庭裁决徐某、王某共同承担(2017)京仲裁字第1623号仲裁的仲裁费28 148.84元。(3)请求仲裁庭裁决徐某、王某共同承担本案仲裁费。2018年6月13日仲裁庭组织对该案进行开庭审理，其间君德财富公司当庭变更仲裁请求为：(1)请求仲裁庭裁决徐某、王某向君德财富公司支付：①信泰人寿与目标公司保险代理纠纷一案赔偿金659 948.5元、一审案件受理费9594元、二审案件受理费10 399元；②目标公司与人保北京分公司理赔纠纷一案一审案件受理费5345元、二审案件受理费10 689元；③案件执行费8999元。以上共计704 974.5元。(2)请求仲裁庭裁决徐某、王某共同承担(2017)京仲裁字第1623号仲裁的仲裁费28 148.84元。(3)请求仲裁庭裁决徐某、王某共同承担本案仲裁费29 032.48元。以上合计762 155.82元。鉴于君德财富公司当庭变更仲裁请求(增加了一项仲裁请求即案件执行费8999元)，独任仲裁员向徐某、王某询问是否同意当庭答辩，徐某、王某表示同意。

法院认为(简要)，徐某、王某提出北仲受理(2018)京仲案字第0839号案件违反了《仲裁法》第9条规定的一裁终局制度。就此本院认为，本案事实是北仲于2017年、2018年分别受理了君德财富公司基于同一合同针对徐某、王某提起的两次仲裁申请,且仲裁请求基本相同(第二次申请仲裁的仲裁请求涵盖了第一次仲裁的全部仲裁请求,且有所增加),就上述事实外观而言,确实有可能涉及重复仲裁,从而违反了一裁终局的基本仲裁制度。但是,本院进一步注意到,本案的细节是君德财富公司于2017年第一次申请仲裁时,仲裁庭以尚有部分事实无法确定(目标公司向信泰人寿返还659 948.5元继续率补偿金的债务是否应当由目标公司投保的保险代理人职业责任保险承担)为由驳回君德财富公司的仲裁请求,此后目标公司以人保北京分公司为被告提起诉讼,一、二审均败诉,君德财富公司遂第二次申请仲裁。本院认为,前述细节恰恰是君德财富公司第二次申请仲裁是否构成重复仲裁、是否违背一裁终局制度的关键。

仲裁权的来源是双方当事人一致达成的仲裁协议,当事人在达成仲裁协议时就应当具备尊重以及履行仲裁裁决的诚意,并预见到仲裁裁决可能对其不利的后果。因此,履行仲裁裁决属于一裁终局制度和诚实信用原则的必然要求。《中华人民共和国仲裁法》第9条规定:“仲裁实行一裁终局的制度。裁决作出后,当事人就同一纠纷再申请仲裁或者向人民法院起诉的,仲裁委员会或者人民法院不予受理。”上述规定是一裁终局制度的直接法律依据。但是正确理解并执行《仲裁法》第9条规定的一裁终局制度,必须先确定何为“同一纠纷”。《最高人民法院关于适用〈中华人民共和国民事诉讼法〉的解释》第247条第1款以及第248条就重复起诉的构成条件作出规定,相应规定可以参照作为判断重复仲裁的标准。《最高人民法院关于适用〈中华人民共和国民事诉讼法〉的解释》第247条第1款规定:“当事人就已经提起诉讼的事项在诉讼过程中或者裁判生效后再次起诉,同时符合下列条件的,构成重复起诉:(一)后诉与前诉的当事人相同;(二)后诉与前诉的诉讼标的相同;(三)后诉与前诉的诉讼请求相同,或者后诉的诉讼请求实质上否定前诉裁判结果。”该解释第248条规定:“裁判发生法律效力后,发生新的事实,当事人再次提起诉讼的,人民法院应当依法受理。”具体到本案中，君德财富公司第一次申请仲裁时仲裁庭以涉案债务是否应当由目标公司投保的保险代理人职业责任保险承担尚不能确定为由，未支持君德财富公司的仲裁请求。在第一次裁决作出后，目标公司另案起诉人保北京分公司，经一审、二审最终确定人保北京分公司不应承担保险责任。目标公司与人保北京分公司之间的诉讼，即属于(2017)京仲裁字第1623号裁决生效之后新发生的事实。因此，君德财富公司依据新发生的事实第二次提起仲裁，北仲予以受理并作出(2018)京仲裁字第1440号裁决，不构成重复仲裁，不违反《仲裁法》规定的一裁终局制度。

本院审查期间，徐某、王某另提出，仲裁期间君德财富公司变更其仲裁请求后，北仲(应为仲裁庭)剥夺了徐某、王某享有答辩期的权利。但本案事实是，君德财富公司在仲裁开庭时当庭申请变更仲裁请求(主要是增加了一笔案件执行费8999元)，仲裁庭已经向徐某、王某询问其是否当庭答辩，徐某、王某明确表示同意。本院认为，在君德财富公司申请变更仲裁请求后，仲裁庭并非强制庭审程序继续进行，而是征求徐某、王某意见，在徐某、王某明确表示同意当庭答辩的情况下才继续进行庭审，并不存在所谓“剥夺”当事人权利的情形。

至于徐某、王某提出的“君德财富公司的损失无法确定且故意扩大损失”等事由，如前所述，依法不属于人民法院撤销仲裁裁决案件的审查范围，本院对此不予审查。

综上，徐某、王某请求撤销(2018)京仲裁字第1440号裁决的各项理由均不能成立，本院对其申请不予支持。依照《中华人民共和国仲裁法》第58条、第60条规定，裁定如下：驳回徐某、王某的申请。

典型案例：违反“一裁终局”制度撤销仲裁裁决的认定

一、案件基本信息

案号：(2017)京04民特39号

当事人：申请人中国石化集团国际石油勘探开发有限公司(以下简称国勘公司)与被申请人UNI－TOP Asia Investment Limited(以下简称UNI－TOP公司)

案由：申请撤销仲裁裁决

二、诉辩争议焦点

申请人国勘公司称(简要)，依法裁定撤销中国国际经济贸易仲裁委员会(以下简称贸仲)作出的〔2017〕中国贸仲京裁字第0836号裁决书。一、贸仲没有依法向国勘公司有效送达本案仲裁通知等部分程序性文件，导致国勘公司没有得到指定仲裁员和进行第一次开庭程序的通知，本案仲裁庭的组成以及仲裁程序均与《中国国际经济贸易仲裁委员会仲裁规则》(2015年版)(以下简称《仲裁规则》)不符。二、贸仲对UNI－TOP公司就同一纠纷提出的仲裁申请予以受理，仲裁庭就UNI－TOP公司提出的相同请求重复裁决，违反了“一裁终局”的法律规定以及《仲裁规则》，根据《仲裁法》第70条和《民事诉讼法》第274条第3项的规定，《裁决书》应予撤销。三、《裁决书》的内容与前案裁决互相冲突，完全推翻了前案裁决结果，违反了《仲裁法》第7条规定的公平合理以及《仲裁规则》中第9条规定的诚实信用原则，不符合法律及《仲裁规则》中对仲裁程序的要求，根据《仲裁法》第70条和《民事诉讼法》第274条第3项的规定，《裁决书》应予撤销。

UNI－TOP公司称(简要)，国勘公司的主张和请求既不符合事实，也无法律依据，完全不能成立，本案仲裁裁决不具备任何法定撤销事由。一、本案项下仲裁程序文件显示，仲裁文件均已合法送达给国勘公司。贸仲仲裁文件送达程序完全符合法律规定和仲裁规则，国勘公司未在规定的期限内行使选任仲裁员等程序性权利，应自行承担不利后果。国勘公司在仲裁过程中明确向仲裁庭表示就仲裁庭组成不持异议。二、本案仲裁庭基于前案裁决作出后的“新的事实”作出裁决，并不违反“一裁终局”，并且是否违反“一裁终局”属于仲裁庭实体审理范围，并不是撤裁的法定事由。三、本案《裁决书》与前案裁决是否冲突，属于仲裁庭基于事实和法律，对案件实体进行审理的问题，不构成对公平合理和诚实信用原则的违反，不构成撤销仲裁裁决的事由，更何况两案裁决之间根本就不存在国勘公司所声称的冲突。

三、法院裁判意见

法院审查查明，2005 年 3 月 4 日，国勘公司与 UNI – TOP 公司签订了《代理协议》，约定国勘公司委托 UNI – TOP 公司且 UNI – TOP 公司同意作为国勘公司的排他的代理人，协助国勘公司根据相关法律或规定直接或通过国勘公司的关联公司间接获得 PK 公司股份，并协助国勘公司得到相关政府批准（以下简称完成交易）。协议有效期两年。完成交易后，UNI – TOP 公司不再作为将 PK 公司产出原油运往中国市场的代理，并不得收取任何代理费用。PK 公司产出的原油在中国以外地区销售的部分，双方同意根据另行商定的条件，由国勘公司委托 UNI – TOP 公司作为销售代理商。双方约定，由此产生的争端由贸仲的三名仲裁员根据其相关规则在北京予以仲裁。仲裁程序中使用的文字为中文。本协议适用中国法。

关于第一次仲裁的情况。

2012 年 8 月 30 日，UNI – TOP 公司向贸仲申请仲裁。仲裁请求为：国勘公司支付代理酬金 1704.9 万美元，逾期付款利息损失 1458.636667 万美元（暂计算至 2012 年 8 月 31 日，按年利率 14% 计算），预期利益损失，汇率损失，律师费和仲裁费。

2013 年 2 月 6 日 UNI – TOP 公司变更仲裁请求为：国勘公司支付代理酬金 2154 万美元，逾期利息损失 1693.462833 美元（暂计算至 2012 年 8

月31日)，预期利益损失2776万美元，国勘公司继续履行《代理协议》，由UNI－TOP公司享有PK公司在中国以外地区销售原油的代理权。

前案裁决认定：贸仲对本案有管辖权，按约定适用中国法，《代理协议》有效，双方主体适格，UNI－TOP公司的请求没有超过诉讼时效。《代理协议》的性质为《合同法》中的委托合同。仲裁庭认定：酬金的支付是有条件的。代理事项即完成交易就是酬金支付应该成就的条件。对此双方均表示无异议。仲裁庭认为：对于本案《代理协议》中确定的目的是否达到应该仅限于对本案协议中规定的当事人是否取得其签署本《代理协议》希望取得的结果。任何对协议规定的扩大解释，在没有确凿证据的情况下，仲裁庭不能接受这类扩大或延伸的解释。迄今为止，没有确凿证据表明中石油在收购PK公司股权过程中与中石化集团已经建立了针对PK公司股权收购相关的书面的法律关系，对各自的权利义务划分、风险责任的承担、金融财务费用的分担等作出了约定。虽有迹象表明中石油集团完成收购后中石化集团有索求权益的行为，但没有明确证据显示上述两家集团公司存在联合情况下，仲裁庭不能认定本案存在联合竞标或联合收购的结论。

无论UNI－TOP公司做了多少工作，国勘公司没有根据《代理协议》的约定取得PK公司股权或其他权益补偿，协议约定的目标就没有达到，要依据协议规定要求国勘公司履行协议义务缺乏法律和合同基础。

对于国勘公司是否怠于或放弃应得权益的问题，庭审双方均认可本案确实存在国勘公司根据本案涉及的收购案向中石油集团方面主张权益的事实且国勘公司表示在本案审理过程中其仍然没有放弃向中石油集团方面追索权益的努力。国勘公司作为一个企业，从公司经营管理、追求公司最大利益的角度出发，放弃对其可以获得的巨大权益以规避对UNI－TOP公司支付代理酬金的责任是十分荒唐的。

UNI－TOP公司指责国勘公司怠于履行或放弃权利的说法不符合逻

辑也没有事实基础。

综上所述,仲裁庭不认为《代理协议》规定的酬金支付条件已经成就。在国勘公司没有实际取得因本案涉及的PK公司的股权收购所应得的权益或与以此相关的其他权益进行的补偿之前,UNI－TOP公司对代理酬金的索取缺乏法律依据,仲裁庭不能给予支持。但是,在国勘公司实际取得因本案涉及的PK公司的股权收购所应得的权益或与此相关的其他权益进行补偿之后,UNI－TOP公司有权对代理酬金进行索取,国勘公司也有义务向UNI－TOP公司支付代理协议约定的酬金。由此,仲裁庭对于UNI－TOP公司现在就依据《代理协议》的相关规定对酬金支付而产生的其他赔偿请求,也不能给予认可。

2013年12月30日,贸仲作出裁决:驳回UNI－TOP公司的全部仲裁请求。

关于第二次仲裁的情况:

2015年9月30日,UNI－TOP公司再次向贸仲提起仲裁。UNI－TOP公司的理由是,前案裁决后有"新的事实",所谓"新的事实"是指:2015年2月2日,UNI－TOP公司委托律师向国勘公司和中石化集团发函,要求披露前案裁决后,国勘公司是否主张权利。同日,UNI－TOP公司委托律师向中石油集团发函,要求其披露就PK项目与国勘公司协商情况。

2015年8月至10月,香港简松年律师行三次致函中石油股份公司,指出中石油股份持有的PK项目资产涉及中石化集团的权益,中石油股份应披露和说明中石化集团对PK项目拥有权益的情况。中石油股份回复,2006年收购时已经履行了法定信息披露程序,不存在应披露未披露的情形。

UNI－TOP公司认为,该回复表明,从2006年起,国勘公司怠于履行《代理协议》的义务,根本没有向中石油集团追索PK公司股权和其他权益补偿,刻意阻碍对UNI－TOP公司给付义务的成就。

UNI－TOP公司的仲裁请求为:1. 确认UNI－TOP公司与国勘公司于2005年3月4日签订的《代理协议》约定的酬金支付条件已经成就;2. 国勘公司向UNI－TOP公司支付《代理协议》项下的酬金2154万美元及自2014年8月14日起至国勘公司实际支付日止的利息,暂计至2016年8月14日的利息为3 239 715. 42美元(人民银行基准贷款利率上浮50%);3. 国勘公司赔偿UNI－TOP公司《代理协议》项下UNI－TOP公司销售代理权益的损失133 634 359. 5美元;4. 国勘公司承担UNI－TOP公司本案项下的律师费用,由三部分组成,人民币30万元,港币259 865元,UNI－TOP公司实际获得赔偿部分的10%;5. 国勘公司承担全部仲裁费用;6. 给予UNI－TOP公司仲裁庭认为可以给予的其他救济。

2016年4月18日,贸仲以EMS形式给国勘公司发送仲裁通知及附件,通知国勘公司仲裁案件受理情况,送达仲裁申请书、贸仲《仲裁规则》《仲裁员名册》,通知国勘公司选定仲裁员等。收信地址是朝阳区惠新东街甲6号1楼,为国勘公司的住所地,收件人:张某/法定代表人/其他负责人,电话010—69165136,邮件内容是"仲通及附",寄件人是贸仲,崔某(电话010—82217788)。6月1日贸仲发组庭通知、6月23日发开庭通知都是按照上述地址发送,收件人的填写情形也与上述情形一致。

以上邮件均显示妥投,国勘公司收发室签章。国勘公司称,当时公司收发室确实收到上述文件,但是认为收件人是张某,而张某此时已经从中石化集团退休,因此将上述材料退回EMS工作人员,由其转投到中石化集团,国勘公司实际并未收取和查阅上述材料。2016年4月18日贸仲向国勘公司寄送材料时,张耀仓并非国勘公司的法定代表人、主要负责人、其他负责人或普通员工,此时张耀仓已经从中石化集团退休,并正被"双规"期间。上述邮件由中石化集团办公厅统一保管。

2016年8月3日,贸仲给国勘公司发送庭后函和缴费通知。收件人为：冯某/法定代表人/其他负责人。该邮件国勘公司收到。国勘公司随后向贸仲提出程序异议，要求中止审理，重新送达，选定仲裁员。该请求被仲裁庭驳回。

2016年12月23日，仲裁庭第二次开庭。双方均派人出庭，并陈述意见。经仲裁庭询问，国勘公司表示对仲裁庭组成没有异议，但对仲裁程序保留异议。

《裁决书》认为：

1. 关于本案是否违反"一裁终局"制度的分析与认定。

虽然本案仲裁当事人、争议标的、仲裁请求与前案基本一致，但UNI－TOP公司在本案中提出的仲裁请求是基于前案裁决作出以后发生的事实，即国勘公司怠于向中石油集团方面主张PK公司的股权或其他相关权益以及相应的证据，应当属于《最高人民法院关于适用〈中华人民共和国民事诉讼法〉的解释》第248条规定的可以再次提起诉讼的"新的事实"。UNI－TOP公司在本案中提起的仲裁请求不违反"一事不再理"原则，不属于"一裁终局"的适用范围，仲裁庭决定对本案进行审理。

2. 国勘公司是否应当向UNI－TOP公司支付代理酬金的认定。

前案裁决没有否定UNI－TOP公司将来在支付条件成就之时，可以向国勘公司主张代理酬金的权利。《代理协议》的有效期届满，不影响国勘公司履行支付代理酬金的义务。UNI－TOP公司已经按照《代理协议》的约定履行了代理义务。UNI－TOP公司有权利向国勘公司主张代理酬金。代理酬金的支付是附条件的，国勘公司阻止代理酬金支付条件的成就，代理酬金的支付条件视为已成就。《合同法》第45条第2款虽然是对附生效条件合同效力的具体规定，当中的法律拟制针对的是合同效力问题，而本案中代理酬金的支付条件实际上是合同履行的条件，但根据《合同法》第45条第2款背后的法理，该条款可以类推适用于合同的履行条件。《合同法》第45条第2款反映了合同生效前法律对当事人期待权的特别保护，以及通过反向推定条件成就或不成就来对恶意当事人进行法律的制裁。无论是合同的生效条件还是合同的履行条件，合同当事人对条件成就的期待权都应当同样地受到法律的保护。国勘公司应当向中石油集团追索PK公司的相关权益而怠于追索，该行为属于不正当地阻止代理酬金支付条件的成就。根据《合同法》第45条第2款的类推适用，仲裁庭认定代理酬金的支付条件已经成就。另外，根据合同的相对性原则，国勘公司应当向UNI－TOP公司履行支付代理酬金的合同义务，按约定应为2154万美元。

3. 仲裁庭认为，国勘公司无须赔偿UNI－TOP公司因未被授予代理权而遭受的预期权益损失。

4. 关于前期已经支付的代理费是否应当抵扣的问题。

依据《代理协议》的约定，在完成项目交易时前期费用全额冲抵酬金。尽管国勘公司在本案中未就此问题提出反请求或冲抵申请，但UNI－TOP公司的仲裁请求与该约定直接相关，该款约定对UNI－TOP公司仲裁请求中代理佣金的数额确定具有重大意义，故仲裁庭认为并不需要国勘公司提出仲裁反请求而应当主动按照合同约定予以冲抵前期费用159 898美元。

2017年6月30日，贸仲作出(2017)中国贸仲京裁字第0836号裁决：(一)确认UNI－TOP公司与国勘公司于2005年3月4日签订的《代理协议》约定的酬金支付条件已经成就；(二)国勘公司向UNI－TOP公司支付《代理协议》项下的酬金21 380 102美元，及以21 380 102美元为本金、自2014年8月14日起至国勘公司实际支付日止的利息，利率按照中国人民银行同期贷款利率计算；(三)国勘公司向UNI－TOP公司补偿其律师费人民币300 000元，港币259 865元；(四)驳回UNI－TOP公司的其他仲裁请求；(五)本案仲裁费848 329美元，由UNI－TOP公司承担70%，即593 830.3美元，由国勘公司承担30%，即254 498.7美元。该笔费用由

UNI－TOP 公司预缴的等额仲裁预付金予以冲抵，国勘公司还应向 UNI－TOP 公司支付 254 498.7 美元以补偿国勘公司为其垫付的仲裁费。

本院认为，UNI－TOP 公司系在中华人民共和国领域外注册的企业，涉案仲裁裁决系贸仲按涉外仲裁程序作出的涉外裁决。《北京市高级人民法院关于北京市第四中级人民法院案件管辖的规定》（2018 年修订）第 1 条第 3 款规定，北京市第四中级人民法院（北京铁路运输中级法院）管辖下列案件：……（三）应由本市人民法院管辖的申请确认仲裁协议效力案件、申请撤销仲裁裁决案件（不含申请撤销劳动争议仲裁裁决案件）……故本院对本案享有管辖权。

关于涉外仲裁裁决，《中华人民共和国仲裁法》第 70 条规定，“当事人提出证据证明涉外仲裁裁决有民事诉讼法第二百六十条（该法 2012 年修正后的第二百七十四条）第一款规定的情形之一的，经人民法院组成合议庭审查核实，裁定撤销。”《中华人民共和国民事诉讼法》（2012 年修正）第 274 条第 1 款规定：“对中华人民共和国涉外仲裁机构作出的裁决，被申请人提出证据证明仲裁裁决有下列情形之一的，经人民法院组成合议庭审查核实，裁定不予执行：（一）当事人在合同中没有订有仲裁条款或者事后没有达成书面仲裁协议的；（二）被申请人没有得到指定仲裁员或者进行仲裁程序的通知，或者由于其他不属于被申请人负责的原因未能陈述意见的；（三）仲裁庭的组成或者仲裁的程序与仲裁规则不符的；（四）裁决的事项不属于仲裁协议的范围或者仲裁机构无权仲裁的。”上述规定是人民法院撤销涉外仲裁裁决的法定事由。

对于本案所涉撤销情形，焦点问题有两个：一是本案送达程序是否违反了《仲裁规则》的规定，即被申请人国勘公司没有得到指定仲裁员或者进行仲裁程序的通知，或者由于其他不属于被申请人国勘公司负责的原因未能陈述意见的情形；二是本案仲裁是否违反了《中华人民共和国仲裁法》第 9 条关于“一裁终局”的规定，即裁决的事项不属于仲裁协议的范围或者仲裁机构无权仲裁的情形。

（一）关于送达问题

《仲裁规则》规定，仲裁文件发送至收件人的营业地、注册地、住所地、惯常居住地或通讯地址，即视为有效送达。贸仲在2016年8月之前以EMS形式向国勘公司的住所地发送的仲裁文件，国勘公司收发室均予以签章，回单显示妥投。虽然此时张某不是国勘公司的法定代表人和其他负责人，但按照《仲裁规则》规定，上述文件投递到国勘公司的住所地或营业地，即视为有效送达。因此，国勘公司是否将上述文件当作张某的私人信件予以处理，是否实际查阅了文件内容，均不影响贸仲有效送达的法律效果。因此，本案仲裁送达程序符合《仲裁规则》的规定。

（二）关于本案裁决是否违反了“一裁终局”的问题

《中华人民共和国仲裁法》第9条规定：“仲裁实行一裁终局的制度。裁决作出后，当事人就同一纠纷再申请仲裁或者向人民法院起诉的，仲裁委员会或者人民法院不予受理。裁决被人民法院依法裁定撤销或者不予执行的，当事人就该纠纷可以根据双方重新达成的仲裁协议申请仲裁，也可以向人民法院起诉。”依据该条规定，仲裁施行“一裁终局”制度，即对于“同一纠纷”，仲裁审理并作出裁决后，不再受理当事人基于该纠纷的仲裁申请，其核心是对“同一纠纷”的判断。对此，可以参照《最高人民法院关于适用〈中华人民共和国民事诉讼法〉的解释》第247条关于“一事不再理”原则及判断标准的规定，从当事人、诉讼标的、仲裁请求三个方面予以分析认定。

首先，就两案是否属于“同一纠纷”分析如下：

第一，关于当事人，前案裁决与本案裁决的当事人相同，均为UNI－TOP公司和国勘公司。第二，关于争议标的，两案的争议标的相同。在两个仲裁案件中，UNI－TOP公司的请求所依据的均是其与国勘公司于2005年3月4日签订的《代理协议》以及后来签订的《延期协议》《补充协议》,均属于委托合同关系。第三,关于仲裁请求,两案的仲裁请求基本一致。UNI－TOP公司在前后两案的仲裁请求中,核心内容均是要求国勘公司支付《代理协议》项下的酬金2154万美元、相应的利息及预期利益损失。

其次,UNI－TOP公司所称的国勘公司怠于追索相关权益的情况是否属于"新的事实"。是否属于"新事实",按照民事诉讼法的相应标准,主要看该"新事实"是否具有在当事人之间产生"权利义务"的法律效果,并且基于该"新事实"所产生的权利义务不受前案判决效力的约束。参照上述标准来看,本案中,依照《代理协议》的约定,酬金支付条件就是合同的履行条件,该条件是"在国勘公司确定的心理价位范围内完成交易"。关于"完成交易"的客观标准,生效的前案裁决已确认:国勘公司"实际取得"了PK公司股权或其他权益。由于本案中不存在附条件的法律行为,所以不涉及条件成就问题,也就不存在条件成就与不成就的"拟制情形"。国勘公司至今并未"实际取得"PK公司的股权或相关其他权益,前案裁决后,UNI－TOP公司与国勘公司之间的"权利义务"并无新的变化。所以前案裁决后并无"新的事实"。

此外,两案是否属于《中华人民共和国仲裁法》中规定的"同一纠纷",根据案件当事人、争议标的、仲裁请求等进行程序性审查即可作出判断,并不属于案件实体审理范围。

综上所述,从上述情形看,两案应属于"同一纠纷",但贸仲分别于2013年12月30日和2017年6月30日作出了两次裁决,该情形明显违反了《仲裁法》第9条规定的"一裁终局"制度,应当予以撤销。

按照《最高人民法院关于仲裁司法审查案件报核问题的有关规定》,我院就本案裁决拟撤销的意见向北京市高级人民法院进行了报核,北京市高级人民法院按照规定向最高人民法院进行了报核。最高人民法院审核后作出《关于中国石化集团国际石油勘探开发有限公司申请撤销中国国际经济贸易仲裁委员会仲裁裁决一案请示的复函》，答复如下：首先，根据请示报告所述事实，2012 年 8 月 30 日，UNI－TOP 公司向贸仲申请仲裁，请求裁决国勘公司支付代理酬金、逾期利息损失以及逾期利益损失；国勘公司继续履行《代理协议》；由 UNI－TOP 公司享有 PK 公司在中国以外地区销售原油的代理权。贸仲于 2013 年 12 月 30 日作出裁决，驳回了 UNI－TOP 公司的全部仲裁请求。2015 年 9 月 30 日，UNI－TOP 公司再次向贸仲提起仲裁，贸仲予以受理，并作出本案裁决。贸仲前后两次仲裁裁决所涉当事人相同、争议标的相同、仲裁请求相同，属于同一纠纷。《仲裁法》第 9 条规定："仲裁实行一裁终局的制度。裁决作出后，当事人就同一纠纷再申请仲裁或者向人民法院起诉的，仲裁委员会或者人民法院不予受理。"贸仲对同一纠纷进行了两次裁决的行为，违反了"一裁终局"的法律制度。其次，国勘公司未取得 PK 公司股权这一客观状态的延续并未使任何一方的权利义务产生新的变化，故 UNI－TOP 公司所称的国勘公司怠于追索相关权益的情况并不属于"新的事实"。《最高人民法院关于适用〈中华人民共和国民事诉讼法〉的解释》第 248 条关于"裁判发生法律效力后，发生新的事实，当事人再次提起诉讼的，人民法院应当依法受理"的规定针对的是民事诉讼程序，不适用于仲裁程序。《仲裁法》并未规定仲裁机构有权在发生"新的事实"后再次仲裁。综上，依据《仲裁法》第 9 条、第 70 条和《民事诉讼法》第 274 条第 1 款第 4 项的规定，本案仲裁裁决应予撤销。

综上所述，贸仲作出的〔2017〕中国贸仲京裁字第 0836 号裁决违反了《仲裁法》第 9 条规定的"一裁终局"制度，符合《中华人民共和国民事诉讼法》第 274 条第 1 款第 4 项规定的"裁决的事项不属于仲裁协议的范围或者仲裁机构无权仲裁的"情形。被申请人 UNI－TOP 公司所称裁决是否违反"一裁终局"不属于法院审查撤销仲裁裁决案件范围的抗辩意见不能成立。申请人国勘公司的申请合法有据，本院依法予以支持。依据《中华人民共和国仲裁法》第9条、第70条和《中华人民共和国民事诉讼法》第274条第1款第4项之规定，裁定如下：撤销中国国际经济贸易仲裁委员会〔2017〕中国贸仲京裁字第0836号裁决。

041. 重新仲裁的情形和程序

当事人申请撤销国内仲裁裁决的案件属于下列情形之一的，法院可以依照《仲裁法》第61条的规定通知仲裁庭在一定期限内重新仲裁：(1)仲裁裁决所根据的证据是伪造的；(2)对方当事人隐瞒了足以影响公正裁决的证据的。人民法院应当在通知中说明要求重新仲裁的具体理由。除上述情形外其他可能撤销国内或者涉外仲裁的司法审查案件，可以通知仲裁庭重新仲裁。

人民法院认为可以由仲裁庭重新仲裁的，应当书面通知仲裁庭在一定期限内重新仲裁，并裁定中止撤销程序。仲裁庭在人民法院指定的期限内开始重新仲裁的，人民法院应当裁定终结撤销程序。仲裁庭拒绝重新仲裁的，人民法院应当裁定恢复撤销程序。撤销仲裁应当依报核程序进行。

对存在《民事诉讼法》第274条规定情形的涉外仲裁裁决，人民法院可以视情况通知仲裁庭在一定期限内重新仲裁。通知仲裁庭重新仲裁的，应裁定中止撤销程序；仲裁庭在指定的期限内开始重新仲裁的，应裁定终止撤销程序；仲裁庭拒绝重新仲裁或者未在指定的期限内重新仲裁的，应通知或裁定恢复撤销程序。对仲裁庭重新仲裁作出的裁决有异议的，有关当事人可以依法申请撤销。

审查依据：《仲裁法》第61条；《仲裁法司法解释》第21~23条；《第二次全国涉外商事海事审判工作会议纪要》第79条

规范解读:

重新仲裁是《仲裁法》的重要制度。重新仲裁,是指在当事人对仲裁裁决提出异议,经审查认定该仲裁裁决存在瑕疵,且该瑕疵可以通过仲裁庭裁决进行弥补修正时,发回仲裁庭进行重新仲裁的制度。[①] 各国《仲裁法》对重新仲裁制度设计不完全相同,仲裁的国际条约和国外仲裁法都非常重视重新仲裁制度。《联合国国际商事仲裁示范法》第 34 条第 4 款规定:“向法院申请撤销裁决时,如果适当而且一方当事人也提出请求,法院可以在其确定的一段时间内暂时停止进行撤销程序,以便仲裁庭有机会重新进行仲裁程序或采取仲裁庭认为能够消除撤销裁决理由的其他行动。”《德国民事诉讼法》第 1059 条规定:“法院审理撤销仲裁裁决案件时,在合适的情况下,可以撤销仲裁裁决并发回仲裁庭重新审理。”《美国联邦仲裁法》第 10 条(e)项规定:“当一个仲裁裁决已被撤销,且仲裁协议规定的作出仲裁裁决的时间还未过期,法院可以根据其裁量权,要求仲裁庭重新审理。”设立重新仲裁制度的目的在于为仲裁庭提供纠正裁决瑕疵的机会,从而尊重当事人选择以仲裁方式解决纠纷的原意,减少撤销仲裁裁决,节约社会资源。我国《仲裁法》规定了重新仲裁制度,《仲裁法》第 61 条规定:“人民法院受理撤销裁决的申请后,认为可以由仲裁庭重新仲裁的,通知仲裁庭在一定期限内重新仲裁,并裁定中止撤销程序。仲裁庭拒绝重新仲裁的,人民法院应当裁定恢复撤销程序。”《仲裁法》对重新仲裁制度进行了相对原则性的规定,仅在《仲裁法》第 61 条这一法律条文进行概括性规定,因此从重新仲裁的范围,到重新仲裁的程序,如重新仲裁程序启动后仲裁庭组成、重新仲裁审理范围和程序等均未规定具体规则。同时,重新仲裁制度随着社会发展和需求的变化,在实践中也正在不断丰富其内容,从而适应商事仲裁制度的新发展。

---

① 参见沈德咏、万鄂湘主编,最高人民法院研究室、民事审判第四庭编著:《最高人民法院仲裁法司法解释的理解与适用》第 2 版,人民法院出版社 2015 年版,第 185 页。

一、重新仲裁的范围

重新仲裁程序仅适用在撤销仲裁裁决的司法审查程序中,不适用于执行仲裁裁决程序。重新仲裁制度建立在撤销仲裁裁决制度之上,但又因以瑕疵仲裁和法院通知、仲裁机构同意等设计,且不以撤销仲裁裁决为结果而有所区别,只有当事人启动撤销程序后才存在法院根据具体情况安排进行重新仲裁。当事人依据《仲裁法》申请撤销仲裁裁决的事由众多,在重新仲裁程序中究竟限制重新仲裁事由,还是适用《仲裁法》中所有可撤销仲裁裁决的事由,或者能否在仲裁法规定的可撤销仲裁裁决事由之外确定更广义的范围。

确定何种条件下可适用重新仲裁程序是判断认定重新仲裁范围的本质条件。一般理论上认为重新仲裁程序应具备三方面的适用条件:第一是重新仲裁必须在撤销仲裁裁决的程序中启动;第二是重新仲裁的理由必须符合《仲裁法》规定的撤销仲裁裁决的理由之一;第三是仲裁裁决的错误是可以通过重新仲裁予以纠正的错误。[①] 根据上述条件,结合理论发展与司法实践现状,我们对重新仲裁范围作以下分析:

1. 重新仲裁范围的规定及分析

《仲裁法司法解释》第 21 条规定:“当事人申请撤销国内仲裁裁决的案件属于下列情形之一的,人民法院可以依照仲裁法第六十一条的规定通知仲裁庭在一定期限内重新仲裁:(一)仲裁裁决所根据的证据是伪造的;(二)对方当事人隐瞒了足以影响公正裁决的证据的。”最高人民法院在上述司法解释的中仅列举了两个当事人申请撤销国内仲裁裁决时人民法院可以通知仲裁庭重新仲裁的事由,对于其他撤销仲裁裁决事由未涉及,对此在分析时要考虑仲裁制度和仲裁司法监督在我国发展的历史阶段与背景情况。在我国《仲裁法》实施初期,仲裁事业处于起步发展阶段,仲裁经验不足与水平不

---

① 参见江伟、肖建国主编,谢文哲副主编:《仲裁法》第 3 版,中国人民大学出版社 2016 年版,第 291 页。

高,同时仲裁司法审查标准与尺度并不统一,法院在仲裁监督中存在一定程度上涉及程序与实体的综合纠错审查,因此需要防止重新仲裁制度被滥用,防止司法过度干预仲裁的情况出现。因此,最高人民法院在司法解释中对重新仲裁的适用范围予以限定,仅将“伪造证据”和“隐瞒证据”这两项《仲裁法》规定的撤销情形作为重新仲裁的事由。对此《最高人民法院仲裁法司法解释的理解与适用》一书中专门进行了阐释,[①]依据《仲裁法》第 58 条的撤销仲裁裁决事由,综合引用理解与适用中论述观点并结合实践情况作如下分析:

(1)在没有仲裁协议的情况下,仲裁庭没有管辖权,因此在“没有仲裁协议的”情形下不适用重新仲裁。我们研究认为,仲裁协议是仲裁制度的基石,无论是没有达成仲裁协议,还是仲裁协议无效,在认定没有仲裁协议情况下,仲裁庭确实无权仲裁,因此上述情况下应直接撤销仲裁裁决,不需要进行重新仲裁。

(2)裁决的事项不属于仲裁协议的范围表明仲裁庭没有获得当事人授权,不得进行仲裁;仲裁委员会无权仲裁,涉及依据法律规定仲裁事项属于依法不能仲裁的事项,欠缺仲裁基础,不能重新仲裁。但我们研究认为,实践中存在部分裁决事项不属于仲裁协议范围或者部分内容仲裁委员会无权仲裁的情形,可通过撤销部分仲裁裁决予以解决,但裁决事项与其他事项不可分时,如果重新仲裁则有可能取得较好效果。

(3)“仲裁庭的组成或者仲裁程序违反法定程序”作为撤销仲裁裁决事由,在重新仲裁制度中涉及依《仲裁法》第 61 条规定法院需“通知仲裁庭重新仲裁”,表明重新仲裁程序通知的对象应是仲裁庭而不是仲裁委员会,而如果仲裁庭组成方面存在瑕疵则无法由原仲裁庭改正。对此,我们研究认为,实践中法院基本上是向仲裁委员会发通知,并且由仲裁委员会负责回

---

① 参见沈德咏、万鄂湘主编,最高人民法院研究室、民事审判第四庭编著:《最高人民法院仲裁法司法解释的理解与适用》第 2 版,人民法院出版社 2015 年版,第 188 ~ 191 页。

函，对通知仲裁庭重新仲裁的含义应作广义理解，通知重新仲裁后，并不意味着必须由原仲裁庭进行仲裁，借鉴国外制度，如美国的《联邦仲裁法》中对仲裁员存在不当行为重新仲裁的，规定必须重新组成仲裁庭进行。对于仲裁程序违反法定程序的，在当时的理解与适用中存在两种观点，但得到普遍认可的是否定说的观点，即“仲裁程序违反了当事人的约定或者仲裁规则规定，而致严重影响当事人的权利时，仲裁庭已经失去了当事人的信任，如果仍由该仲裁庭重新仲裁，则仲裁程序因当事人的不信任和不配合将进展困难。……仲裁程序违反法定程序的，以不重新仲裁为宜。”我们研究认为，仲裁程序所涉及审查内容非常广泛，既包括仲裁员的回避披露和组成形式等内容，也包括仲裁程序中的通知、送达、开庭、质证、陈述等内容，一些仲裁中的瑕疵程序行为恰恰因其仅限于程序，而存在纠正的可能性，比如在送达中因工作失误未及时或者按有效方式送达法律文件，导致程序违法，此时从性质上讲这种程序性违法的后果没有伪造证据或隐瞒证据造成的权益损害严重，纠正程序问题后并不影响再次作出公正的仲裁裁决。

（4）仲裁员在仲裁案件时有索贿受贿，徇私舞弊，枉法裁决行为，仲裁员的不当行为严重违背了仲裁员公平、平等对待当事人的中立立场，重新仲裁已难保证仲裁的公正性，故不能通知重新仲裁。我们研究认为，在上述情形中，仍然存在与当事人及仲裁机构进行沟通的空间，如果先行启动沟通机制，当事人明确表示仍然信任仲裁机构，此时仲裁机构表示同意重新仲裁，我们认为可以通知仲裁机构重新仲裁，并重新组成仲裁庭进行仲裁。

2. 重新仲裁在实践中的适用范围

《仲裁法司法解释》第 21 条仅对国内裁决撤销中的重新仲裁事由进行了规定，并未对涉外仲裁裁决作出规定。对此《最高人民法院仲裁法司法解释的理解与适用》中阐述：“《仲裁法》第 61 条规定的重新仲裁制度，也适用于涉外仲裁案件。”[①]《第二次全国涉外商事海事审判工作会议纪要》第79条明确规定:“对存在《中华人民共和国民事诉讼法》第二百六十条[②]规定情形的涉外仲裁裁决,人民法院可以视情况通知仲裁庭在一定期限内重新仲裁。通知仲裁庭重新仲裁的,应裁定中止撤销程序;仲裁庭在指定的期限内开始重新仲裁的,应裁定终止撤销程序;仲裁庭拒绝重新仲裁或者未在指定的期限内重新仲裁的,应通知或裁定恢复撤销程序。对仲裁庭重新仲裁作出的裁决有异议的,有关当事人可以依法申请撤销。”依据上述会议纪要和最高人民法院在仲裁法司法解释的理解与适用的论述内容,可以确定撤销涉外仲裁案件应适用重新仲裁制度,适用范围为现行《民事诉讼法》第274条规定的全部情形。撤销涉外仲裁裁决与重新仲裁的事由范围相同,有利于实现设立重新仲裁制度的目的,较之仲裁裁决的撤销制度,重新仲裁是程序经济原则的具体体现,发挥制度平衡、支持仲裁的作用。

在撤销国内仲裁的司法审查中,最高人民法院和高级人民法院在进行报核的复函中支持发挥重新仲裁制度的作用,中级人民法院在实践中大量运用重新仲裁制度调整和纠正仲裁错误。撤销仲裁裁决作为最为严厉的监督仲裁方式,一旦作出将导致仲裁资源的严重浪费,改变当事人原本选择仲裁解决纠纷的意愿,而通过重新仲裁给予仲裁庭弥补程序缺陷的机会,就可以避免仲裁全部工作无效,且纠正仲裁裁决的错误。我国的仲裁事业发展到现在,仲裁机构提升公信力,不断提高仲裁裁决水平,发挥仲裁效率、独立、公平的优势,同时我国仲裁司法审查的现状也今非昔比,法院经过专业化审判培养具有高素质的法官,大量仲裁司法解释出台提供审判规范,仲裁司法审查的报核制度统一裁判尺度,减少和限制任意地撤销仲裁裁决,司法支持仲裁的原则得以落实。因此重新仲裁是司法支持仲裁的体现,将国内

---

① 参见沈德咏、万鄂湘主编,最高人民法院研究室、民事审判第四庭编著:《最高人民法院仲裁法司法解释的理解与适用》第2版,人民法院出版社2015年版,第193页。

② 《第二次全国涉外商事海事审判工作会议纪要》公布时实施的是1991年《民事诉讼法》,该法已被修改,与该法第260条对应的为现行《民事诉讼法》第274条。

仲裁案件的重新仲裁与申请撤销国内仲裁裁决的事由进行了统一，有利于重新仲裁制度目的的实现。例如，北京市第四中级人民法院（2019）京 04 民特 127 号申请撤销仲裁裁决案件中，重新仲裁的理由是“仲裁员与本案当事人、代理人有其他关系，仲裁庭对此应主动予以披露而未披露”。又如，北京市第四中级人民法院（2018）京 04 民特 106 号中，重新仲裁的理由是“因本案仲裁员与某律师事务所之间的关系存在有可能影响案件最终结果的情形，根据《中华人民共和国仲裁法》第 34 条规定，‘仲裁员与本案当事人、代理人有其他关系，可能影响公正仲裁的必须回避’，仲裁庭对此应主动予以披露而未披露”。上述案件的重新仲裁理由均不在《仲裁法司法解释》第 21 条规定的“伪造证据”“隐瞒证据”的范围，但法院均认为仲裁裁决构成《仲裁法》第 58 条第 1 款第 3 项规定“仲裁庭的组成或者仲裁的程序违反法定程序的”情形，故而通知仲裁委员会重新仲裁。

二、重新仲裁的程序

重新仲裁的程序涉及程序的启动、通知仲裁的后果、不进行重新仲裁的处理、重新仲裁的期限、重新仲裁的仲裁庭组成、重新仲裁的审理范围、重新仲裁后的救济途径等。

1. 重新仲裁的法院判断与通知并说明理由程序

《仲裁法》第 61 条规定：“人民法院受理撤销裁决的申请后，认为可以由仲裁庭重新仲裁的，通知仲裁庭在一定期限内重新仲裁，并裁定中止撤销程序。”根据《仲裁法》的规定，人民法院启动重新仲裁程序系在受理撤销仲裁裁决案件审理中，这是重新仲裁的程序前提。人民法院“认为可以”由仲裁庭重新仲裁的，表明重新仲裁程序属于选择项，并非必须通知重新仲裁。在启动重新仲裁时，采取法院通知的形式进行，该通知应当说明理由，其依据是《仲裁法司法解释》第 21 条第 2 款规定：“人民法院应当在通知中说明要求重新仲裁的具体理由。”法院对于审理中的申请撤销仲裁裁决案件应裁定中止撤销程序。

2. 重新仲裁前法院与仲裁机构、仲裁庭沟通协商机制

《仲裁法》及司法解释对通知重新仲裁仅规定了通知方式、中止撤销程序和通知理由要求，在操作层面没有相关规则。从实践中看，法院通知仲裁机构重新仲裁呈现加强事前沟通的趋势，甚至出现了可能更类似在存在可重新仲裁或可撤销仲裁裁决的选项时，法院与仲裁机构的协商制度。法院通知重新仲裁前常会以向仲裁机构询问、了解、沟通、交流为前提，这是因为法院对撤销仲裁越来越慎重，只有和仲裁机构进行充分对话，才能够了解仲裁是否存在错误，其错误是否可以通过仲裁机构和仲裁庭予以纠正。法院与仲裁机构就仲裁裁决是否符合重新仲裁条件进行协商，实际上也是对仲裁裁决是否达到了撤销仲裁裁决的事由交换了意见，让法院不仅听取当事人的意思，也了解仲裁庭如何思考与进行仲裁，做到兼听则明，同时也能够获取仲裁机构的理解与支持，避免因沟通不足导致法院通知重新仲裁，仲裁机构拒绝的对立，最终还要作出撤销仲裁裁决的裁定。法院能否充分利用“重新仲裁”制度来解决仲裁“瑕疵”案件的问题，发挥这一制度的优势，正如有学者所说“作为仲裁裁决瑕疵补救的一种手段，从解决纠纷的效率、成本方面来看，适用重新仲裁的方式远远优于撤销仲裁裁决的手段。”[①]探索建立法院发现仲裁瑕疵后，与仲裁机构、仲裁庭沟通协商的机制，通过积极协调与对话，在仲裁机构同意情况下通知重新仲裁，使案件不再进入时间较长的撤销仲裁报核程序，也避免最终走向撤销仲裁裁决。

3. 通知重新仲裁后的恢复撤销程序

人民法院根据《仲裁法》规定通知重新仲裁后，在两种情况下会恢复撤销程序。第一种情况是法院通知后根据《仲裁法》第 61 条后段规定：“仲裁庭拒绝重新仲裁的，人民法院应当裁定恢复撤销程序。”上述《仲裁法》规定表明重新仲裁必须获得仲裁庭的同意，否则不能重新仲裁。第二种情况是

---

① 参见江伟、肖建国主编，谢文哲副主编：《仲裁法》第 3 版，中国人民大学出版社 2016 年版，第 293 页。

违反重新仲裁的期限要求的情况，根据《仲裁法司法解释》第22条规定："仲裁庭在人民法院指定的期限内开始重新仲裁的，人民法院应当裁定终结撤销程序；未开始重新仲裁的，人民法院应当裁定恢复撤销程序。"人民法院有权指定期限要求仲裁庭重新仲裁，如果仲裁机构未在指定期限内开始重新仲裁，则人民法院裁定恢复撤销程序的审理。

4. 重新仲裁的程序及救济途径

重新仲裁程序开始后首要问题是仲裁庭的组成，其次是仲裁审理范围。现有法律及司法解释未规定上述问题，我们研究认为，仲裁庭的组成以原仲裁庭不变为原则，以符合一定事由时变更为特例。更换仲裁员的事由主要系回避、披露以及涉及索贿受贿，徇私舞弊，枉法裁决行为的。重新仲裁后的仲裁审理范围应以原仲裁案件的审理范围为限，但可能涉及新的事实查明或者当事人在法律适用意见上发生变化，这些内容都应被允许纳入重新仲裁的审理中，但对于超出原仲裁案件的请求则应由仲裁庭审理决定，在此明确该权利系仲裁庭的仲裁权范围，不属于法院撤销仲裁裁决的事由。重新仲裁后，国内仲裁案件当事人可根据《仲裁法司法解释》第23条规定："当事人对重新仲裁裁决不服的，可以在重新仲裁裁决书送达之日起六个月内依据仲裁法第五十八条规定向人民法院申请撤销。"涉外仲裁案件当事人可根据《第二次全国涉外商事海事审判工作会议纪要》第79条规定："对仲裁庭重新仲裁作出的裁决有异议的，有关当事人可以依法申请撤销。"

典型案例：仲裁庭的组成或者仲裁的程序违反法定程序的重新仲裁

一、案件基本信息

案号：(2019)京04民特127号之一

当事人：申请人爱土工程环境科技有限公司与被申请人天津壹鸣环境污染治理有限公司

案由：申请撤销仲裁裁决

二、重新仲裁通知内容

北京仲裁委员会：

本院于2019年3月8日立案受理申请人爱土工程环境科技有限公司与被申请人天津壹鸣环境污染治理有限公司申请撤销仲裁裁决一案后，因本案申请人天津壹鸣环境污染治理有限公司向仲裁庭提交的五份补充证据，仲裁庭未实际寄送给爱土工程环境科技有限公司，剥夺了爱土工程环境科技有限公司对上述证据质证的权利，仲裁程序违反法定程序。故该裁决构成《中华人民共和国仲裁法》第58条第1款第3项规定“仲裁庭的组成或者仲裁的程序违反法定程序的”情形。本院认为可以由仲裁庭重新仲裁。依照《中华人民共和国仲裁法》第61条、《最高人民法院关于适用〈中华人民共和国仲裁法〉若干问题的解释》第21条规定，本院通知你委于2019年5月23日前重新仲裁，并将仲裁结果书面告知本院。

三、法院终结撤销程序

申请人爱土工程环境科技有限公司与被申请人天津壹鸣环境污染治理有限公司申请撤销仲裁裁决一案，本院于2019年3月8日立案后进行了审查，认为可以由仲裁庭重新仲裁，通知仲裁庭在2019年5月24日前重新仲裁，并裁定中止撤销程序。仲裁庭已于2019年4月26日开始重新仲裁。

依照《中华人民共和国仲裁法》第61条、《最高人民法院关于适用〈中华人民共和国仲裁法〉若干问题解释》第22条规定，裁定如下：本案终结撤销程序。

典型案例：仲裁存在可能影响公正仲裁的回避情形重新仲裁

一、案件基本信息

案号：(2018)京04民特106号之一

当事人：申请人吉林市洪城地产置业有限公司与被申请人沃尔玛(吉

林)百货有限公司

案由:申请撤销仲裁裁决

二、重新仲裁通知内容

中国国际经济贸易仲裁委员会:

本院于2018年4月24日立案受理申请人吉林市洪城地产置业有限公司与被申请人沃尔玛(吉林)百货有限公司申请撤销仲裁裁决一案后,因本案仲裁员张某与北京市金杜(深圳)律师事务所之间的关系存在有可能影响案件最终结果的情形,根据《中华人民共和国仲裁法》第34条规定,“仲裁员与本案当事人、代理人有其他关系,可能影响公正仲裁的必须回避”,仲裁庭对此应主动予以披露而未披露。故该裁决构成《中华人民共和国仲裁法》第58条第1款第3项规定“仲裁庭的组成或者仲裁的程序违反法定程序的”情形。本院认为可以由仲裁庭重新仲裁。依照《中华人民共和国仲裁法》第61条、《最高人民法院关于适用〈中华人民共和国仲裁法〉若干问题的解释》第21条规定,本院通知你委于2019年1月31日前重新仲裁,并将仲裁结果书面告知本院。

三、法院终结撤销程序

申请人吉林市洪城地产置业有限公司与被申请人沃尔玛(吉林)百货有限公司申请撤销仲裁裁决一案,本院于2018年4月24日立案后进行了审查,认为可以由仲裁庭重新仲裁,通知仲裁庭在2019年1月31日前重新仲裁,并裁定中止撤销程序。仲裁庭已于2018年12月21日开始重新仲裁。

依照《中华人民共和国仲裁法》第61条、《最高人民法院关于适用〈中华人民共和国仲裁法〉若干问题解释》第22条规定,裁定如下:

本案终结撤销程序。

042. 撤销仲裁裁决的报核程序

1. 人民法院办理涉外涉港澳台地区仲裁司法审查案件，撤销我国内地仲裁机构的仲裁裁决，应当向本辖区所属高级人民法院报核；高级人民法院经审查拟同意的，应当向最高人民法院报核。待最高人民法院审核后，方可依最高人民法院的审核意见作出裁定。

2. 人民法院办理非涉外涉港澳台地区仲裁司法审查案件，经审查拟撤销我国内地仲裁机构的仲裁裁决，应当向本辖区所属高级人民法院报核；待高级人民法院审核后，方可依高级人民法院的审核意见作出裁定。

3. 人民法院办理非涉外涉港澳台地区仲裁司法审查案件，经审查拟撤销我国内地仲裁机构的仲裁裁决，在下列情形下，应当向最高人民法院报核，待最高人民法院审核后，方可依最高人民法院的审核意见作出裁定：

(1) 仲裁司法审查案件当事人住所地跨省级行政区域；

(2) 以违背社会公共利益为由不予执行或者撤销我国内地仲裁机构的仲裁裁决。

审查依据：《最高人民法院关于审理仲裁司法审查案件报核问题的有关规定》第1~3条

规范解读：

撤销仲裁裁决的报核程序属于仲裁司法审查案件报核制度的程序之一，我国历经多年仲裁司法审判实践，在总结经验的基础上逐步建立起仲裁司法审查案件报核制度。最初我国以最高人民法院下发通知的形式，要求各级法院在审查涉外仲裁案件中按程序报告，从而建立了内部请示制度。最早的文件主要有1995年《处理涉外仲裁通知》和1998年《撤销涉外仲裁通知》。《处理涉外仲裁通知》明确要求："……对人民法院受理具有仲裁协议的涉外经济纠纷案、不予执行涉外仲裁裁决以及拒绝承认和执行外国仲裁裁决等问题建立报告制度。为此,特作如下通知:一、凡起诉到人民法院的涉外、涉港澳和涉台经济、海事海商纠纷案件,如果当事人在合同中订有仲裁条款或者事后达成仲裁协议,人民法院认为该仲裁条款或者仲裁协议无效、失效或者内容不明确无法执行的,在决定受理一方当事人起诉之前,必须报请本辖区所属高级人民法院进行审查;如果高级人民法院同意受理,应将其审查意见报最高人民法院。在最高人民法院未作答复前,可暂不予受理。二、凡一方当事人向人民法院申请执行我国涉外仲裁机构裁决,或者向人民法院申请承认和执行外国仲裁机构的裁决,如果人民法院认为我国涉外仲裁机构裁决具有民事诉讼法第二百六十条情形之一的,或者申请承认和执行的外国仲裁裁决不符合我国参加的国际公约的规定或者不符合互惠原则的,在裁定不予执行或者拒绝承认和执行之前,必须报请本辖区所属高级人民法院进行审查;如果高级人民法院同意不予执行或者拒绝承认和执行,应将其审查意见报最高人民法院。待最高人民法院答复后,方可裁定不予执行或者拒绝承认和执行。"上述通知涉及的范围为涉外、涉港澳和涉台经济、海事海商纠纷案件中仲裁协议效力审查的报请程序;申请执行我国涉外仲裁机构裁决,或者向人民法院申请承认和执行外国仲裁机构的裁决的报请程序。

《撤销涉外仲裁通知》明确要求:"现决定对人民法院撤销我国涉外仲裁裁决建立报告制度,为此,特作如下通知:一、凡一方当事人按照仲裁法的规定向人民法院申请撤销我国涉外仲裁裁决,如果人民法院经审查认为涉外仲裁裁决具有民事诉讼法第二百六十条第一款规定的情形之一的,在裁定撤销裁决或通知仲裁重新仲裁之前,须报请本辖区所属高级人民法院进行审查。如果高级人民法院同意撤销裁决或通知仲裁庭重新仲裁,应将其审查意见报最高人民法院。待最高人民法院答复后,方可裁定撤销裁决或通知仲裁庭重新仲裁。二、受理申请撤销裁决的人民法院如认为应予撤销裁决或通知仲裁庭重新仲裁的,应在受理申请后三十日内报其所属的高级人民法院,该高级人民法院如同意撤销裁决或通知仲裁庭重新仲裁的,应在十五日内报最高人民法院,以严格执行仲裁法第六十条的规定。”上述通知涉及的范围为申请撤销我国涉外仲裁裁决案件报请程序。

上述最高人民法院的通知发布时间正是我国加入《承认和执行外国仲裁裁决公约》前后,因此其通知目的在于履行国际公约的规定,在审理涉外仲裁司法审查案件中建立准确适用法律、统一裁判尺度的内部请示制度,该制度在一段时间内确实发挥了保障涉外仲裁司法审查案件正确审理的作用。但是内部请示制度不够完善,其以通知的形式发布,法律效力不强,在仲裁司法审查案件增多的情况下,其仅涉及涉外仲裁案件,没有全面统筹国内外仲裁案件的司法审查,通知建立的请示制度在操作层面欠缺规范。实践中,因为上述两项通知建立的内部请示制度只适用于涉外涉港澳台地区仲裁司法审查案件,对数量不断增多的国内仲裁司法审查案件,包括申请确认仲裁协议效力、申请撤销仲裁裁决、申请不予执行仲裁案件没有建立有效的监督指导和请示报核制度。因此,《最高人民法院关于仲裁司法审查案件报核问题的有关规定》(法释〔2017〕21 号)将国内外仲裁司法审查案件均纳入监督指导范围,统一适用报核制度。

一、仲裁司法审查案件类型及报核案件范围

根据《最高人民法院关于仲裁司法审查案件报核问题的有关规定》,报核范围内的仲裁司法审查案件包括以下六类:(1)申请确认仲裁协议效力案件;(2)申请撤销我国内地仲裁机构的仲裁裁决案件;(3)申请执行我国内地仲裁机构的仲裁裁决案件;(4)申请认可和执行香港特别行政区、澳门特别行政区、台湾地区仲裁裁决案件;(5)申请承认和执行外国仲裁裁决案件;(6)其他仲裁司法审查案件。“其他仲裁司法审查案件”作为兜底条款,是为可能出现的新类型案件或处于探索试验期间的其他类型留有余地,该类案件有可能包括特定区域的仲裁案件,如 2016 年 12 月 30 日发布的《最高人民法院关于为自由贸易试验区建设提供司法保障的意见》规定:“在自贸试验区内注册的企业相互之间约定在内地特定地点、按照特定仲裁规则、由特定人员对有关争议进行仲裁的,可以认定该仲裁协议有效。”上述类型的仲裁

案件即仲裁地为内地的临时仲裁案件，显然随仲裁领域的扩宽与仲裁事业的发展，仲裁司法审查的内容也不断丰富，对新类型案件的相应报核制度更有必要。

二、仲裁司法审查案件报核规则

《最高人民法院关于仲裁司法审查案件报核问题的有关规定》建立了全覆盖的统一报核制度，涉及涉外涉港澳台地区和国内的区别，当事人跨省级行政区域，报核法院为最高人民法院抑或高级人民法院，考虑公共利益判断等诸多因素和标准，对于撤销仲裁裁决案件的报核程序大致可作以下规则划分：

1. 涉外涉港澳台地区仲裁司法审查案件的“三级报核”程序

人民法院办理涉外涉港澳台地区仲裁司法审查案件，撤销我国内地仲裁机构的仲裁裁决，应当向本辖区所属高级人民法院报核；高级人民法院经审查拟同意的，应当向最高人民法院报核。待最高人民法院审核后，方可依最高人民法院的审核意见作出裁定。

根据《最高人民法院关于仲裁司法审查案件报核问题的有关规定》第 2 条第 1 款规定：“各中级人民法院或者专门人民法院办理涉外涉港澳台仲裁司法审查案件，经审查拟认定仲裁协议无效，不予执行或者撤销我国内地仲裁机构的仲裁裁决，不予认可和执行香港特别行政区、澳门特别行政区、台湾地区仲裁裁决，不予承认和执行外国仲裁裁决，应当向本辖区所属高级人民法院报核；高级人民法院经审查拟同意的，应当向最高人民法院报核。待最高人民法院审核后，方可依最高人民法院的审核意见作出裁定。”

2. 非涉外涉港澳台地区仲裁司法审查案件原则实行“二级报核”程序

人民法院办理非涉外涉港澳台地区仲裁司法审查案件，经审查拟撤销我国内地仲裁机构的仲裁裁决，应当向本辖区所属高级人民法院报核；待高级人民法院审核后，方可依高级人民法院的审核意见作出裁定。

根据《最高人民法院关于仲裁司法审查案件报核问题的有关规定》第 2 条第 2 款规定：“各中级人民法院或者专门人民法院办理非涉外涉港澳台仲

裁司法审查案件，经审查拟认定仲裁协议无效，不予执行或者撤销我国内地仲裁机构的仲裁裁决，应当向本辖区所属高级人民法院报核；待高级人民法院审核后，方可依高级人民法院的审核意见作出裁定。”

3. 特定类型非涉外涉港澳台地区仲裁司法审查案件的“三级报核”程序

人民法院办理非涉外涉港澳台地区仲裁司法审查案件，经审查拟撤销我国内地仲裁机构的仲裁裁决，在下列情形下，应当向最高人民法院报核，待最高人民法院审核后，方可依最高人民法院的审核意见作出裁定：(1) 仲裁司法审查案件当事人住所地跨省级行政区域；(2) 以违背社会公共利益为由不予执行或者撤销我国内地仲裁机构的仲裁裁决。

根据《最高人民法院关于仲裁司法审查案件报核问题的有关规定》第 3 条规定：“本规定第二条第二款规定的非涉外涉港澳台仲裁司法审查案件，高级人民法院经审查拟同意中级人民法院或者专门人民法院认定仲裁协议无效，不予执行或者撤销我国内地仲裁机构的仲裁裁决，在下列情形下，应当向最高人民法院报核，待最高人民法院审核后，方可依最高人民法院的审核意见作出裁定：(一) 仲裁司法审查案件当事人住所地跨省级行政区域；(二) 以违背社会公共利益为由不予执行或者撤销我国内地仲裁机构的仲裁裁决。”根据上述司法解释规定，当事人住所地跨省级行政区域报核主要是考虑不同地区在仲裁司法审查标准上的统一，以及避免可能出现的地方保护主义，而在司法审判中历来遵循慎重适用公共利益原则，所以上述两种情况被规定向最高人民法院报核。

4. 报核制度规定报告、复核与复函规则

根据《最高人民法院关于仲裁司法审查案件报核问题的有关规定》在仲裁司法审查报核制度中，首先规范向上级法院报告程序，规定下级人民法院报请上级人民法院审核的案件，应当将书面报告和案件卷宗材料一并上报。书面报告应当写明审查意见及具体理由。其次，规定复核程序，即当上级人民法院收到下级人民法院的报核申请后，认为案件相关事实不清的，可以询问当事人或者退回下级人民法院补充查明事实后再报。最后，明确上级法院报核后的审核意见决定形式，即上级人民法院应当以复函的形式将审核意见答复下级人民法院。实践中，部分法院将报核程序经过和上级法院的审核意见写入裁定书，使司法审查案件的审理过程更加公开透明。

典型案例：报核后最高法院认为不构成仲裁程序违反仲裁规则

一、案件基本信息

案号：（2018）京04民特304号

当事人：申请人美国四达管件制品有限公司（以下简称四达公司）与大厂华兴铸造有限公司（以下简称华兴公司）

案由：申请撤销仲裁裁决

二、诉辩争议焦点

四达公司称（简要）：请求撤销中国国际经济贸易仲裁委员会（以下简称贸仲）〔2018〕中国贸仲京裁字第0812号仲裁裁决（以下简称0812号裁决）。事实和理由：（1）仲裁程序的启动严重违法，涉案仲裁不是华兴公司的真实意思表示，贸仲对涉案仲裁没有管辖权。（2）双方没有仲裁协议。（3）仲裁的程序违反法定程序。（4）仲裁庭仲裁的程序与仲裁规则不符。（5）仲裁庭对于华兴公司权利能力和行为能力的认定，即"关于谁有权在本案中代表申请人"的裁决，不属于仲裁协议的范围且其无权仲裁。

华兴公司称（简要），代理人身份问题。鉴于华兴公司的公章现由其中方股东兴达公司保管，本案诉讼包括本案涉及的仲裁案皆应当由原法定代表人耐某代表华兴公司参加或者由其代表华兴公司委托诉讼代理人参加。仲裁机构的严重失误，造成了仲裁程序混乱，导致了当事人重大误解。裁决根据的协议是伪造的。剥夺一方当事人陈述的权利。涉案仲裁的提起根本不是华兴公司的真实意思表示，也缺乏有效的仲裁协议，以及在程序上违反仲裁规则和《中华人民共和国仲裁法》《中华人民共和国民事诉讼法》的相关规定，据此，0812号仲裁裁决应当被撤销。

法院审查期间，听取了华兴公司副董事长兼总经理冯某（持有华兴公

司印章)以华兴公司名义委托律师的意见。该方表示,请求法院驳回四达公司的申请。(其他内容略)

三、法院裁判意见

法院审查查明:华兴公司系中外合作经营企业。四达公司系华兴公司外方股东,占股51%,华兴公司法定代表人暨董事长耐某由外方股东即四达公司指派。兴达公司系华兴公司中方股东,占股49%,华兴公司副董事长兼总经理冯某由中方股东指派。华兴公司经营期限于2015年7月1日已经届满。

2015年11月,华兴公司(由该公司副董事长兼总经理冯某所代表,并加盖华兴公司印章)作为仲裁申请人,依据2002年12月12日签订的《产品外销协议》中仲裁条款的约定,以四达公司作为被申请人向贸仲提出仲裁申请。贸仲受理该案后,适用自2015年1月1日起施行的《仲裁规则》。

仲裁案件审理期间,耐某曾经以华兴公司法定代表人身份向贸仲提交"撤销仲裁申请书",并出具受托人为赵某律师的授权委托书,贸仲将上述材料转寄双方当事人并请双方在规定期限内发表意见。此后冯某一方提交了相应回复,贸仲告知双方当事人相关问题需要本案组成仲裁庭进行实体审理后才能作出决定,本案程序继续进行。仲裁庭组成后,耐某再次提交"授权委托书""撤销仲裁申请书""G20151397号案撤销申请"及相应附件。此后仲裁庭决定继续审理该案。2018年7月16日,仲裁庭作出0812号裁决。相应裁决书中,在"仲裁庭多数意见"部分论述了"谁有权在本案中代表华兴公司"问题:

关于究竟是冯某还是耐某有权在本案中代表华兴公司的问题,仲裁庭认为:首先,如四达公司所述,根据中华人民共和国法律规定,作为华兴公司董事长的耐某是华兴公司的法定代表人,无须华兴公司另行授权即可代表华兴公司行为,如果没有特殊情形,有资格在本案中代表华兴公司的是耐某。然而本案的特殊之处在于,华兴公司的董事会曾于2004年6月17日作出的一项决议,授权冯某负责华兴公司的生产、销售以及公司债权、债务的追收与清偿工作。该项授权使得冯某在无须华兴公司另行授权的情况下,即可以华兴公司的名义就华兴公司的债权、债务的追收与清偿采取行动;考虑到耐某在本案中与四达公司的关系下存在利益冲突问题,因此,由冯某代表华兴公司显然更具合法性与正当性。

当然,冯某代表华兴公司的前提条件是其出具的任命书是真实有效的。关于《任命书》的真实性,仲裁庭认为,尽管冯某提交的只是复印件而非原件,但由于有大厂县祁各庄信用社出具的“该复印件与原件一致”的说明,并且又有双方共同认可的耐某长期不在中国以及华兴公司的场所工作,华兴公司的日常工作(包括债权债务清偿)事实上一直由作为副董事长和总经理的冯某负责的事实背景。仲裁庭认为,大厂县祁各庄信用社的证言并非“孤证”,且该任命书内容的真实性应予采信。

在确认冯某有权代表华兴公司提起仲裁申请的情况下,华兴公司的法定代表人耐某便无权代表华兴公司在本案提起撤回仲裁申请,其委托的律师赵某自然也就无法取得华兴公司的代理人的资格。

“此外,虽然华兴公司的经营期限已经到期,但中外合作双方并没有依法组成清算组,在清算组成立以前,华兴公司有权自行向债务人主张权利。”

最终,仲裁庭根据多数意见作出裁决:(1)四达公司向华兴公司支付人民币45 000 000元。(2)四达公司向华兴公司支付华兴公司律师费人民币200 000元。(3)本案仲裁费人民币656 842元,由四达公司承担80%,即人民币525 473.60元,由华兴公司承担20%,即人民币131 368.40元。

此外,仲裁期间以及本院审查期间,四达公司对于华兴公司所提交的2012年12月12日《产品外销协议》真实性均提出异议,并提交双方于2003年签订的《产品外销协议》。经比对,上述两份协议内容不完全相同,但其中的仲裁条款约定一致。

法院认为，本案申请人（仲裁程序中的被申请人）四达公司系在美利坚合众国注册成立的公司，故本案所涉0812号裁决为涉外仲裁裁决。关于涉外仲裁裁决，《中华人民共和国仲裁法》第70条规定："当事人提出证据证明涉外仲裁裁决有民事诉讼法第二百五十八条第一款[①]规定的情形之一的，经人民法院组成合议庭审查核实，裁定撤销。"《中华人民共和国民事诉讼法》（2017年修正）第274条规定："对中华人民共和国涉外仲裁机构做出的裁决，被申请人提出证据证明仲裁裁决有下列情形之一的，经人民法院组成合议庭审查核实，裁定不予执行：（一）当事人在合同中没有订有仲裁条款或者事后没有达成书面仲裁协议的；（二）被申请人没有得到指定仲裁员或者进行仲裁程序的通知，或者由于其他不属于被申请人负责的原因未能陈述意见的；（三）仲裁庭的组成或者仲裁的程序与仲裁规则不符的；（四）裁决的事项不属于仲裁协议的范围或者仲裁机构无权仲裁的。人民法院认定执行该裁决违背社会公共利益的，裁定不予执行。"本院将依据上述法律规定对本案进行审查。

本院认为，本案中核心争议之一为华兴公司出现"人章分离"的情况下，谁有权代表华兴公司。根据目前查明的事实，华兴公司系中外合作经营企业，其外方股东（占股51%）即为四达公司，华兴公司法定代表人、董事长耐某由四达公司指派；中方股东为兴达公司（占股49%），华兴公司副董事长、总经理冯某由兴达公司指派，并实际负责华兴公司日常经营，华兴公司公章由冯某保管。此外，冯某还持有一份《任命书》（复印件），该任命书原文为英文，其主要内容为华兴公司董事会决定任命冯某为董事会副主席，负责管理公司的铸造、债权和债务事宜。该任命书落款显示有"华兴公司董事会主席"耐某的签字。仲裁期间以及本院审查期间，双方

① 现与该条对应的为现行《民事诉讼法》第274条。

当事人就上述《任命书》的真实性及法律效力均存在争议。

本院认为，对于“人章分离”情形下谁有权代表公司对外作出意思表示，涉及公司行为能力问题，依据《中华人民共和国涉外民事关系法律适用法》第14条之规定，应适用公司所在地法律即中华人民共和国法律进行审查。在我国法律制度下，公章是公司对外作出意思表示的重要外在表现形式，但公章本身仅系作为物理形式存在的公司财产，公章本身不能代表公司意志，持有公章并加以使用是一种客观状态，使用公章的行为本身可以推定公章持有人有权代表公司作出相应意思表示，但如果有相反证据可以推翻上述推定，仍然应当根据相应证据审查确定公章持有人是否取得相应授权对外作出意思表示。另外，根据我国公司法的基本制度，法定代表人是最基础的公司意思表示的代表机关，是公司意志的当然代表主体。法定代表人以公司名义作出的意思表示，在没有否定证据的情况下，应当视为公司的意志。在“人章分离”的情况下，说明公司内部治理出现问题，则应根据公司意思自治的规则审查确定到底是法定代表人还是公章持有人可以代表公司意志。也就是说，应当优先认定法定代表人可以代表公司意志，但如果公章持有人能够提供有效证据足以证明公司意志并非法定代表人所表现的意思表示，则以证据证明的公司意志为准。具体到本案中，冯某在仲裁申请书上加盖华兴公司印章并向贸仲提起仲裁，贸仲接受华兴公司的仲裁申请并受理该案，程序并无错误。但此后华兴公司法定代表人耐某以华兴公司名义向贸仲提出撤回仲裁申请的意见（所谓“撤销仲裁申请”），应当视为华兴公司的意思表示。华兴公司作为中外合作经营企业，其最高权力机关是公司的董事会，如果冯某作为公章持有人认为耐某代表华兴公司作出的撤回仲裁申请的意思表示与华兴公司真实意志相悖，应当向贸仲提交以继续仲裁程序为决议事项的董事会决议，否则就应当认定耐某作出的意思表示代表华兴公司意志。但是事实上并不存在上述董事会决议。据此本院认为应当认定在仲裁期间华兴公司已经向贸仲作出了撤回仲裁申请的意思表示。

需要说明的是，仲裁庭就上述同样的问题亦进行了审查。但是，仲裁庭认定的结论与本院相反。仲裁庭认为，华兴公司董事会曾经在2004年6月17日作出决议授权冯某负责华兴公司的生产、销售以及公司债权债务的追收与清偿工作，因该项授权使得冯某在无须华兴公司另行授权的情况下即可以华兴公司的名义进行债务追收，且耐某在本案中与四达公司的关系下存在利益冲突问题，因此由冯某代表华兴公司更具合法性与正当性。就此本院认为，一方面，冯某提交的2004年6月17日授权书真实性存在显著疑点，且即便该授权书属实，其本身并非董事会决议，仅仅是董事长个人签字的旁证，再退一步说凭借所谓董事会决议亦不足以认定冯某由此取得超越法定代表人的特权（事实上在我国公司法规定的法定代表人制度下任何人均不可能取得相应特权），不足以推翻华兴公司法定代表人耐某代表华兴公司于2015－2016年作出的意思表示；另一方面，耐某系由四达公司指派作为华兴公司的董事并担任董事长、法定代表人，本案中耐某存在一定的利益冲突是不争的事实，但存在利益冲突的事实并不能否定耐某作为华兴公司法定代表人的法律地位，冯某及其所代表的兴达公司应当通过公司内部治理机制去维护自己的权益。特别是，本案中还存在一个特殊情况，即华兴公司在申请仲裁之前，已经于2015年7月1日经营期限届满，符合公司解散的法定条件，但截至目前华兴公司尚未组成清算组进行清算。根据《最高人民法院关于适用〈中华人民共和国公司法〉若干问题的规定（二）》第10条之规定，此时应由法定代表人代表公司参加诉讼。因此，即便华兴公司董事会曾经向冯某作出授权，该授权亦应因华兴公司解散而自动失效，依法应由华兴公司法定代表人耐某对外代表公司进行诉讼或仲裁。仲裁庭认定基于耐某在案件中存在利益冲突问题，因此由冯某代表华兴公司更具合法性与正当性的判断，违反了我国公司法关于法定代表人制度的基本规则，显属不当。

综合上述分析，本院认为耐某代表华兴公司已经向贸仲明确提出撤回仲裁申请，基于仲裁系基于当事人意思自治的原理，以及《仲裁规则》第46条“撤回申请和撤销案件”之规定，贸仲无权拒绝华兴公司撤回仲裁申请的意思表示。在耐某代表华兴公司向贸仲提出撤回仲裁申请后，仲裁程序即应终结，但贸仲以及仲裁庭强行继续进行仲裁程序并作出涉案裁决，构成无权仲裁以及违反仲裁规则之情形，符合撤销仲裁裁决的法定条件。

至于四达公司提出的其他撤销仲裁裁决的事由，凡其于2019年3月19日才提出的事由，均因超出《中华人民共和国仲裁法》规定的6个月申请期限而不予审查。关于华兴公司与四达公司是否存在仲裁协议，本院认为，本案中双方当事人对于2002年协议真实性存在分歧，但对2003年协议的真实性均无异议。鉴于2003年协议中已经明确约定了仲裁条款，故本院对四达公司称双方当事人之间没有仲裁协议的主张不予采信。四达公司还提出仲裁期间贸仲存在剥夺其指定仲裁员的权利、剥夺其充分陈述意见的权利等违反仲裁规则的情形，均缺乏相应依据，本院不予采信。四达公司另提出，贸仲剥夺了华兴公司法定代表人或其指派的仲裁代理人陈述意见的权利，就此本院认为，如果仲裁期间华兴公司权益受到侵害，应由华兴公司自行提出权利主张，四达公司无权替他人主张权利。综上，四达公司主张的其他撤销仲裁裁决的事由均不能成立。

在本院形成上述意见后，根据《最高人民法院关于仲裁司法审查案件报核问题的有关规定》第2条第1款之规定，向上级法院报请审核。

最高人民法院审查认为：“本案系申请撤销涉外仲裁裁决案件，核心问题是华兴公司副董事长冯某是否有权代表公司申请仲裁。根据案件材料反映的事实，冯某持有的《任命书》记载：‘大厂华兴铸造有限公司董事会决定，任命冯某为董事会副主席，负责管理公司的铸造、债权和债务事务。’该《任命书》有华兴公司法定代表人耐某的签名。事后，耐某并未否认该签名的真实性。冯某提交的《任命书》虽为复印件,但有大厂县祁各庄信用社出具的'该复印件与原件一致'的说明予以佐证。冯某实际负责华兴公司日常经营,保管公司公章,与《任命书》所述内容一致。仲裁庭依据相关事件事实和证据采信《任命书》,属于仲裁庭分析认定证据的裁量范围。《中华人民共和国中外合作经营企业法实施细则》第 24 条规定:'合作企业设董事会或者联合管理委员会。董事会或者联合管理委员会是合作企业的权力机构,按照合作企业章程的规定,决定合作企业的重大问题。'第 31 条规定:'董事长或者主任是合作企业的法定代表人。董事长或者主任因特殊原因不能履行职务时,应当授权副董事长、副主任或者其他董事、委员对外代表合作企业。'《大厂华兴铸造有限公司章程》第 17 条规定:'合作公司设董事会。董事会是合作公司的最高权力机构。'在仲裁庭已经认定《任命书》真实性的情况下,依据该《任命书》,冯某已获华兴公司董事会的授权,有权就该公司的债权和债务事务代表公司。故仲裁庭未支持耐某提交的撤回仲裁申请,不构成仲裁程序违反仲裁规则。

"本案中双方当事人对 2003 年《产品外销协议》的真实性均无异议。鉴于该协议中已经明确约定了仲裁条款,故四达公司称双方当事人之间没有仲裁协议的主张不能成立。四达公司还提出仲裁期间贸仲存在剥夺其指定仲裁员的权利、剥夺其充分陈述意见的权利等违反仲裁规则的情形,均缺乏相应依据,不能成立。"综上,四达公司主张撤销仲裁裁决的事由均不能成立。"基于上述意见,根据《中华人民共和国仲裁法》第 70 条、《中华人民共和国民事诉讼法》第 274 条规定,裁定如下:驳回美国四达管件制品有限公司(Star Pipe Products,Ltd.)的申请。

043. 人民法院对撤销仲裁裁决案件实行一次司法审查制度

人民法院对撤销仲裁裁决案件实行一次司法审查制度，即法院只依据当事人的请求和证据或者依职权进行一次司法审查。人民法院作出裁定一经送达即发生法律效力，当事人申请复议、提出上诉，或者申请再审的，不予受理。人民检察院提出抗诉的，不予受理。人民法院也不能依职权启动再审程序。

审查依据：《最高人民法院关于审理仲裁司法审查案件若干问题的规定》第 20 条；《最高人民法院关于人民法院裁定撤销仲裁裁决或驳回当事人申请后当事人能否上诉问题的批复》（法复〔1997〕5 号）；《最高人民法院关于当事人对人民法院撤销仲裁裁决的裁定不服申请再审人民法院是否受理问题的批复》（法释〔1999〕6 号）；《最高人民法院关于人民检察院对不撤销仲裁裁决的民事裁定提出抗诉人民法院应否受理问题的批复》（法释〔2000〕46 号）；《最高人民法院关于人民检察院对撤销仲裁裁决的民事裁定提起抗诉人民法院应如何处理问题的批复》（法释〔2000〕17 号）；《最高人民法院关于下级法院撤销仲裁裁决后又以院长监督程序提起再审应如何处理问题的复函》[（2003）民立他字第 45 号]；《最高人民法院关于对驳回申请撤销仲裁裁决的裁定能否申请再审问题的复函》[（2003）民立他字第 71 号]

规范解读：

我国确立一裁终局制度作为《仲裁法》的基本制度。一裁终局制度是指当事人之间的纠纷一经仲裁庭审理和裁决即告终结，该裁决具有终局法律效力，当事人不得以同一纠纷向人民法院起诉或者向仲裁机构申请仲裁的制度。《仲裁法》第 9 条规定：“仲裁实行一裁终局的制度。裁决作出后，当事人就同一纠纷再申请仲裁或者向人民法院起诉的，仲裁委员会或者人民法院不予受理。”一裁终局制度保障了仲裁裁决的权威性，发挥了仲裁程序的效率性优势，使纠纷能够迅速、经济的解决，为世界各国普遍认可和接受。

一裁终局制度具有以下重要规则：

（1）仲裁对纠纷实行一次性的审理和裁决，在裁决作出后当事人无权再次就同一纠纷申请仲裁，仲裁庭不得就同一纠纷再次进行仲裁，除非适用《仲裁法》的重新仲裁规定。

（2）仲裁庭对纠纷进行审理并作出裁决后，对同一纠纷当事人不享有向人民法院提起诉讼的权利。

（3）仲裁裁决一经作出即具有法律效力，除非经《仲裁法》规定的司法审查程序撤销仲裁裁决，否则没有任何改变其裁决的途径。

（4）当事人之间的纠纷经仲裁庭的审理和裁决一次性予以解决，法院在仲裁司法审查案件中仅在符合法定理由情况下享有撤销仲裁裁决的权利，对实体纠纷不享有裁判权。

仲裁实行"一裁终局"的制度，在仲裁司法审查中实行一审终审制度。在理解仲裁实行"一裁终局"的制度，和仲裁司法审查中实行一审终审制度上，结合制度设计的目的，最高人民法院司法解释意见和历年来的答复，主要需要回答以下几个问题：（1）当事人是否可以申请复议、上诉或者申请再审；（2）人民法院是否可依职权启动再审程序；（3）人民检察院是否可以提出抗诉。

1. 当事人是否可以申请复议、上诉或者申请再审

《最高人民法院关于审理仲裁司法审查案件若干问题的规定》第 20 条规定："人民法院在仲裁司法审查案件中作出的裁定，除不予受理、驳回申请、管辖权异议的裁定外，一经送达即发生法律效力。当事人申请复议、提出上诉或者申请再审的，人民法院不予受理，但法律和司法解释另有规定的除外。"上述仲裁司法审查司法解释明确了除不予受理、驳回申请、管辖权异议三类裁定外，人民法院在审理仲裁司法审查案件中可能作出的裁定，包括确认仲裁协议效力的裁定、是否撤销我国内地仲裁机构仲裁裁决的裁定、是否执行我国内地仲裁机构仲裁裁决的裁定、是否认可和执行港澳台仲裁裁决的裁定、是否承认和执行外国仲裁裁决的裁定、是否准许撤回申请的裁定

等,一经送达即发生法律效力,均不允许当事人申请复议、上诉或者申请再审。

在理解上需考虑以下因素:首先,仲裁实行"一裁终局"的制度,人民法院应当尊重这一制度,尊重仲裁裁决的效力,尽可能维持仲裁裁决的效力。仲裁具有解决纠纷的效率性特点,在仲裁司法审查案件中设置复议、上诉、再审等程序,会使仲裁结果处于不确定的状态,不但与仲裁"一裁终局"的原则相悖,更会造成效率的低下。其次,《民事诉讼法》第154条对可以上诉的裁定类型,仅规定了不予受理、驳回起诉和管辖权异议三类,仲裁司法审查的裁定不在其规定类型当中。最后,当事人不服仲裁裁决,向人民法院申请撤销仲裁裁决,人民法院审理后,无论作出何种裁定,都不能允许当事人申请再审,否则将破坏"一裁终局"制度,对仲裁作用的发挥产生不良影响。最高人民法院对当事人不能上诉、不能申请再审均有批复意见。司法解释规定与最高人民法院历年批复规定原则上保持一致。

最高人民法院相关批复内容:(1)当事人无权上诉。《最高人民法院关于人民法院裁定撤销仲裁裁决或驳回当事人申请后当事人能否上诉问题的批复》(法复〔1997〕5号)答复:"对人民法院依法作出的撤销仲裁裁决或驳回当事人申请的裁定,当事人无权上诉。"(2)当事人申请再审不予受理。《最高人民法院关于当事人对人民法院撤销仲裁裁决的裁定不服申请再审人民法院是否受理问题的批复》(法释〔1999〕6号)答复:"根据《中华人民共和国仲裁法》第九条规定的精神,当事人对人民法院撤销仲裁裁决的裁定不服申请再审的,人民法院不予受理。"

2. 人民法院是否可依职权启动再审程序

最高人民法院对法院是否可依职权启动再审程序进行明确的复函:(1)院长监督程序提起再审的处理。《最高人民法院关于下级法院撤销仲裁裁决后又以院长监督程序提起再审应如何处理问题的复函》[(2003)民立他字第45号]答复:"黑龙江国祥房地产开发有限公司与黑龙江省九利建筑工程公司欠款纠纷一案,经哈尔滨市中级人民法院裁定撤销仲裁裁决后,当事人可以依据《中华人民共和国仲裁法》第九条的规定重新达成仲裁协议申请仲裁,也可以向人民法院提起诉讼。哈尔滨市中级人民法院不应以院长发现撤销仲裁裁决的裁定确有错误为由提起再审。已经再审的,你院应当通知该院予以纠正。”(2)《最高人民法院关于对驳回申请撤销仲裁裁决的裁定能否申请再审问题的复函》[(2003)民立他字第71号]答复:“对驳回申请撤销仲裁裁决的裁定不能申请再审,也不能以院长发现确有错误为由提交审判委员会讨论决定再审。”

对于申请撤销仲裁裁决裁定不能申请再审和不能以院长发现程序启动再审,在《最高人民法院关于对驳回申请撤销仲裁裁决的裁定能否申请再审问题的复函》[(2003)民立他字第71号]有充分的论述理由,其内容如下:

第一,根据《仲裁法》“一裁终局”原则,对于驳回申请撤销仲裁裁决的裁定不应允许申请再审。

《仲裁法》第9条规定:“仲裁实行一裁终局的制度。裁决作出后,当事人就同一纠纷再申请仲裁或者向人民法院起诉的,仲裁委员会或者人民法院不予受理。”根据《最高人民法院关于当事人对人民法院撤销仲裁裁决的裁定不服申请再审人民法院是否受理问题的批复》(法释〔1999〕6号)、《最高人民法院关于人民法院裁定撤销仲裁裁决或驳回当事人申请后当事人能否上诉问题的批复》(法复〔1997〕5号)、《最高人民法院关于人民检察院对撤销仲裁裁决的民事裁定提起抗诉人民法院应如何处理问题的批复》(法释〔2000〕17号)、《最高人民法院关于人民检察院对不撤销仲裁裁决的民事裁定提出抗诉人民法院应否受理问题的批复》(法释〔2000〕46号)等文件的规定,对于法院撤销仲裁裁决的裁定,当事人无上诉权和申请再审权,检察院不能抗诉;对于法院驳回撤销申请和不撤销仲裁裁决的裁定,当事人无上诉权,检察院亦不得抗诉。另外,对于人民法院裁定不予执行仲裁裁决的,当事人也无申请再审权。这一系列批复表明,虽然《仲裁法》和《民事诉讼法》规定了仲裁司法监督制度,但最高人民法院一贯持仲裁司法监督有限的态度,避免审判权对仲裁的干预过大,以保护当事人的意思自治,促进仲裁事业的发展。如果允许当事人对于法院驳回申请撤销仲裁裁决的裁定申请再审,则仲裁裁决随时有可能通过再审程序被撤销,效力无法确定,违背了"一裁终局"和仲裁司法监督有限的原则。以院长发现程序启动再审会产生同样的问题,亦不应准许。

第二,根据尊重当事人意思自治,迅速、快捷解决纠纷这一《仲裁法》的立法意旨,对于驳回申请撤销仲裁裁决的裁定不应允许申请再审。

仲裁是当事人自治性解决纠纷的制度,其立法意旨在于充分尊重当事人的意思自治,简化程序,迅速、快捷地解决纠纷。根据《民事诉讼法》《仲裁法》和有关司法解释,法院就仲裁所作出的各类裁定均不允许当事人上诉和申请再审。就驳回申请撤销仲裁裁决的裁定而言,最高人民法院明确规定,当事人不得上诉,人民检察院亦不得抗诉。根据诉讼程序设置的一般原理,上诉审是针对未生效裁判的普通救济程序,再审是针对已生效裁判的特别救济程序,相对于上诉审程序而言,再审程序的启动应当更为慎重,对于法律未赋予上诉审救济的裁判,不应允许通过启动再审程序予以变更。如果允许一方当事人对于驳回申请撤销仲裁裁决的裁定申请再审进入再审程序,必然导致程序的复杂化,纠纷长期不能根本解决,违背了当事人选择仲裁迅速解决纠纷的一致意思表示,同时也不符合诉讼程序设置的一般原理。

此外,仲裁权的来源是双方当事人一致达成的仲裁协议,当事人在达成仲裁协议时就应当具备尊重仲裁权并履行仲裁裁决的诚意,并预见到仲裁裁决对其不利的后果。人民法院认为仲裁裁决不具备法定撤销的情形,裁定不撤销仲裁裁决,实质上是维护了仲裁裁决的效力。纠纷通过仲裁已经得以解决,当事人应当履行裁决内容,这也是"一裁终局"原则和诚实信用原则的必然要求。

3. 人民检察院是否可以提出抗诉

人民检察院对仲裁司法审查案件是否可以提出抗诉,与人民法院能否对仲裁司法审查案件进行再审的理由一致,目前应根据最高人民法院相关批复处理。现有批复如下:(1)对不撤销仲裁裁决的民事裁定抗诉不予受理。《最高人民法院关于人民检察院对不撤销仲裁裁决的民事裁定提出抗诉人民法院应否受理问题的批复》(法释〔2000〕46 号)答复:“人民检察院对发生法律效力的不撤销仲裁裁决的民事裁定提出抗诉,没有法律依据,人民法院不予受理。”(2)对撤销仲裁裁决的民事裁定提起抗诉不予受理。《最高人民法院关于人民检察院对撤销仲裁裁决的民事裁定提起抗诉人民法院应如何处理问题的批复》(法释〔2000〕17 号)答复:“检察机关对发生法律效力的撤销仲裁裁决的民事裁定提起抗诉,没有法律依据,人民法院不予受理。”

图书在版编目(CIP)数据

商事仲裁司法审查案件审理规范指南 / 马军，杨晋东，邢富顺编著. -- 北京：法律出版社，2020
ISBN 978 -7 -5197 -4895 -1

Ⅰ.①商… Ⅱ.①马… ②杨… ③邢… Ⅲ.①商事仲裁－审理－中国－指南 Ⅳ.①D925.7 -62

中国版本图书馆 CIP 数据核字(2020)第 167027 号

商事仲裁司法审查案件审理规范指南
SHANGSHI ZHONGCAI SIFA SHENCHA ANJIAN SHENLI GUIFAN ZHINAN

马 军 杨晋东 邢富顺 编著

责任编辑 李 群 陈昱希
装帧设计 汪奇峰 臧晓飞

出版 法律出版社
总发行 中国法律图书有限公司
经销 新华书店
印刷 天津嘉恒印务有限公司
责任印制 张建伟

编辑统筹 法规出版分社
开本 710 毫米×1000 毫米 1/16
印张 26
字数 339 千
版本 2020 年 9 月第 1 版
印次 2020 年 9 月第 1 次印刷

法律出版社/北京市丰台区莲花池西里 7 号(100073)
网址/www.lawpress.com.cn
投稿邮箱/info@lawpress.com.cn
举报维权邮箱/jbwq@lawpress.com.cn
销售热线/400 -660 -8393
咨询电话/010 -63939796

中国法律图书有限公司/北京市丰台区莲花池西里 7 号(100073)
全国各地中法图分、子公司销售电话：
统一销售客服/400 -660 -8393/6393
第一法律书店/010 -83938432/8433 西安分公司/029 -85330678 重庆分公司/023 -67453036
上海分公司/021 -62071639/1636 深圳分公司/0755 -83072995

书号:ISBN 978 -7 -5197 -4895 -1 **定价**:79.00 元
(如有缺页或倒装，中国法律图书有限公司负责退换)